전쟁과 그 기억

임진왜란과 류성룡

서애학술연구총서 4

전쟁과 그 기억 -임진왜란과 류성룡-

초판 1쇄 발행 2019년 1월 29일

엮은이 | 연세대학교 서애학술연구단
발행인 | 윤관백
발행처 | 도서출판 선인

등록 | 제5-77호(1998.11.4)
주소 | 서울시 마포구 마포대로 4다길 4 곶마루 B/D 1층
전화 | 02)718-6252 / 6257   팩스 | 02)718-6253
E-mail | sunin72@chol.com

정가 31,000원

ISBN 979-11-6068-241-0 93900

· 잘못된 책은 바꿔 드립니다.

서애학술연구총서 4

전쟁과 그 기억
임진왜란과 류성룡

연세대학교 서애학술연구단 편

책머리에

얼마 전에 다른 업무로 병산서원과 하회마을을 다녀왔다. 병산서원 晩對樓에 한참 앉아 있었다. 이 사업을 시작하던 6년 전, 몇몇 연구자와 더불어 병산서원에서 하루를 유숙하고 만대루 위에 둘러앉아 다양한 활동 방향을 토의하던 생각이 났다. 이 책을 포함하여 4권의 연구서를 발간하고, 일단 우리 연구모임(연세대학교 서애학술연구단)을 일단락하기로 하였기에, 많은 생각이 교차하였다.

지금까지 우리가 만들었던 4권의 연구총서는 전적으로 풍산금속 류진 회장 이하 서애선생기념사업회의 의뢰에서 시작된 것이었다. 연구총서 제1권의 머리말에 밝힌 바와 같이 연세대 명예교수인 송복 교수의 주선으로 나와 같은 대학 사회학과 김왕배 교수가 그 실무를 맡게 되었다. 서애선생기념사업회는 처음부터 '서애학회' 설립과 학회지 발간 등을 원하였다. 그러나 우리들은 학계의 연구 분위기, 연구자의 분포, 한 인물을 내건 학회의 동향 등을 미루어 볼 때, 학회를 목표로 하되 이를 위한 사전 작업으로 서애와 그 시대의 연관 분야(사상, 정치, 경세, 문학, 건축 등)에 대한 연구 자체를 넓히고, 다양화하는 것이 중요하다고 하였고, 동시에 기념사업회나 문중에서 관여하게 될 경우의 한계점도 언급하였다.

그리하여 본인 등은 연세서애학술연구단을 만들고 서애 류성룡의 학문과 경세학을 중심으로 서애가 살았던 시대와 공간, 그리고 그 이후의 영향

등을 다루는 작업을 하여 왔다. 지금까지 4번의 연구비를 지원받아 연구서를 간행하였으며, 이 책은 그 마지막이 되는 책이다.

  이번 책에서는 '전쟁'을 기본 개념어로 하여 논문들을 구성하였다. 전쟁은 현실을 파괴하고 사람을 총체적으로 비참하게 만들지만, 또 다른 한편으로는 전쟁을 관리하고 대응하는 과정에서 학문이나 기술이 발전하기도 하였다. 또한 전쟁은 후대의 사람들에게는 새로운 형태로 기억되면서 이후의 정치, 외교, 사상 과정에 영향을 끼치게 된다. 심지어 현재의 시간 속에서는 드라마라는 형태로 기억되고 새롭게 이해되기도 한다.

  최연식은 조선의 전형적인 성리학자이면서 동시에 임진왜란이라는 전시를 관리한 행정가이자 군사 전략가로써의 서애를 분석하였다. 현실 속에서 서애는 양명학에 대한 관심 때문에 주자학자들의 비판의 대상이 되었고, 정치적 활동은 당색으로 인해 올바르게 평가되지 못하였다. 그러나 서애는 주자 성리학의 관점에서 양명학을 부분적으로 수용하여 양자의 장점을 종합하려 했고, 이런 학문적 개방적 학문 태도 속에서 현실 정치에서의 유연한 실무능력을 보였다고 분석하였다. 그의 실무 능력은 임진왜란 기간 중에는 전시 행정과 군무를 총괄하는 영의정이자 도체찰사의 역할을 수행하는 과정에서 탁월하게 발휘되었으며, 외교의 중요성을 누구보다도 잘 간파하고 대명 및 대일 외교의 수장 임무를 전쟁 기간 내내 충실히 수행했다고 지적하였다.

  우인수는 임진왜란 때에 11살의 나이로 피난의 어려움을 겪은 수암 류진의 기록을 분석하였다. 서울에서 백부 류운룡 가족을 따라 형제들과 함께 피란길에 나섰던 류진은 백부와 떨어져 경기도와 강원도 접경을 넘나들면서 주로 산악 지역에 머물렀다. 피란 생활 8개월만인 12월 말에야 아버지 류성룡이 보낸 사람을 만나고, 또 수령들의 보호를 받으며 비교적 안전하게 지내다가 한성으로 돌아와 약 2년 만에 가족들과 합류하였다. 그 과정에서 연줄을 적절히 이용하여 지원을 받았는데, 특히 노비의 충심은 양반들의 생존에 절대적이었다고 분석하였다.

차혜원은 임진왜란 발발 직전의 동아시아 지역에 주목하여, 전쟁의 성격을 가늠하는 연구를 행하였다. 전쟁 반세기 전부터 동아시아 해역에는 왜구와 중국 상인들 간의 국제 밀무역으로 인해 많은 물자가 교류되고 있었으며, 그 덕분에 중국 강남 연해 등지는 호황을 누리고 있었다. 활발한 교역이 이루어지면서 그와 더불어 강남 연해를 중심으로 한 독자적인 정보망이 형성되었고, 명조는 이를 통해 국제정세에 대한 정보를 입수하고 있었다. 한편 조선은 이러한 정보망에서 소외되어 있었으며, 주로 대마도를 통해서만 정보를 얻고 있었다. 이러한 정보의 한계는 이후 조선이 일본의 침략에 신속히 대응하지 못하는 결과를 낳았다. 그러나 임진왜란은 활용할 수 있는 정보와 지식이 대단히 제한된 상태에서 조선의 지배체제만으로는 감당하기 힘든 국제적인 성격을 내포하고 있는 것이었고, 그러한 맥락에서 당시 조선의 결정을 단순히 근시안적인 것이었다고 비난할 수는 없다고 지적하였다.

한명기는 명이 추진한 강화협상과 조선과의 관계를 다루었다. 조선은 처음부터 강화협상에 반대했다. 하지만 일본군을 몰아낼 능력이 없는 상황에서 조선의 반대는 명군 지휘부의 극렬한 비난과 협박을 초래할 수밖에 없었다. 류성룡 등은 명군의 화의 요구를 수용하여 '명과의 동맹'을 계속 유지해야 한다고 주장했고, 이러한 주장은 점차 긍정적인 평가를 받게 되었다. 하지만 문제는 조선이 약체라는 것이었다. 명의 군사적 원조는 전쟁이 길어질수록 점차 점령의 성격을 띠고 있었으며, 조선이 일본과 강화하도록 압박하고 있었다. 당시 도체찰사로서 명군 지휘부와 직접 교섭하고 있었던 류성룡은 '끼어 있는 약소국' 조선의 고통과 비애를 극복하기 위한 역사적 교훈을 『징비록』에 담았다고 언급하였다.

김태훈은 17세기 초 조선의 대일 외교, 국교 재개 문제를 다루었다. 조선은 '對馬島를 통한 대일외교 체제'라는 간접적인 방식으로 일본과 외교를 하고 있었다. 강한 무력을 지닌 막부와의 직접 교통과 교섭을 피하는 방식이었다. 또한 '왜사의 상경 금지' 원칙을 지켜 동래의 왜관을 대일 통교의 창으로 하는 체제를 마련하였다. 광해군 이후에는 일본에 대한 '接待'와 여진에 대한 '守禦'를 외정의 기본 방향으로 제시하면서 대일 통교에서는 철저하게 명분론적·원칙론적 관점이 아닌 철저히 공리적·유화적 견지에서 대응하는 모습을 보였다. 이런 원칙이 19세기 후반까지 유지된 것으로 보았다.

우경섭은 임진왜란에 참여했던 명나라 군대에 대한 기억이라는 주제를 연구하였다. 17~18세기 조선 사상계에 '再造之恩' 이념이 지속되면서, 愍忠壇·武烈祠·宣武祠 등의 사당에 이어 숙종 때 大報壇이 만들어졌다. 이때는 명청교체기를 거쳐 동아시아 정세가 안정기에 접어들던 시기로, '尊周大義'와 소중화 이념이 강화됨과 동시에 새롭게 인식되고 있었다. 참전 명군에 대한 추숭 사업이 전개되는 가운데 조선에 정착한 그 후손들은 皇朝遺民이라는 관념적 지위를 인정받게 되었다. 하지만 이때 남한산성과 강화도에서 순절한 조선인들을 기리는 顯節祠와 忠烈祠 등도 함께 중시되었음을 감안한다면, 오히려 명군의 위상은 존주대의의 이념 아래 점차 상대화 되어 갔다고 밝혔다.

김정신은 계미년(1763) 통신사의 기록을 통하여 일본 인식과 자기 성찰 문제를 다루었다. 계미년의 통신사 파견은 일본을 이적시하고 일본의 학문·사상을 이단시 하는 조선의 사행단과, 조선을 하위국으로 멸시하고 그 학문·사상을 경시하는 일본의 소라이 학파 학자들이 직접 대면하는 계기가 되었다. 이 과정에서 조선의 사행단은 일본이 유교 덕치 이념에서 벗어난다고 法, 武에 기반을 둔 일본의 패도적 정치 운영을 비판하지 않았으며, 일본인들의 근면, 성실, 청결을 높이 평가하였다. 또 주자학의 화이론으로 일본인의 人性을 판단하지 않았고, 일본이 중국을 구심점으로 하는 사대교린 질서에서 벗어나 있었던 원인에 대해서도 중국과 멀리 떨어져 있었던 일본의 지리적 형세 때문으로 보았다. 현실정치에서도 일본이나 중국[明]조차 자국의 실리를 앞세우는 냉혹한 정치 질서를 고수해 왔음을 자각해야 한다고 보았다. 새로운 문물에 대한 호기심과 더불어 일본을 객관적으로 관찰하고자 하였던 계미년 통신사행단의 노력은 조선의 對日 인식을 다변화시킨 것으로 평가하였다.

정호훈은 1617년(광해군 9) 왕명에 의해 편찬된 『동국신속삼강행실도』 속에 나타난 정치와 전쟁 기억을 검토하였다. 당시는 경제적으로 어려운 시기였으므로 편찬에 대한 반대도 많았지만, 광해군과 북인 정권은 국가 운영에 유용하다고 믿고 추진하였다. 특히 임진왜란 당시에 '三綱'의 행실에서 탁월한 모범을 보였던 인물들을 선정, 그들을 포창하면서, 전쟁을 직접 경험했던 인물들을 기억하고 이를 통하여 전쟁 후의 새로운 질서를 수립하는 동력을 마련하려는 것이었다. 임진왜란과 관련한 절행자는 전체 수록자의 38%인데, 그중 충신도·열녀도의 사례는 많으나 효자도에 수록된 사례는 매우 적다. 전쟁에서의 절행이란 일본군으로 말미암아 목숨을 잃는 사태와 직결되므로, 충신도·열녀도에 많이 수록되었다는 것은 이 두 영역에서 많은 사람이 죽었음을 의미한다. 특히 열녀가 많다는 것은 전국이 거의 적의 수중에 들어간 상황에서 조선의 여성들은 무방비 상태로 침략군의 성적 침해를 받았고, 그 과정에서 많은 사람들이 생명을 잃었음을 알 수 있는 부분이다. 광해군과 북인 정권에서는 이 책을 통하여 국가·군주에 대한 충성을 매우 강조하였으며, 사적인 영역에서의 효도 행위를 국가·군주에 대한 충성으로 확대되기를 기대했다고 보았다.

마지막으로 길태숙은 KBS에서 방영한 〈임진왜란 1592〉를 '팩추얼드라마'라는 개념으로 분석하였다. 〈임진왜란 1592〉는 임진왜란에 대한 역사적 메시지를 시청자들과 공유하는 한 방법으로 팩추얼드라마라는 형식을 취하였는데, 사실성을 바탕으로 한 정보전달의 형식을 넘어서 사실성을 바탕으로 한 극화된 내러티브를 통해서 현재 우리가 임진왜란이라는 역사에 대해 어떻게 이해하고 해석할 것인가 대해 그 역사적 경험을 공유하고 탐구하였다고 보았다. 역사를 전문가의 전유물이었던 역사 해석이 독점적 권위의 시대에서 탈피하여 역사에 대한 상호 해석과 다양한 접근을 열어두고, 역사의 주체인 시청자 혹은 대중의 입장에서의 역사 이해의 의미에 대해 사고할 수 있게 하였다고 분석하였다. 따라서 팩추얼드라마가 대중의 역사 경험과 역사 담론을 풍성하게 하고, 역사 해석과 인식을 확장하는 데 기능할 수 있다고 보았다.

위와 같은 좋은 연구가 이루어진 것은 모두 집필진의 도움 때문이다. 처음 연구계획을 세우는 단계에서는 정호훈 교수가 도움을 주었고, 젊고 능력있는 연구자를 연구진으로 참여시켜 주었다. 그리고 다른 연구로 바쁜 와중에도, 본 편자의 주변에서 가깝게 지내고 있다는 이유로 기꺼이 참여해준 최연식, 차혜원, 김정신, 길태숙 교수에게도 고마움을 전한다. 특히 멀리 대구에서 류진의 피난 기록으로 우리 연구를 한 단계 끌어올려 준 우인수 교수께도 감사드린다. 그리고 직접 글을 작성하지는 못했지만, 항상 옆에서 같이 고민하고 의논하는 김왕배 교수께도 고마움을 전한다. 연구과제를 발표하는 학술회나 이 책의 간행에서 궂은일을 마다하지 않은 이정윤 박사생(연세대 사학과)을 비롯한 나의 학생들에게도 고맙다는 말을 전한다. 얌전한 책을 만들어 품위를 더한 선인출판사 편집진에도 고마움을 전한다. 이 책이 우리 학계에 상재되어 류성룡을 중심으로 한 임진왜란과 그 이후의 역사적 경험이 학문적으로 정리되고, 또 이를 현재적 관점에서 재해석되기를 바랄 뿐이다.

2018년 12월
동북아역사재단 사무실 해운재에서
집필자를 대신하여 김도형 씀

차례

책머리에 / 5

✠ 서애 류성룡의 학문과 경국제세, 그리고 전쟁관리 ·················· 최연식
  1. 머리말   15
  2. 류성룡과 양명학: 우연과 숙명의 여정   18
  3. 류성룡의 양명학 이해와 지양   23
  4. 류성룡의 경국제세와 전쟁관리   35
  5. 맺음말   44

✠ 임진왜란시 修巖 柳袗의 피란 경험과 전쟁 기억 ····················· 우인수
  1. 머리말   49
  2. 피란을 떠나다   51
  3. 죽을 고비를 넘기다   58
  4. 아버지의 보호권에 들어가다   71
  5. 맏누이네는 호남으로, 백부네는 영남으로   73
     1) 호남으로 간 이문영 가족   73
     2) 영남으로 간 류운룡 가족   75
  6. 전쟁을 기억하며 『임진록』을 작성하다   77
  7. 맺음말   80

✠ 임진전쟁 전야, 국제정보의 흐름과 조선 ················· 차혜원
  1. 머리말　　　　　　　　　　　　　　　　　　　　 85
  2. 동아시아 해역의 남왜사태　　　　　　　　　　　　 88
      1) 16세기 명조의 왜란　　　　　　　　　　　　　 88
      2) 조선의 북로남왜　　　　　　　　　　　　　　　 92
  3. 중국 강남지역발 경보　　　　　　　　　　　　　　 96
      1) 정보의 경로와 성격　　　　　　　　　　　　　 96
      2) 중국 측의 반응　　　　　　　　　　　　　　　 103
  4. 침략경보와 조선　　　　　　　　　　　　　　　　 107
      1) 대마도발 국제정보의 한계　　　　　　　　　　 107
      2) 호랑이와 승냥이 사이에서　　　　　　　　　　 110
  5. 맺음말　　　　　　　　　　　　　　　　　　　　 116

✠ 임진왜란 시기 明의 講和協商 추진과 조선 ············· 한명기
  1. 머리말　　　　　　　　　　　　　　　　　　　　 123
  2. 강화협상의 단초 – 祖承訓軍의 패배와 沈惟敬의 발탁　 126
  3. 沈惟敬 – 小西行長의 강화협상 개시　　　　　　　　 129
      1) 심유경 – 고니시의 첫 만남과 割地 언급　　　　 129
      2) 沈惟敬의 1차 강화 시도의 의미　　　　　　　　 134
  4. 淸正·秀吉의 割地 요구와 明의 본격적인 講和 시도　 136
      1) 戰費 부담, 명군의 열악한 상황, 그리고 厭戰意識　 138
      2) 명군의 참전 목표 달성　　　　　　　　　　　　 140
  5. 講和協商과 조선　　　　　　　　　　　　　　　　 142
      1) 조선의 철저한 소외　　　　　　　　　　　　　 142
      2) 講和를 둘러싼 明廷의 논란과 변형된 割地論의 등장 145

6. 맺음말　　148

✠ 17세기 초 국교재개 이후 대일외교 체제 정비 ················ 김태훈
  1. 머리말　　155
  2. 己酉約條의 체결과 倭使 상경 금지 조치　　157
  3. 대일정책상의 異見 조정과 명분 확보　　168
  4. 대일정책의 功利的·宥和的 기조　　180
  5. 맺음말　　190

✠ 17~18세기 임진왜란 참전 明軍에 대한 기억 ················ 우경섭
  1. 머리말　　195
  2. 전몰 명군을 위한 壇廟 건립　　197
  3. 명군 후손들의 귀화와 尊周大義　　208
  4. 맺음말　　223

✠ 계미년(1763) 통신사행의 對日 인식과 자기 성찰
  : 조선 통신사와 일본 소라이학파 학자들의 만남을 중심으로 ············· 김정신
  1. 머리말　　227
  2. 朝·日 學人들의 만남과 상호 인식　　230
  3. 문화적 華夷論에 입각한 對日 인식 변화와 자기 성찰　　245
    1) 일본에 대한 부정적 선입견의 一新　　245
    2) 임진왜란에 대한 비판적 성찰　　259
  4. 맺음말　　268

✠ 전쟁의 기억과 정치론, 『동국신속삼강행실도』 ·················· 정호훈

1. 머리말 273
2. 전후 삼강 행실자의 표창과 『동국신속삼강행실도』의 편찬 276
    1) 전후 효자·충신·열녀의 표창 작업과 추이 276
    2) 『동국신속삼강행실도』의 편찬 과정 281
3. 『동국신속삼강행실도』의 구성과 삼강 윤리 290
    1) 효자·충신·열녀도의 구성 방식 290
    2) 『동국신속삼강행실도』의 삼강 윤리 297
4. 맺음말 312

✠ 팩추얼드라마 〈임진왜란 1592〉, 역사 이해의 새로운 형식 ········ 길태숙

1. 머리말 317
2. 팩추얼드라마란? 320
3. 팩추얼드라마 〈임진왜란 1592〉 324
4. 사실성에 기반한 역사 해석의 상상력 335
5. 맺음말 341

찾아보기 / 345

서애 류성룡의 학문과 경국제세, 그리고 전쟁관리*

최 연 식

1. 머리말

 西厓 柳成龍(1542~1607)은 문과에 급제한 문신이었지만,[1] 임진왜란이라는 조선 최대의 국난을 맞아 전국의 전장을 누비며 국난 극복에 앞장섰다. 선조 24년(1591) 50세 때 좌의정에 오른 그는 1592년 4월 13일 임진왜란이 발발하자 곧바로 병조판서와 都體察使에 임명되어 軍務를 총괄하기 시작했고, 5월 2일에는 임금을 모시고 떠난 피난지 개성에서 영의정에 임명되었으나 그날로 모함을 받고 파직되었다. 그는 그 해 6월에 豐原府院君으로 敍用되었고, 12월에 평안도 도체찰사에 임명되었다. 1593년 1월 조선이 明

---

* 이 논문은 『동양고전연구』 제73집에 게재된 논문을 수정 보완한 것임.
[1] 류성룡은 22세 때(1563) 生員進士 東堂初試에 합격했고, 23세 때 生員會試에 1등, 進士에 3등을 했다. 그는 24세 때 太學에 입학했고, 25세 때 文科 丙科에 합격해 처음으로 承文院 權知副正字에 임명되었다.

軍과 함께 평양성을 탈환한 후 3월에는 충청·전라·경상 3도 도체찰사에 임명되었고, 10월에 영의정으로 복귀했다. 이후 그는 선조 31년(1598) 11월 19일 파직될 때까지 전란 기간 내내 영의정으로서 조선의 내정과 외정을 두루 책임졌다.

그러나 류성룡 사후 『선조실록』과 『선조수정실록』 卒記에 실린 그에 대한 평가는 호의적이지만은 않았다. 졸기에 실린 그에 대한 부정적 평가는 임진왜란 시기에 그가 선택할 수밖에 없었던 외교 전략에 대한 평가도 포함되어 있었다. 이른바 화친을 주장해 나라를 그르쳤다는 '主和誤國'론이었다.[2] 『선조실록』과 『선조수정실록』은 각각 북인과 서인의 입장을 반영했기 때문에 남인 영수 류성룡을 공정하게 평가하지 못했던 것이다.

반면에 최근의 연구들은 당쟁의 소용돌이 속에서 임진왜란을 진두지휘하며 국난 극복에 앞장섰던 류성룡의 삶을 다방면에서 재평가하고 있다. 특히 류성룡에 관한 본격적인 연구는 그의 양명학에 대한 관심에 주목한 철학과 역사학 분야에서 시작되었다.[3] 이후 류성룡에 대한 연구는 그의 경학과 경세 사상에 관한 연구[4] 및 국란 극복 활동에 관한 연구[5] 등 두 방면에서 집중적으로 진행되었다. 그리고 이러한 연구자들의 관심 분야를

---

[2] 『선조실록』, 40년 5월 13일 ; 『선조수정실록』, 40년 5월 1일. 도현철은 『선조실록』과 『선조수정실록』 류성룡 졸기에 실린 그에 대한 부정적 평가를 첫째, 己丑獄事 연루설, 둘째, 주화오국 혐의, 셋째, 丁應泰의 무고 사건에 대한 변무 사행 거부 등 세 가지로 요약했다. 도현철, 「西厓 柳成龍에 대한 一視線: 17세기 『선조실록』과 『선조수정실록』의 경우」, 연세대학교 서애학술연구단, 『서애 류성룡의 학문과 계승』, 혜안, 2015, 238~247쪽. 한편 송복은 류성룡이 파직된 형식상의 이유로 정응태 무고사건과 주화오국을 지적했다. 송복, 『서애 류성룡 위대한 만남』, 지식마당, 2007, 446쪽.

[3] 금장태, 「西厓 柳成龍의 哲學思想」, 『韓國의 哲學』 23, 1995 ; 李樹健, 「西厓 柳成龍의 學問과 學脈」, 『韓國의 哲學』 24, 1995.

[4] 崔鍾虎, 「柳成龍의 經世와 經學」, 『東亞人文學』 8, 2005 ; 장승구, 「류성룡의 철학과 경세론 연구」, 『퇴계학보』 134, 2013.

[5] 김석근, 「서애 유성룡과 임란기 국방정책의 혁신」, 『歷史와 社會』 33, 2004 ; 鄭萬祚, 「서애 유성룡의 정치활동과 임란 극복」, 『한국학논총』 30, 2008.

엮어서『류성룡의 학술과 경륜』,『류성룡과 임진왜란』,『서애 류성룡의 학문과 계승』,『서애 경세론의 현대적 조망』등과 같은 단행본도 출간되었다.

이처럼 류성룡에 대한 연구는 철학, 역사학, 문학, 군사학, 정치학 등 학문 분야를 막론하고 다양한 방면에서 축적되었지만, 그의 학문과 정치적 실천을 정합적으로 조망하고 분석하는 연구는 흔치 않았다. 사실 유교 지식인 류성룡과 정치가 류성룡은 서로 분리될 수 없는 동전의 양면과 같은 모습이다. 유교 지식인의 학문이 지향하는 궁극적 목적은 經國濟世의 실천일 수밖에 없고, 경세가의 정치와 정책이 성공하기 위해서는 경학에 대한 연구를 토대로 역사의 선례와 현장에 대한 치밀한 연구가 전제되어야 한다.6) 류성룡을 위기에 처한 조선의 실질적인 구원자로 평가할 수 있다면, 그것은 그가 이론과 현장을 구분하지 않고 양자를 변증법적으로 종합해 실천했기 때문이다. 그러나 류성룡에 관한 기존의 연구들은 이러한 점들을 민감하게 포착하지 않았다.

이 글에서는 먼저 류성룡이 주자 성리학에 안주하지 않고 양명학에도 깊은 관심을 갖고 있었다는 점에서 출발하고자 한다. 그리고 이를 통해서 그가 정통 주자학자들과는 다른 실용주의적 경세관을 지니고 있었고, 그 결과 임진왜란이라는 사상 초유의 국란을 맞았을 때도 현실주의적 위기 대처 능력을 발휘할 수 있었다는 점을 강조하고자 한다. 요컨대 이 글은 학문과 실천의 균형을 추구한 류성룡의 삶을 실용주의와 현실주의라는 관점에서 재조명하고자 한다.

---

6) 류성룡의 경학에 관한 탐구는『讀易記疑』나『大學沿革編次』와 같은 저술들을 통해서 확인할 수 있고, 역사적 선례에 대한 탐구의 결과로는『讀史蠡測』이 있다. 또한 그는 임진왜란을 현장에서 지휘한 경험을『懲毖錄』,『芹曝集』,『辰巳錄』,『軍門謄錄』과 같은 기록으로 남겼다.

2. 류성룡과 양명학: 우연과 숙명의 여정

류성룡은 14세 때 義州 牧使로 부임한 아버지 柳仲郢의 임지에서 양명학을 처음 접했다. 류중영은 명종 10년(1555)에 의주 목사로 부임했고,[7] 류성룡은 그 해 12월에 의주에 도착했다.[8] 그는 자신이 양명학을 처음 접하게 된 계기와 그 후의 오랜 관심을 다음과 같이 정리했다.

> 내가 17살 때 아버지를 따라 義州에 갔었다. 때마침 謝恩使 沈通源이 燕京에서 돌아왔는데, 가져온 짐바리가 너무 많았다. 이 때문에 그는 臺諫의 탄핵을 받고 파직을 당하게 되었다. 결국 그는 鴨綠江가에 짐바리를 내버리고 갔는데, 짐 보따리 속에 陽明의 문집이 있었다. 양명의 글이 아직 우리나라에 들어오지 않았던 시절이다. 내가 그것을 발견하고 너무 기뻐서 아버님의 허락을 받아 글씨 잘 쓰는 아전을 시켜 베껴 두었다. 그리고 상자에 담아 소중하게 간직한 지 어느덧 35년이 흘렀다.[9]

류성룡의 기록에 등장하는 심통원이 과도한 짐바리 때문에 대간의 탄핵을 받은 것은 명종 11년(1556)이었다.[10] 따라서 류성룡 연보와 실록의 기록들을 종합해 보면 류성룡이 심통원의 짐 보따리 속에서 『양명집』을 발견한 것은 그의 나이 15세 때였을 것이다. 류성룡이 위의 내용을 기록한 것은 선조 26년(1593)년 9월 8일로 37년 전의 일을 더듬어 기록한 것이기 때문에 『양명집』을 처음 접한 시기에 대한 기억에 착오가 생긴 것이다.

---

[7] 『명종실록』, 10년 윤11월 21일.
[8] 『西厓全書』, 「年譜」, 卷1.
[9] 『西厓全書』, 本集 卷18, 跋, 「書陽明集後」 "余年十七 趨庭義州 適謝恩使沈通源自燕京回 臺劾不檢罷 棄重于鴨綠江邊而去 行槖中有此集 時陽明之文未及東來 余見之而喜 遂白諸先君 令州吏善寫者謄出 旣而藏篋笥中 忽忽三十有五年"
[10] 『명종실록』, 11년 8월 11일 ; 11월 2일.

위의 기록처럼 류성룡은 자신이 조선에서 처음으로 양명학을 접한 것으로 회상했지만, 사실 양명학은 그보다 훨씬 이른 시기인 중종 16년(1521) 이전에 이미 조선에 전래되었다. 그 후 양명학은 주자학이 심학화되는 분위기 속에서 조선의 지식인들에게 자연스럽게 수용되었다. 명종 21년(1566)에 李滉이 양명학의 성행을 우려했던 것은 바로 이러한 분위를 반영한 것이었다.11) 따라서 류성룡이 양명집을 발견하고 아버지의 허락하에 아전을 시켜 베껴둘 수 있었던 것도 양명학에 대한 관심을 금기시하지 않던 자유로운 학술 풍토가 형성되어 있었기 때문에 가능한 것이었다.

그런데 류성룡이 양명학을 처음 접했다는 사실보다 더 중요한 것은 『양명집』을 대하는 그의 태도였다. 류성룡은 그때 발견한 『양명집』을 다른 책들과 달리 상자에 담아 소중히 보관했다. 그리고 그렇게 보관된 책은 임진왜란의 와중에 류성룡의 옛집과 서적들이 불탔을 때도 온전히 보존되었다. 그래서 그는 35년(실제로는 37년) 전의 기억을 더듬어 갖고 있던 『양명집』 뒤에 소장 내력을 기록해 그간의 감회를 정리했던 것이다.

물론 류성룡이 추구한 학문의 지향점은 기본적으로 성리학이었다. 그는 21세 때(1562)에 陶山으로 이황을 찾아가 수개월간 『近思錄』 등을 배우고 성리학에 전념하기 시작했다. 그가 이황으로부터 "하늘이 낸 사람이다. 훗날 반드시 큰일을 할 것이다."라고 극찬을 받은 것도 이때였다. 그 후 그는 28세 때(1569) 聖節使의 書狀官 兼 司憲府 監察로 발탁돼 연경을 방문했다. 당시 그는 명나라 태학생들이 王守仁과 陳獻章을 道學의 宗主로 삼고 있다는 말을 듣고, 자신은 薛瑄의 학문을 으뜸으로 삼는다며 이단에 경도되어 있는 그들의 학문적 태도를 논박하고 이황이 지은 『聖學十圖』를 보여주었다. 이처럼 그는 명나라의 학문 동향에 해박했고, 이황으로 대표되는

---

11) 吳鍾逸, 「陽明 傳習錄 傳來考」, 『哲學研究』 5, 1978.

조선 성리학에 대한 자부심을 유감없이 드러냈다. 다음해에 연경에서 귀국한 뒤 스승 이황에게 명나라 태학생들과의 대화를 보고하자, 스승으로부터 온 천하에 퍼진 陸象山과 불교의 학설을 정론으로 꺾었다는 찬사를 들었다.12) 이황이 66세 때(1566) 『傳習錄論辯』을 써서 양명학의 이단성을 강력히 비판하며 금기시하던 시절의 학문 분위기가 반영된 것이었다.13)

그러나 류성룡의 양명학에 대한 학문적 호기심은 그 뒤에도 수그러들지 않았던 것으로 보인다. 오히려 그는 연경에서 귀국한 뒤인 선조 3년(1570, 29세)과 선조 4년(1571, 30세) 무렵에는 陸九淵의 象山學에도 관심을 가졌고, 육구연의 이론 중 경계될 만한 말을 초록해 책을 만들어 항상 가지고 다닐 정도로 심취했었다. 더욱이 당시에는 朱熹가 육구연을 공격한 것이 너무 지나치다고 의심할 만큼 상산학에 빠져 있었다. 물론 그는 부친상을 당한 32세 이후 居喪 중에 『大慧語錄』과 『證道歌』 등과 같은 불교 서적을 읽고 육구연이 改頭換面해 유가의 학설로 꾸몄을 뿐이라는 사실을 확인하고 주자학에만 매진했다고 술회하기도 했다.14)

사실 류성룡 당시의 조선에서는 주희와 논쟁을 벌였던 육구연의 상산학뿐만 아니라 양명학도 엄중한 금기의 대상이 되어가고 있었다. 조선의 학풍이 전적으로 陸王學을 배척한 이황의 영향하에서 발전하고 있었기 때문이다. 따라서 이황의 제자였던 류성룡도 양명학을 비판하는 대열에선 예외일 수 없었다. 류성룡은 그의 문인 金弘微에게 보내는 편지에서 자신의 육왕학에 대한 입장을 다음과 같이 밝혔다.

환하게 밝은 진리가 눈앞에 있으니 비록 陸象山과 王陽明이 지금 태어난

---

12) 『西厓全書』, 「年譜」, 卷1.
13) 吳鍾逸, 앞의 글, 1978, 72쪽.
14) 『西厓全書』, 本集 卷15, 雜著, 「象山學與佛一樣」.

다고 해도 나는 얼른 굽히지 않겠다. 하물며 지금의 餔糟啜醨(하는 일 없이 식록을 타 먹음)하는 사람들이야 천명이 있다 해도 나의 머리털 하나인들 까딱할 수 있겠는가? 자네 같은 사람들은 후배들 가운데서 으뜸 되는 이로서, 지식이 풍부하고 배운 바가 넓으며 소견도 또한 이치에 어긋나지 않으니, 아무쪼록 열심히 공부하여 異說에 흔들리지 않는다면 어찌 사귀는 사람끼리의 다행함에 그치고 말겠는가?[15]

그러나 류성룡은 양명학을 무조건 배척하지만은 않았다. 그래서 그는 이황의 문하에서 함께 수학한 선배 趙穆으로부터 불교 관계 서적을 읽는다고 의심한 편지를 받기도 했다. 그러자 류성룡은 조목에게 답장을 보내 이웃의 중으로부터 불교 서적을 건네받기는 했지만, 그 책을 다 읽지도 않았으며, 불교의 결함에 대해서는 자신도 익히 알고 있다고 해명했다. 류성룡은 이 편지에서 양명학에 대한 자신의 기본적인 입장도 다음과 같이 밝혔다.

저 강서의 학문[16]은 길은 비록 다르다 하더라도 마음과 몸의 공부는 우연히 이루어진 것이 아니니, 한가롭게 세월이나 보내는 자들이 미칠 바가 아닙니다. 그러나 그 잘못된 점을 말하자면 선현들의 변론이 있고, 그 어려운 점에 대해 말하자면 성룡으로서는 쉽게 본받을 수 있는 것이 아니었습니다.[17]

또한 류성룡은 曹植의 문인이었던 金宇顒으로부터도 그가 선학에 경도

---

15) 『西厓全書』, 本集 卷11, 書,「與金昌遠」"然道理昭然 只在眼前 雖使象山 陽明生今之世 僕未應據豎堅幡 矧今世之所謂餔糟啜醨者雖百千 寧能動吾之一髮哉 如君者 後生中翹楚 識富而學博 所見亦未乖角 千萬勉之 而勿爲異說所撓 則豈但交遊之幸而已哉"
16) 강서의 학문이란 남송의 육구연이 강서 金溪 출신이기 때문에 붙여진 것인데, 육구연과 왕양명의 학문을 통칭한 육왕학의 별칭으로 쓰이기도 했다.
17) 『西厓全書』, 本集 卷10, 書,「答趙士敬」"夫江西之學 路脈雖差 而心身用功 亦非偶然 非悠悠者所可及 言其非則有先賢之辨論 言其難則非成龍所易效"

되어 있다는 비판을 받았다. 이에 대해 류성룡은 선학을 경계하라는 충고는 받아들였지만, 양명학의 장점도 다음과 같이 강조했다.

> 禪學에 관한 경계의 말씀은 매우 통절합니다. 그러나 江西의 異學은 老先生(이황)께서 참으로 이미 충분히 통절하게 물리치셨으며, 유가에서 이를 대대로 지켜 온 것은 지금 설명을 들을 필요도 없는 분명한 일입니다. 다만 정신적으로 깨달은 장점은 저절로 가려질 수 없어서 전대의 현인들도 이를 취했던 것이니, 그것이 어찌 해롭다고만 하겠습니까?[18]

이처럼 류성룡이 양명학에 관심을 가졌다는 사실은 북인뿐만 아니라 남인 내부에서도 비판의 소재가 되었다. 이에 대한 류성룡의 입장은 두 가지로 압축될 수 있다. 첫째, 류성룡은 양명학이 이학 즉 異端이라는 점을 분명히 지적했다. 둘째, 그럼에도 불구하고 그는 마음과 몸의 공부 측면에서 양명학이 이룩한 높은 학문적 수준을 긍정했고, 양명학의 그러한 장점은 선대의 학자들도 인정한 바 있다는 점을 강조했다. 요컨대 류성룡은 양명학에 대한 비판적 관점을 유지하면서도 주자학의 단점을 보완할 수 있는 양명학의 유용성을 굳이 배척할 필요는 없다고 판단했던 것이다.

우선 양명학을 이단으로 간주하는 류성룡의 입장은 선조와 나눈 다음 두 번의 대화에서도 분명히 드러났다. 첫째, 선조 21년(1588, 47세) 경연에서 선조가 왕양명의 '致良知'와 '心卽理'의 학설을 긍정하자, 류성룡은 心術과 학문의 차원에서 양명학의 오류를 적극적으로 설명했다.[19] 둘째, 선조 27년(1594, 53세)에도 선조가 '치양지'에 대해 묻자, 류성룡은 그 말은 거짓(此言僞矣)이라고 한마디로 일축했다.[20]

---

[18] 『西厓全書』, 本集 卷11, 書, 「答金肅夫 宇顒」 "禪學之戒甚切 然江西異學 老先生固已十分痛闢 儒家世守 今不待辨說而明 至如心神上所得長處 自不可拚 前賢亦取之矣 庸何傷哉"

[19] 『西厓全書』, 「年譜」, 卷1.

다음으로 류성룡이 양명학의 유용성을 인정한 점은 역설적이지만 선조와 양명학에 관해 나눈 두 번째의 대화에서 드러났다. 당시 대화에서 선조는 왕양명에게 당시의 전란을 경략하게 한다면 적을 소탕할 수 있을 것이라고 말하자, 류성룡은 "양명의 학문은 상산과 달리 운용하는 곳이 많이 있다(異於象山 蓋陽明多有運用處矣)"고 답했다. 류성룡은 적어도 현실적 차원에서 양명학의 유용성을 긍정했던 것이다.

그렇기 때문에 류성룡은 어린 시절 우연히 입수한 『양명집』을 평생 소중히 간직했다. 게다가 그는 63세 때(1604)도 『양명집』을 읽고 독후감과 시 두 수를 남겼고, 64세 때(1605)는 「知行說」과 「知行合一說」을 지었다. 물론 내용은 양명학에 대한 비판적 입장을 드러낸 것이지만, 그에게 『양명집』은 만년까지 읽고 또 읽을 정도로 중요한 독서 대상이었다.[21]

3. 류성룡의 양명학 이해와 지양

류성룡은 21세 때 이황의 문하에서 수학하기 시작한 이후 줄곧 성리학을 그의 학문의 중심으로 삼았다.[22] 그러나 그의 양명학에 대한 지속적인 관심은 그로 하여금 학문과 현실에 대해 개방적이고 실용적인 태도를 취

---

[20] 『선조실록』, 27년 7월 17일.
[21] 안영상은 류성룡에게 양명학에 대한 긍정적인 생각이 있었고, 이러한 생각은 젊어서나 늙어서나 크게 변하지 않았다고 평가했다. 安泳翔, 「西厓 柳成龍의 陽明學觀에 對한 再檢討」, 『儒敎思想硏究』 38, 2009, 93쪽. 한편 홍원식은 류성룡이 일생토록 양명학에 대한 관심을 끊지 않은 것은 양명학 안에 그가 중시하는 심학적 요소가 있었기 때문이라고 평가했다. 홍원식, 「서애 유성룡의 양명학에 대한 관심과 퇴계심학의 전개」, 『陽明學』 31, 2012, 165쪽.
[22] 최종호는 류성룡이 주자 성리학의 관점에서 비판의 대상으로 양명학에 관심을 기울였다고 평가했다. 崔鍾虎, 앞의 글, 2005 ; 崔鍾虎, 「西厓 柳成龍의 陽明學 批判」, 『東亞人文學』 38, 2017.

하게 했다.23) 더 나아가 그는 주자학이나 양명학 어느 한 쪽에 매몰되지 않고 양자를 종합해 지양하려 했다.24) 이처럼 류성룡이 주자 성리학의 학문적 권위에 압도되지 않고 비교적 자유롭게 자신의 견해를 피력할 수 있었던 것은 다음과 같은 그의 독서법을 통해서였다.

> 무릇 책을 읽을 때는 註解를 먼저 봐서는 안 된다. 우선 經文을 반복해서 상세히 음미해 자기 나름대로 새로운 뜻을 갖게 될 때까지 기다렸다가 다시 주해를 참고해 비교하면, 거의 經의 뜻이 환해져서 엉뚱한 해설에 가리지 않게 된다. 만약 먼저 주해를 본다면 그 주해의 말이 내 마음에 걸려 자기 나름대로는 끝내 새로운 뜻을 갖지 못할 것이다.25)

류성룡은 독서할 때 다른 사람의 해석보다는 경전의 원문에 충실해야 한다고 생각했다. 다른 사람의 해석에 의존할 경우 고전에 담긴 진의를 왜곡할 수 있고, 자신의 창의적인 생각과 해석을 제약할 수 있다고 판단했기 때문이다. 류성룡은 육구연과 왕양명을 직접 인용하지는 않았지만, 그의 발상은 "육경은 모두 나의 각주"라는 육구연의 주장26) 및 "육경은 내 마음의 기록"이라는 왕양명의 주장27)과 유사하다.

경전의 원문에 충실해야 한다는 류성룡의 주장은 독서 그 자체보다는

---

23) 금장태는 류성룡이 경학에 있어서도 주자의 주석을 고수하는 태도가 아니라 새로운 해석태도의 열린 사고를 보여준다고 평가했으며(금장태, 앞의 글, 1995, 20쪽), 이수건은 그가 經史와 文吏를 겸비한 실용적 학문을 중시했다고 평가했다(이수건, 앞의 글, 1995, 5쪽).
24) 안영상은 류성룡이 성리학을 바탕으로 양명학을 재검토하려 했다고 평가했고(安泳翔, 앞의 글, 2009, 97쪽), 홍원식은 류성룡이 퇴계 심학의 연장선상에서 주자학과 양명학의 경계를 넘나들었다고 평가했다(홍원식, 앞의 글, 2012).
25) 『西厓全書』, 本集 卷15, 雜著, 「讀書法」 "凡讀書 不可先看註解 且將經文反覆而詳味之 待自家有新意 卻以註解參校 庶乎經意昭然 而不爲他說所蔽 若先看註解 則被其說橫吾胷中 自家竟無新意矣"
26) 『象山語錄』, 卷1 "六經皆我註脚"
27) 『王文成全書』, 卷7, 「稽山書院尊經閣記」 "故六經者吾心之記籍也"

사색을 중시하는 발상에 근거한다. 물론 공자가 "배우기만 하고 생각하지 않으면 얻음이 없고, 생각만 하고 배우지 않으면 위태롭다"고 말했듯이,[28] 유학은 독서와 사색을 兼全하는 공부를 중시한다. 그러나 주자 성리학이 국가 이데올로기로 채택된 조선에서는 과거에 응시하기 위한 수단으로서의 경전에 대한 기능적 독서가 중요해졌고, 그 결과 경전에 대한 치밀한 천착과 사색은 경시되는 경향이 나타났다. 그래서 류성룡은 사색의 중요성을 강조하며 다음과 같이 말했다.[29]

> 성현의 학문은 오로지 생각을 주로 하는 것이다. 생각하지 않으면 口耳之學일 따름이니, 비록 [구이지학이] 많다 하더라도 무엇에 쓰겠는가? 어떤 사람이 입으로는 다섯 수레의 책을 외지만, 그 뜻을 물으면 까마득히 모른다. 그것은 다름이 아니라 생각하지 않기 때문이다. 思란 글자는 밭 田 밑에 마음 心을 붙인 것이니, 밭(田)이란 갈아 다스린다는 뜻이다. 사람이 마음의 밭(心田)을 잘 갈아 다스리기를 농부가 잡초(稂莠)를 제거하여 좋은 곡식을 기르는 것과 같이 한다면, 마음(心)이 이로 말미암아 바르게 되고 뜻이 이로 말미암아 성실해져서, 악한 생각이 물러나고 天理가 저절로 밝아질 것이다. 精一의 공부도 이와 같을 뿐이다.[30]

류성룡이 말하는 구이지학이란 귀로 들은 것을 그대로 남에게 전달하기만 할 뿐, 결국 자기의 견해는 전혀 내세우지 못하는 공부다. 그가 보기에 구이지학의 폐단에 빠지는 이유는 생각하지 않기 때문이다. 그에 따르면,

---

[28] 『論語』,「爲政」"學而不思則罔 思而不學則殆"
[29] 이우성은 류성룡이 사색의 중요성을 강조함으로써 조선의 학문을 學習主義로부터 思索主義로 일대 전환시키려 했다고 평가했다. 李佑成,「西厓先生의 學問方法과「新意」論」, 李載浩 편,『西厓 柳成龍의 經世思想과 救國政策 (上)』, 서울: 책보출판사, 2005, 5쪽.
[30] 『西厓全書』, 本集 卷15, 雜著,「學以思爲主」"聖賢之學 專以思爲主 非思則口耳之學 雖多奚爲 今有人 口誦五車書 問其義則冥然莫知者 無他 不思故耳 盖思字 從田從心 田者 耕治之義 人能耕治心田 如農夫之去稂莠而養嘉穀 則心由是正 意由是誠 惡念退聽而天理自明矣 精一之學 如斯而已"

생각(思)은 글자 그대로 마음의 밭(心田)이기 때문에 생각을 키우는 방법은 농부가 하듯이 마음의 밭을 정성스럽게 가는 것이다. 류성룡은 이처럼 마음의 문제를 중시했기 때문에, "만물은 비록 밖에 있지만, 이치는 내 마음에 있다. 생각하면 통하지 않는 것이 없으니, 만물이 모두 나에게 갖추어져 있음을 알 수 있다"고 했다.31) 이 말은 왕양명이 "심즉리일 뿐이다. 세상에는 마음 밖의 일, 마음 밖의 이치가 존재하지 않는다"고 한 말과 유사하다.32)

류성룡의 유학 경전에 대한 독창적인 견해는 그의 『大學』에 대한 해석에서 잘 나타난다. 그가 『대학』을 중시했다는 사실은 그가 「大學沿革編次」, 「大學」, 「大學章句補遺」와 같은 글을 남겼고, 「讀大學有感」이라는 시를 지었던 것에도 확인할 수 있다.

우선 그는 「대학연혁편차」에서 『禮記』에 들어 있던 『대학』의 원본인 古本大學, 程顥의 개정본, 程頤의 개정본, 그리고 주희의 개정본을 차례로 비교하고, 여러 학설들을 참고하여 자신의 견해를 덧붙였다. 류성룡이 『대학』을 해석하는 데 있어서 기준점으로 삼은 것은 그가 스스로 밝혔듯이, 주희의 『大學章句』였다. 그럼에도 불구하고 그는 『대학장구』를 맹목적으로 따르지는 않았다.33) 특히 주희는 『대학』의 원본에 '格物致知'에 대한 해설이 빠져 있다고 판단하고 빠진 부분을 보충하는 補亡章을 새로 지어 붙였는데, 류성룡은 보망장의 필요성을 부인하며 다음과 같이 주장했다.

> 한 部의 『대학』이 처음부터 끝까지 격물치지의 공부가 아닌 것이 없다. 굳

---

31) 『西厓全書』, 本集 卷15, 雜著, 「萬物皆備於我」 "物雖在外 而理在吾心 思之則無所不通 可知萬物皆備於我也"
32) 『王文成全書』, 卷1, 『傳習錄』 上, 3 "心卽理也 天下又有心外之事心外之理乎"
33) 장승구는 류성룡이 주희의 『대학장구』 체제에 대해 의문을 제기한 것은 양명학의 영향 때문이라고 추론했다. 장승구, 「류성룡의 철학과 경세론 연구」, 『퇴계학보』 134, 2013, 52쪽.

이 별도로 하나의 傳을 독립시켜 격물치지를 해설할 필요는 없다.34)

주희의 보망장을 불필요한 것으로 간주하는 류성룡의 견해는 일관되고 확고했다. 그는 「대학장구보유」에서도 "격물치지의 장은 별도로 만들 필요가 없다"고 강조했고,35) 「대학」이라는 논설에서도 "『대학』 한 部는 처음부터 끝까지 모두 격물치지에 관한 논의로 일관되어 있다"고 주장했다.36) 류성룡의 격물치지에 대한 독창적인 주장은 「格物說」에 잘 나타나 있다. 그는 「격물설」에서 다음과 같이 말했다.

> 『대학』에서는 致知는 格物에 있다고 말했다. 程子와 朱子는 格을 至로 해석했고, 物을 事로 해석했다. 처음 학문하는 길은 사물의 이치를 깊이 궁구해 그 지극한 데 이르기를 구하는 것이므로, 치지의 해설로서는 참으로 충분해서 더할 나위가 없다. 근세에 왕양명은 설을 달리해 격을 바름(正)으로 해석하고, 물을 마음의 물(心之物), 생각의 물(意之物)로 해석했다.37)

격물을 해석하는 류성룡의 관점은 기본적으로 주희의 입장을 따르고 있다. 그러나 류성룡은 주희의 해석을 묵수하지는 않았다. 우선 그는 「격물설」의 이어지는 글에서 '格'을 '이르다(至)'와 '바로잡다(正)'로 해석하는 여러 용례들을 경전에서 발췌해 제시하며, '격' 한 글자에 '지'와 '정'의 뜻이 동시에 함축되어 있다고 주장했다.38) 게다가 이 글에서 그는 물과 사를 동

---

34) 『西厓全書』, 續集, 拾遺, 「大學沿革編次」 "一部大學 自始至終 無非格致之功 似不必別立一傳 爲格物致知也"
35) 『西厓全書』, 本集 卷15, 雜著, 「大學章句補遺」 "且愚意常以爲格致章 不必別立"
36) 『西厓全書』, 本集 卷15, 雜著, 「大學」 "大學一部 從頭至尾 皆格物致知也"
37) 『西厓全書』, 續集, 拾遺, 「格物說」 "大學言致知在格物 程朱子以格爲至 以物爲事 始學之道 在窮至事物之理 以求至于其極 其於致知之說 固十分無餘蘊矣 近世王陽明 獨異其說 以格爲正 以物爲心之物 意之物"
38) 류성룡은 선조 33년(1600, 59세)에 지은 그의 시 「讀大學有感十首」 중 9번째 수에서도 '격' 자

일시하는 주자의 견해와 달리, "비록 물은 사에서 떨어질 수 없고 사는 물에서 벗어날 수 없지만, 결국 물은 스스로 물이고 사는 스스로 사"라는 자신의 입장을 제시했다.39) 특히 류성룡의 격물설이 양명학과 연관되어 있는 부분은 그가 격물치지를 마음의 공부로 간주하는 다음과 같은 발언이다.

『대학』三綱領 중 明明德은 이른바 격물치지를 실제로 밝히는 공부다. 하나의 明 자가 이미 격물, 치지, 성의, 정심, 수신을 포괄하고 있어서 欠缺이 보이지 않는다. 이것이 곧 마음의 공부니, 마음을 버리고 격물치지를 말할 수 없다.40)

『대학』의 삼강령은 명명덕, 親民, 止於至善이다. 그중에서 류성룡은 명명덕을 격물치지와 바로 연관시켰다. 류성룡의 이 발언은 "격물치지에서 평천하에 이르게 되는 과정이란 단지 명덕을 밝히는 것일 따름"이라고 했던 왕수인의 발언과 같은 맥락에서 해석될 수 있다.41) 더욱이 류성룡은 친민을 新民으로 고쳐 해석했던 주희와 달리, 왕수인과 마찬가지로 고본대학에 따라 친민으로 해석했다.42) 이 점을 류성룡은 다음과 같이 언급했다.

에 두 가지 뜻이 담겨 있다고 주장했다. 『西厓全書』, 本集 卷2, 詩 "格字應須兩義兼"
39) 『西厓全書』, 續集, 拾遺, 「格物說」 "雖物不離於事 事不外於物 而畢竟物自物 事自事"
40) 『西厓全書』, 續集, 拾遺, 「格物說」 "三綱領明明德 所謂格物致知實明之工 一明字 已包括格致誠正修 不見欠缺 此乃正是心上工夫 不可捨心而言格致也"
41) 『王文成全書』, 卷1, 『傳習錄』上, 89 "自格物致知至平天下 只是一箇明明德"
42) 주자학의 신민은 상급자인 위정자가 하급자인 백성들을 교화한다는 의미를 내포하고 있지만, 상하 간의 계급관계를 부정하는 양명학에서 친민의 親은 대등한 주체인 인간이 상호간에 친함과 사랑으로 대하는 것을 의미한다. 김세정, 「양명 심학과 퇴계 심학의 비교 연구: 양명의 주자학 비판과 퇴계의 양명학 비판을 중심으로」, 『동서철학연구』 43, 2007, 297~298쪽. 이 점에서 왕수인은 친민이라고 하면 가르친다는 의미와 양육한다는 의미를 겸하게 되지만, 신민이라고 하면 가르친다는 의미에 치우치게 된다고 주장했다. 『王文成全書』, 卷1, 傳習錄上, 1.

『대학』의 道는 明明德에 있으며, 親民에 있으며, 止於至善에 있다고 한다. 이것은 대학의 도가 다른 데 있지 않고, 오직 이 세 가지에 있다는 것이다. 이른바 명명덕은 곧 이른바 誠意와 正心과 修身이며, 친민이란 곧 이른바 齊家와 治國과 平天下이며, 지선이란 또한 명덕과 친민의 標準이다.43)

앞에서 언급했듯이, 류성룡은 『대학』 전체가 격물치지로 관통되어 있다고 판단했다. 그리고 위의 인용문처럼 그는 성의와 정심과 수신을 명명덕 차원의 실천으로 이해했고, 제가와 치국과 평천하를 친민 차원의 실천으로 이해했다. 이처럼 류성룡은 『대학』 해석에 양명학적인 요소를 가미함으로써 명명덕(수신)과 신민(치인)을 분리시켰던 주자학과 달리 명명덕(수신)과 친민(치인)을 실천의 차원에서 내재적으로 통합시키고자 했다. 이때 지선은 명명덕과 친민을 통합시키는 최종 목표이자 실천의 기준이었다. 류성룡이 명명덕(수신)과 친민(치인)의 차원에서 실천지향적으로 『대학』을 해석한 부분은 다음과 같은 언급에 잘 나타나 있다.

『대학』 한 부는 처음부터 끝까지 모두 격물치지이고, 그 요점은 止 한 글자에 있다. 뜻은 마땅히 정성스러운 데 그쳐야 하며, 마음은 마땅히 바른 데 그쳐야 하며, 몸은 마땅히 닦는 데 그쳐야 하며, 집은 가지런한 데 그치고, 나라는 잘 다스려지는 데 그치며, 천하는 태평한 데 그친다. 임금은 仁에 그치며, 어버이는 자애로운 데 그치고, 아들은 孝에 그치고, 벗은 믿음에 그친다.44)

---

43) 『西厓全書』, 續集, 拾遺, 「大學沿革編次」 "如大壑之道 在明明德 在親民 在止於至善 此言大學之道 不在於他 惟在此三者 所謂明明德 卽所謂誠意正心修身 親民卽所謂齊家治國平天下 至善者 又明德親民之標準也"
44) 『西厓全書』, 本集 卷15, 雜著, 「大學」 "大學一部 從頭至尾 皆格物致知也 其要在一止字 意當止於誠 心當止於正 身當止於修 以至家止於齊 國止於治 天下止於平 君止於仁 父止於慈 子止於孝 朋友止於信"

위 인용문에서 알 수 있듯이, 우선 류성룡은 격물치지의 실천적 목표를 지선의 상태에 도달하는 것(止於至善)으로 설정했다. 다음으로 그는 격물치지의 실천을 각론 수준에서는 誠과 正과 修라는 명명덕 차원의 실천과 齊와 治와 平이라는 친민 차원의 실천으로 연결시켰다. 마지막으로 그는 격물치지가 실현되는 구체적이고 현실적인 실천윤리의 범주로 仁과 慈와 孝와 信을 지목했다. 이것은 왕양명이 "순수한 천리의 마음을 부모를 섬기는 데 드러낸 것이 孝이고, 임금을 섬기는 데 드러낸 것이 忠이며, 벗과 사귀고 백성을 다스리는 데 드러낸 것이 信과 仁"이라고 지적했듯이,45) 윤리적 실천의 문제를 대상에서 찾는 것이 아니라 자신의 내면에서 찾으려는 발상이다.

그러나 류성룡은 주자학을 묵수하지 않았던 것처럼, 양명학을 맹종하지도 않았다. 그는 양명학의 새로운 관점을 원용해 주희 학설의 미비점을 보완하려 했지만, 그가 양명학을 비판했던 기준 역시 주자 성리학이었다. 그의 양명학에 대한 비판은 주로 良知說과 知行合一說에 집중되어 있다.46) 우선 류성룡은 왕양명의 양지설을 다음과 같이 비판했다.

> 양명학이 주자학과 배치되는 가장 큰 요지는 致知格物 네 글자에 별도의 의견을 세운 데 있다. 주자는 "사람의 영명한 마음은 모르는 것이 없고, 천하의 만물에는 이치가 없는 것이 없다"고 했다. 사람으로 하여금 사물에 나아가 이치를 탐구(窮理)하여 앎에 이르게(致知) 하려는 것이다. 양명은 이치는 내 마음에 있으므로 밖에서 찾을 수 없다고 여겼다. 그가 논한 학문은 한결같이 良知를 위주로 했다.47)

---

45) 『王文成全書』, 卷1, 『傳習錄』 上, 3 "以此純乎天理之心 發之事父便是孝 發之事君便是忠 發之交友治民便是信與仁"
46) 김용재는 『서애전서』에 실린 류성룡의 양명학에 대한 언급이 모두 7개 조목에 걸쳐 나타난다고 분석했다. 김용재, 「西厓 柳成龍의 陽明學 理解와 批判에 關한 考察」, 『陽明學』 23, 2009.

류성룡에 따르면, 왕수인은 오로지 양지에 도달하는 것(致良知)만을 학문의 본령으로 삼았기 때문에, 주희의 이론을 支離하여 밖으로만 달린다고 헐뜯을 수밖에 없었다.[48] 그러나 류성룡이 보기에 왕수인의 가장 큰 문제점은 궁리의 효용을 부정하고 양지의 본능만을 강조했다는 점에 있었다. 그는 궁리를 배척하고 양지만을 강조하는 경우 발생할 수 있는 현실적인 문제점을 다음과 같이 지적했다.

> 만약 서책을 내던져 놓고, 방안에 앉아서 눈을 조용히 감고, 오직 본심의 양지 사이에서만 일을 하려고 한다면, 비록 일시적으로 응집된 역량은 조금 발휘할 수 있지만, 그러나 이른바 작은 예의범절 3천 가지와 큰 강령이 되는 예의 3백 가지라는 광대한 조목을 실행하고, 정미함까지 다 완성하는 것에는 결국 성인과 같아지지는 못할 것이다.[49]

류성룡은 이와 거의 같은 내용의 주장을 「王陽明以良知爲學」에서도 언급한 바 있다. 앞에서도 언급했듯이, 류성룡은 왕양명과 유사하게 "이치는 내 마음에 있다"고 했지만, 양지만으로는 복잡한 현실에 적절하게 대처할 수 없다고 판단했던 것이다. 그래서 류성룡은 다시 주자학으로 돌아가 주자학에서 대안을 찾아냈다. 류성룡이 보기에 주자학은 안(마음)과 밖(사물)의 종합을 추구했기 때문에 양명학의 대안이 될 수 있었다. 류성룡은 이 점을 다음과 같이 말했다.

---

47) 『西厓全書』, 本集 卷2, 詩, 「讀陽明集有感二首」 "陽明 與朱子學背馳 大要只在於致知格物四字上 別立意見 朱子謂人心之靈 莫不有知 天下之物 莫不有理 使人卽物窮理 以致其知 陽明則以 爲理在吾心 不可外索 其論學 一以良知爲主"
48) 『西厓全書』, 本集 卷15, 雜著, 「王陽明以良知爲學」 "王陽明專以致良知爲學 而反詆朱子之論 爲支離外馳"
49) 『西厓全書』, 本集 卷2, 詩, 「讀陽明集有感二首」 "若捐去書册 瞑目一室 但事於本心良知之間 則雖一時凝定之力稍若有得 而所謂三千三百 致廣大盡精微者 終不能如聖人矣"

옛날에 맹자는 이치(理)와 의리(義)가 사람의 마음을 기쁘게 한다고 논할 때에는 반드시 귀와 눈을 가지고 비유했다.50) 대체로 사람들이 쉽게 이해할 수 있는 것을 가지고 그 뜻을 명확하게 한 것이다. 무릇 눈이란 본시 천하의 색채를 보는 데 충분하지만, 천하에 색채라는 것이 없다면, 눈이 어떻게 볼 수 있겠는가? 귀는 본시 천하의 소리를 듣는 데 충분하지만, 소리라는 것이 없다면, 귀가 어떻게 들을 수 있겠는가? 입은 본시 천하의 음식 맛을 변별하는 데 충분하지만, 천하에 맛이란 것이 없다면, 입이 어떻게 분별해낼 수 있겠는가? 이것은 진실로 안과 밖을 합친 방법이다. 오로지 안에 있는 것만 옳고 밖에 있는 것은 그르다고 해서는 안 되는 것이다.51)

류성룡은 63세(선조 37년, 1604) 때 『양명집』을 다시 읽고 그 감회를 시로 풀어내며, 위와 같은 논리로 양명학의 양지설을 반박하는 서문을 덧붙였다.52) 특히 그는 서문의 말미에 구이지학의 폐단을 개탄하며, 왕수인은 그 폐해를 바로 잡으려다 도리어 극단으로 치닫게 되었다(矯枉而過直)고 비판했다.53) 그의 이러한 감회에 임진왜란을 겪은 자신의 경험이 투영되었다는 것을 전제로 한다면, 그 의미는 두 가지 맥락에서 파악될 수 있다. 첫째는 조선의 주자학이 구이지학으로 흘러 조선 초유의 국난에 효과적으로 대응하지 못했다는 반성이다.54) 둘째는 양명학이 구이지학의 풍토를

---

50) 맹자가 말한 "이치와 의리가 우리의 마음을 기쁘게 한다(理義之悅我心)"는 말은 『맹자(孟子)』, 고자장구 상(告子章句 上)의 7장에 나온다.
51) 『西厓全書』, 本集 卷2, 詩, 「讀陽明集有感二首」 "昔孟子論理義之悅心 必以耳目爲喻 盖就人之所易知者以明之也 夫目 固足以見天下之色 然天下無色 則目何有見 耳固足以聽天下之聲 然天下無聲 則耳何所聽 口固足以辨天下之味 然天下無味 則口何所辨 斯固合內外之道 不可專以在內者爲是 而在外者爲非也"
52) 『西厓全書』, 「年譜」, 卷2.
53) 류성룡의 왕수인에 대한 비슷한 맥락의 비판은 다음과 같은 글에서도 나타난다. "왕양명이 宋末에 나타난 文義의 폐해를 구제하려고 오로지 本心만을 위한 학설을 주장했으나, 그 학설의 폐해가 도리어 문의로 인한 폐해보다 더 심했음을 알지 못했다." 『西厓全書』, 本集 卷15, 雜著, 「王陽明」 "陽明欲救宋末文義之弊 而專爲本心之說 不知其流弊 反有甚於文義也"
54) 「독양명집유감」의 둘째 수 제목 "세속적 학문을 바로잡고 자신을 경계하다(救俗學且自警)"가 이러한 문제의식을 반영하고 있다.

개선할 자극제가 될 수는 있지만, 양명학 자체는 지나치게 이상적이어서 현실적 대안이 되기에 적합하지 않다는 판단이다.55)

류성룡이 양명학을 비판했던 두 번째 논점은 지행합일설이었다. 류성룡은 64세 때 「知行說」과 「知行合一說」을 써서 양명학을 비판했다. 그가 비판했던 지행합일설의 초점은 "앎(知)은 행위(行)의 시작이고, 행위는 앎의 완성이다. 성인의 학문은 다만 하나의 공부니, 앎과 행위를 두 가지 일로 나눌 수 없다"는 주장이다.56) 이에 대해 류성룡은 우선 지식의 중요성을 다음과 같이 강조했다.

성현의 학문은 비록 행위에 중점을 둔다 하더라도 각별히 지식을 소중히 여겼다. 비록 행위가 독실하더라도 지식이 따르지 않으면 배운 것이 밖으로 드러나지 않고, 행위를 바르게 살피지 못하게 된다. 이런 사람을 善人이나 君子라고는 말할 수 있지만, 끝내 깊숙한 곳에 통하여 지극한 데 이르기에는 부족하다.57)

그런데 여기에서 류성룡이 말하는 지식이란 단순한 기교나 세속적인 지식을 의미하는 것은 아니었다. 그에게 있어서 지식은 일의 始終과 本末을 관통하는 통섭적 지식이자 진리를 의미했다. 그래서 그는 공자가 말한 "아침에 도를 들으면 저녁에 죽어도 좋다"58)라는 말을 인용하며 다음과 같이 말했다. "언어와 문자의 지엽적인 것을 주워 모아 性을 논하고 理를 논하

---

55) 「독양명집유감」의 첫째 수 제목 "양명학설을 논박하다(闢陽明說)"는 이러한 문제의식을 반영하고 있다.
56) 『王文成全書』, 卷1, 『傳習錄』 上, 26 "知者行之始 行者知之成 聖學只一箇工夫 知行不可分作兩事"
57) 『西厓全書』, 本集 卷15, 雜著, 「知行說」 "聖賢之學 雖重於行 而尤以知爲貴 雖篤行而知未至 則未免爲習不著行不察 謂之善人君子則可也 終不足以通微而詣極也"
58) 『論語』, 「里仁」 8, "朝聞道 夕死可矣"

며 스스로 지혜롭다고 여기고 심신의 공부에는 조금도 간여함이 없는 자는 모두 德있는 이가 버리는 자로 공자가 말한 아첨하는 자(佞者)이다."59)

류성룡의 관점에서 세상에 아첨하는 지식은 진정한 지식이 아니었다. 그가 보기에도 세속의 학문은 형식적인 것에 치우치는 경향이 있었다. 그는 왕양명이 지와 행을 일치시키려고 했던 것도 바로 이 때문이었다고 생각했다. 이 점을 류성룡은 다음과 같이 지적했다.

> 정자와 주자의 학설은 내력이 있고 귀결되는 데가 있어 결단코 바꿀 수가 없다. 왕씨가 그들의 학설을 매우 싫어하여 반드시 [지와 행을] 합치려고 했으니, 어떤 이유 때문인지 알 수 없다. 상고해 보건대, 왕씨의 의도는 아마 세속의 학문이 밖으로 치닫는 것을 경계하여, 이에 한결같이 본심을 위주로 하여 무릇 마음을 드러내 강구하는 것을 모두 행이라 하였다. 대개 굽은 것을 바로잡으려다 곧음이 지나치게 된 것이다.60)

류성룡이 왕수인을 비판한 요점은 俗學의 형식주의를 바로잡으려다가 오히려 내면주의에 매몰되었다는 점이다. 이른바 矯枉而過直이란 말은 「王陽明」이라는 글에서도 사용되었듯이, 류성룡이 왕수인을 비판하는 핵심적인 화두였다. 그것은 한편으로는 학문적 세속주의에 대한 양명학의 비판에 동감하면서도, 양명학의 극단적 내면주의가 초래할 비현실성에 대한 경계를 포함하는 것이었다. 요컨대 류성룡은 기본적으로는 주자 성리학의 관점을 견지하면서도, 왕양명의 견해를 부분적으로 수용해 양자를 종합하려 했던 것이다.

---

59) 『西厓全書』, 本集 卷15, 雜著, 「知行說」 "今之摭拾於言語文字之末 論性論理 自以爲知 而略無干涉於心身者 皆德之棄 而孔子之所謂佞者也"
60) 『西厓全書』, 本集 卷15, 雜著, 「知行合一說」 "程朱說有來歷 有着落 斷斷乎不可易 王氏深惡其說 必欲合之者 未知其如何也 詳王氏之意 盖懲俗學之外馳 於是一以本心爲主 凡所着心講求者 皆以爲行 盖矯枉而過直者也"

4. 류성룡의 경국제세와 전쟁관리

　양명학의 장점을 취하려 했던 류성룡의 개방적 학문 태도는 관리로서 실무를 처리하는 정책적 유연성에서 유감없이 발휘되었다. 류성룡은 25세 때 문과에 급제한 후 승문원권지부정자(종9품)에 임명되면서 관직에 첫 발을 내딛기 시작했다. 그 후 류성룡은 정9품직인 예문관 검열, 춘추관 기사관을 거쳐, 28세 때부터 정6품직인 성균관 전적, 공조 좌랑, 사헌부 감찰, 홍문관 수찬, 사간원 정언, 이조 좌랑, 병조 좌랑 등을 두루 역임했다. 35세 때부터는 정5품직인 홍문관 교리, 사간원 헌납, 의정부 검상을 지내다가 정4품직인 사헌부 장령, 홍문관 응교 등을 지냈고, 38세 때부터 정3품직인 홍문관 직제학, 홍문관 부제학, 사간원 대사간, 승정원 도승지, 홍문관 부제학 등을 지냈다. 47세 때부터는 정2품직인 형조 판서, 병조 판서, 이조 판서 등을 지냈고, 49세 때 의정부 우의정(정1품)에 임명되었다. 50세 때는 좌의정(정1품)으로 승진했는데, 이때 형조 정랑(정5품)이던 權慄과 정읍 현감(종6품)이던 李舜臣을 각각 정3품직인 의주 목사와 전라좌도 수군절도사에 임명했다. 통상적인 절차를 뛰어넘는 파격적인 인사였지만, 결과적으론 류성룡의 사람 보는 안목과 미래를 예견하는 혜안이 입증되었다. 임진왜란이 발발하기 한 해 전의 일이다.

　류성룡이 이처럼 승진을 거듭하며 조정의 주요 요직을 두루 거칠 수 있었던 것은 그의 탁월한 실무 능력을 선조가 높이 샀기 때문이다. 『선조실록』 류성룡 졸기에 실린 史臣의 평론에는 선조의 류성룡에 대한 평가가 다음과 같이 기록되어 있다. "柳某의 학식과 기상을 보면 모르는 사이에 심복할 때가 많다."[61] 그가 관리로서 보여준 탁월한 능력에 대해서는 임진

---

61) 『선조실록』, 40년 5월 13일.

왜란 때 그를 도와 업무를 처리했던 申欽도 다음과 같이 증언했다.

> 吏才는 곧 刀筆吏에나 해당되는 사항이니 귀하게 여길 것은 없다. 그러나 재상이 된 자로서 이재를 구비한 자를 찾아보기도 역시 어렵다. 내가 젊은 나이에 조정에 이름을 올리고 郎僚로서 巨公들 틈에 끼어 노닐었는데, 오직 서애 류성룡과 漢陰 李德馨, 白沙 李恒福 등 세 명의 相國만이 이재가 넉넉할 따름이었다. 임진년과 계사년, 왜구가 나라 안에 가득하고 중국 군대가 성을 꽉 채우던 날을 당하여 급히 전하는 檄文이 빗발치듯하고 처리할 문서가 걸핏하면 산처럼 쌓이곤 했다. 이때 서애가 청사에 출근하면 내가 글씨를 빨리 쓴다 하여 꼭 나에게 붓을 잡도록 명하고는 입으로 부르면서 문장을 작성해 나가곤 했는데, 몇 장이 되건 아무리 긴 글이라도 풍우가 몰아치듯 신속하게 지어나가 달리는 붓을 멈출 사이가 없었는데도 첨삭을 가할 필요도 없이 훌륭한 문장을 완성시키곤 했다. 咨文이나 奏文을 지을 때에도 역시 그랬는데 詞臣이 분부를 받들어 지어 올린다 할지라도 그 사이에 가감을 할 수 없을 정도였으니 정말 奇才였다. 그런데 한음과 백사의 재능도 그와 짝할 만했다.[62]

류성룡은 학문도 성숙했지만, 관리로서 갖추어야 할 실무 능력도 뛰어났다. 그의 실무 능력은 임진왜란이라는 국난을 맞아 전시 행정을 총괄하는 영의정으로서 그리고 軍務를 책임지는 도체찰사로서 위기를 관리하는 과정에서 탁월하게 발휘되었다. 물론 임진왜란은 류성룡 이외에도 수많은 전쟁 영웅들을 탄생시켰다. 그러나 류성룡은 그들과 다른 자신만의 방식으로 전쟁을 치렀다. 그것은 기록과의 전쟁이었다. 그는 전쟁을 치르는 동

---

[62] 『象村先生集』, 卷52, 求正錄 上, 「春城錄」 "吏才 乃刀筆之業 不足貴 然爲宰相而有吏才者亦難得 余少通籍朝端 以郎僚遊巨公間 唯柳西厓成龍李漢陰德馨李白沙恒福三相國優於吏才 方壬辰癸巳倭寇充斥 天兵滿城之日 羽書旁午 文移動如山積 西厓到省則以余疾書 必命余執筆 口呼成文 聯篇累牘 迅如風雨 而筆不停寫 文不加點 煥然成章 雖咨奏之文亦然 詞臣奉教撰進者 不得有所加減於其間 眞奇才也 漢陰白沙其匹也"

안 수많은 첩보 보고와 전략 기획, 정책 제안 등을 작성했고, 그것들을 모아 『芹曝集』, 『辰巳錄』, 『軍門謄錄』에 수록했다. 모두 후세들에게 자신이 겪은 전쟁의 교훈을 남겨주기 위한 것이었다. 류성룡의 언어로 표현하자면 그것은 '懲毖'였다. 징비는 『詩經』 周頌 小毖章에 나오는 "나의 오늘 잘못을 징계하여 뒷날의 患難에 대비한다(子其懲而毖後患)"는 구절에서 가져왔다. 그 징비의 뜻을 모아 전란의 전모를 기록한 책이 바로 『懲毖錄』이다.

류성룡은 일찍부터 대일 외교의 중요성을 간파하고 있었다. 그래서 그는 『징비록』 첫 머리에 申叔舟가 書狀官이 되어 일본과 왕래한 사례를 강조했다. 그리고 임종을 맞은 신숙주가 成宗에게 "일본과 失和하지 말라"고 충고했던 일화를 기록했다.[63]

그러나 조선은 일본과 실화하지 않을 여러 차례의 기회를 모두 놓치고 말았다. 그 대표적인 예가 『징비록』에 다음과 같이 기록되어 있다. 선조 19년(1586) 도요토미 히데요시(豐臣秀吉)가 다치바나 야스히로(橘康光)를 파견해 국서를 전달하며 조선의 상황을 정탐했다. 다치바나는 조선에 체류하는 동안 조선의 失政을 비꼬는 기이한 언행을 남겼다. 尙州에서는 접대를 맡은 牧使 宋應泂에게 이렇게 말했다. "이 늙은이는 여러 해를 전쟁터에서 지내느라 수염과 머리털이 다 희었지만, 목사는 노래와 기생들 사이에서 근심 없이 지냈을 텐데 백발이 된 것은 무슨 까닭이오?" 또 한양에서는 예조판서가 주관한 잔치에서 후추를 뿌려 기생과 악공들로 하여금 이를 줍느라 소동을 벌이게 한 후 이렇게 말했다. "너희 나라는 망할 것이다. 기강이 이미 무너졌으니 어찌 망하지 않기를 바랄 수 있겠는가?" 그러나 다치바나가 돌아갈 때, 조선은 바닷길에 익숙하지 않다는 핑계로 답서만 보내고 사신은 파견하지 않았다.[64] 공식적인 통신사 교환이 이루어지

---

[63] 유성룡, 이재호 옮김, 『국역정본 징비록』, 서울: 역사의 아침, 2007, 20~21쪽.

지 못했던 것이다.

　그러자 도요토미는 선조 22년(1589)에 다시 사신을 보내 통신사 파견을 요청했다. 이번에는 조선이 거절할 구실을 찾지 못하도록 소 요시토시(平義智: 宗義智)를 바닷길에 익숙한 對馬島主의 아들이라고 속이고 파견했다. 이때 도요토미는 조선 조정의 실상을 탐문하기 위해 야나가와 시게노부(平調信: 柳川調信)와 승려 겐소(玄蘇)를 함께 파견했다. 결국 조선도 일본의 동정을 확인할 필요성을 감지하고, 선조 25년(1590) 3월 上使 黃允吉, 副使 金誠一, 서장관 許筬을 파견했다.65)

　이듬해 봄에 통신사 일행이 귀국했으나 그들의 보고는 제각각이었다. 황윤길은 반드시 兵禍가 닥칠 것이라고 보고했고, 김성일은 그러한 정세를 파악하지 못했다고 보고했다. 그러나 김성일도 류성룡을 직접 대면한 자리에서는 왜적이 動兵하지 않으리라 장담할 수는 없지만, 민심의 동요를 우려해 한 말이었다고 해명했다.66) 결과적으로 양측의 보고 모두 전쟁 대비의 필요성을 부정하는 것은 아니었다.

　게다가 그들이 가져온 倭의 국서에는 "군사를 거느리고 명나라에 쳐들어가겠다"는 표현이 들어 있었다. 당시 명나라 조정에서는 조선이 왜와 내통하고 있다는 의심이 제기되고 있던 상황이었기 때문에, 조선은 이 사실을 명나라에 보고해야 했다. 이때 영의정 李山海는 조선과 일본의 사사로운 수교에 대한 명나라의 질책을 우려해 보고를 반대했지만, 류성룡의 주동으로 명나라에 대한 보고가 진행되었다.67) 류성룡은 탁월한 외교적 감각으로 전쟁이 임박한 조일관계는 조일 양국만의 문제가 아니라 동아시아

---

64) 유성룡, 위의 책, 2007, 22~23쪽.
65) 유성룡, 위의 책, 2007, 26~27쪽.
66) 유성룡, 위의 책, 2007, 31쪽.
67) 유성룡, 위의 책, 2007, 32~33쪽.

지역 질서 전체의 문제였다는 점을 정확히 포착하고 있었던 것이다.

전운을 포착한 조선 조정은 변경 방어에 익숙한 관료들을 下三道(충청도, 전라도, 경상도)에 파견해 전쟁 준비에 나섰다. 당시 좌의정이면서 이조판서를 겸하고 있었던 류성룡도 이순신과 권율을 발탁해 전쟁에 대비하도록 했다. 그러나 조선은 오랜 평화를 향유하는 사이에 전쟁에 대한 감각을 잃어버렸다. 전쟁에 대비한 병영 정비가 시작되자 백성들은 노역을 꺼려해 원성이 가득했고, 조정에는 장수의 선발이나 군사 훈련과 같은 軍政의 기본도 갖추어져 있지 않았다.[68]

이런 상황에서 선조 25년(1592) 4월 13일 임진왜란이 발발하자, 좌의정이었던 류성룡은 병조판서를 겸직하며 군무를 총괄하기 시작했다. 이때 류성룡의 첫 조치는 선조 16년(1583) 尼湯介의 난을 진압하는 데 공을 세운 申砬을 충주로 파견해 왜군의 진격을 차단시키는 것이었다. 그러나 믿었던 신립의 패전 보고에 임금의 파천 논의가 시작되었고, 4월 30일 새벽 논란 끝에 류성룡도 御駕를 扈從하고 서울을 떠나 피난길에 나섰다.[69] 원래 선조는 류성룡에게 서울에 남아 적을 막도록 명했으나, 이항복은 임금이 파천해 국경에 당도할 경우 외교에 능숙한 류성룡의 도움이 반드시 필요하다며 그의 동행을 건의했기 때문이다.[70]

파천에 나선 선조는 파주의 東坡館에 도착하자 파천의 최종 목적지에 대한 논의를 시작했다. 이때 尹斗壽는 咸興과 鏡城을 거론했고, 이항복은 "만약 형세와 힘이 궁하여 팔도가 모두 함락된다면 바로 명나라에 가서 호소할 수 있다"며 義州를 제안했다. 그러나 류성룡은 "大駕가 우리 국토 밖으로 한 걸음만 떠나도 조선은 우리 땅이 되지 않는다(大駕離東土一步 則

---

[68] 유성룡, 위의 책, 2007, 39~42쪽.
[69] 유성룡, 위의 책, 2007, 95쪽.
[70] 『선조수정실록』, 25년 4월 14일.

朝鮮非我有也)"며 반대했다.71) 결국 이런 발언 때문에 류성룡은 선조의 변덕스런 인사 조치에 휘말리기도 했다. 선조는 5월 2일 류성룡을 영의정에 임명했다가 그날 저녁 패전의 책임을 물어 곧바로 파면시켰다.72)

그러나 이항복이 지적했듯이, 명나라와의 외교적 현안을 처리할 최고의 적임자는 류성룡이었다. 5월 10일 遼東都司가 왜적의 침략 상황을 확인하기 위해 鎭撫 林世祿을 파견하자, 6월 1일 선조는 황급히 류성룡을 풍원부원군으로 복직시키고 임세록을 접대하는 역할을 맡겼던 것이다.73) 이때부터 류성룡의 전시 외교와 전시 행정 두 방면에 걸친 본격적인 전쟁 관리가 시작되었다.

류성룡은 선조가 평양에 도착한 직후 평양 사수론을 제기했다. 그러나 선조의 어가는 류성룡의 반대에도 불구하고 영변(6월 11일)과 정주(16일) 등지를 거쳐 의주(22일)에 도착했다. 그 사이 6월 15일에 평양이 함락되었고, 이날 명나라 원군이 압록강을 건넜다는 소식이 전해졌다.74) 이에 따라 류성룡은 명군의 嚮導와 군량의 보급 등에 만반의 대책을 세울 것을 건의했다.75) 7월 17일에는 遼東副摠兵 祖承訓과 遊擊將軍 史儒가 이끄는 명나라 원군이 평양을 공격했으나, 사유는 전사하고 명군은 참패했다.76) 결국 이때의 패전 원인을 분석하는 것도 류성룡의 몫이었다.77)

명나라는 조승훈 패전 이후 12월에 다시 李如松이 이끄는 4만여 명의 대병력을 조선에 파견했다. 때마침 평안도 도체찰사에 임명된 류성룡은 준

---

71) 『선조수정실록』, 25년 5월 1일.
72) 『선조실록』, 25년 5월 2일.
73) 유성룡, 앞의 책, 2007, 119쪽 ; 『선조수정실록』, 25년 6월 1일.
74) 『선조실록』, 25년 6월 16일.
75) 『선조실록』, 25년 6월 25일.
76) 『辰巳錄』, 「天兵進攻平壤不利 史遊擊戰死狀」, 壬辰 7월 18일 ; 『선조실록』, 25년 7월 20일.
77) 류성룡은 명군의 패전 원인을 무리한 행군과 왜군의 능력에 대한 과소평가에서 찾았다(『辰巳錄』, 「天兵退駐控江亭緣由狀」, 壬辰 7월 20일).

비해 둔 평양 지도를 펼쳐 놓고 이여송과 함께 평양 탈환 작전을 수립했다.[78] 이들의 작전 계획에 따라 조명 연합군이 선조 26년(1593) 1월 6일 평양성으로 진격하기 시작했고, 1월 8일 평양성 탈환에 성공했다. 이때 이여송은 고니시 유키나가(小西行長) 등에게 퇴로를 열어주기로 약속했고, 이들은 평양성을 빠져 나가 한양으로 퇴각했다.[79] 이때 류성룡은 金敬老로 하여금 패주하는 적의 후미를 추격하도록 조치하였지만, 김경로가 적과의 접전을 꺼려해 실패하고 말았다.[80]

평양 탈환에 성공한 직후 류성룡은 호서·호남·영남을 관할하는 삼도도체찰사에 임명되어 이여송의 진군을 독려했다. 그러나 이여송 군대는 1월 27일 碧蹄館 전투에서 패배하여 파주를 거쳐 개성으로 퇴각했고, 이여송은 평양으로 돌아갔다. 이에 류성룡은 홀로 동파에 남아 이여송에게 퇴각해서는 안 될 이유 다섯 가지를 제시하며 설득했지만 실패했다.[81]

한편 벽제관 전투의 패전으로 전의를 상실한 명군은 4월부터 沈惟敬을 통해 강화 협상을 추진하기 시작했다. 특히 이여송은 휘하의 戚金과 錢世禎을 보내 강화에 반대하는 류성룡을 설득하려 했다. 이때 전세정은 강화 협상을 완강히 거부하는 류성룡에게 "그대 나라의 임금은 왜 도성을 버리고 도망했느냐"라며 힐난했고, 류성룡은 "國都를 옮겨 보존을 도모하는 것도 한 가지 방법"이라고 응수했다.[82] 여기에서 류성룡에게 主和誤國의 책임을 물을 수 없는 반증을 확인할 수 있다.

그러나 류성룡의 반대에도 불구하고 명나라와 일본은 계속해서 강화 협상을 진행했다. 그리고 이 과정에서 일본은 4월 18일부터 한양에서 철수해

---

[78] 유성룡, 앞의 책, 2007, 213쪽.
[79] 평양 수복 전투의 전모는 『선조실록』, 26년 1월 11일자의 기사에 상세히 기록되어 있다.
[80] 유성룡, 앞의 책, 2007, 217쪽.
[81] 유성룡, 위의 책, 2007, 227~235쪽.
[82] 유성룡, 위의 책, 2007, 247쪽.

西生浦로부터 熊川에 이르는 경상도 해안 지역으로 남하했다. 물론 일본군의 이러한 조치는 강화 교섭에 따른 것이 아니라, 군량 결핍과 군수 물자 부족으로 더 이상 한양 주둔이 불가능했기 때문에 도요토미의 사전 승인을 얻어 실시한 전략적 철수였다.[83]

일본군의 한양 철수 직후 4월 20일 조명 연합군이 한양에 입성했다. 6월 29일 일본군이 진주성을 점령했다가 퇴각한 이후로는 전란도 소강상태에 접어들었다. 이에 따라 10월에는 선조도 한양으로 돌아왔다. 이때부터 류성룡의 임무는 군사력 증강과 내정 개혁에 집중되었다. 우선 류성룡은 선조가 환도한 직후 訓鍊都監 설치를 제안했다. 또 그는 윤 11월에 장계를 올려 민생의 안정과 적의 준동에 대비한 군사 전략 등 5가지 대책을 제시했다. 그의 이와 같은 時政 개혁과 군비 강화에 대한 건의는 戰守機宜 11조(1594년 6월) 및 軍國機務 10조(1594년 겨울) 등 그가 영의정으로 재직하는 동안 계속되었다.[84]

류성룡의 다각적인 노력에도 불구하고, 전쟁의 재발을 막을 수는 없었다. 명나라와 일본의 강화 협상이 불발에 그쳤기 때문이다. 그에 따라 일본은 선조 30년(1597) 1월 14일 대규모의 군대를 부산 多大浦에 상륙시켜 정유재란을 일으켰다. 게다가 조선 조정은 이 와중에 이순신을 투옥하고 元均에게 수군 지휘를 맡겼다.[85] 류성룡은 자신이 이순신을 추천했기 때문에 자신을 반대하는 자들이 원균과 합세해서 이순신을 공격한 것이라고 판단했다.[86] 그러나 원균은 7월 15일 漆川島 해전에서 참패했고, 그 자신도 전사했다.[87] 결국 원균의 참패에 당황한 조선 조정은 7월 22일 권율 휘

---

[83] 徐仁漢, 『壬辰倭亂史』, 서울: 國防部戰史編纂委員會, 1987, 191~192쪽.
[84] 『西厓全書』, 「年譜」, 卷1.
[85] 『선조실록』, 30년 1월 28일.
[86] 유성룡, 앞의 책, 2007, 285쪽.
[87] 徐仁漢, 앞의 책, 1987, 239쪽.

하에서 백의종군하던 이순신을 재기용해 삼도 수군통제사에 복직시키고 수군의 진용 정비를 맡겼다.88) 류성룡은 전쟁 초기에 "병졸을 발탁해 장수로 삼을 수 있어야 한다(拔卒爲將)"고 건의했지만, 그의 혜안도 정쟁 앞에서는 속수무책이었다.89)

결국 조기에 끝낼 수 있던 전쟁은 잘못된 인사로 인해 2년을 더 끌었다. 선조 31년(1598) 9월 정유재란이 끝나갈 무렵 류성룡에게 최대의 그리고 마지막 정치적 시련이 찾아왔다. 북인들이 류성룡을 두 가지 이유로 탄핵했던 것이다. 하나는 류성룡이 일본과 화친을 주장해 나라를 그르쳤다(主和誤國)는 것이다. 이에 대해 류성룡은 1597년 조목에게 보내는 편지에서 자신이 羈縻策을 활용해 적세를 누르고 戰守의 방비책을 마련해 훗날을 도모하고자 한 바는 있으나, 半點의 和 자도 거론한 바가 없다고 강변한 바 있다.90) 류성룡을 탄핵한 또 다른 하나의 결정적인 이유는 그가 辨誣使行을 거부했다는 것이다. 변무할 내용은 조선이 일본과 결탁해 요동을 차지하려 한다는 명나라 사신 丁應泰의 허위 보고였다. 이 일로 류성룡은 여러 차례 사직을 요청하는 箚子를 올렸지만, 처음에는 받아들여지지 않았다. 류성룡의 입장에서는 변명거리도 안 되는 정치적 구실들에 불과했다. 그러나 결국 류성룡은 진실을 가리지 못한 채 그해 11월 19일에 파직되었다. 같은 날 이순신은 노량해전을 승리로 이끈 후 전사했다. 류성룡은 12월에 관직을 삭탈당하고 고향으로 돌아가 전쟁 기록을 정리했다.

---

88) 『선조실록』, 30년 7월 22일.
89) 『芹曝集』, 「陳時務箚」, 壬辰 11월.
90) 『西厓全書』, 本集 卷10, 書, 「答趙士敬」.

5. 맺음말

　류성룡은 조선의 전형적인 성리학자 또는 문신 관료들과는 다른 이색적인 면모를 지녔다. 특히 임진왜란 시기에 전시 행정가이자 군사 전략가로서 그가 발휘한 탁월한 능력은 조선 역사상 매우 이례적인 것이었다. 그러나 그의 학문과 경륜에 대한 당대의 평가는 공정하지 못했다. 그의 양명학에 대한 관심은 주자 성리학 일변도의 학문적 풍토 속에서 비판의 대상이 되었고, 임진왜란 때 발휘한 그의 전략과 경륜은 주화오국이라는 오명으로 얼룩졌다. 그의 학문과 경륜을 공정하게 평가하기 위해서는 양명학에 대한 학문적 개방성과 그것에 기반을 둔 정치적 현실주의 및 실용주의를 종합적으로 검토할 필요가 있다.

　류성룡은 어려서 입수한 양명학 서적을 평생 소중히 간직했고, 주자학의 단점을 보충할 수 있는 양명학의 유용성을 부정하지 않았다. 류성룡이 양명학으로부터 배운 것은 경직된 해석에 매달리기 보다는 유학 경전의 원문에 충실한 공부법이었다. 그는 주희의 해석에 매몰되어 있던 조선의 주류 성리학자들과 달리, 창의적인 사색을 강조했다. 그는 『대학』의 핵심 명제에 대한 해석에 있어서도 주희의 주장을 묵수하지 않고 왕수인의 견해도 필요에 따라 받아들였다. 물론 류성룡은 주자학을 묵수하지 않았던 것처럼, 양명학을 맹종하지도 않았다. 그는 세속화된 주자학에 대한 양명학의 비판에 동감하면서도 양명학의 극단적 내면주의가 지향하는 비현실성에 대한 경계도 늦추지 않았다. 그는 주자 성리학의 관점에서 양명학을 부분적으로 수용함으로써 양자의 장점을 종합하려 했던 것이다.

　류성룡은 개방적 학문 태도로 양명학의 장점을 받아들였던 것처럼, 관리로서 기존의 관행이나 직무에 얽매이지 않고 유연하게 현안에 대처하는 실무 능력을 보여주었다. 특히 그의 실무 능력은 임진왜란 기간 중에는 전시 행정과 군무를 총괄하는 영의정이자 도체찰사의 역할을 수행하는 과정에서 탁월하게 발휘되었다. 우선 류성룡은 외교라는 개념이 없던 시기였지만, 외교의 중요성을 누구보다도 잘 간파하고 대명 및 대일 외교의 수장 임무를 전쟁 기간 내내 충실히 수행했다. 또한 류성룡은 명군의 참전에 따라 명군의 향도와 군량 보급을 총 지휘했고, 전쟁이 소강상태에 접어든 이후에는 군사력 증강과 내정 개혁에 혼신의 힘을 기울였다.

류성룡은 자신의 전쟁 관리 경험을 바탕으로 『징비록』을 썼다. 『징비록』에 담긴 그의 정신은 애국심으로 일관되어 있었다. 『징비록』에 담긴 애국심은 그만의 것이 아니라 백성들의 것이었다. 그래서 그는 『징비록』 서문에서 임금이 수도를 버리고도 나라를 지킬 수 있었던 것은 하늘이 도왔기 때문이고, 백성들의 조국을 사랑하는 마음이 그치지 않았기 때문이라고 썼다. 그러나 애국심은 정쟁 앞에서 무력했다. 류성룡은 후세에 교훈을 주기 위해 전쟁을 기록했지만, 그 교훈을 망각한 조선은 불과 35년 만에 또 다른 대규모의 전란을 맞아야 했다. 그것은 역사의 교훈을 망각한 민족에게 닥친 피할 수 없는 숙명이었다.

참고문헌

西厓全書編輯委員會 編, 『西厓全書』 권1-4, 서울: 社團法人 西厓先生記念事業會, 1991.

류명희·안유호 역, 『국역 서애전서 Ⅲ-1 (국역 류성룡 시 Ⅰ)』, 서울: 사단법인 서애선생기념사업회, 2011.

류명희·안유호 역, 『국역 서애전서 Ⅲ-2 (국역 류성룡 시 Ⅱ)』, 서울: 사단법인 서애선생기념사업회, 2014.

류성룡, 김시덕 역해, 『교감·해설 징비록』, 파주: 아카넷, 2013.

민족문화추진회, 『국역 서애집 1-2』, 서울: 민족문화추진회, 1977.

유성룡, 이재호 옮김, 『국역정본 징비록』, 서울: 역사의 아침, 2007.
이재호 역, 『국역 서애전서』 I - II (전7권), 서울: 사단법인 서애선생기념사업회, 2001.

금장태, 「西厓 柳成龍의 哲學思想」, 『韓國의 哲學』 23, 1995.
김석근, 「서애 유성룡과 임란기 국방정책의 혁신」, 『歷史와 社會』 33, 2004.
김세정, 「양명 심학과 퇴계 심학의 비교 연구: 양명의 주자학 비판과 퇴계의 양명학 비판을 중심으로」, 『동서철학연구』 43, 2007.
김용재, 「西厓 柳成龍의 陽明學 理解와 批判에 關한 考察」, 『陽明學』 23, 2009.
도현철, 「西厓 柳成龍에 대한 一視線: 17세기 『선조실록』과 『선조수정실록』의 경우」, 연세대학교 서애학술연구단, 『서애 류성룡의 학문과 계승』, 서울: 혜안, 2015.
문석윤, 「西厓 柳成龍의 「主宰說」에 대하여」, 『退溪學과 儒敎文化』 55, 2014.
徐仁漢, 『壬辰倭亂史』, 서울: 國防部戰史編纂委員會, 1987.
송 복, 『서애 류성룡 위대한 만남』, 서울: 지식마당, 2007.
安泳翔, 「西厓 柳成龍의 陽明學觀에 對한 再檢討」, 『儒敎思想研究』 38, 2009.
연세대학교 서애학술연구단, 『서애 류성룡의 학문과 계승』, 서울: 혜안, 2015.
연세대학교 서애학술연구단·김왕배 외, 『서애 경세론의 현대적 조망』, 서울: 혜안, 2016.
연세대학교 서애학술연구단 편, 『서애 학맥의 역사와 공간』, 서울: 선인, 2017.
吳鍾逸, 「陽明 傳習錄 傳來考」, 『哲學研究』 5, 1978.
이덕일, 『난세의 혁신리더 유성룡』, 고양: 역사의 아침, 2012.
이성무·이태진·정만조·이헌창 엮음, 『류성룡과 임진왜란』, 파주: 태학사, 2008.
이성무·이태진·정만조·이헌창 엮음, 『류성룡의 학술과 경륜』, 파주: 태학사, 2008.
李樹建, 「西厓 柳成龍의 學問과 學脈」, 『韓國의 哲學』 24, 1995.
李佑成, 「西厓先生의 學問方法과 「新意」論」, 李載浩 編, 『西厓 柳成龍의 經世思想과 救國政策 (上)』, 서울: 책보출판사, 2005.
李載浩 編, 『西厓 柳成龍의 經世思想과 救國政策 (上)』, 서울: 책보출판사, 2005.
장승구, 「류성룡의 철학과 경세론 연구」, 『퇴계학보』 134, 2013.
張俊浩, 「柳成龍의 『懲毖錄』 연구」, 西江大學校 大學院 史學科 博士學位論文, 2016.
鄭萬祚, 「서애 유성룡의 정치활동과 임란 극복」, 『한국학논총』 30, 2008.

崔鍾虎, 「柳成龍의 經世와 經學」, 『東亞人文學』 8, 2005.
홍원식, 「서애 유성룡의 양명학에 대한 관심과 퇴계심학의 전개」, 『陽明學』 31, 2012.

임진왜란시 修巖 柳袗의 피란 경험과 전쟁 기억

우인수

1. 머리말

　류진[1582(선조 15)~1635(인조 13)]은 아버지 류성룡의 관직 생활 중 한성에서 태어났다. 이후 청년기까지 한성과 고향인 안동을 오가며 보냈으며, 30대 중반에는 안동 하회에서 상주 우물리로 이거하여 나머지 생을 보냈다. 정승의 아들로서 남다른 자부심을 가지고 살았으며, 학문적으로는 퇴계 이황 학맥의 적전인 부친의 영향권 속에 위치해있었다. 스스로는 진사시의 1차 시험과 2차 시험을 모두 수석으로 합격할 정도의 출중한 실력을 갖추고 있었다. 평소 늘 근신하는 태도로 겸손하게 처신함으로써 생전에 한 번도 구설수에 오르지 않았다고 한다.[1]

---

[1] 류진에 관한 연구로는 다음의 논고가 있다. 홍재휴, 「수암 류진과 「임진록」고」, 『한국의 철학』 29, 2001 ; 염정섭, 「17세기 초반 『위빈명농기-전사문』의 편찬 경위와 농법의 특색」, 『농업사연구』 3-1, 2004 ; 우인수, 「수암 류진의 삶과 생활」, 『낙동강을 품은 상주문화』, 상주

류진은 소년시절인 11세 때 임진왜란을 겪었다. 미증유의 전란으로 인해 당연히 수많은 피란민이 발생하였다. 당시 좌의정의 아들이었던 류진도 한성에서 가족들과 함께 피란길에 나섰다. 류진의 피란 역정은 한성을 출발하여 경기도 풍양·양주·영평·포천·가평·양근, 강원도 화천·김화·회양, 평안도의 삼등·은산·영유·안주·가산 등지를 거치는 먼 길이었다. 한성으로 되돌아 와서 일가족과 한 자리에 모이게 되는 데까지 약 2년이 걸렸다.

그는 임란 이후 십수 년이 지난 29세 때 지난날의 피란 생활을 회고하면서 『임진록』이라는 기록을 후손에게 남겼다. 기록인으로서의 자세와 면모를 살필 수 있는 부분이다. 임란이 끝난 후 정승이었던 아버지는 『징비록』을 세상에 남겼고, 열 한 살이었던 아들은 『임진록』을 자손들에게 남겼다. 『임진록』은 원래 한문으로 쓴 한자본이 있었을 것으로 추정되나 한자본은 전하지 않는다. 다만 한자본을 풀어쓴 한글본만이 전하고 있다.[2] 한글본을 만든 것은 집안의 여자들을 위한 배려였다.

전쟁 중 가장 큰 고통에 직면하는 쪽은 어린아이들인데, 그들의 전쟁 체험과 피란 생활이 알려진 경우는 흔치 않다.[3] 본고에서는 『임진록』을 중심된 자료로 하여 양반가 소년의 피란 생활의 경험을 구체적으로 살피고자 한다. 이를 통해 소년의 눈에 비친 전쟁의 참상과 피란생활의 고난을 헤아릴 수 있을 것이다. 또한 피란민의 피란 전략을 살피는 데도 일조할

박물관, 2012 ; 장경남, 「국문본 실기 〈임진록〉·〈임즈록〉으로 본 수암 류진」, 『퇴계학과 유교문화』 50, 2012 ; 신승호, 「수암 류진의 임자록 연구」, 『민족문화』 47, 2016.

[2] 류진 저, 홍재휴 역주, 『역주 임진록』, 영남대학교 출판부, 2000.
[3] 임진왜란 시의 피란에 초점을 맞춘 연구로는 다음과 같은 논고들이 있다. 정해은, 「임진왜란시기 경상도 사족의 전쟁체험」, 『역사와 현실』 64, 2006 ; 박인호, 「임진왜란기 지방 지식인의 피난살이-장현광의 용사일기를 중심으로-」, 『선주논총』 11, 2008 ; 신병주, 「16세기 일기자료 쇄미록 연구-저자 오희문의 피란기 생활을 중심으로-」, 『조선시대사학보』 60, 2012 ; 황인덕, 「임란기 전승업과 사우들의 피난지 모색활동과 학연성」, 『인문학연구』 104, 충남대 인문과학연구소, 2016.

수 있을 것으로 기대한다.

2. 피란을 떠나다

 류진은 임진왜란이 일어나던 당시 서울에서 벼슬을 하던 아버지를 따라 형제들과 함께 서울에 머물고 있었다. 위로 둘째 누나와 두 형, 그리고 작은 어머니와 동생 3명이 한집에서 함께 지내고 있었다. 그리고 사복시 첨정 벼슬을 하던 백부 류운룡은 한성의 다른 집에서 할머니를 모시고 백모와 종형 등과 함께 살고 있었다.
 좌의정으로 도체찰사의 임무를 맡은 아버지 류성룡은 선조를 호종하면서 국사에 전념하여야 하였다. 류성룡은 사복시 첨정에 갓 임명된 형 류운룡의 벼슬을 떼어주어 노모를 모실 수 있게 해줄 것을 선조에게 청하여 허락을 받았다.[4] 순변사 이일이 상주에서 패배하였다는 소식이 한성에 전해진 4월 27일 잠시 궁궐에서 나온 류성룡은 노모와 작별한 후 자신의 식솔 전원을 형에게 맡기고 이른 아침에 다시 궁궐로 돌아갔다.
 류진은 백부인 류운룡 가족과 함께 피란을 떠났다. 이때 류운룡이 거느린 식솔들은 노비를 포함하여 모두 백여 명에 달하였다.[5] 백부 류운룡(54세), 조모 안동김씨(81세), 백모 철성이씨(56세), 종형, 작은 누나(17세), 맏형 여(15세), 작은형 단(13세) 그리고 작은 어머니(30세)와 세 동생(9세~2세)이 함께 하였다. 그 외 파악되지 않는 다른 일가친척들이 있었을 것이다.

---

[4] 류진 저, 홍재휴 역주,『역주 임진록』, 영남대학교 출판부, 2000, 76쪽 ;『겸암연보』1, 만력 20년(1592, 선조 25) 4월.
[5]『겸암연보』1, 만력 20년(1592, 선조 25) 4월.

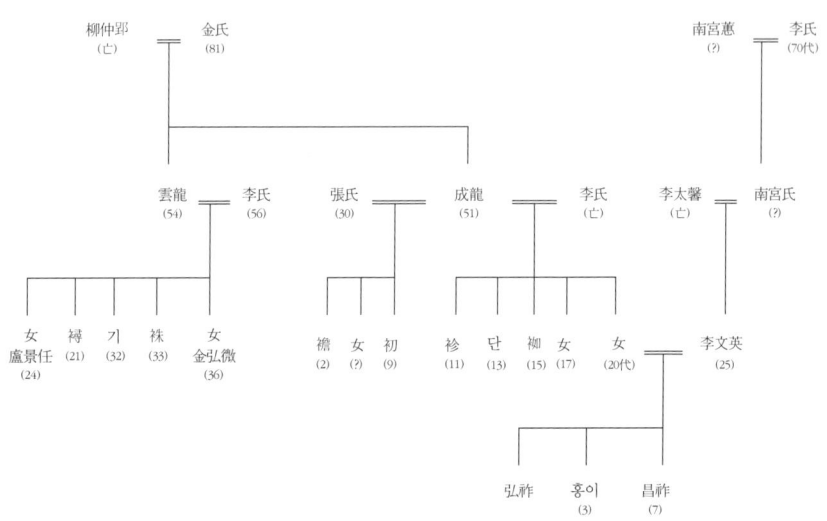

〈도 1〉 류진의 가계도[6]

 이들은 4월 29일 동대문으로 나가 외가 쪽 조상인 광평대군이 거처하던 궁에서 하루를 묵고, 다음날 양주목의 속현인 풍양현을 향해 떠났다. 류진은 종형과[7] 말을 같이 탔고, 류진의 두 형은 다른 말을 함께 타고 갔다. 이날 바람과 비가 몰아치던 관계로 류진의 두 형이 길을 잃어버려 저녁 무렵에야 겨우 찾아서 돌아왔다. 풍양의 신문 밖 이좌랑의 山所에[8] 사나흘을 머물고 있던 중 습독관[9] 벼슬을 하던 허수라는 사람이 피란길에 들렀다.

---

6) 이 가계도는 『豊山柳氏世譜』(풍산류씨 세보편찬위원회, 1985), 『豊山柳氏文忠公西厓宗派譜』(풍산류씨 문충공서애종파보소, 1978), 『韓山李氏文襄公派世譜(司直公派)』(한산이씨문양공종회, 1995), 『역주 임진록』 등을 참고하여 작성한 것이다. 이름 아래의 숫자는 임란 당시의 연령이고, '亡'은 이미 사망한 상태였음을 나타낸다.

7) 종형으로는 袾(33세)·기(32세)·褥(21세) 등 3명이 있었다. 그중 袾은 임란 당시 서울에 있지 않았음이 분명하다(류운룡, 『겸암집』 3, 書, 寄兒褥 壬辰). 따라서 위로 두 형 중에 한 명이었을 것이다.

8) 류운룡, 『겸암집』 3, 書, 寄兒褥, 임진.

9) 습독관은 훈련원의 종 9품 무관직이다. 그 외 관상감이나 전의감에도 습독관이 있었다.

허수는 어릴 때부터 류성룡의 은혜를 입었던 사람이었다. 그는 류운룡에게 말하기를 "여러 식솔들을 한 곳에 모아 두었다가 왜적을 만나면 한꺼번에 몰살당하여 집안을 보전하기 어려울 수 있으니, 자신이 류성룡의 자제를 맡았다가 난이 진정된 후에 돌려주면 어떻겠느냐"고 제안하였다. 류운룡은 식구들을 분산시키는 방안이 옳다고 판단하여 류진의 맏형과 류진을 허수에게 맡기려 하였다. 이 소식을 들은 류운룡의 부인은 만일에 생길 수도 있는 일을 감안하여 류성룡의 맏이는 자신들과 생사를 같이하고, 셋째인 류진을 허수에게 맡기자는 중재안을 내놓았다.

이에 류진은 백부 및 가족들과 헤어져 허수를 따라 다른 길로 피란을 가게 되었다. 류진은 허수의 소 등에 올라타서 豊壤宮[10])을 지나가면서 난민들이 궁의 물건을 훔치고 불을 지르는 어수선한 광경을 목격하였다. 왜적이 마침내 한성에 들이닥쳤다는 소식도 들었다. 양주목 숙당이 마을의 자형 이문영 집을 찾아 갔다. 이미 자형 식구들은 피란을 떠나고 없었으나, 혹시 찾아오는 사람을 대비하여 종 두엇을 머물러서 살피게 하는 조처를 취해둔 상태였다. 류진은 그 종을 따라 재를 넘어 십리 정도 떨어진 산골짜기에 위치한 집으로 가서 자형과 맏누이를 만날 수 있었다. 이때부터 류진은 허수와 헤어지고, 맏누이의 시집 식구들과 피란생활을 함께 하게 되었다.

맏누이 시집 식구들의 피난 그룹은 약 40여 명이었다. 20대 초중반으로 추정되는 맏누이, 진사인 자형 이문영(25세), 생질인 창조와 '홍이'(3세),[11])

---

[10]) 풍양궁은 현재 지명으로 경기도 남양주시 진접읍 내각리에 있던 離宮이다(『신증동국여지승람』 11, 양주목, 궁전). 태종이 서울 근처에 세운 이궁 가운데 하나였는데, 태종의 사후에는 왕이 사냥할 때나 光陵에 참배할 때의 숙소로 사용하였다. 임진왜란 때 소실되어 터만 남아 있다.

[11]) 당시 3세였던 둘째 아들 '홍이'는 아마 어릴 때 죽은 듯하다. 족보 등 자료에는 이문영의 둘째 아들이 이홍조로 되어있으며, 이홍조는 출생일이 '홍이'보다 5년 연하이다. 이홍조는 피란 중이던 전라도 함열에서 태어났다. 이홍조는 훗날 외가인 안동으로 이주하여 정착하게 되었

이문영의 어머니 남궁씨·외조부인 판관 남궁혜·외조모 이씨(70대) 그리고 다수의 노비로 구성되어 있었다. 노비 중에서 『임진록』에 이름이 등장하는 이는 노 한수, 노 돈수, 노 근산, 비 능비(60세), 류진의 유모였던 비 한수어미 등이다.

대엿새쯤 흐른 5월 10일경 자형과 함께 집 앞 추자나무 앞에 앉았다가 남쪽에서 후퇴해오는 일군의 관군을 만난 후 고단한 피란이 시작되었다. 이 관군들은 부원수 신각의 군사들이었는데, 양주목 長壽院 들에서 일본군과 싸우다가 후퇴하던 중이었다.[12] 그들의 뒤를 일본군이 추격해온다고 하였기 때문에 식구들이 혼비백산하여 북쪽의 산으로 올라가서 피신하였다. 근처의 피난민들이 모두 작은 산으로 올랐기 때문에 산이 허옇게 보일 정도였다. 크게 좋은 피난처는 아니었다.

이런 점을 감안한 노 한수가 자형에게 날이 저물면 내려가 집에서 잠을 자고 짐을 꾸려서 새벽에 강원도 땅으로 갈 것을 건의하였다. 한수의 건의를 받아들인 자형네는 날이 샐 무렵에 성문을 나서서 더 멀리 강원도 땅을 목표로 삼아 포천현을 향해 떠났다. 고개 마루에 올랐을 때 지나가던 어떤 사람이 이미 포천에 일본군이 들어와 분탕질을 한다고 하였다. 놀라서 다

는데, 그의 현손이 퇴계 학맥의 적전을 이은 대산 이상정이다.
[12] 장수원은 수락산 서쪽 자락에 있던 원이었다. 장수원 부근에서 한 차례 공방전이 있었던 것은 실록에서도 확인된다.(『선조실록』 26, 25년 5월 20일 기묘) 며칠 뒤 신각의 군대는 해유령에서 매복 작전으로 일본군을 격파하는 최초의 승리를 거두었다. 신각은 부원수로서 한강을 지키도록 되어 있었는데, 일본군에 쫓겨 흩어진 군사들을 양주의 산곡에서 수습하고 있다가 함경도 남병사 이혼의 군사와 힘을 합하여 5월 중순경에 양주 해유령에서 매복 작전을 펼쳐 일본군 70여 명을 참살하는 전과를 올렸다. 해유령은 양주에서 파주로 넘어가는 경계에 있던 고개였다. 이 전투는 육지의 관군이 세운 최초의 값진 승리였다. 하지만 임진강으로 후퇴한 도원수 김명원에 의해 신각이 도망간 것으로 조정에 잘못 보고되었다. 이에 따라 신각은 군율에 의거하여 어처구니없이 처형되고 말았다. 뒤늦게 양주의 승전보를 접한 조정에서는 급히 선전관을 보내 처형을 중지케 하였으나 이미 집행된 후였다. 류진의 『임진록』에 나오는 이 대목은 해유령 전투가 있기 며칠 전 일본군에 쫓겨 후퇴하던 신각의 일부 군대를 목격한 것이었다.

시 내려오니 산 아래 사람들은 거짓말이라고 하였다. 다시 고개를 올라갔다가 다시 내려오기를 세 번 한 후에야 포천을 지나 겨우 영평 땅에 들어서게 되었다.

마침 영평현령 서인원은 부친과 절친한 벗이었다. 이 인연으로 종 한수를 보내어 메밀쌀 한 말을 지원받았으며, 백부 식구들이 70리 쯤 떨어진 華嶽山[13] 懸燈寺[14]에 피린해있다는 반가운 소식도 전해 받게 되었다. 기쁜 마음으로 다음날 현등사를 향해 떠났다. 현등사 근처까지 가서 길가는 사람에게 현등사의 정확한 위치와 일본군의 유무를 물었더니, 절은 멀지 않지만 이미 절 아래의 朝宗縣[15]에는 일본군이 들어와 있다고 하였다. 이때도 종들을 불러 모아 어떻게 할지를 의논하였는데, 모두들 현등사로 가지 말고 돌아가기를 청하였다. 현등사가 조종현에서 너무 가깝다는 점, 조종현에 일본군이 있다면 류운룡 일행이 거기에 있을 리 없으니 가도 만나지 못한다는 점, 설사 만났다고 하더라도 조종현의 일본군을 피할 수 없다는 점 등이 그들이 내건 이유였다. 그들의 판단은 현명하고 바른 판단이었다고 생각한다.

하지만 그 당시 조종현에는 일본군이 없었고, 현등사에는 할머니를 위시한 백부 일행이 머물고 있었다. 나중에 안 사실이지만 가평군수가 포상을 목적으로 피란민을 일본군이라면서 함부로 베어 보고를 올린 사실이 와전되어 일본군이 이미 들어온 것으로 간주된 것이었다. 가족들을 지척

---

[13] 화악산은 현재 지명으로 경기도 가평군 북면과 강원도 화천군 사내면의 경계에 있는 산으로 가평 읍내에서 북쪽으로 약 20km 떨어져 있다. 높이는 1,468m로 경기도에서는 가장 높은 산이다.
[14] 현등사는 현재 지명으로 경기도 가평군 조종면 雲岳山에 있는 절이다. 신라 법흥왕 때 인도 승 마라가미(摩羅訶彌)가 포교차 신라에 왔으므로 왕이 그를 위해 절을 창건하였다고 하는데 오랫동안 방치되어 오다가 1210년(희종 6)에 普照國師가 주춧돌만 남은 절터의 석등에서 불이 꺼지지 않고 있음을 보고 중창하여 현등사라 했다고 한다.
[15] 조종현은 가평군의 속현이다.

에 두고 만나지 못하고 발길을 되돌릴 수밖에 없었던 것이다. 류진 일행은 영평현 백운산16)으로 향하였다.

　백운산 아래 박춘이라는 사람의 집에서 묵게 되었다. 대엿새쯤 흐른 뒤에 일본군이 들어온다는 소식에 인근의 사람들이 백운산의 크고 웅장한 골짜기로 피란하였다. 어느 날 저녁에 평양에서 부친을 모시던 종 복이가 왔다고 하여 산 아래로 내려가서 만나보았다. 복이는 가족들의 소식을 알아보라고 한 류성룡의 명을 받아 다니던 중이었는데, 할머니와 백부 일행은 현등사에서 고향인 안동으로 내려갔다는 소식을 전해주었다.17) 그 편에 편지를 부쳐 무사함을 전하게 하였다.

　그로부터 7일 정도가 경과한 뒤 백운산이 가장 피란처로 적합하다는 박춘의 간곡함을 뒤로 하고 강원도를 가로질러 함경도 땅을 향해 출발하였다. 강원도 김화현에서 하루를 묵고, 회양 땅을 향해 출발하였다. 회양부로 향하는 길에 큰 비가 내려 강물이 불어난 데다 배도 없어서 강을 건널 수 없었다.18) 뒤 쪽에서는 가토 기요마사[加藤淸正]의 군대가 점점 가까이 다가오고 있었다. 다급한 나머지 인근에 있는 자못 깊숙한 붉은 산으로 들어가게 되었다.

　싸리를 베어 풀막을 만들어 임시거처로 삼아 노숙하였다. 일본군과 직

---

16) 백운산은 현재 지명으로 경기도 포천시 이동면과 강원도 화천군 사내면에 걸쳐 있는 산이다. 높이는 904m인데, 약 5km에 걸쳐 펼쳐져 있는 백운계곡이 유명하다. 류진 일행이 피란한 골짜기도 이 계곡이었을 것으로 추정된다.
17) 현등사에 머물던 류운룡 일행은 6월에는 화악산 속으로 피신하였다가 朝宗寺로, 다시 양근군의 彌智山 小雪寺로 옮겼다. 7월에는 용문산에 머물다가 8월에 죽령을 넘어 경상도 풍기에 도착하여 부석사에 머물렀다. 일본군의 침입 소식에 밤을 타서 급하게 예안현 龍壽寺로 피란하였다가 안동 서쪽의 학가산 아래의 薪田村에 우거하였다. 9월에 하회로 돌아와서 며칠을 보낸 뒤 다시 예안을 거쳐 봉화에 이르러 태백산 아래 道心村에 거처를 정하였다. (『겸암연보』 1, 만력 20년(1592, 선조 25) 해당 월) 류운룡 일행은 피란시 일본군과 수백 미터 정도 근접한 경우도 있었지만 노모를 포함하여 전 가족이 무사히 살아남을 수 있었다.
18) 아마 현재 북한강의 지류인 금성천일 듯하다.

접 조우하지는 않았으나 일본군과 마주친 사람의 생생한 이야기를 바로 전해 듣거나 멀리서 들리는 고함소리 같은 것은 직접 들을 수 있을 정도가 됨으로써 공포감은 극도로 커지게 되었다. 차라리 백운산에 머물러 있었던 편이 나았다는 말까지 돌면서 노비들의 이탈에 대한 염려도 커지는 상황이었다. 이에 피난민 전체는 회양을 거쳐 함경도로 가려는 계획은 포기하고 다시 백운산 쪽으로 되돌아가는 것으로 의견을 모았다. 무명 다섯 필을 모아 김화사람인 김권농[19]에게 주고 길안내를 맡겼다. 적진을 뚫고 백

〈표 1〉 류진의 피란 생활 상황①

연월일	장소	내용	동행인	『임진록』 쪽수
1592년 4월	한성	왜변 소식 들음		76
4월 27일	한성	순변사 이일의 패전 소식 들음		76
4월 29일	한성	동대문으로 나가 양주 방면으로 피란 떠남	백부 가족, 4남매, 작은어머니와 3남매. 총 100여 명	77
4월 30일	양주 풍양	머뭄		77
5월 초	양주 숙당이	백부와 헤어져 허수와 함께 따로 피란	허수	78
	양주 숙당이에서 10리 떨어진 산골	맏누이의 시댁 가족과 합류. 부원수 신각 군사 후퇴 모습 목격한 후 다시 피란	총 40여 명	78
5월 중순	포천 - 영평	포천 지나 영평으로 감. 부친 친구인 수령에게 종을 보내서 메밀쌀 한 말 지원 받음		79
	가평	영평 수령에게서 백부 소식 듣고 70리 떨어진 가평 화악산으로 갔다가 허탕 침		80
	영평 백운산	박춘의 집에 머뭄. 부친이 보낸 종 복이 만나 편지 전함. 백부 일행은 경상도로 내려갔다는 소식 들음	박춘의 집	81
	김화 붉은 산	강원도 가로질러 함경도로 가려고 출발했으나 장마로 강물이 불어 회양에서 막힘. 가토 기요마사 군대가 가까워졌다는 말을 들음	일행 약 200가구	82

[19] 김씨 성을 가진 권농을 가리킨다.

운산을 향해 되돌아가는 위험한 처지가 되었던 것이다. 이 행렬에 참여한 피란민의 규모는 200가구가 넘었다.

3. 죽을 고비를 넘기다

김권농의 안내로 밤중에 이동을 하는데, 더러는 일본군을 좌우로 멀리 보면서 또는 가까이에서 일본군의 소리를 들으면서 가야하는 가슴 졸이는 피란길이었다. 밤새 걸었고, 날이 밝아서는 숨어서 쉬면서 밤이 되기를 기다려야 하였다. 길잡이 김권농은 소가 병든 것을 핑계로 이쯤에서 빠져버렸다. 6월 27일 궂은비가 내리는 침침한 밤이었다. 길이 미끄러워 열 걸음에 네다섯 번씩 엎어지기 일쑤였다. 김화 일대의 왜진을 지나는 것이 고비였다.

이때 자형의 외할아버지인 남궁혜는 말을 타고 종 근산이 견마를 잡고, 외할머니도 말을 타고 종 돈수가 견마를 잡았으며, 어머니인 남궁씨도 말을 타고 종 천억이 견마를 잡았다. 류진의 맏누이는 소에 붙여 매어 탔는데, 한수가 짐을 지고 모시었다. 나머지 사람들은 모두 걸어서 가는데, 자형의 외할머니는 어지럽다고 하여 말에서 내렸기 때문에 자형이 오른손으로 잡고 걸어갔다. 김화 고을의 외곽을 돌아갈 무렵 일본군의 소리가 들리고 불빛이 환하므로 잠시 산으로 들어가 밤이 깊어 일본군이 잠든 후에 지나가기로 하였다.(김화의 남대천과 와수천, 47번도로 정도쯤) 그러나 자형의 외할아버지와 어머니는 듣지 못하고 그대로 지나쳐 갔기 때문에 간 곳을 잃어버리게 되었다. 이들을 찾기 위해 종 한수가 천억의 이름을 부르면서 나아가다가 순행하던 일본군 예닐곱과 딱 마주치게 되었던 것이다. 도망가던 한수를 따라오던 일본군도 수많은 피란민 앞에서 놀라기는 마찬가지였다. 칼을 빼든 일본군을 보고 피란민들은 혼비백산 흩어졌다. 피란 가는 내내 손을 놓지 않았던 유모인 한수어미와도 헤어진 류진은 홀로 개천을 건너 내달아 도망쳤다. 진밭에 빠졌다가 간신히 빠져나왔을 때는 주위에 아무도 없었다. 이리 죽으나 저리 죽으나 마찬가지라고 생각한 류진은 원래의 자리로 되돌아오다가 급박하고도 애처로운 장면을 목격하게 되었다.

  자형의 외할머니가 개천을 건너다가 물에 엎어져 운신을 못하게 되었고, 이를 자형이 붙잡아 일으키려다가 일본군의 공격을 받아 물속에 처박

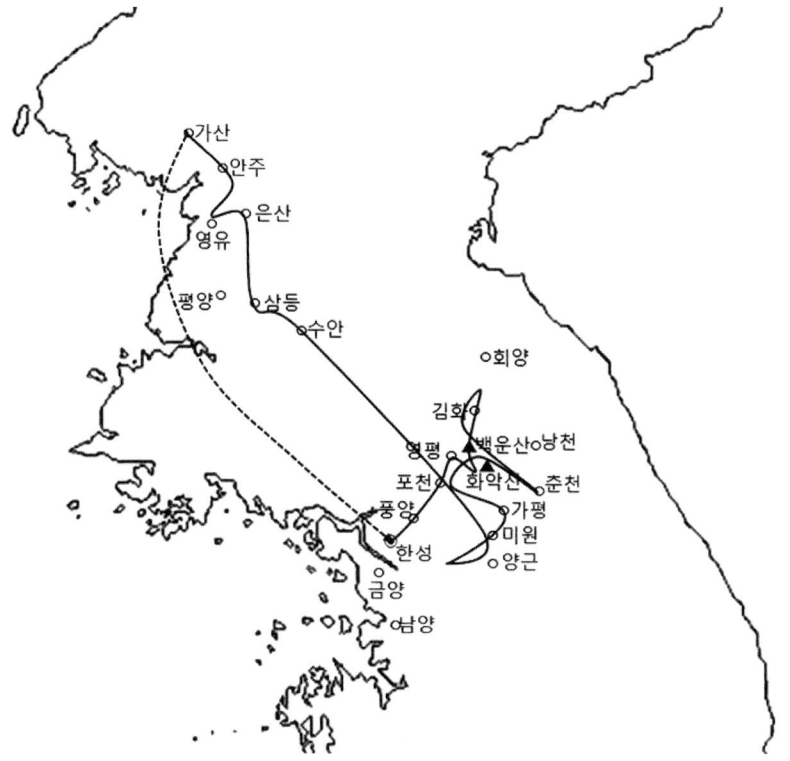

〈도 2〉 류진의 피란 경로

히는 꼴이 되었다. 이에 외할머니는 자형을 치마로 덮은 채 '손자를 죽이지 말아 달라'며 일본군에게 애걸복걸하는 중이었다. 외할머니가 하도 울면서 비니 일본군도 명주로 된 전대만 칼로 베어 가져가고 말았다. 그때 자형 이문영이 손에 들고 있던 활을 놓았기에 망정이지 만약 그것이 일본군의 눈에 띄었더라면 죽임을 면치 못하였을 것이었다. 구사일생으로 첫 번째 위기를 모면하였던 것이다.

가까이에 숨어서 이 광경을 지켜보던 류진은 일본군이 가고 난 뒤에 자형에게로 가서 합류하고 안도의 한숨을 내쉬었다. 그 순간 다시 위기가 찾아왔다. 또 다른 일본군 두 명이 나타난 것이었다. 급히 개천가 물속에 얼굴만 내밀고 들어앉았다. 칠흑같이 어두웠기 때문에 눈앞의 사람도 분간을 잘 할 수 없는 밤이었다. 일본군 한 명이 류진이 앉아 있는 쪽으로 소변을 보았다. 류진은 얼굴 근처로 떨어지는 소변을 고스란히 맞으면서 참을 수밖에 없었다. 일본군 두 명이 대화하는 것을 들으니, 소변을 보던 일본군은 기실 조선인이었다. 일본군에 빌붙어 향도 노릇을 하는 자였던 것이다. 류진 일행은 일본군이 별일 없이 지나가면서 두 번째 위기를 모면하였다.

가까스로 물가로 나온 세 사람은 물 건너편에서 난 조총 소리를 처음 듣고 혼비백산하여 흩어졌다가 겨우 다시 만나게 되었다. 수풀이 우거진 계곡 물 속에서 하루 밤을 지낸 후에는 추위와 기아로 인해 기절까지 하였다가 자형과 자형의 외할머니 덕분에 겨우 정신을 차리게 되었다. 다음 날에는 산으로 기어올라 칡넝쿨로 덮인 옴폭한 움집터를 발견하여 하루를 비교적 편안하게 보낼 수 있었다. 멀리 김화 읍내에 일본군이 다니는 모습도 볼 수 있었다.

> 그날 왜는 북도로 들어간다 하고 큰 길이 바쁘게 오락가락 저무도록 다니니 旗는 마치 영장재 挽章 같고, 옷은 거의 검은 빛이더라.[20]

임진왜란시 修巖 柳袗의 피란 경험과 전쟁 기억 | 61

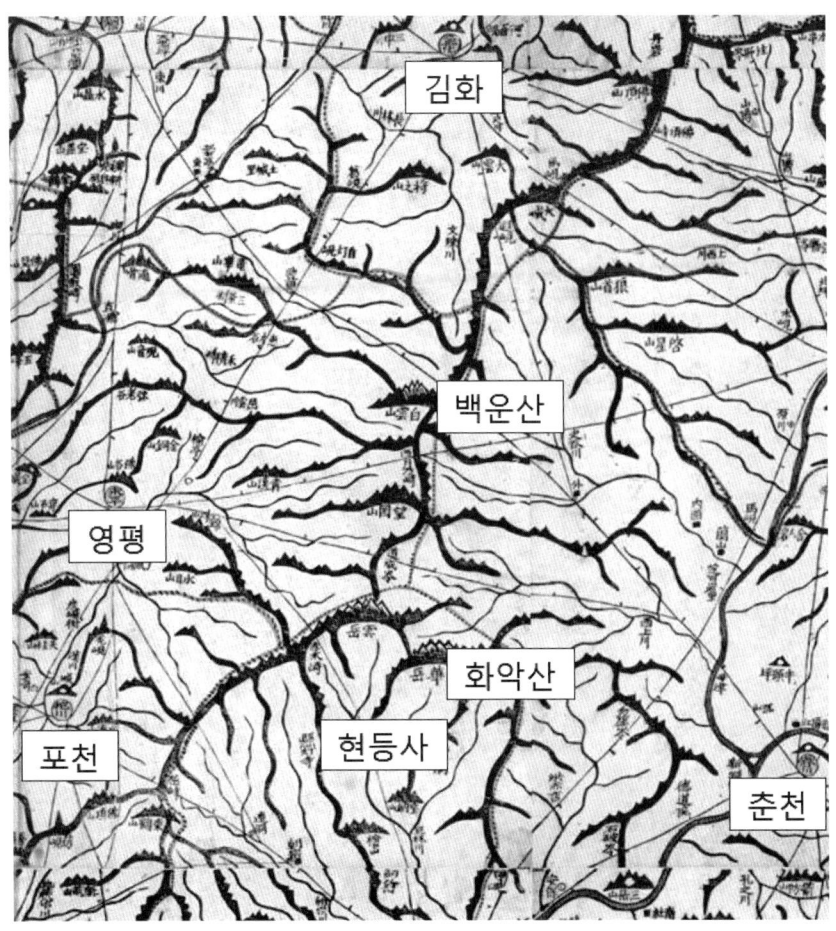

〈도 3〉 류진의 경기도 지역 주요 피란지

숨어있는 동안 겁이 나서 물을 먹으러 개천으로 내려가기도 쉽지 않았다. 몸집이 작은 류진이 가만히 내려가 나뭇잎으로 물을 떴으나 기어오르는 중에 물이 다 새버렸다. 자형과 자형의 외할머니는 물 묻은 나뭇잎을

---

20) 앞의 『역주 임진록』, 88쪽.

짜서 겨우 입을 적시었다. 먼 밭의 곡식을 취하러 가다가 말 탄 일본군이 지나가는 통에 놀라서 다시 돌아오기도 하였다. 저녁이 되어 주위가 어둑해 진 뒤에 왜적을 피하는 한편 헤어진 식솔들을 찾아 헤매게 되었다. 도중에 소나무 잎을 씹어 삼키며 견디기도 하였다.

> 큰 소나무가 하나 있으므로 …… 긴 막대기로 늘어진 가지를 거두잡으니 형님(자형을 가리킴…필자주)이 꺾어 주시므로 내가 형님과 기신댁(자형의 외할머니를 가리킴…필자주)에게 와 여쭙기를, "사흘 곧 굶으면 아니 죽을 사람이 없다 하오니 내일이 곧 사흘째이니 어떻든 이것을 씹으소서" 하니 두 분이 다 이르시되, "각별히 배고픈 줄 모르겠으니 죽을 것이라면 그것을 먹는다고 살겠느냐. 네 배고프거든 남 권치 말고 먹어라" 하시므로 나도 각별히 배고픈 줄은 모르되 내일이면 죽을까 하여 살 차망(희망)이나 가져서 뜯어 씹으니 되씹혀 목에 넘어가지 아니하므로 손으로 우비어 넣고 물조차 삼키기를 너댓번 하니 그래도 기운이 조금 나은 듯하더라.[21]

피란한 사람의 빈 풀막에서 또 하루 밤을 보내었다. 6월 30일 이리저리 헤매다가 풀막 두 채에 20여 명이 모여 있는 피란민을 만나게 되었다. 도둑 취급하면서 강폭하게 구는 자도 있었지만, 인정스런 사람 덕분에 밥 한 바가지를 겨우 얻어먹을 수 있었다. 그리고 그곳에서 일본군에 잡혀갔다가 도망쳐 나온 두 사내아이를 보았는데, 둘 중 12살짜리 아이는 알고 보니 자형의 6촌 형제의 자식이었다. 이로 미루어 보건데 애초의 피란민 그룹에는 이문영의 친척들이 다수 함께 하고 있었음을 알 수 있다.

고을에 들어왔던 일본군이 철수하면서 내버리고 간 물건들을 주민들이나 피란민들이 모여들어 나누어 들고 갔고, 더러는 원래 주인이 나타나 무단히 가져가는 물건을 찾기 위해 몽둥이를 들고 때로 몰려다니는 무질서

---

21) 앞의 『역주 임진록』, 89쪽.

한 모습을 목격하였다. 손에 풀을 쥔 채 길가 돌더미에 엎어져 죽은 아이의 시체, 배를 갈라 죽인 말 한 마리와 야청 옷으로 덮인 시체도 목격하였다.

5리 정도를 걸어가다가 흩어진 일행의 소식을 길 가에서 우연찮게 접하게 되었다. 명례방골 본궁 곁에서 피란 온 사람을 데리고 있는 집 주인을 만났던 것이다. 20리 떨어진 그 주인집에 가서 만난 이는 3살짜리 생질인 '홍이'와 그를 보호하고 있던 종 능비였다. 능비는 원래 류진의 어머니가 부리다가 맏누이가 시집가면서 데리고 간 종이었다. 일본군과 맞닥뜨린 그날 어린 아이를 업고 도망치던 중 일행과 떨어졌는데, 양반의 아이라고 하면 혹 해코지 당할까봐 자신의 손자라고 하고 몸을 의탁해 있던 중이었다. 집주인에게 혹 명례방골에서 피란 왔다는 사람을 만나게 되면 연통을 해달라고 부탁해놓고 있던 터였다.

외할머니를 능비에게 맡기고, 류진과 이문영은 본격적으로 가족들의 시신이라도 찾기 위해 근처 수풀과 개울을 뒤지고 다녔다. 날이 저문 뒤에 말 대여섯 마리를 타고 끌고 오는 한 무리의 피란민을 만났는데, 바로 이문영의 사촌 형제였다. 이문영의 친족과 친구 일단이 함께 피란에 나선 것을 알 수 있다. 서로 붙잡고 한 바탕 울다가 그들은 갈 길이 바쁘다며 좁쌀 한 되와 삶은 팥 반 되를 요기라도 하라고 주고는 떠나갔다. 해가 거의 넘어갈 무렵 찾는 것을 포기하고 집으로 돌아가려고 할 때 마침 서남쪽에서 말을 타고 오는 이가 있어 바라보니, 바로 종 천억이었.

천억은 그날 밤 이문영의 어머니가 탄 말을 견마잡고 가다가 일본군의 소리를 듣고 깊은 산골로 피신하였다가 다음날 근처 마을로 내려와 있던 것이다. 처음 이문영의 외할머니를 모셨던 종 돈수도 함께 있었으며, 맏누이의 비단 옷을 실은 짐도 무사히 가지고 있었다. 이문영의 어머니는 어머니대로 사람을 사거나 종을 풀어 사방으로 가족을 찾도록 하였으나 이틀째 허탕을 치던 차에 이렇게 만나게 된 것이다. 밥을 대충 지어먹고 모두들 외할머니가 있는 집으로 가서 합류하였다. 이로써 합류한 사람은 류진, 자형 이문영, 이문영의 어머니와 외할머니, 생질 '홍이', 종 능비·천억·돈수 등이었다. 한 열흘을 머물며 두루 聞傳하였으나, 더 이상 가족들의 기별은 들을 수 없었다.

애초의 목적지가 백운산의 박춘 집이었기 때문에 그곳에 가보는 것이 다음으로 가질 수 있는 희망이었다. 길 떠날 차비를 하였다. 이문영의 외할머니는 무명 다섯 필로 산 암소에 타고, 어머니는 말을 타고, 류진은 담비 가죽으로 산 망아지를 타고, 나머지 사람들은 걸었다.

가는 도중에 목도한 두 가지 사건이 잊히지 않고 기억에 남아 있었다. 하나는 사기 치는 좀 도둑을 만난 것이었고, 다른 하나는 일본군에 의해 주민 전체가 몰살된 마을을 지나가게 된 것이었다. 먼저 전자의 경우는 멀리서 피란민이 오는 것을 보고는 급히 말을 달려오면서 '왜가 온다'라고 거짓으로 소리쳐서 사람들이 짐을 버리고 도망가면 그 짐을 훔쳐가는 도둑이었다. 나라의 불행을 사기 치는 수단으로 삼은 파렴치한 자인 것이다.

> 한 고개쯤 넘어가니 한 사람이 검은 갓을 쓰고 말을 급히 달려오며, "왜가 온다" 하므로 우리와 함께 다른 행차도 가다가 모두 놀라 엎드리며 산을 허위허위 오르는데 산위에서 어떤 사람이 외치되, "놀라지 말고 천천히 오라. 그놈은 도둑이라. 거짓으로 왜가 온다 하여 짐이나 버리고 가게 되면 가져가려고 하여 그러니라" 하더니 후에 참 들으니 과연 옳다 하더라.[22]

후자의 경우는 춘천의 한 마을 사람이 활을 가지고 지나가는 일본군을 향해 쏘려고 하였는데, 일본군이 원병을 청하여 한 마을의 남녀노소 200여

---

[22] 앞의 『역주 임진록』, 99쪽.

명을 모조리 몰살시킨 사건이었다. 살아남은 사람은 남자 1명과 간난 아기 2명뿐이었다. 시체가 곳곳에 널려 있었고, 우물과 개울은 핏빛으로 물들었다. 침략자의 무자비한 보복성 살육이었다.

> 저물게 쯤 되어 한 산에 들어가니 춘천 땅이라 하되 마을 이름을 잊었더니 그 마을 사람이 마침내 화살 가지고 지나가는 왜를 쏘려고 하였더니 그 왜가 원병을 청하여 온 마을을 둘러싸고 남녀노소 없이 죽이니 이백 명이나 사는 마을에 사나이 한 명과 간난이 둘이 살아났다. 시체가 삼 쌓인 듯하여 우물이며 개울이 핏빛이 되었으니 물을 가리어 먹지 못하겠더라.[23]

드디어 산속 깊숙한 곳에 위치하여 일본군의 침략을 받지 않았던 춘천의 살온 마을에 도착하였다. 이 곳에서 박춘의 집까지는 약 50리 떨어져 있었다. 종 천억을 먼저 박춘의 집에 보내어 맏누이의 무사한 소식을 전해 들을 수 있었다. 맏누이는 자신의 큰 아들 창조와 계집종 5명을 데리고 박춘의 집으로 와서 머물고 있었는데, 그 소식을 들은 양주의 종들이 와서 모시고 모두 양주로 가 있었다. 살온에서는 아버지의 친구인 대사헌 김찬으로부터 아버지의 근황을 들었으며, 脯肉 두 접을 받았다. 박춘의 집으로 가서 사흘을 묵고 난 다음 포천 굴고개라는 곳에 도착하였다. 읍내에서는 멀지 않았지만 일본군이 들어오지 않은 곳이었다. 포천현감도 가속을 데리고 이곳에 와있었다. 포천현감은 대사헌 김찬의 형이었는데, 역시 아버지를 아는 사람이었다. 후한 대접을 받을 수 있었다. 맏누이 일행도 양주로부터 와서 합류하였다. 이로써 흩어진 가족들이 다시 모이게 되었다. 그러나 자형의 외할아버지와 그를 모시던 종 근산, 婢夫 1명, 계집종 두 명 등 총 5명의 행방은 끝내 묘연하였다.

---

[23] 앞의 『역주 임진록』, 99쪽.

8월에는 굴고개에도 일본군이 나타나기 시작하였다. 낮에는 삼삼오오 흩어져 산 속으로 들어가 피신하고, 밤에는 내려와 잠을 자는 전략을 썼다. 류진은 주로 자형과 함께 하였다. 자형과 함께 숨었을 때는 가까이서 일본군 두 명이 주고받는 말소리가 들릴 정도로 지척이었다. 말소리로 미루어 볼 때 일본군에 빌붙은 조선인이었다. 세 번째 위기였는데, 그 날은 다행히 들키지 않고 무사할 수 있었다. 겁이 나서 다음날에는 숨는 장소를 다른 곳으로 옮겼다. 전날에 숨었었던 곳에는 일본군이 들이닥쳐 사람을 죽였다고 하였다.

하루는 캄캄한 이른 새벽에 다들 아침밥을 먹고 산으로 피신하였는데, 류진은 늑장을 부리다가 늦어버렸다. 할 수 없이 유모와 함께 어느 산비탈에 숨었는데, 날이 밝고 보니 바로 일본군 진영 옆이었다. 일본군이 무시로 좌우로 다니는 곳이었고, 칼로 벤 풀이 흩날려 몸에 떨어질 정도의 지척이었다. 꼼짝없이 숨어서 도망칠 기회를 노릴 수밖에 없었다. 네 번째 위기였다. 가까스로 빠져나와 산을 넘어 고갯마루에 올랐을 때 다른 쪽에서 올라오던 일본군과 딱 마주쳤다. 류진이 피란길에서 맞이한 다섯 번째 위기였고, 일본군과 직접 마주친 가장 위험했던 순간이었다. 옆으로 피하다가 서너길되는 절벽 아래로 떨어졌다. 일본군과 눈이 마주칠까봐 위를 쳐다보지도 못한 채 엎드려 두려움에 가슴을 졸였다. 마침내 일본군이 내려오지 않고 그냥 지나가면서 류진은 목숨을 건질 수 있었다. 그날 밤 온 식구들은 다른 안전한 곳을 찾아 떠나기로 결정하였다.

밤중에 가평군의 화악산을 향해 떠났다. 화악산에는 현등사라는 절이 있는데, 처음 피란을 떠났을 때 백부가 인솔한 전 가족이 머물렀던 곳이었다. 지금은 떠나간 지 오래였고, 중도 없이 텅 비어있었다. 현등사는 큰길가에 위치하여 일본군이 자주 내왕하는 곳이라서 머물 수 없었기 때문에 더 깊은 산속으로 들어갔다. 거의 9월경 한 달을 산속에서 지냈다. 지붕도

덮지 못한 채 나무에 의지하여 지내다가 비가 오거나 하면 바위 구멍에 들어가서 피하였다. 산이 깊어 일본군이 올 염려는 없었으나, 먹을 것이 떨어지기 일쑤였다. 팔 것이 있어도 살 사람도 마땅찮은 곳이었다. 할 수 없이 소 한 마리를 잡았다. 소금이나 장도 없이 작은 솥 하나로 굽거나 불을 지펴서 구워 먹었다. 그마저 떨어진 뒤에는 도토리를 솥에 삶아 연명하였다.

좀 더 적극적으로 양식을 구하는 방안을 강구하여야 하였다. 위험을 무릅쓰고 30리 정도 떨어진 일본군 진영 근처의 밭에 종을 보내어 거두지 않은 조를 베어왔다. 조 이삭을 비벼 10말 정도의 곡식을 얻은 다음, 찧을 방법이 없으므로 빈 암자에 가서 사흘에 걸쳐 찧어 식량을 마련하였다. 이 양식을 가지고 산골짜기에서 나와 가평 읍내에서 약 10리 떨어진 한 궁벽진 마을로 갔는데, 여기 사람들은 일본군을 본 적이 없을 정도로 안전한 곳이었다. 10월경은 이곳에서 지냈다. 사내종들이 추수 끝난 논밭 여기저기서 이삭을 주워와 조석을 해결하였다.

날씨가 제법 쌀쌀하였기에 맏누이가 자루를 뜯어 겹버선을 만들어주었는데, 어느 날 이삭 주우러 간 종들을 따라 나섰다가 처음 듣는 노루 소리에 놀라서 개천으로 뛰어들다가 버선 한 짝을 신발째 잃어버린 일이 있었다. 이에 맏누이가 무명천을 구할 방도가 없어 누런 석새 삼베로 한 짝을 만들어주니, 한 발은 하얗고 한 발은 누렇게 짝짝이가 되었다.

가평군수는 최덕순이었다. 서울 있을 때는 류성룡을 뵈러 자주 내왕하던 사람이었는데, 마음씀씀이가 고약하여 안부 한번 물은 적이 없었다. 수령의 부인은 홍담의 딸이요, 사인 홍종록의 누이였는데, 류성룡과 홍종록이 자못 절친한 사이였기 때문에 남편의 처사를 매우 민망해하였으나, 남편의 눈이 무서워 안부를 물을 수 없었다고 한다. 그러던 차에 군수가 자리를 비운 틈을 타서 쌀 말을 계집종을 통해 보내면서 류진을 오게 하였다. 그 부인은 자신의 아들의 중치막을 벗기어 류진에게 주었고, 또 쌀과

팥 한 말씩을 주었다. 그 것으로 보름을 지내니 또 양식이 떨어졌다. 양식이 있는 다른 곳으로 또 이동하여야 하였다.

양근군의 섬덕 마을을 생각해 내었다. 이 마을에는 류성룡이 사둔 논 예 닐곱 마지기를 종 대복이 맡아서 경작하고 있었다. 가족 15명이 촌촌을 빌어먹으며 며칠을 걸어 양근에 도착하였다. 이 근처는 의병장 남언경 부대가 진을 치고 있었는데, 자형 이문영이 들어가 뵈니 길안내를 겸하여 군사 한 명을 붙여주었다. 말 한 마리를 돌려 타고 강을 건너 무사히 섬돌 마을에 도착하였다. 종 대복이 추수하여 타작한 곡식 대여섯 섬과 마을에 사는 먼 일가붙이들이 모아준 곡식으로 얼마간 무사히 있게 되었다.

그러나 11월이 되어 강물이 얼어붙자 일본군이 들어올까 두려워 마을 주민들과 함께 약 100여 명이 근처 취입산의 큰 절로 옮겨갔다. 양반 상인 할 것 없이 모두 100여 명에 이르렀다. 왜적을 피하였다고 하여도 외지에서 양식을 구할 길이 막막하였다. 그래도 정승댁 식솔들이라서 가끔 인연이 있는 사람들을 만났을 때는 그들로부터 일정한 도움을 받을 수 있었지만, 그것만으로는 해결되지 않았다. 그럴 때는 가지고 있던 돈 될 만한 것을 팔아서 연명하여야 하였다.

> 양식이 떨어져도 팔 것이 없어 누님의 반물 치마가 남았으므로 팔아서 죽은 나락 열서 말을 받았다. 密貝 갓끈이 평시에는 값이 중하되 그때는 살 사람이 없어서 가지고 다니던 것을 광주목사에게 보내었더니 겨우 무명 열일곱 필을 보내므로 그것으로도 이을 길이 없어 겨라도 빻아 죽을 쑤었고, 숟가락도 팔아먹었으므로 나무를 깎아 숟가락처럼 만들어서 먹으니, 그 艱困하기를 다 어찌 이르리오.[24]

---

24) 앞의 『역주 임진록』, 103쪽.

맏누이의 반물 치마를 팔아서 죽은 나락 열세 말을 받았다. 그동안 살 사람이 없어 가지고 다니던 밀패 갓끈은 광주목사에게 보내어 무명 17필을 받기도 하였다. 그러나 그것으로도 모자라서 나중에는 쇠숟가락까지 팔아야 하였다.

12월이 되자 엎친 데 덮친 격으로 전염병이 돌아 한 절에서 죽은 자만 30여 명에 이르렀다. 류진은 다행히 병에 걸리지는 않았으나, 더 이상 절에 머물기도 어려워 다시 다른 곳을 찾아 나서기로 하였다. 생각해낸 것이 자형의 농장이 있는 남양이었다. 양근에서 남양으로 가기 위해서는 적진을 가로질러야 하였다. 낮에는 숨어 지내고, 밤에 이동하여 남양을 향해 갔다. 그때 일본군도 일본군이지만 의병도 피란민에게는 두려움의 대상이었다. 류진은 다음과 같이 기록하고 있다.

> 그 때 왜도 왜거니와 우리 나라 사람이 의병 칭운하고 곳곳에 모이어 왜는 하나도 못잡고 피란하는 사람의 '행지 황당하다'느니, '공문 없다'느니 하고 화살이며 말이나 짐바리를 빼앗았다. 조금이라도 거슬리면 죽이니 그 무섭기가 왜보다 심하더라. 우리 일행도 자주 만났으나 아무것도 가진 것이 없으되, 다만 말 한 마리를 빼앗으려 하였다.25)

빼앗김과 죽음을 면한 일행은 류진 일행과 이조참의 홍혼 부인의 행차 둘 뿐이었다고 한다. 그래도 중앙의 높은 벼슬아치의 일가족은 후환을 두려워하여 건드리지 않았던 것이니, 류진은 이것도 나라의 덕분이라고 감사해하였다.

드디어 금양(금천현) 땅에 도착하였다. 금천현에는 일본군의 큰 진영이 주둔하고 있었다. 이곳을 무사히 지나가기 위해 금천 읍내를 약 20리 못

---

25) 앞의 『역주 임진록』, 103~104쪽.

미친 지점에 머물면서 밤이 되기를 기다리고 있었다. 그때 류성룡이 아들을 찾기 위해 평안도에서 보낸 사람들이 물어물어 뒤를 밟아 당도하였다. 피란민에서 정승의 아들로 돌아가는 순간이었다. 1592년 12월 27일이었다. 백부를 따라 피란을 떠난 이후 약 8개월만의 일이었다.

〈표 2〉 류진의 피란 생활 상황②

연월일	장소	내용	동행인	『임진록』쪽수
6월 27일	김화 영평 사이	영평으로 가려고 다시 돌아오는 길에 밤중에 일본군 만나 일행 뿔뿔이 흩어짐. 이문영 구사일생. 첫 번째 두 번째 위기 모면함. 산속에서 며칠간 헤매면서 가족 찾아다님	자형, 자형의 외할머니 총 3명	84
6월 30일	영평 경계	이문영 둘째아들 3세 '홍이'와 60세 비 능비 만남	2명 합류	97
7월 1일	영평 경계	가족 찾아 헤매다가 이문영의 사촌 가족 조우함. 좁쌀 한 되, 삶은 팥 다섯 홉 받음. 해질 무렵 노 천억과 돈수를 만나서 그들이 모시고 있던 이문영의 모친 남궁씨와 상봉함. 열흘 체류함	3명 합류	98
7월 중순	춘천 살온마을	영평 박춘의 집을 향해가다 머뭄. 맏누이, 큰 생질 창조, 비 5명, 유모 소식 들음. 엿새 체류 중 대사헌 김찬 만나 부친 소식 듣고, 포육 두 접 받음		99
7월 하순	영평 백운산	박춘의 집 다시 방문. 사흘 체류		99
	포천 굴고개	맏누이 일행 오게 하여 합류. 김찬 대사헌 형인 포천수령의 후한 배려	8명 이상 합류	99
8월	포천 산중	일본군 침범으로 낮에는 산으로 피신. 자형과 함께 피신중 은신처 옮겨서 세 번째 위기 모면. 유모와 피신 중 네 번째 위기 모면. 급하게 도망가던 중 고갯마루에서 일본군과 정면으로 마주친 다섯 번째 위기 모면		100
9월~10월경	가평 화악산	현등사 거쳐 화악산 골짜기에 피란함. 소 잡아 먹고, 도토리, 조 이삭, 콩, 팥으로 연명. 맏누이가 헌 자루로 겹버선 만들어줌. 가평 수령 최덕순의 홀대. 수령 부인 홍씨는 쌀 한말 보내주고 자신의 아들 중치막을 입혀주었으며 또 팥과 쌀 한말 줌		100-102

10월 하순	양근 미원현	남언경 의병장 만남. 논 6·7마지기와 노대복이 있는 곳에 체류	총 15명 정도 함께	103
11월~12월	취입산 큰 절	밀패 갓끈을 광주목사에게 팔아서 무명 17필 받음. 전염병으로 30여 명 사상	피란민 전체 100명 이상	103
12월 27일	금양(시흥)	남양 향해 길 떠남. 의병의 부정적인 면 목격. 빼앗김과 죽임 면함.		104

4. 아버지의 보호권에 들어가다

　평양전투를 앞 둔 류성룡은 셋째 어린 아들과 맏딸의 생사가 궁금하여 수소문하여 찾아오게 사람을 파견하였다. 군사와 종 4명과 말 두 마리로 탐문하는 조가 편성되었다. 行裝에는 비단실로 '말과 사람을 딸려 자제를 찾으러 가니 列路에 금지하지 말라'라는 문구도 넣었다. 이들은 가평을 거쳐 양근에 도착하였을 때, 류진 일행이 일본군 진영을 건너려고 금양 쪽으로 갔다는 소문을 들었다. 다급해진 탐문조는 말은 두고 군사 한 명과 종 한 명으로 단출하게 팀을 꾸려 뒤를 밟아온 것이었다. 다행히 류진 일행이 적진을 향해 출발하기 전인 12월 27일에 당도하였던 것이다.

　류진은 이들을 따라 아버지가 계시는 북쪽을 향해 떠났다. 유모인 한수 어미가 함께 하였다. 종의 등에 업히고, 말이 있는 곳에 가서는 말을 탔다. 일본군이 도로에 충만하였기 때문에 관군이나 의병장의 幕處에서는 길 안내자를 붙여주었다. 곳곳에서 각별한 관심과 후한 대접도 받았다.

　해가 바뀌어 1593년 1월 무렵 황해도 수안을 거쳐 평양 동쪽 강동현 삼등에 도착하였다. 평양까지는 20여 리 떨어진 가까운 곳이었다. 평양의 아버지에게 기별을 보냈다. 이때는 평양을 막 탈환한 시점이었던 듯 류성룡은 '평양이 지금 요란스러우니 중로에 머물러 있고 들어오지 말라'고 통보하였다. 그리고 벗인 은산현감에게 가는 길에 아들 류진을 맡아 줄 것을 부탁하였다. 류진은 아버지를 뵙지도 못한 채 은산현감을 따라나섰다. 류성룡도 아쉬운 마음에 군관을 보내어 따로 기별하였다.

> 너를 어떻게든 보고 가려 하였지만 국사가 급하여 이렇듯 빨리 가니, 은산 수령이 내 젊었을 적의 벗이라 너를 데려가고 싶다 하니, 서러워 말고 갔다가 서울이 편하거든 사람 보낼 것이니 오너라.26)

류진은 그 길로 은산으로 와서 영유를 거쳐 안주의 누을기 마을의 아전 이충백의 집에 가서 오래 머물렀다. 이곳은 퍽 안전한 곳이었다. 오고가는 주위의 수령들도 아는 수령이나 모르는 수령이나 옷 한 가지씩 해주었다. 30리 정도 떨어져 있는 안주목사는 줄곧 糧饌을 이어 보내주었다. 류진은 철없던 아이 시절이라 미안한 줄도 모르고 보내 주는 족족 받아서 먹었다. 류성룡이 한성에서 듣고 질책하였다.

> 일절 이 고을 것을 먹지 말고 가산 땅에 선세 전토가 있고 또 외가 종도 있으니, 거기 가서 소출을 먹고 각 관의 폐를 키칠 마음을 먹지 말라.27)

류진은 즉시 가산군으로 가서 지냈다. 시국이 상당히 안정되어 한성으로 돌아오라는 아버지의 기별을 받았다. 류진은 약 10개월 정도의 평안도 생활을 마감하고, 1593년 윤11월에 한성으로 돌아왔다. 한성을 떠난 지 약 18개월 만이었다. 이듬해인 1594년 3월 아버지, 작은 어머니, 둘째 누이, 형님들, 아우들 등 온 식구들이 다시 모였다. 거의 2년 만에 만나는 가족들이었다. 평화로운 일상이 한동안 지속되었다.

---

26) 앞의 『역주 임진록』, 105~106쪽.
27) 앞의 『역주 임진록』, 106쪽.

〈표 3〉 류진의 피란 생활 상황③

연월일	장소	내용	동행인	『임진록』 쪽수
12월 27일	금양(시흥)	길에서 부친이 보낸 두 사람 만나서 유모와 함께 따라 감. 자형네는 田庄이 있는 남양으로 감		104
12월 29일	양근	부친이 보낸 두 사람에게 번갈아 업혀 감		104
1593년 1월경	수안	후한 대접 받음		105
1월경	삼등	부친이 평양에 있다는 소식 들음		105
1월경	은산	평양에 들어오지 못하게 하고 은산 수령 따라 가게 한 부친의 조처에 따라 은산 수령 따라감		105
1593년 1월 이후	영유 안주 누을기	아전 이충백 집에 오래 머묾. 각 고을 수령들의 후대		106
1593년 10월까지	가산	부친이 듣고 가산으로 옮기게 함. 선세 전토와 외가 종이 있는 곳임		106
1593년 윤11월	한성	한성으로 돌아옴		106
1594년 3월	한성	가족 모두 모임. 4남매 및 작은어머니와 3남매		106

5. 맏누이네는 호남으로, 백부네는 영남으로

1) 호남으로 간 이문영 가족

 류진을 떠나보낸 이문영 가족은 예정한 대로 남양으로 향하다가 호남의 함열군까지 내려갔다. 중간에 남양에서 얼마간 체류하였는지는 불분명하다. 함열군에 간 것은 아마 이문영의 외가가 함열 남궁씨인 까닭에 그곳에 일정한 터전이 있었기 때문인 듯싶다.
 이문영의 5대손인 대산 이상정이 쓴 이문영의 묘지명과 갈암 이현일이 쓴 이홍조의 묘지명에는 각각 아래와 같이 묘사되어 있다.

임진년에 왜란이 일어나자 할머니와 모부인을 모시고 어려움을 겪으며 관동으로 피난갔다가 도로 호남으로 내려왔다. 난리가 조금 안정되자 남양 해망봉 아래에 거처를 정하였는데……28)

만력 을미년 10월 모일에 함열군에서 공을 낳았는데, 왜병이 온 나라에 가득하였기 때문에 호남에 우거하다가 공이 4세 되던 해 찰방공이 세상을 떠났다. 그 후 2년 뒤에 형 창조가 화산에 공부하러 가면서 꽃나무 가지를 꺾어 공의 머리에 꽂아주고 갔는데, 공이 늘 꽃나무 가지를 안고 울었으니, 그 타고난 우애가 이와 같았다. 8세 때 근친하는 모부인을 따라 화산에 갔는데, 문충공이 그 글 읽는 소리가 낭랑하고 글 뜻에 통달한 것을 듣고 매우 사랑하였다. 13세에 비로소 李舅 수암공에게 수학하였는데, 뜻을 가다듬고 몸을 신칙하고 행실을 닦는 공부를 하였다.29)

위의 내용으로 미루어볼 때 전라도 함열군으로 피란하다가 정유재란이 일어날 무렵 경기도 남양으로 거처를 옮긴 듯하다. 임진왜란이 종식된 해인 1598년 이문영은 남양에서 31세를 일기로 짧은 생을 마감하였다.30) 아마 전쟁으로 인한 후유증이 심하였던 것으로 짐작될 뿐이다.

그 후 이문영의 두 아들은 외할아버지인 류성룡의 사랑을 듬뿍 받으면서 외가의 일정한 보호와 영향 아래 자란 듯하다. 맏이인 이창조는 15세에 안동 외가에 가서 공부를 배웠다.31) 피란 시에 태어난 이홍조도 13세 때 외삼촌 류진에게서 공부를 배웠다. 1612년(광해군 4) 각각 27세·18세이던 이창조와 이홍조는 류진이 억울하게 역옥에 연루되어 의금부로 압송되었

---

28) 이상정, 『대산집』 47, 묘지명, 五代祖考贈承旨府君墓誌.
29) 이현일, 『갈암집』 25, 묘지명, 通訓大夫行懷仁縣監李公墓誌銘.
30) 당시 류성룡과 이산해가 모두 딸이 있어 사위를 고르고 있었는데, 이문영과 이덕형 두 사람의 명성이 한때 서로 막상막하였다. 이에 류성룡은 이문영을 얻었고, 이산해는 이덕형을 얻었다고 한다(이상정, 『대산집』 47, 묘지명, 五代祖考贈承旨府君墓誌).
31) 이홍조, 『睡隱遺集』 1, 祭伯氏漣川公文.

을 때 어머니와 함께 옥바라지를 하기도 하였다.32)

그 뒤 홍조는 어머니 류씨의 삼년상을 치루고 난 뒤인 1617년(광해군 9) 23세에는 아예 외가가 있는 안동으로 근거지를 옮겨 소호리에 자리를 잡았다. 그의 후손은 이곳을 중심으로 번창하였는데, 홍조의 현손대에서 퇴계의 학맥을 잇는 대학자인 대산 이상정이 배출되었다.

2) 영남으로 간 류운룡 가족

한편 피란 초기에 류진을 허수에게 딸려 보낸 류운룡 일행 100여 명은 풍양을 떠나 5월에는 가평의 懸燈寺로 옮겨가 머물렀다.33) 일본군의 침범 소식을 접한 6월에는 더 깊숙한 花嶽山 골짜기의 朝宗寺에 머물렀다. 이때쯤 류운룡의 아들 중 한 명은 연천에 주둔하고 있는 검찰사 막하에 들어가 있었다.34) 다시 양평 미원현을 거쳐 양근의 彌智山 小雪寺로 거처를 옮겼다가 7월에는 龍門山으로 들어갔다. 도중에 류운룡의 병든 처는 낙마하여 운신하기 어려운 지경에 처하기도 하였다.35)

8월에는 남하하기로 결단을 내려 강원도에서 竹嶺을 넘어 경상도 풍기로 내려왔다. 한동안 浮石寺에 우거하였다. 이즈음 둘째 아들이 일직에서 결진하는 안동 의병진을 따라 가도록 되어 있는 듯 강건한 종을 붙여 보내라고 큰 아들에게 편지를 보내어 당부하였다.36) 얼마 뒤 강원도 평창 방면에 있던 일본군이 태백산을 넘어 영남 땅으로 내려오자, 류운룡 일행은 한

---

32) 앞의 『역주 임진록』, 160·162·170쪽.
33) 이하 류운룡의 피란 경로에 대한 서술은 연보에 의거하였으며(『겸암연보』 1, 선조 25년, 54세), 각주는 생략한다.
34) 둘째 아들일 가능성이 크다(류운룡, 『겸암집』 3, 서, 寄兒袗).
35) 류운룡, 『겸암집』 3, 서, 答卓卿 壬辰.
36) 류운룡, 『겸암집』 3, 서, 答兒袾.

밤중에 급하게 부석사를 떠나 예안 용두산 아래의 龍壽寺로 거처를 옮겼다.37)

류운룡은 예안 용수사에 머물면서 적의 동향에 따른 대응 방안을 세 가지 정도로 나누어 구상하고 있었다. 적세가 약해진다면 바로 고향 하회에 가까운 쪽으로 거처를 옮기고, 적세가 치성하면 청량산으로 들어가며, 그도 저도 아니면 임하 쪽으로 갈 수도 있겠다는 생각을 하고 있었다.38) 결국 적세가 약간 누그러졌는지 하회에 가까운 안동 서쪽 학가산 아래의 薪田村으로 거처를 옮겼다.

9월에는 경상좌도 관찰사에 임명되어 경상우도에서 좌도로 넘어왔던 김성일이 다시 경상우도로 돌아간다는 소식을 편지로 접하기도 하였다.39) 이 달에 고향 하회로 돌아와 수일을 머문 뒤 다시 예안을 거쳐 봉화 太白山 아래의 道心村으로 거처를 옮겼다. 이곳에서는 상당 기간 우거하였다. 지금도 도심촌에는 류운룡이 나라를 걱정하여 하늘에 치성을 드리던 제단 터가 뒤 뜰에 심었다는 감나무와 함께 남아 있다.40) 류운룡은 백여 명에

---

37) 경상북도 예천군 효자면 고항리 산중에 겸암굴이라고 불리는 100여 명이 머물 수 있는 자연 굴이 있는데, 겸암 류운룡이 임진왜란 때 가족을 이끌고 피란한 장소로 전해져 온다. 조선시대 때는 풍기군 은풍현에 속한 곳이었다(서수용, 『안동 하회마을을 찾아서』, 민음사, 1999, 247~250쪽). 위치상으로 볼 때 류운룡이 부석사에서 예안 쪽으로 급하게 피신할 때 머문 것 같지는 않고, 예안 쪽에서 안동 하회 마을로 옮길 때도 거쳐 가는 지점이 아니어서 단정하기 어려운 부분이 있다. 정유재란시 봉화 도심촌으로 피신할 때를 상정해볼 수도 있으나 당시는 일본군에게 쫓기는 급박한 상황이 아니었기 때문에 굳이 산 중의 굴에 머물렀을 가능성도 낮다. 그리고 위 책에서 서수용은 류진도 함께 이 굴에 피란하였다고 서술하고 있는데, 이는 사실이 아니다. 류진은 피란 초기에 백부와 헤어져 맏누이네를 따라 피란하고 있었기 때문이다.
38) 류운룡, 『겸암집』 3, 서, 答兒袾 壬辰.
39) 류운룡, 『겸암집』 3, 서, 答金士純 壬辰. 김성일이 경상좌도 관찰사에 임명된 것은 1592년 6월이었으나 전란 중이라서 김성일에게 교지가 전달된 것은 8월 11일이었다. 김성일은 경상우도의 형편을 알리는 장계를 올리는 한편 우도에서 수행하던 일을 마무리한 후 낙동강을 건너 좌도로 넘어간 것은 9월 4일의 일이었다. 신녕에 이르러 다시 경상우도 관찰사에 임명된 사실을 통보받고 급하게 고향인 안동으로 가서 성묘만 하고 대구를 거쳐 낙동강을 건너 우도인 고령에 도착한 것이 9월 16일이었다(허선도, 「학봉 선생과 임진의병 활동」, 『학봉의 학문과 구국활동』, 학봉김선생기념사업회, 1993, 273쪽).

달하는 식구를 이끌고 서울에서 경기도와 강원도를 거쳐 경상도 안동 고향에 내려왔다가 다시 태백산 아래에 피란처를 정하기까지 수개월 동안 단 한 명의 희생자도 내지 않았다. 류성룡의 표현대로 하늘의 돌보심을 입었던 것이다.

그 후 1597년 정유재란이 일어났을 때도 류운룡 가족은 도심촌을 피란처로 택하였다. 그 이듬해인 1598년 봄에는 인동에 거주하던 여헌 장현광도 도심촌으로 들어가 약 1년간 함께 피란한 바 있었다.41) 류성룡도 파직된 후에는 역시 도심촌에 한동안 머물렀었다.

6. 전쟁을 기억하며 『임진록』을 작성하다

류진은 16세이던 1597년(선조 30) 봄에 권씨를 배필로 맞이하였으며, 여름에 아버지의 명으로 홍문관 교리 벼슬에 있던 從姊兄인 노경임에게서 四書를 배웠다. 17세이던 1598년(선조 31) 파직 당한 아버지 류성룡을 모시고 고향 안동으로 돌아왔으며, 이 해에 함께 피란생활을 하면서 동고동락하였던 자형 이문영이 세상을 떠났다. 그리고 임진왜란도 종식되었다.

18세에는 아버지로부터 중용을 배웠으며, 19세에는 두 형과 함께 金溪齋舍에서 공부하였다. 20세에는 백부와 조모의 상을 당하였고, 24세에는 맏형이 세상을 떠났으며, 이어 26세에는 부친상을 당하였다.

---

40) 서수용, 앞의 『안동 하회마을을 찾아서』, 258쪽.
41) 겸암 류운룡의 연보에는 1592년에 여헌 장현광이 도심촌에 피란한 것으로 되어 있지만, 장현광이 남긴 피란일기인 『용사일기(록)』에 나타난 행로와 연보를 종합하여 판단하면 그 시기는 1592년이 아니라 1598년임을 알 수 있다(장현광 저, 김사엽 역, 『국역 용사일록』(김사엽전집 제13권), 박이정, 2004 ; 『여헌연보』, 국립중앙도서관 소장본, 만력 26년(1598) 45세) 장현광은 류운룡의 막내 사위인 노경임의 외숙부이기도 하다.

29세인 1610년(광해군 2) 진사시의 초시와 복시에 모두 1등으로 급제하였다. 31세이던 1612년(광해군 4) 역옥에 연루되어 한성으로 압송된 바 있었는데, 함께 올라와 옥바라지로 노심초사하던 둘째 형도 석방을 보지 못한 채 세상을 버리고 말았다. 이로써 류진은 부모형제가 모두 사망한 외로운 상태가 되었다.

류진이 『임진록』을 작성한 것은 29세 때인 1610년(광해군 2)이었는데, 이때 만들어진 것은 『임진록』의 '한자본'이었다. 임란이 발발한 지 18년이 흐른 뒤였고, 완전히 극복된 지 11년이 경과한 뒤였다. 따라서 『임진록』은 11세 피란 당시의 경험과 기억에만 의존하여 작성된 것은 아니다. 피란지에서의 경험은 임란 이후 십수 년 동안 수시로 이야기의 화제 거리로 떠올랐을 것이다. 주변 사람의 도움으로 자연스럽게 기억을 구체화하고 또 주변 상황을 객관적으로 확인할 기회가 있었을 것이다. 이런 과정을 거쳐 피란생활에 대한 서술은 한층 구체화될 수 있었을 것이다.

류진은 『임진록』의 작성 동기를 다음과 같이 밝히고 있다.

> 이제는 부모 없으시고 형님 동기들 다 죽고 나 혼자 살아서 병이 들어 어느 때 죽을 줄도 모르니 내가 곧 이르지 아니하면 비록 자식이라도 그리 후 苦하여 죽다가 살아난 줄 모를 것이라. 일가 사람이라도 이야기 삼아 보도록 하기 위하여 기록하노라.42)

전대미문의 전란 속에서 몸소 경험한 피란생활의 고통과 직접 목격한 전쟁의 참혹상을 기록으로 남기겠다는 점과 자손들에게 부모형제의 경험담을 들려줄 이가 자신 밖에 남지 않았다는 절박한 상황, 그리고 이 경험을 자손들로 하여금 알게 하여야겠다는 점 등이 저술의 동기로 작용하였

---

42) 앞의 『역주 임진록』, 106쪽.

다고 하겠다.

　1614년(광해군 6)에는 4년 전에 쓴 『임진록』과 2년 전에 쓴 『임자록』을 합편하여 하나의 책자로 만든 후 '題目錄後'를 첨기하였다.[43] 그 다음에 『임진록』의 '한글본'이 만들어졌을 것으로 추정되는데, 류진이 한글본을 만든 것은 집안 부녀자들도 읽을 수 있게 하기 위함이었다. 만들어진 시점은 한글본 『임진록』의 말미에 밝혀져 있듯이 부모와 친형제가 모두 다 세상을 떠난 이후였다. 아버지 류성룡은 1607년(선조 40), 어머니 이씨는 1589년(선조 22), 맏형인 여가 1605년(선조 38), 둘째형 단이 1612년(광해군 4)에 각각 세상을 떠났다. 따라서 한글본의 작성 시기는 적어도 1612년 이후가 될 것이고, 1614년 이후일 가능성이 크다.

　그 후 한자본은 없어지고 한글본만이 남게 되었다. 한글본 『임진록』은 한글본 『임자록』, 한글본 「수암선생행장」과 합쳐져서 이른바 '附添本'으로 成册되었다. 이 '부첨본'을 만든 이는 류진의 여덟째 사위인 이재관으로 추정된다. 만들어진 시점은 적어도 이재관의 사망 연대인 1689년(숙종 15) 이전일 것이다.

　이 '부첨본'도 세월이 지나면서 낡았기 때문에 1847년(헌종 13년) '姜宅'의 모녀가 다시 옮겨 베꼈다. '강댁'은 류후조의 종고모이자 류광득의 딸이 출가한 상주 鳳垈의 강우흠 댁을 가리킨다.[44] 그 강우흠의 류씨 부인이 자신의 딸과 함께 옮겨 베낀 것이다. 이 '傳寫本'이 현전하고 있다. '전사본'의 앞뒤에는 전사의 배경과 경위를 밝힌 전사자의 기문이 첨부되어 있다.[45]

---

43) 앞의 『역주 임진록』, 15쪽.
44) 傳寫本의 첫페이지에 첨기된 전사자의 記文에 '평창의 종고모 봉대 강댁'이 필사하였다는 대목이 나온다. 평창은 평창군수를 지낸 사람을 의미하는 말로서 류진의 7대손인 류후조를 가리킨다(앞의 『역주 임진록』, 16쪽).
45) 〈기문 1〉 우천 류평창댁 세세 귀중지물이니 장구 장구하여 유전 천추하라. 이 책은 우리 선세 遺籍이시니 자손이 극히 공경 중대하는 바러니 本典이 많이 상한 것을 내 해포 두었다가 더 상하여 버리니 불초 죄 중하여 여러 해 경영하여 번서하였으나 본디 단필에 풍파 환난에

책의 표제는 한자로 '壬辰錄'이라 쓰여 있으며, '임진록'·'임자록'·'수암선생행장' 등 3편으로 구성되어 있다.

7. 맺음말

　류진은 임진란이 일어났을 당시 11세 소년으로서 좌의정인 아버지의 한성 집에 머물고 있었다. 상주가 함락되었다는 급보가 한성에 도달하였을 무렵 그는 백부 류운룡 가족을 따라 형제들과 함께 피란길에 나섰다. 국정을 책임져야 하는 아버지가 자신의 가족을 모두 형에게 맡겼기 때문이었다. 피란에 나선 며칠 뒤 그는 백부의 분산책에 의해 일행과 떨어져 홀로 허수라는 사람을 따라가게 되었다. 양주에 도착하였을 때 시집간 맏누이네를 만나게 되었고, 함께 피란 생활을 하게 되었다.
　피란에 나선 맏누이네의 규모는 약 40여 명이었다. 위로는 자형과 자형의 어머니, 자형의 외조부모, 아래로는 어린 생질 둘이 있었으며, 여기에 다수의 노비가 함께하고 있었다. 경기도의 동쪽에 해당하는 영평·포천·

정신이 몽황하고 칠십지년에 안력이 희미하니 성자(成字) 아니 되어 불성(不成) 모양이나 내 성력이 극진하니 대대 종부들은 사적(斯籍)의 존중함과 필주(筆主)의 가득한 정성을 생각하여 아끼고 아껴 전지자손(傳之子孫) 만만세지(萬萬世之) 무궁하라. 시세 기유의 춘에 평창의 종고모 봉대 강댁은 수회(愁懷) 심요(心撓) 중 추필서(醜筆書)하노라. 우리 모녀의 글씨라 졸필 해괴하니 통분(痛憤) 참괴(慙愧)하나 고어에 왈 유자 불사요 유문 불후라 하니 비록 흉필이나 이책에 머물러 내 우리집 딸로 세상에 있던 줄 후인이 알게 하노라.
〈기문 2〉 정미 납월에 필서(畢書)하다. 본책 다 떨어져 의지없는 것을 두고 어머님 다시 베끼지 못하여 하 걱정하시니 쓰려 하니 가뜩 필재없는 것이 종이 모자랄까 짝잡아서 잘게 쓰니 더욱 괴이하고 이제는 아주 병세지인이 되어 이런 책장이나 쓰려하면 체증 고약하여 성실히 쓰지 못하여 가까스로 하루 넉 장씩 닷 장씩 이렇게 쓰니 겨우겨우 필서하다. 필경 종이 남는 것을 잘게 형용없이 그렇듯 한 것이 절통하나 이제는 어머님 뜻을 받자왔으니 시원하오며 평창 형님 추필이라 책지 마르시압. 언제 다시 두루 다 상봉하올꼬 쉽지 아닐 듯 애닯삽.

가평 쪽의 산악 지역에 머물다가 더 멀리 함경도로 들어가기 위해 강원도 화천·김화·회양 방면으로 나아가기도 하였다. 그러나 큰 강물에 막혀 더 나아가지 못하고 다시 경기도 쪽으로 돌아와서 이후 경기도와 강원도 접경을 넘나들면서 주로 산악 지역에 머물렀다. 그동안 류진은 죽을 고비를 다섯 번 정도 경험하였다. 네 번은 일본군과 손에 닿을 정도의 지척에 있으면서 가까스로 발각되지 않은 경우였고, 한 번은 직접 정면으로 맞닥뜨린 경우였다. 그럼에도 불구하고 살아남을 수 있었던 것은 천운이 작용한 덕분이라고 볼 수밖에 없다.

피란 생활 8개월만인 12월 말에야 아버지 류성룡이 아들을 찾기 위해 보낸 두 사람을 극적으로 만나게 되었다. 이후 류진은 두 사람의 보호를 받으며 평안도로 향하였다. 평양 근처까지 갔으나 아버지를 상봉하지는 못한 채, 아버지의 주선으로 은산 수령을 따라 더 북쪽의 안전지대로 피신하였다. 이후 수령들의 보호하에 비교적 안전하게 지내다가 한성으로 돌아와 가족들과 합류하였다. 피란을 떠난 후 약 2년이 흐른 뒤였다.

한편 류진을 데리고 피란하였던 맏누이네는 경기도 남양을 거쳐 전라도 함열로 내려갔고, 그 전에 헤어졌던 백부네는 강원도를 거쳐 경상도 고향 근처로 무사히 내려갔다. 결국 한성에서 함께 피란을 떠나 경기도 일대에 머물다가 각각 평안도, 전라도, 경상도로 연고를 찾아 뿔뿔이 흩어져서 살 길을 모색하였던 셈이다. 이들 가족들은 소수의 희생자를 낸 채 운 좋게 살아남았다.

류진의 『임진록』에서 확인되는 생존 전략은 다음과 같았다. 첫째, 멀리 그리고 깊숙이 도망가서 숨는다. 둘째, 정보를 최대한 모은 후 판단한다. 셋째, 연줄을 적절히 이용하여 지원을 받는다. 넷째, 궂은 일을 도맡아 처리해주는 노비의 도움을 받는다. 그중에서도 노비의 충심은 양반들의 생존에 절대적이었다고 해도 과언이 아니었다. 특히 어린 류진의 경우 유모가 항상 옆에서 여러 가지를 챙겨주면서 거의 함께 하였던 것이다.

✠ 참고문헌

『선조실록』;『선조수정실록』;『신증동국여지승람』
류운룡,『겸암집』;『겸암연보』;『여헌연보』; 류진,『수암집』; 이홍조,『睡隱遺集』; 이현일,『갈암집』; 이상정,『대산집』;『豊山柳氏世譜』(풍산류씨 세보편찬위원회, 1985) ;『豊山柳氏文忠公西厓宗派譜』(풍산류씨 문충공서애종파보소, 1978) ;『韓山李氏文襄公派世譜』(한산이씨문양공종회, 1995)

류진 저, 홍재걸 역주,『역주 임진록』, 영남대 출판부, 2000.
박인호,「임진왜란기 지방 지식인의 피난살이-장현광의 용사일기를 중심으로-」,『선주논총』11, 2008.
서수용,『안동 하회마을을 찾아서』, 민음사, 1999.
신병주,「16세기 일기자료 쇄미록 연구-저자 오희문의 피란기 생활을 중심으로-」,『조선시대사학보』60, 2012.
신승호,「수암 류진의 임자록 연구」,『민족문화』47, 2016.
염정섭,「17세기 초반『위빈명농기-전사문』의 편찬 경위와 농법의 특색」,『농업사연구』3-1, 2004
우인수,「수암 류진의 삶과 생활」,『낙동강을 품은 상주문화』, 상주박물관, 2012.
우인수,『조선후기 영남 남인 연구』, 경인문화사, 2015.
장경남,「국문본 실기〈임진록〉·〈임ᄌ록〉으로 본 수암 류진」,『퇴계학과 유교문화』50, 2012.
장현광 저, 김사엽 역,『국역 용사일록』(김사엽전집 제13권), 박이정, 2004.
정해은,「임진왜란시기 경상도 사족의 전쟁체험」,『역사와 현실』64, 2006.
허선도,「학봉 선생과 임진의병 활동」,『학봉의 학문과 구국활동』, 학봉김선생기념사업회, 1993.
홍재휴,「수암 류진과「임진록」고」,『한국의 철학』29, 2001.

황인덕, 「임란기 전승업과 사우들의 피난지 모색활동과 학연성」, 『인문학연구』 104, 충남대 인문과학연구소, 2016.

임진전쟁 전야, 국제정보의 흐름과 조선

차 혜 원

1. 머리말

　1592년 4월 일본군이 조선을 기습 침공하기 수 년 전부터 동아시아 해역에서는 여러 방면에서 위기의 조짐들이 나타나고 있었다. 일본의 새로운 지배자로 부상한 도요토미 히데요시(豊臣秀吉: 이하 히데요시로 약칭)는 자신의 최종 침략목표가 중국 정복에 있다고 내외에 공포해 왔다. 히데요시가 큐슈 지역을 복속시킨 1587년 이후, 대외정복의 행보는 더욱 빨라졌다. 중국과 조선의 동시대 기록들에는 명조의 조공국 琉球와 조선 등지에 침략경보를 포함한 다양한 정보들이 전달되던 정황이 상당 부분 구체적으로 남아있다. 전쟁 전야에는 사실 일종의 정보전이 전개되고 있었다.
　16세기 이래, 왜구와 같은 해외 밀무역 집단의 주요 활동 무대가 되었던 중국의 浙江, 福建성 등 연해 지역에는 해외로 진출한 지역 출신 중국인들을 통해 일본의 대륙 침략 동향을 알리는 정보들이 유입되었다. 해역을 통해 확산된 이 정보들의 전달 주체가 누구인지, 그리고 전달 목적이 무엇이었는지에 관해서는 여전히 불분명한 부분이 많다. 그럼에도 왜의 침략 예고는 강남지역으로 불리던 동남 연해의 문화와 경제의 중심지역을 크게 동요시켰다. 소식을 접한 명조 조정에서도 역시 대응 태세를 취했다. 당시 중국에 전해진 국제 정보 속에는 일본 내부의 정황이 자세하게 기술된 신뢰할 수 있는 내용과 함께 조선이 이미 일본과 내통하여 대륙침략의 선봉이 되기로 했다는 허위정보까지 뒤섞여 있었다. 중국 조야에서는 이 정보를 통해 일본의 동향을 알게 되면서 조선에 대해서도 오해와 불신을 품게 되었다.

조선의 경우 중국 이외에는 대마도를 통한 해외정보가 유일한 통로였고 이로 인해 국제 정세에 대한 인식은 본질적 한계를 안고 있었다. 지금까지 임진전쟁 직전의 조선 상황에 관한 연구는 주로 조선의 대응 양태를 중심으로 고찰되곤 했다. 조선 측 대응의 부적절함이나 한계점이 지적되는 가운데 선조와 柳成龍을 비롯한 조정 중신들, 그리고 1590년에 일본 통신사로 파견된 金誠一, 黃允吉의 의견 대립 등에 초점을 맞춰 논의가 집중되곤 했다. 그러나 이 시기, 조선의 전쟁 대처 문제는 국제 정세의 제약, 특히 연해 지역에서 침략 관련 정보가 만들어지고 유포되는 방식을 고려해야 한다고 본다. 사실 과거의 사건이나 인물을 평가할 때, 후대의 전지적 시점에서 일방적 비평을 가하는 것은 공정하지 않다. 활용할 수 있는 정보와 지식이 대단히 제한된 상태에서 위기를 맞는 경우, 뒷날에 본다면 도저히 이해할 수 없는 근시안적인 선택을 하는 경우가 많기 때문이다. 이것은 비단 조선의 사례에 국한되지는 않는다. 조선 조정의 중추 역할을 했던 재상 류성룡에 대한 평가도 이런 점에서 좀 더 다면적인 접근이 필요하다.

그런 까닭에 본고에서는 종래의 연구성과를 바탕으로 하되, 전쟁 직전의 시점에서 조선과 중국이 동아시아 해역에서 일어나고 있던 세계사적 변화를 어떻게 인식하고 대응했는지 재구성해보고자 한다. 전쟁 전야, 조선과 중국의 국제 정세 인식에 직접적인 영향을 미친 것은 양측이 각각 이전의 '왜란' 사태로 인해 큰 피해를 입었던 사실이라고 본다. 중국에서는 16세기 중반에 동남 연해지역을 휩쓴 왜구사태가 당시까지도 심각한 공포를 불러 일으키고 있었다.[1] 조선 역시 산발적인 왜구 공세로 인해 전라도 지역의 경비태세에 주의를 기울이고 있던 상태였다. 문제는 중국 연해 지역과 조선의 서해안을 침범한 16세기의 왜구가 임진전쟁을 일으킨 일본군과는 주체와 성격 면에서 별개의 집단이었다는 점이었다. 그러나 전쟁 직전에 중국과 조선 등지에 유포된 일본 관련 정보는 다가올 침략의 성격은 물론, 일본의 정체에 대해서도 오히려 혼돈과 착오를 조장하였다.

본 고에서는 이 사실을 역사적 맥락 속에서 재조명하여 전쟁 이전, 조선과 명조의 제약 조건들이 보다 깊게 이해되기를 기대한다. 1, 2장에서는 먼저 최근의 연구성과들과 새로운 자료들을 통해 강남지방에서 16세기 중반에 발생한 왜구사태를 정리하였다. 이 문제는 중국 동남 연해 발 정보의 성격, 그리고 전쟁 전야의 중국 및 조선 조야의 상태를 밝히는데 필수불가결한 요소라고 본다.[2] 3장에서는 전쟁 직전, 중국 측에 경보를 알리는 문제를 놓고 벌어진 조선 조야의 움직임을 趙憲과 류성룡의 활동을 통해 살펴보았다. 이들은 시시각각 변해가는 긴박한 국제 정세 속에서 각각 대처 방안을 제시하고 적극적으로 관여하고자 했다. 이 두 사람의 대응방식을 통해 당시 조선의 재야와 조정의 동향을 가늠해 볼 수 있을 것이다. 본고

---

[1] 차혜원, 「중국인의 南倭체험과 壬辰전쟁 -『籌海圖編-重編』을 중심으로」, 『역사학보』 221, 2014.
[2] 본고를 집필하는 과정에서 1장 일부는 2017년 4월 29일 동양사학연구회의 발표를 거쳐 차혜원, 「16세기 국제질서의 변화와 한중관계」(『동양사학연구』 140, 2017.9)에 발표하였고 본고에서는 이를 좀 더 가독성있게 편집하고 내용을 보완하였다. 2장 앞부분은 차혜원, 「중국 복건지역의 임진전쟁(1592~1598) 대응」(『동방학지』 174, 2016a)에서 이용한 자료와 내용을 바탕으로 하였음을 밝혀둔다.

의 시도는 중국의 움직임을 시야에 넣어 전쟁 전야의 조선이 위치했던 좌표축을 보다 입체적으로 설정하는 데 도움을 줄 것으로 기대한다.

2. 동아시아 해역의 남왜사태

1) 16세기 명조의 왜란

16세기에 접어들면서 명조가 유지해온 冊封·朝貢을 중심으로 한 대외관계와 국제질서는 동요하기 시작했다. 중국은 이 시기 北虜南倭, 즉 북방 몽골족의 침공과 연이어 남쪽에서는 왜구의 침략이라는 심각한 위기를 맞았다. 동남 해역을 낀 경제와 문화의 중심지인 강남지역에는 '嘉靖 왜구' 혹은 14세기 말, 명조가 건국할 무렵에 동아시아 해역을 횡행하던 전기 왜구와 구별하기 위해 '後期왜구'로 통칭되는 국제적 불법세력의 밀무역과 약탈이 가속화되고 있었다.3) 명조 정부는 부유한 연해 지역을 강타한 불법 밀무역 사태와 이로 인한 폭력과 치안 붕괴 등의 무정부 상태를 막기 위해 엄청난 비용과 희생을 치렀다.

사실 이 사태는 아시아 전역에서 은을 매개로 한 상업연결망이 형성되던 세계사적 변화와 연결되어 있었다. 당시 농업과 상업, 유통 면에서 비약적인 성장을 이룬 중국 경제의 역동성이 오히려 대외적 위기를 부른 역설적 현상이 발생한 것이다. 이 시기에는 도자기, 차, 원사와 비단 등의 중

---

3) 이 분야는 일찍부터 연구자들의 관심을 끌었다. 陳懋恒, 『明代倭寇考略』(哈佛燕京学社, 1939), 王婆楞, 『歷代征倭文獻考』(重慶正中書局, 1940), 石原道博, 『倭寇』(東京: 吉川弘文館, 1964) 등을 필두로 戴裔煊, 『明代嘉隆間的倭寇海盜與中國資本主義的萌芽』(中國社會科學出版社, 1982), 林仁川, 『明末清初的海上私人貿易』(廈門大學出版社, 1985) 등 많은 연구가 진행되고 있다.

국 생산품이 대량으로 상품화되면서 유통망을 넓혀갔다. 중국시장은 일본과 동남아는 물론, 인도양 해역에 나타난 유럽세력을 유인하는 강력한 흡인력을 갖고 있었다. 공교롭게도 1520년대부터 일본 이와미(石見) 광산에서는 조선에서 灰吹法이 도입되면서 대량의 은이 산출되기 시작했다. 불과 수 년 사이에 일본은 중국 연해로 쇄도하였다.

이러한 상황에서 명조가 정한 조공무역의 틀이 붕괴되기 시작했다. 특히 건국 당시 일본 무로마치(室町) 막부가 명조에 왜구 단속을 약속하면서 시작된 명조와 일본 사이의 조공 관계는 파탄에 이르게 되었다. 막부는 15세기 말 이래의 내전 상태에서 힘을 상실했고 조공무역의 이권을 둘러싸고 서일본의 유력 다이묘(大名)들이 각축을 벌이게 되었다. 급기야 1523년, 절강성 寧波에서는 유력 영주들이 파견한 두 사절단이 상호 무력충돌을 일으키는 이른바 '영파爭貢' 사태가 발생했다.[4] 그 뒤 1547년 일본으로부터 마지막 조공사절단이 파견된 이래 양국 간의 공식관계는 완전히 두절되었다. 한편 조선과 함께 가장 모범적인 조공국으로 꼽히던 류큐는 이미 15세기 중반경부터 이미 사쓰마번의 간섭하에 놓였다. 종래 독점적인 해상 조공무역 권한을 이용하여 중계무역으로 번영을 누렸던 류큐는 중국의 통제를 벗어난 국제 밀무역망이 확대되자 현저히 힘을 잃어갔다. 조공무역과 海禁 정책을 통해 유지되던 중국의 해상관리 체제가 붕괴되고 있었던 것이다.

16세기 중반, 강남지역을 휩쓴 왜구 집단은 복건과 광동, 절강성 출신 중국인들이 주축을 이룬 가운데 일본인과 포르투갈인까지 합세한 다국적 세력이었다. 동시대의 다양한 중국기록들은 왜구가 곧 일본인 해적이 아

---

4) 鄭樑生, 『明・日関係史の研究』, 雄山閣出版, 1985, 285~289쪽 ; 山崎岳, 「朝貢と海禁の論理と現実-明代中期の奸細宋素卿を題材として」, 夫馬進編, 『中国東アジア外交流史の研究』, 京都大学学術出版会, 2007 참조.

니라 대부분 중국인들로 구성되었음을 증언해 준다. 지역출신 왜구들이 지역 동향과 방어 상의 약점 등을 정확히 체득한 것은 당연한 일이었다. 이들은 해역 각처에 근거지를 건설해 강남지역을 위기로 몰아넣었다. 왜구 중에서도 중국인 두목 王直이 이끄는 집단은 대규모 선박을 소유한 최대 세력으로 성장하였다.[5] 왕직은 일본 큐슈지역 거상들을 거래선으로 확보하며 절강성 앞바다 舟山열도의 雙嶼항을 무대로 활약했다.

한편 왕직이 국제 교역망을 구축하는 과정에서 뜻밖에도 조선에 그 여파가 밀어닥쳤다. 1543년, 왕직이 소유한 밀무역선은 타네가시마(種子島)에 도착하여 화기를 판매하였다. 포르투갈산 화기가 동아시아에 처음 전래되는 이 현장에는 유생 차림의 왕직이 직접 거래를 지휘했다는 이야기도 전해진다.[6] 또한 그의 거래선을 따라 화기의 원료인 硝石과 유황도 판로를 넓혀갔다. 이러한 다국적 유통망을 통해 일본에 상륙한 화기는 전국시대의 실전을 거치면서 보다 효율적인 살상 무기로 개량되었다. 오십여 년의 세월을 거친 뒤, 이 무기들이 일본군이 조선 전역을 유린하는 데 결정적인 역할을 하게 된 것은 잘 알려진 바와 같다.

국제 밀무역이 극성을 부리고 해안의 치안이 위협을 받으면서 명군 지휘부는 군사 작전에 나서 쌍서항을 파괴하였다. 왕직 집단은 공세를 피해 일본으로 거점을 옮기게 된다. 그러나 이러한 강경책은 밀무역의 수혜지이기도 했던 강남지역에서 오히려 반감을 사는 결과를 낳았다. 그 뒤 방어 사령탑이 탄핵, 처벌당하고 교체되는 혼선을 빚으면서 왜구에 대한 군사

---

[5] 왕직에 관한 대표적 연구로는 李獻章, 「嘉靖年間浙海私商及舶主王直行蹟考 (上)(下)」(『史學』 34-1, 2, 1961)과 鄭樑生(1985)을 들 수 있으며 최근 연구로는 山崎岳, 「舶主王直功罪考―『海寇議』とその周辺」, 京都: 『東方學報』 85, 2010 참조.

[6] 村井章介, 「鐵砲はいつ, だれが, どこに伝えたか」, 『歷史學研究』 第785号, 2004, 11~12쪽 ; 宇田川武久, 『東アジア兵器交流史の研究―15~17世紀における兵器の受容と伝播―』, 吉川弘文館, 1993, 142쪽.

대응은 더 이상 실효를 거두지 못했다. 게다가 근거지를 잃은 왜구들이 이합집산을 거듭하는 가운데 1552년 3월부터 왜구 무리들이 강남의 항구들과 도시를 침략하고 거점을 옮겨가며 침탈을 계속했다. 이른바 嘉靖대왜구의 동란이 시작된 것이다.

  새로 지휘권을 장악한 절강 총독 胡宗憲은 1555년경, 시장개방과 조공무역 재개 등을 조건으로 왕직과 일본을 동시에 회유하는 작전을 폈다. 호종헌의 원래 구상은 황제의 명령을 빌어 일본에 왜구 단속을 촉구하는 한편, 그 반대급부로 조공을 재개하여 공무역을 활성화시킨다는 것이었다.[7] 이 임무를 위해 영파 출신의 생원 蔣洲 등이 사절 명목으로 일본에 파견되었다. 사실 호종헌은 왕직의 도움으로 시장을 개방하고 왜구를 근절하고자 했다. 장주 사절은 황제 명의의 공문서를 지참했을 뿐 아니라 장주의 이름으로 된 咨文을 서일본의 유력 번들에 발송하여 협력을 촉구했다.[8]

  교섭에 응한 분고(豊後) 번주 오토모 소우린(大友宗麟) 등은 조공사절단을 구성하면서, 대마도 번주에게도 장주의 자문을 전달했다. 이 문서는 대마도 상선을 통해 조선에 그대로 전해졌다. 대마도는 조선의 호의를 사고자 정기적으로 일본 및 국제 정세와 관련된 정보를 전해주고 있었다. 조선 조정은 이 미증유의 사건에 당혹감을 감추지 못했다. 조선에서 볼 때, 당당한 천조가 왜적에게 사신을 보내 화의를 청하는 사태가 벌어진 것이었다. 그러나 단순히 이러한 간접 정보만을 통해 해역을 둘러싼 국제 정세의 변화를 이해하기는 사실상 불가능했다.[9] 그 뒤 왕직은 조공사절 자격으로 귀국했지만 전격적으로 투옥, 처형당하는 비운을 맞게 되었다. 그의 귀국

---

[7] 차혜원, 「16세기, 명조의 南倭대책과 封·貢·市」, 『동양사학연구』 135, 2016b 참조.
[8] 須田牧子, 「蔣洲咨文について」, 『東京大學史料編纂所研究紀要』 23, 2013 참조. 자문의 번역문과 해설은 『日本史史料中世2』, 岩波書店, 1998. 2010에도 실려 있다.
[9] 차혜원, 앞의 글, 2016a, 82쪽.

을 전후하여 호종헌의 정치적 위상이 크게 추락했을 뿐 아니라, 왜구와의 내통 혐의로 탄핵까지 당하면서 왕직을 보호해 줄 수 없었던 것이다.

이때를 즈음하여, 명장 戚繼光, 俞大猷 등이 왕직의 잔여 세력 및 여타 왜구집단을 토벌하면서 왜구의 기세는 꺾이기 시작했다. 나아가 명조에서는 바다를 열어 교역을 허락하는 '개양'의 요구를 부분적으로 수용하였다. 1567년, 왜구의 온상이 된 밀무역 기지 복건성 月港을 개항하여 중국 선박의 해외 출항을 일부 허용했던 것이다. 이 조처가 시행된 이후, 왜구사태는 현저히 진정되었다. 북로남왜의 위기에서 명조는 북쪽 몽골에 대해서는 책봉과 조공교역을, 남쪽 해역에 대해서는 책봉과 조공을 배제시킨 사무역 시장을 제공하는 타개책을 선택했다. 다만 이때에도 일본은 교역 범위에서 제외되었다. 왜구사태의 여파로 당시 중국 사회에는 기존의 일본국과 왜구세력을 혼동하거나 동일시하는 현상이 만연하였다. 공식 기록에는 일본이라는 국명이 거의 자취를 감춘 상태였다.10) 일본은 곧 강남지역을 침범한 왜구로 인식되었고 이 상태는 임진전쟁기까지 이어졌다.

2) 조선의 북로남왜

중국의 북로남왜 사태와 때를 같이하여 조선의 해역과 북방 경계지역에서도 위기의 조짐이 나타나고 있었다. 명조의 해상방어와 대외관계가 위협받던 시점에서 조선 역시 이 흐름에서 벗어날 수 없었다. 荒唐船의 출현과 을묘왜변 혹은 達梁왜변이라고 불리는 왜란이 바로 그 대표적 사례이다. 먼저 16세기 중엽부터 조선 연안에는 황당선, 즉 唐船인지 왜선인지 알 수 없는 정체불명의 배들이 출몰하기 시작했다.11) 탑승자 역시 일본 복

---

10) 劉曉東, 「明代官方語境中的'倭寇'與"日本"一以≪明實錄≫中的相關語彙爲中心」, 『中國史硏究』, 北京: 中國社會科學院 2014) 및 차혜원, 앞의 글, 2014.

장을 한 중국인과 일본인이 혼재되어 해적인지 상인인지도 분별할 수 없었다. 이 선박 대부분은 일본과 중국 강남지방을 오가며 은과 중국 물품을 거래하는 밀무역선이었다. 선단들은 복건지방에서 주조된 대형선박이 주종을 이루었고 승무원도 백여 명을 초과하는 경우가 많았다. 明宗 치세(1545~1559)의 십여 년 동안 십여 건이 넘는 황당선이 출현하면서 조정은 긴장하기 시작했다.

이런 와중에서 1555년 5월 11일, 70여 척의 선단을 거느린 '왜구' 집단이 전남의 영암, 강진, 진도 등지를 침략한 대사건이 발생했다.12) 1555년 왜선들이 전라도 방면을 침범하자 조선의 지역 방어수군은 고전을 면치 못했다. 결국 조정에서 호조판서 李浚慶을 도순찰사로 삼아 방어군을 조직하게 해서 이들을 물리칠 수 있었다. 을묘왜변으로 불리는 이 사태는 조선에 큰 피해를 주었다. 이때 대마도에서는 여기 가담한 왜구들을 잡았다고 하면서 목을 베어 보내는 한편, 이들의 정체에 관한 정보를 제공하여 세견선 5척을 추가로 할당받는 포상을 받았다.

조선은 사태를 이해하는데 상당한 애로를 겪었다. 왜냐하면 이 왜구사태는 이전에 발생한 1510년의 三浦왜란이나 1544년의 蛇梁鎭 왜변과는 성격이 완전히 달랐다. 기존의 변란은 교역을 위해 체류 중인 대마도 인들이 주축이 된 것이었다. 이들 중 일부는 교역 한도를 지키지 않거나 내륙으로 무단 이동하여 밀무역과 불법행위를 자행하여 조선당국과 마찰을 빚고 있었다. 조선 측 관계자들 역시 부정부패와 불공정한 처분으로 인해 대마도의 불만을 샀다. 조선은 두 차례의 왜변에서 무장 폭동을 일으킨 대마도

---

11) 高橋公明, 「十六紀中期の荒唐船と朝鮮の對應」, 『前近代の日本と東アジア』, 吉川弘文館, 1987.
12) 윤성익, 『명대 왜구의 연구』, 경인문화사, 2007. 이하 왜변 관련 내용은 이 글을 주로 참고하였다.

측에 대해 추방과 교역 단절 등의 단호한 조처로 대응했다. 조선과의 교역에 사활을 건 대마도의 거듭되는 간청을 받아들여 왜변 이후에도 교역은 재개되었으나 분쟁의 소지는 남아있었다.

그러나 1555년 을묘왜변은 중국인들이 주축이 된 밀무역 집단의 소행으로 판명된다. 당시 침략자들이 포로 편에 조선에 보낸 서한, 그리고 대마도 측이 알려준 정보들에 의하면 이 선단은 당시 五島에 거점을 두고 최전성기를 구가하던 왕직 휘하 세력으로 간주된다. 새로운 거점을 모색 중이던 이 왜구 집단은 조선 측의 반격에 막혀 더 이상 전진하지 못했다. 이처럼 한반도 해역은 세력 확장을 노리는 국제 밀무역 집단의 주요 목표가 될 위험에 노출되어 있었다. 황당선 출현에서 시작하여 을묘왜변에 이르는 해역의 위기는 조정을 긴장시켰다. 이후 임진전쟁 직전까지 조선의 해상 방어는 주로 이때의 왜란 진압 경험을 바탕으로 구축되었다.

1589년경부터 일본의 정세가 심상치 않아지면서 조선 조정은 일본군의 해상 침략해 올 가능성에 대해 타진하기 시작했다. 이때 조정 논의에서는 을묘왜변 당시의 경험이 상기되면서 전라도 해역에 대한 방어가 강화되었다. 함경도 관찰사를 역임한 李洸을 전라관찰사로 임명하는 한편, 류성룡의 추천으로 여진족 진압에 공을 세운 이순신을 종6품 현감에서 정3품 전라 좌수사로 승진 임명하였다. 즉 을묘왜변은 니탕개의 난과 마찬가지로 임진전쟁에 대한 조선의 초기 대응태세를 결정지었다는 점에서도 중요한 의의를 갖고 있다.13) 조선은 이 사태를 계기로 왜란 및 여진족 방어를 위해 임시기구로 설치되던 備邊司를 상설 기관으로 정착시켰다. 비변사는 임진전쟁의 국가적 위기를 맞으면서 최고 정책 결정기관으로 변신했고 전

---

13) 민덕기,「임진왜란 직전 조선의 국방 인식과 대응에 대한 재검토: 동북방 여진에 대한 대응을 중심으로」,『역사와 담론』57, 2010 ; 同,「이율곡의 십만양병설은 임진왜란용이 될 수 없다: 동북방의 여진 정세와 관련하여」,『한일관계사연구』41, 2012.

후에도 계속 관할권을 넓혀갔다.

16세기 중반경, 조선에서는 여진족과의 북방 경계지역인 함경도 인근에도 큰 위기가 발생했다. 명조가 몽골족에게 互市를 개방한 이후, 담피와 인삼, 철제품 교역이 증대되면서 여진족 중에는 여기 편승하여 실력을 갖춘 집단들이 생겨났다. 이들이 세력을 확장하는 과정에서 각 지의 부족 간에는 분규가 가속화되었고 인접한 조선에까지 그 여파가 몰아닥친 것이었다. 종래 조선이 설치한 六鎭 관할하에 있던 여진 부족들이 통제권을 벗어나기 시작했고 급기야 1550년대를 전후하여 육진에 대한 침입이 잦아졌다. 선조연간(1567~1608)에는 군사도발의 규모가 점점 커지면서 마침내 1583년에는 임진전쟁 이전 조선 최대의 위기라고 일컬어지는 '尼蕩介의 난'이 발생했다.14) 여기에는 迈乙知가 이끈 慶源鎭 유역 藩胡들의 반란, 그리고 會寧鎭 및 穩城, 鍾城 등에서 니탕개와 栗甫里 무리 등이 자행한 침탈 사태가 포함된다. 조선군은 그 핵심세력을 정벌하여 침략의 예봉을 꺾었지만 그 뒤에도 소규모 집단들의 침략과 도발은 끊이지 않았다. 정치적 분열과 민생 파탄 등 내부적 어려움을 겪는 상황에서도 조선 조정은 전쟁 직전까지 국력의 많은 부분을 '북로', 즉 여진족 방어에 할애해야만 했다.

한편 조선군은 이 과정에서 기존의 鎭管 체제를 폐기하고 制勝方略이라는 새로운 방어체제를 도입했다. 이것은 각 지역 군대가 미리 정한 지점으로 집결하여 중앙에서 파견된 지휘관의 통솔을 기다려 전투에 임하게 되는 중앙 통괄형의 지휘 방식으로 긴급한 전시 상황에서 일괄적으로 적용되기에는 무리가 있었다. 전쟁 한 해전인 1591년, 비변사는 진관법 복구를 청하였다. 이때 류성룡이 선두에 서서 제승방략의 결점을 조목조목 제시

---

14) 한성주, 「임진왜란 전후 女眞 藩胡의 朝鮮 침구 양상과 조선의 응 분석」, 『동양사학연구』 132, 2015 ; 민덕기, 「임진왜란에 활약한 조선 장수들의 성장기반에 대하여- 니탕개의 난과 관련하여 -」, 『전북사학』 50, 2017.

하며 왜란에 대비하기 위해서는 다시 진관체제를 도입해야 한다고 주장했다. 그러나 경상 감사 金睟가 갑자기 변경하기는 어렵다는 반대의견을 펴면서 논의자체가 폐기되고 말았다. 결국 이듬해 일본군의 전면 침입이라는 미증유의 위기 앞에서 조선은 군세를 갖추는데 많은 시간이 소요되는 제승방략 방식으로 인해 큰 타격을 입었다.[15] 게다가 북로 방어를 위해 기병과 사수 위주로 편성된 조선의 전술체계는 보병 위주의 일본 조총부대를 막는 데는 치명적 허점을 노출하게 된다.

한편 16세기의 조선은 명과의 책봉관계에 수반되는 공납 의무에서 놓여나기 위해 조선 땅에는 은 산출이 되지 않는다고 광산을 폐쇄하고 은 매매를 금지시켰다. 반면에 일본은 이와미 은광에서 산출되는 방대한 은을 해외로 수출하면서 막대한 부를 축적했다. 또한 침략에 앞서 히데요시는 이와미 은광 일대를 지배하게 되었고 은을 기반으로 통화를 제조하여 침략전쟁의 전비로 삼았다. 조선은 동아시아 해역을 휩쓴 은경제의 호황에서 벗어나 있었지만 국제 교역붐이 낳은 변동의 가장 큰 피해자가 되었다.

3. 중국 강남지역발 경보

1) 정보의 경로와 성격

조선이 일본에 파견했던 통신사가 돌아온 뒤, 조선 조야는 이들이 가지고 온 정보에 대한 향후 대응을 둘러싸고 갑론을박이 무성했다. 바로 이 무렵, 해외 교역의 무대가 된 중국의 복건과 절강성 연해지방에서도 히데

---

[15] 민덕기, 앞의 글, 2010 ; 同, 앞의 글, 2012 참조.

요시의 대륙침략에 관한 정보가 유입되었다. 특히 침략 전해인 1591년부터 여섯 차례에 걸쳐 침략 경보가 전해졌다.16) 최초의 소식은 1591년 4월, 류큐의 조공선박을 통해 복건성 福州의 지방 장관에게 직접 전달되었다. 이 배를 타고 온 지역 출신의 해상인 陳申이 서신으로 일본의 침략 움직임을 알리는 한편, 같은 내용을 담은 류큐 국 長史직의 고관 鄭迵의 편지를 함께 전했다.

이 편지들에는 히데요시가 일본 체류 중국인을 길잡이로 삼아 南京 및 절강·복건 지방을 침략할 것이며, 동시에 조선을 앞세워 북방에서 중국을 공략할 계획이라는 내용이 실려있었다.17) 두 번째 정보는 그로부터 약 5개월 뒤, 절강성 지방 당국에 보고되었다. 왜구에게 납치되어 큐슈에 끌려갔던 지역 출신 어민 蘇八이 고향으로 돌아와서 침략이 임박했다고 알린 것이었다. 특기할 만한 것은 그의 귀국 경로였다. 소팔은 큐슈에서 漳州 객상의 상선에 편승하여 呂宋(루손)에 간 뒤 다시 다른 장주 객상의 배로 海澄縣에 도착했다고 한다. 당시 중국 상선들의 해외 출항은 허가제였음에도 불구하고 연해의 해상들은 갖은 구실로 복건성 장주와 큐슈 간을 왕래하고 있었던 것이다.

전쟁 직전인 1592년 2월 28일자로 도착한 세 번째 정보는 보다 치밀한 기획하에 전달되었다. 漳州 무역선 편으로 복건성 월항에 상륙한 朱均旺이라는 인물은 江西省 출신 해상으로 베트남 인근 해상에서 왜구에게 납치되어 1577년경에 일본에 끌려갔다고 이력을 밝혔다. 그는 일본땅에서

---

16) 여기서는 侯繼高, 『全浙兵制考』 三卷, 日本風土記五卷, 卷2, '近報倭警'(筆寫本, 日本内閣文庫)를 기초사료로 삼았다. 본고에서는 『四庫全書存目叢書』(子部 第31册, 臺南: 莊嚴文化事業, 1997)에 수록된 『全浙兵制』 異本을 이용하였다.
17) 류큐 사절단이 지참한 鄭迵의 「爲報國家大難事」는 명조에 정식으로 보고되었다. 사절단 구성 및 보고과정에 대해서는 차혜원, 「명조와 琉球 간 册封朝貢외교의 실체 – 萬曆年間(1573-1620) 명조의 琉球정책을 중심으로」, 『중국사연구』 54, 2008a, 134~136쪽 참조.

사쓰마 번주 島津 가문의 시의인 동향 출신의 許儀後와 郭國安의 도움으로 그 측근이 되었다고 한다. 허의후 역시 廣東 해역에서 왜구에게 피랍되었다는 유사한 경력을 갖고 있었다. 곽국안은 이들 중국인들이 히데요시의 중국 침략 의도를 알고 상의 끝에 직접 바다를 건너와서 이 사실을 알리기로 했다고 진술했다.[18]

이상에서 알 수 있듯이 침략 정보의 출처와 경로, 전달처는 큐슈의 사쓰마(薩摩) 번과 복건지역으로 집중된다. 사실 복건 지역과 사쓰마, 그리고 류큐는 16세기 초부터 해외 무역망으로 연결되어 있었다. 복건 출신 해상들은 일본 및 중국인들이 혼재된 밀무역에서 선주 겸 구심점 역할을 했고 포르투갈, 동남아 상인들과도 거래망을 넓혀갔다.[19] 사실 사쓰마는 16세기 초부터 밀무역 및 해적 활동의 주요거점으로 자리 잡았고 복건 출신 해적들과 긴밀한 관계를 맺은 상태였다. 1567년 월항 개항 후에도 중국인들이 법망을 어기고 사쓰마 및 북큐슈 지방에 출입했고 필리핀 루손에서의 중계무역을 통해서도 양자 간 교역은 계속되었다.[20] 류큐 조공선박이 전달한 최초의 정보 역시 원래의 출처는 사쓰마 지역이었을 가능성이 크다. 당시 류큐는 수십 년 전부터 사쓰마 측의 간섭하에 놓여 있었던 것이다.[21]

전쟁 전해에 침략 경보를 전달한 곽국안 등의 중국인들은 해외 교역이 고조되던 과정에서 사쓰마에 정착한 인물들이었다. 이때 큐슈와 류큐열도, 루손 등 중국과의 무역거점에는 중국인 거주지가 형성된 상태였다.[22] 이

---

18) 許儀後의 편지 「許儀後陳機密事情」에는 '陳状人許儀後・郭國安 報國人朱均旺'의 서명이 있다. 自敍와 '一陳日本國之詳', '一陳日本入寇之由', '一陳御寇之策', '一陳日本関白之由', '一陳日本六十六國之名'의 5항목 및 '敢復陳末盡之事以竭報國之情'이라는 마지막 진술과 '許儀後贈朱均旺別詩'가 첨부되었다. 侯繼高, 『全浙兵制』, 178~185쪽.
19) 莊國土, 「论17-19世纪闽南海商主导海外华商网络的原因」, 福建: 『東南學術』, 2001, 3期.
20) 中島楽章, 「十六世紀末の福建ーフィリピンー九州貿易」, 『史淵』 144輯, 九州大學, 2007.
21) 曾煥棋, 「明清時代中国に朝貢する琉球国に対する薩摩藩の姿勢と態度」, 九州: 『南島史学』 69, 2007.

들 대다수는 납치와 인신매매를 거쳐 노예 상태의 비참한 생활을 하였을 것으로 추정된다. 그러나 그중에는 국제교역을 좌우하는 거물급 해상들과 같이 바다를 자유자재로 횡행하는 자발적인 도항자들도 적지 않았다. 더욱이 사쓰마 번에는 의술을 자산으로 한 중국 지식인들이 수십 년간 끊이지 않고 활약했던 것으로 드러난다.23) 사쓰마 번주의 시의로 권력의 최측근에서 활약하던 허의후와 곽국안 역시 이들 의원의 계보에 속한다.

이 두 사람은 복건 당국에 제출한 연명 문서에서 자신들이 납치로 인해 부득이 일본에 체류했지만, 중국을 보호하려는 충심에서 정보를 전달한다고 역설했다. 기존연구에서는 이러한 기술에 대해 특별히 이의를 제기하지 않았다.24) 그러나 장기간 일본에 완전히 정착했던 이들이 중국에 대한 우국충정만으로 위험한 바닷길을 건너왔다는 사실을 액면 그대로 받아들이기는 어렵다. 더욱이 이들의 보고는 군사기밀에 속하는 고급정보로 권력의 핵심이 아니면 알 수 없는 핵심 사안을 담고 있었다. 정보 전달은 비밀리에 진행된 것이 아니라 오히려 사쓰마번의 후원을 업고 이루어졌을 가능성이 크다. 이들의 그 후의 활동 역시 번의 이해관계와 불가분의 관계로 얽혀 있었다.

---

22) 金沢陽,「十六世紀の東シナ海民間貿易航路 : 環東シナ海交易圏への予察」, 東京:『明代史論集: 佐久間重男先生米寿記念』, 2002.
23) 中島楽章,「16・17世紀の東アジア海域と華人知識層の移動－南九州の明人医師をめぐって－」, 東京:『史学雑誌』113-12, 2004.
24) 일부 연구자는 이를 그대로 받아들여 허의후 등을 적지에서 조국을 지키려고 했던 애국지사로 높이 평가하기도 한다. 鄭潔西,「万历二十一年潜入日本的明朝间谍」,『学术研究』5期, 广东省社会科学联合会, 2010 ; 鄭潔西,「万暦時期に日本の朝鮮侵略軍に編入された明朝人」,『東アジア文化交渉研究』2, 関西大学文化交渉学教育研究拠点, 2009 ; 松浦章,「明代海商と秀吉入寇大明の情報」,『海外情報からみる東アジア唐船風説書の世界』, 清文堂出版, 2009. 역시 허의후가 자국을 사모하는 마음에서 위험을 무릅쓰고 정보를 전달했다고 보았다. 그러나 米谷均은 류큐선박 편으로 가장 먼저 침략경보를 전한 해상 陳申에 대해, 그가 사실은 海禁을 위반한 범법자였을 가능성이 높다고 보았다. 米谷均,『「全浙兵制考」「近報倭警」에서 본 일본정보」,『한일관계사연구』20, 2004, 169~170쪽.

허의후가 보낸 편지의 많은 부분은 사쓰마번이 결코 중국에 적대적인 존재가 아니라는 주장에 할애되었다.[25] 허의후는 '왜인을 꼬드겨 대국을 소란하게 하고 상인과 어민을 납치에서 파는 중국인 해적'을 근절시킨 것이 바로 자신과 번주 시마즈 요시히사(島津義久)라고 주장했다. 즉 허의후 자신이 번주에게 해적으로 인해 당했던 고통을 호소했기 때문에 번주가 1585년 해적 토벌을 명령했다는 것이다. 그 결과 陳和吾와 錢少峰 등 10여 명의 해적 두목을 죽였고 그 처자를 노비로 삼았으며 남은 도적 무리는 루손과 동남아 등지로 도망쳤다고 한다. 뿐만 아니라 1587년, 關白 히데요시가 큐슈를 원정할 때, 해적선이 출몰하자 허의후는 히데요시를 알현하여 해적 퇴치를 진언하였다는 것이다. 관백은 해적을 토벌하여 그 두목을 참수하였고 이로 인해 해역이 평화를 찾았다는 것이다.

이상과 같이 허의후는 사쓰마번이 해적을 물리치도록 해서 전과를 올렸고 심지어 히데요시가 해적금지령을 내리는 과정에도 기여했다고 주장했다. 이를 증명해 줄 일본 측 기록은 전무하기 때문에 이 진술을 그대로 받아들이기는 어렵다. 다만 사쓰마번이 중국을 괴롭혀온 왜구공략에 나섰음을 전하려는 의도는 분명히 감지할 수 있다. 나아가 허의후는 사쓰마 번주가 사실 히데요시의 침략을 반대하고 있으며, 참전 결정 역시 번주의 동생 武庫,[26] 즉 시마즈 요시히로(島津義弘)에 의해 독자적으로 이루어졌다고 강조했다. 당시 사쓰마번의 정황으로 볼 때 이 내용은 상당히 신빙성이 높다. 사쓰마번은 히데요시가 일본열도를 통일하는 과정에서 마지막까지 저항한 세력이었다. 번주 시마즈 요시히사는 항복 이후 삭발하고 승려를 자

---

25) 侯繼高, 『全浙兵制』 卷2, '近報倭警' 「許儀後陳機密事情」, 178~179쪽.
26) 武庫는 兵庫頭 역할을 맡은 차기 藩主 島津義弘을 말한다. 정유재란 때 포로로 잡혀갔던 조선 강항의 기록에도 역시 유사한 정보가 남아 있다. 姜沆, 「賊中封疏」, '壬辰丁酉入寇諸將倭數', 『看羊錄』, 한국고전번역원, 『국역해행총재』 2집, 1985. "義弘이라는 자는 島津兵庫頭라 칭하는데 島津은 성이요, 병고두는 武庫의 우두머리임을 말한다."

처하면서 은거한 상태였다. 그 뒤 조선 침략 이후에도 내부 균열이 발생했다. 번주는 침략군에 가세하는 것을 주저했던 반면 동생인 무고, 즉 시마즈 요시히로는 번의 존속을 위해서 참전해야 한다는 입장이었다.[27] 허의후는 이처럼 사쓰마번의 핵심부는 결코 히데요시의 중국 침략에 찬성하지 않음을 역설하면서, '사쓰마의 군신들이 비밀리에 도우카이도(東海道: 德川家康으로 추정)와 상봉하여 함께 모반을 일으킬 마음'이 있다는 내용까지 편지에 썼다.[28]

나아가 히데요시의 정황이 불온하므로 (중국과의) 교역을 위해 家老 幸侃이 병사를 이끌고 루손과 타이완 북부의 淡水 지역으로 진출할 계획을 세웠다고 밝혔다. 신간은 사쓰마번의 최고위급 가신인 이쥬인 타다무네(伊集院忠棟)를 말한다.[29] 번주의 최측근인 가로 신간은 임진전쟁 뒤에 복건성에서 정보원을 파견했을 때에도 직접 접촉하는 등 계속 여기 관여하고 있었다. 허의후 서간문의 내용들은 사쓰마번 핵심부와 긴밀히 연결되어 있었다. 한편 실현은 되지 않았지만 신간의 해역 진출 구상은 사쓰마 측이 새로운 무역거점 확보를 꾀하던 정황을 전해준다. 루손과 담수는 오십여 년 전부터 왜구 및 일본과 중국, 포르투갈과 스페인 등이 교역기지로 주목한 요충지였다. 일본 해상들은 일찍부터 루손에 진출하면서 대만에 정착할 기회를 노리고 있었다. 복건성의 상인들 역시 루손을 중계무역 기지로 삼았고, 나아가 복건 밀무역업자와 해적들은 담수에 몇 차례 정착을

---

[27] 島津義久는 히데요시의 큐슈 정벌에 저항하여 삭발, 龍伯이라 칭하며 일종의 태업상태에 돌입했다. 조선침략군을 이끈 義弘와는 상당한 갈등이 있었던 것으로 전해진다. 山本博文, 『島津義弘の賭け』, 中公文庫, 2001.
[28] 三木聰, 『傳統中國と福建社會』, 汲古書院, 2015, 62~63쪽.
[29] 伊集院忠棟은 번주 義久의 삭발에 동참하여 幸侃으로 개명했다. 사실 그는 1587년 秀吉의 九州出兵 이전부터 화해 교섭에 나서는 등 이중적인 태도를 취했고 島津軍이 열세에 몰리자 항복을 권유한 주역이기도 했다. 그 뒤 幸侃은 島津家로부터 거의 독립된 지위를 누리다가 1599년 義久의 조카인 島津忠恒에 의해 살해된다.

시도하며 세력을 확장하고 있었다.30)

즉 전쟁으로 인해 일본과 중국이 전면적인 적대관계가 되더라도 이 두 지역을 통한다면 무역거래 창구는 확보될 수 있다. 허의후는 어떤 경우에도 중국 측이 통상을 금지해서는 안 된다고 하면서, "(싸움이) 오래 지속되면 위험합니다. 선박의 출항을 금지하여 장삿길을 막아서는 안됩니다. '바다를 통한 교역(下海通商)'을 단속하면 백성은 굶어 죽고 중국은 자체 혼란에 빠지게 됩니다"라고 역설했다. 이 언설은 사실 사쓰마 지역의 입장이라고 보아도 무방하다.

월항이라는 유일한 출항지를 가진 복건지역에 침략경보가 전달된 것은 결코 우연이 아니었다. 결과적으로 사쓰마번은 히데요시의 전쟁 도발로 인해 명조와의 교역이 두절되는 사태를 막고자 정보 전달에 나섰다. 사쓰마번은 히데요시의 모병에 가장 늦게 참여하는 등 주저하다가 히데요시의 의심을 사기도 했다. 그러나 일단 침략전에 가담한 뒤에는 거침없이 침공에 앞장섰다. 특히 정유재란 기간 중 경상남도 사천 지역에 주둔한 사쓰마 군대는 조선인을 잔학하게 학살하는 한편, 조명연합군을 막아내는 데 결정적인 역할을 했다. 전쟁 초기, 일본 열도 내부에는 중국과의 기존 교역망과 지역 이해관계를 둘러싼 복잡한 갈등 요소가 있었지만, 조선에 참혹한 피해를 입힌 점에서는 여타 일본군대와 아무 차이가 없었다.

위에서 살펴보았듯이 해역을 통해 중국에 전달된 침략경보는 중국시장을 겨냥한 해상교역망의 이해관계에 의해 움직였고 화약이나 무기, 상품이 움직이는 같은 경로로 확산되었다. 국제교역의 시장 논리가 작동하는 가운데 여기에 개입되지 않았던 조선의 운명은 전혀 고려되지 않았다. 조선에 대한 정보가 결여된 상태에서 큐슈와 남중국에서는 오히려 히데요시

---

30) 陳宗仁, 『雞籠山與淡水洋 : 東亞海域與臺灣史硏究(1400-1700)』, 聯經出版公司, 2005, 132~134쪽.

의 그릇된 판단, 즉 조선이 대마도의 속번이며 이미 통신사절을 보내어 일본에 복속했다는 인식이 퍼져가고 있었다.

2) 중국 측의 반응

해역을 통해 일본 침략 정보가 확산되면서 중국 사회는 동요했고 특히 직접 정보가 전달된 지방의 불안과 위기의식은 고조되었다. 왜의 습격이 임박했다는 소식을 들은 백성들이 큰 충격에 휩싸여 피난길에 나섰고 수비군대도 긴장에 휩싸였다.[31] 복건성 당국자들도 이 사태를 대단히 중시했다. 복건순무 趙參魯는 명조 조정에 불측한 무리들이 혼란을 야기했다고 보고하는 한편, 일단 '왜구를 끌어들여 공을 세우기 위해' 유언비어를 살포했다는 혐의로 전달자인 진신을 비롯한 상인 일행을 모두 투옥시켰다. 침략경보의 전달자들을 왜적의 앞잡이로 의심했던 것이다. 일부 지방관과 수비군 장수들은 동요하면서 왜구침입에 대비하여 이들을 이용해야 한다고 주장했으나 조참로는 뜻을 굽히지 않고 본보기로 일행 중 한 명을 처형했다. 정보 전달에 관여한 중국인들은 하나같이 '중국'을 걱정하고 고향을 지키기 위해 힘든 여정에 나섰다고 주장했다. 그러나 지역에서는 이들의 진의를 불신하는 분위기가 지배적이었다.

이러한 반응은 이 지역에서 '왜'가 이미 오십여 년 전부터 지역의 생존을 위협하는 주적으로 자리 잡고 있었음을 잘 보여준다. 이 지역을 휩쓴 왜구 사태는 대부분 지역 내부 동조자들의 개입으로 확산되었다. 당시 해외 거주민들은 대부분 왜와 결탁하여 이들을 내지로 끌어들이는 존재로 인식되었다. 이를 뒷받침하듯이 침략 위험을 알리기 위해 전달된 허의후의 편지

---

31) 陳志剛, 「明朝在朝鮮之役前后的军事情報活動论析」, 『學習與探索』 2011年 第4期.

에도 이번 침략이 과거의 왜구사태와 불가분의 관계임을 시사하는 내용이 실려있다. 즉 히데요시는 汪五峰(王直)과 한패였던 자들로부터, "예전 大唐(중국)이 왕직을 잡았을 때, 우리 삼백여 명은 남경을 약탈하고 복건까지 남하하면서 1년 동안 전원 아무런 피해 없이 귀환했습니다. 중국은 일본을 호랑이처럼 무서워하니 이를 점령하기는 손바닥 뒤집기처럼 쉬운 일입니다"라는 정보를 듣고 중국 정복을 자신했다고 한다. 히데요시는 중국의 제왕이 될 수 있다고 호언장담하면서 다만 중국 해군의 수비가 엄중한 것만은 경계했다고 한다. 즉 히데요시는 해역으로 진출한 밀무역망을 경유하여 중국 정보를 입수한 것으로 보인다.

흥미로운 현상은 중국 강남지방에서도 히데요시를 밀무역에 종사하는 중국인, 즉 假倭로 보았다는 것이다. 복건지역에서는 히데요시가 복건출신의 중국인이라는 소문이 퍼졌고 江蘇지방에서는 강소사람이라고 자신했는데 절강지방 역시 같은 일이 벌어지고 있었다.[32] 중국을 노리는 히데요시를 중국 출신의 왜구 대두목이라고 단정한 이 터무니없는 이야기는 일본군이 한반도를 침략한 뒤에도 상당 기간 사실로 받아들여졌다. 왜구 두목 왕직의 기억은 뒤틀린 형태로 강남사람들의 마음에 자리 잡았던 것이다.

한편 진신 등 이들 중국인들의 이후 행적을 볼 때 일본과 명조, 양쪽을 오가는 이중첩자의 혐의를 벗기 어렵다. 진신은 전쟁초기, 조선에 파견된 명군 총사령관 宋應昌에게 연락책으로 파견되는 등, 계속 정보통으로 활약하며 일본군과의 강화에 힘을 보태려고 했다.[33] 허의후 역시 개전과 함께 이미 사쓰마군과 함께 조선에 종군했고 이후 정유재란 기에는 곽국안

---

[32] 鄭潔西, 「万历朝鲜战争期间的"丰臣秀吉中国人说"」, 『外国问题研究』, 2017年 第1期.
[33] 米谷均, 앞의 글, 2004, 164쪽.

과 동행하여 명군과 사쓰마번 사이를 왕래하는 중계자 역할을 했다.[34]

지역이 동요하는 가운데 복건순무 조참로와 절강순무 常居敬은 상주문을 올려 조정에 이 사실을 알렸다. 방어 담당자이기도 한 이들 장관들은 이미 관할지역이 경계태세에 돌입했다고 보고했다.[35] 만력제와 명조 내각에서도 이 보고를 심각하게 받아들였다. 조정회의에서는 섬 도적의 도발이 심각해지고 있어 정무를 단속하고 위험에 대처해야 한다는 지침이 내려졌다. 사실 다음 해로 예고된 왜의 침략이 어떤 성격일지 중국도, 조선도 짐작조차 할 수 없었다. 그럼에도 명조는 왜구를 동남 연해 해상에서 막아내서 결코 육상에 상륙시키지 말 것, 왜가 중국의 간사한 무리들을 끌어들일 경우에 대비하여 내륙의 방어태세를 갖추도록 지시했고 여기 소요되는 군비 증강을 승인했다.[36]

명 조정은 이 소식을 전달하는 데 중요한 역할을 했던 류큐에 대해서도 경계심을 감추지 않았다. 복건순무가 침략소식을 전한 중국인 일행을 투옥한 것처럼 조정에서도 역시 충성을 다짐한 류큐 측의 언사를 불신했다. 내각에서는 '절강과 복건 장관이 보고한 바에 따르면 일본 왜노가 류큐를 회유하여 중국에 침범하려 한다'고 류큐가 일본에게 이미 회유되어 중국 침략에 앞장섰다고 단언했다.[37] 대대로 우호 관계를 맺어온 조공국 류큐가 사실상 왜의 영향권에 있다고 인정한 것이다. 이미 사쓰마번의 세력 범위에 있던 류큐의 상황을 볼 때 명조의 의심이 완전히 기우는 아니었다.[38]

---

34) 차혜원, 「조선에 온 중국정보원-임진왜란기 동아시아의 정보전과 조선」, 『역사비평』 85, 2008b 참조.

35) 『萬曆邸鈔』 (江蘇广陵古籍刻印社, 1991) 萬曆19年(1591) 六月条「浙江撫臣常居敬奏」, 555쪽. "遙聞閩人陳中(申)從琉球來, 報稱倭奴造船挑兵, 傾國入寇, 見在福建查審, 伏乞嚴加備禦."

36) (明)『(萬曆)神宗實錄』 권239, 萬曆 19년 8월 甲午, 4428~4429쪽 ; 『神宗實錄』 권239, 萬曆 19년 8월 乙巳, 4444쪽 ; 『神宗實錄』 권240, 萬曆 19년 9월 癸亥, 4451~4454쪽.

37) 『神宗實錄』 권238, 萬曆19년 7월 癸未, 臺北: 中央研究院歷史語言研究所, 民國53年.

38) 차혜원, 「명조와 琉球 간 册封朝貢외교의 실체-萬曆年間(1573-1620) 명조의 琉球정책을 중

해역을 통해 전해지는 긴박한 움직임 속에서 중국사회는 적과 우방조차 가늠할 수 없을 정도로 위기의식을 강하게 느끼고 있었다.

　이 사례는 임진전쟁 직후에 일본과의 내통혐의로 조선을 의심했던 명조의 태도를 이해하는 데 시금석이 될 만하다. 허의후의 편지에는 조선이 왜에게 항복하여 침략의 앞잡이가 되었다는 정보와 함께 중국 군대를 조선에 주둔시켜 지배층과 복속을 거부하는 백성들을 모두 죽이고 귀순한 자들을 포로로 삼아 왜인을 섬멸시켜야 한다는 끔찍한 주장까지 실려있었다. 이 유언비어와 조선을 비난하는 선동은 빠른 속도로 전파되었다. 1591년 5월, 만력제 탄신 축하를 위해 파견된 조선사절단 일행은 요동지역을 통과하던 중 지역민으로부터 왜구와 내통한 배신자로 매도당하는 충격적인 일을 겪었다. 정사 金應南이 미리 준비해 간 왜정 보고 상주문을 올려 해명함으로써 명조는 일단 의심을 풀었다. 뒤에서 설명하듯이 그 뒤에도 비슷한 상황이 전개되었다. 특히 일본군이 침략을 개시하여 파죽지세로 북상을 거듭하자 중국 조야에서는 다시 조선내통설이 제기되면서 명조에서 정보원을 보내어 조사하는 일까지 벌어졌다. 전쟁기간 내내 전황이 불리할 때마다 참전한 명군을 중심으로 이른바 조선 내통설이 다시 제기되는 위기가 몇 차례 발생했다. 그때마다 조선은 갖은 노력을 기울여 이를 해명해야 했다. 적어도 만력제와 명조의 수뇌부는 조선의 결백을 기본적으로 신뢰했기 때문에 우호관계는 이어질 수 있었다. 사실 전쟁 직전, 조선 조정은 명조와의 관계에서 최악의 국면을 피하는 외교적 대응에 성공했다고 볼 수 있다. 당시의 상황으로 돌아가 본다.

　심으로」, 『중국사연구』 54, 2008a.

4. 침략경보와 조선

1) 대마도발 국제정보의 한계

1590년 11월, 조선 조정은 일본의 정황을 직접 살피려는 의도에서 사절을 파견하였다. 히데요시는 이를 복속사절로 오인했고 중국 정복계획을 명시한 국서를 통해 재차 침략 의도를 밝혔다. 조선이 나름대로 국제정세를 판단하고 통신사를 파견하기까지는 대마도발 정보가 결정적인 역할을 했음은 잘 알려진 바와 같다.[39] 이때 문제가 되는 것은 대마도가 조선을 속이기 위해 완전히 날조된 사실을 전했는지 여부이다. 최근 연구에 의하면 대마도 역시 전쟁 전해까지 예상되는 침략 방식 및 목적에 대해 혼선을 빚었을 가능성이 많았다고 한다.[40]

대마도는 처음 일본의 움직임을 전달하는 과정에서 이를 16세기 후반부터 계속된 중국 시장에 대한 개방요구와 연결시켜 설명한 바 있다. 뒤에 조선에서 명조에 보낸 상주문에 의하면, '대마도의 왜인 승려와 속인 10여 명이 함께 와서 관백 平秀吉이 군사를 동원하여 여러 섬 66주를 병합하고, 류큐와 南蠻 여러 나라가 또한 귀복하였다. 이를 계기로 嘉靖 연간에 일본이 명나라에 사신을 보내어 조공을 바쳤으나, 명나라에서 거절하고 받지 않아서 원한을 가지게 된 것이다'라는 내용이 나온다. 이것은 앞서 호종헌의 조공 무역 재개 요청을 받은 왕직이 조공선단을 이끌고 명나라로 갔다

---

[39] 전쟁전후 대마도 조선 교섭과 관련한 주요 논저는 다음을 들 수 있다. 金文子, 『文祿・慶長期に於ける日明和議交涉と朝鮮』, お茶の水女子大學大學院 人間文化研究科課程 博士學位論文, 1991 ; 윤유숙, 「도요토미 히데요시의 조선침략 발발전 한일교섭 실태」, 『일본학보』 70, 2007 ; 한문종, 「壬辰倭亂 직전의 국내정세와 韓日關係」, 『(강원대) 인문과학연구』 21, 2009.
[40] 민덕기, 「임진왜란기 대마도의 조선 교섭」, 『동북아역사논총』 41, 2013. 임진왜란 전야 일본과 조선의 교섭 문제에 있어 대마도의 입장에 특별히 주목한 연구로는 거의 유일하다.

가 비운의 죽음을 당한 일을 지목한 것으로 보인다. 이때 함께 왔던 일본 선박들은 뜻을 이루지 못하고 돌아갔다. 이 부분은 조선이 특별히 조작을 가한 것이 아니라 대마도 측의 처음 설명을 그대로 옮긴 것으로 보인다.

대마도 번주 소 요시토시와 그의 장인인 고니시 유키나가(小西行長)는 전쟁 기간에도 일본 침략이 중국 본토에 대한 영토적 야심이 아니라 조공 관계의 회복임을 주장하였다. 고니시는 국제 상업도시인 오사카 사카이(堺)의 상인 가문에서 태어나서 중국 및 국제정세를 가장 정확히 파악하고 있었고 스스로 천주교 신자로 개종하기도 했다. 대마도를 통해 가능한 한 조선에 침략 관련 정보를 전하고자 했던 고니시는 침략전쟁의 선봉에 서는 한편, 여러 가지 경로를 통해 중국과의 화의를 모색하고 있었다. 1593년 4월, 명군이 벽제관에서 패배하여 전세가 교착상태에 이른 가운데 고니시가 이끄는 군대와 명군과의 잠정적 화의가 이루어졌다. 이때 고니시는 명군 측 대리인 심유경에게 명조가 1571년(隆慶5), 북로의 우두머리 알탄칸을 順義王으로 책봉한 사례를 들어 일본과의 조공 재개가 어려운 일이 아닐 것이라고 발언했다고 전해진다. 즉 명조가 절강성 영파 항구를 열어 일본의 조공을 허락한다면 전쟁 종식이 가능하다고 주장했다. 당시 명조의 총사령관 宋應昌 역시 일본군이 철수한 후에 영파에서 히데요시 정권에 대한 책봉과 조공을 진행할 것임을 시사했다.[41]

물론 전황이 교착상태에 이르면서 고니시가 고의로 침략 목적을 축소, 변경한 것도 고려해야 할 것이다. 그러나 사실 앞의 사쓰마번의 예에서 보았듯이 일본 내에서도 히데요시의 침략전쟁에 대해 반대하는 집단은 상당수 존재했다. 히데요시의 대륙침략이 어떤 식으로 전개될 것인지 고니시를 비롯한 최측근들조차 정확히 파악하고 있다고 보기는 어렵다. 전쟁 기

---

41) 차혜원, 앞의 글, 2014, 372~373쪽.

간 중, 적군인 조선과 명군조차도 의아하게 만들었던 고니시 유키나가와 가토 기요마사(加藤淸正)의 내부분열도 이를 뒷받침해주는 한 예이다.

대마도 측의 정보 역시 이러한 애매한 성격을 반영하고 있었기 때문에 조선이 일본에서 벌어지는 상황을 정확히 파악하기는 사실상 불가능했다. 조선은 전쟁 직전까지 을묘왜변 등과 연결된 맥락에서 일본의 움직임을 이해하고 방어하고자 했나. 즉 전라도 해안을 주 방어선으로 하고 연해지역에 대한 침입을 걱정했던 조선은 대마도에 대해 1587년의 손죽도 왜변에서 왜구의 길잡이 역할을 해서 조선에 피해를 입힌 사화동을 압송하도록 요구했던 것이다. 대마도 번주는 일본으로 도주한 조선 해적 사화동을 붙잡아 송환시키면서 조선의 요구를 들어주고 이를 단서로 조선 조정을 설득하여 통신사 파견에 결정적인 역할을 했다. 五島에 정착한 사화동 등을 압송하는 과정에는 대마도 번주의 장인인 고니시의 도움이 컸다고 전해진다.

원래 진도출신 어민이라고 하는 사화동은 조선 연해지역을 강타한 해역의 변화 속에서 왜구의 일원으로 편입된 인물이다.[42] 그는 사실 을묘왜변 이후에도 '왜국 어선과 상선들이 노략질하고 사람을 잡아갔었다'는 실록 기록처럼 납치되어 일본에 잡혀간 것으로 추정된다. 왜구 집단은 중국 등지에서도 지역 주민들을 사로잡아 새로운 구성원을 보충하고 이들을 길잡이로 거점을 확보해 갔던 것이다. 사화동은 바로 그러한 역할을 했기 때문에 조선에서 그에게 주목한 것은 당연한 일이었다.

손죽도 왜변은 당시의 해역 및 조선이 처한 상황을 보여주는 특기할 만한 사태였다. 당시 鹿島堡將 이대원이 방어전을 펼치다가 전사하자 조정

---

42) 米谷均, 「豊臣政権期における海賊の引き渡しと日朝関係」, 『日本歴史』 650, 2002 ; 桑波田興, 「天正16年 秀吉法度について」, 『鹿児島大学教育学部社会科研究室編, 『鹿児島の歴史と社会』, 1979.

에서는 긴장하여 좌방어사 변협, 우방어사 신립 등의 지휘관을 내려보냈고 전라도의 수군을 총집결시켰다. 조선 출신의 사을화동, 즉 사화동이 여기에 가세한 것으로 의심하며 이들의 대응을 예의 주시했으나 다행히 바다에 머물던 왜의 선단은 더 이상의 도발을 하지 않았다. 이후 기묘하게도 왜선은 완전히 자취가 끊어졌다.[43]

여기서 주목할 것은 1587년이 바로 히데요시의 왜적 금압령이 내려진 해라는 것이다. 을묘왜변을 일으키고 그 이후에도 조선 연안에 출몰한 왜구들은 큐슈와 서일본, 중국으로 이어지는 국제 밀무역 세력이었다. 금압령으로 인해 이들 세력의 활동은 두절되었고 이들이 구축했던 해상의 정보와 교역망, 선박은 대부분 히데요시 휘하로 집결하였다. 해역의 출입구를 단일화시킨 뒤, 히데요시는 곧바로 류큐와 조선에 대해 압박을 가했다. 1475년 이후, 일본과의 직접 교류가 두절되면서 정확한 정보 입수가 불가능했던 조선은 대마도발 소식을 어떻게 해석, 대응할지를 놓고 대립과 갈등을 벌일 수밖에 없었다.

전라도 해안에 왜구의 침공이 단절된 사태가 사실 히데요시의 통일과정과 연결되었음을 조선은 감지하기 어려웠다. 새로 지도자로 등장한 관백의 정체는 물론, 일본의 정체, 목적 등에 대해 턱없이 정보가 부족했다. 조선에서는 자연히 사절단을 파견해서 상대방을 탐색하고 사태를 지켜보는 방법을 택할 수밖에 없었다.

2) 호랑이와 승냥이 사이에서

대마도로부터의 일본 정보가 조선 조정을 격동시키면서 선조와 관원들

---
[43] 『선조수정실록』 21권, 선조 20년 2월 1일 庚申 ; 『선조실록』 21권, 선조 20년 3월 2일 辛卯.

이 그 대책에 부심했던 것은 잘 알려진 사실이었다. 지방 사회 역시 불안으로 술렁이고 있었다. 당시의 분위기를 증언해주는 특기할만한 사례를 들기로 한다. 파란에 가득 찬 관료생활을 접고 고향인 옥천에 머물고 있던 趙憲은 1587년과 1591년 두 차례에 걸쳐 일본의 일체의 요구를 거부하고 중국에 이 사실을 알려야 한다는 간절한 상소를 올렸다. 첫 번째 상소에서는 일본의 새로운 국왕이 通聘을 요청한다는 대마도의 정보전달을 그대로 믿어서는 안 된다고 주장했다.44) 이후 대마도의 새로운 동향과 통신사들에 의한 일본 관련 소식이 알려지자 그는 빈약한 정보를 통해서도 국제 정세에 대해 날카로운 분석을 가했다.45) 그는 자신이 대마도와 일본의 수상쩍은 동향을 알게 된 경위에 대해, "이전에 역관들이 수길의 패만스런 내용의 글을 가지고 와서 一道에 전파시켰고 이것이 호서·호남에까지 퍼져 갔으므로 선비들은 말하지 않는 이가 없고 백성들도 듣지 않은 이가 없다"라고 밝혔다. 대마도주 측이 전한 정보와 그 뒤 통신사 관련 소식들이 인편은 물론, 朝報라는 일종의 관보를 통해서 전국의 식자층에게 전달되고 있었던 것이다.

흔히 '持斧상소'로 불리는 조헌의 글에는 임박한 위기에 대응해야 한다는 피를 토하는 듯한 절박함이 넘치지만 다른 한편 일본과 중국은 물론 류큐와 남만까지 세계를 시야에 넣어 여기 대응하려는 혜안이 번득이고 있었다. 그는 16세기 전반부터 시작된 해역의 갈등과 동요가 한반도에까지 미친 정황을 포로로 잡혔다가 귀국한 백성이 전한 소식으로부터 읽어냈다. "왜적들이 우리 나라 사람을 서남만의 여러 섬과 중국의 兩浙 지방에 팔면 그들이 다시 전매되어 일본으로 되돌아온다고 하였습니다. 이것은

---

44) 『선조수정실록』 21권, 20년 12월 1일 乙卯.
45) 『선조수정실록』 25권, 24년 3월 1일 丁酉.

객상들의 왕래가 베짜는 북처럼 누비고 다닌다는 증험인 것이다"라는 분석은 이미 한반도 연해 주민들이 왜구들이 자행한 인신매매의 희생자가 되고 있었음을 증언해 준다.

16세기 중국과 조선연안을 휩쓴 동아시아의 왜구집단은 본질적으로 이윤을 찾아 해역을 누비는 국제 밀무역 집단의 성격을 띠고 있었다. 유동성이 큰 국제 해상 교역의 현장에서 '인간'은 가장 손쉽고 이윤이 남는 상품의 하나였다. 조선은 을묘왜변을 전후한 시기부터 손죽도 왜변이 기록된 1587년까지 이들 왜구집단의 크고 작은 침탈에 시달렸던 것이다. 역사 기록에는 미미한 흔적만이 남았지만 연안 지역 주민들은 상품으로 일본과 중국, 인도양 연해의 섬으로 팔려가는 가혹한 운명을 맞았던 것이다.

조헌은 통신사 일행의 일본 방문이 가져올 위험성도 예리하게 지적했다. 해역에는 인신매매까지 포함된 시장이 폭넓게 형성되면서 온갖 정보들 역시 난무하고 있었다. 앞서 침략경보가 유출된 사쓰마 지역과 류큐 역시 국제 교역지이자 정보 유통의 중심지이기도 했다. 히데요시가 중국침략을 공언하면서 조선도 이미 통빙, 즉 상하의 예를 갖추며 복속했다고 자부한 언사는 곧바로 교역로를 타고 전파되었다. 일종의 쇄국 상태에 있던 조선은 정보의 흐름 속에서 소외된 채 희생양이 되고 말았다.

조헌은 조선이 이러한 정보 유통의 구조상 중국과의 관계에서 대단히 불리한 위치에 놓여 있음을 간파했다. 불시에 허를 찌르는 왜의 특성상 통신사 파견을 조선의 통빙으로 과장하여 '남양 여러 섬'의 복속을 강요하기 위해 전달할 것을 우려했던 것이다. 그럴 경우 兩浙 지방, 즉 중국 강남지역의 관료들에게도 곧바로 소식이 전달되어 중국 조정에게 알려진다고 경고했다. 이 우려는 곧바로 현실로 나타났다. 진신과 허의후의 보고를 접한 지방관들은 황제에게 상주문을 올렸고 이로 인해 이미 중국은 조선을 의심하고 있었던 것이다.46)

또한 '(왜가) 소주·항주에 자신들이 이미 조선을 복속시키고 군대를 이끌고 왔다고 할 경우 첩보를 급급히 전한다면 그 정보는 불과 반 개월이면 북경에 도달할 것이다'라고 추정했다. 실제로 이것은 강남지역에서 공적인 경로로 상소문을 보낼 때 중앙 조정에 정보가 도달하는 기간과 거의 일치한다. 즉 육로에 비해 해로가 빠르기 때문에 조선이 사절을 보내면 강남 경로보다 더 느리게 도착하여 중국의 의심을 살 우려가 있다는 그의 상황판단은 빈틈이 없었다. 조선은 마치 '호랑이와 승냥이같이 사나운 나라들 틈 사이에서 고난을 겪을 수밖에 없는' 절대 절명의 위기 앞에 있었다. 조헌은 왜적은 물론, 상국인 명조 역시 조선에게 녹녹한 상대가 아니라는 점을 꿰뚫고 있었다. 국제정치의 장은 냉엄한 현실의 이해관계가 부딪치는 전장이었음은 당시에도 변함이 없었다.

조헌은 여기 대처하기 위해 우선 본보기로 왜의 사신 玄蘇와 종의지의 목을 자르고 중국에 이 소식을 전하여 임전 태세를 갖추어야 한다고 주장했다.47) 나아가 대마도 일부 주민 및 히데요시에게 반대하는 여타 해상세력을 결집시켜 침략에 공통 대응하자는 방안을 제시했다.48) 그의 제안은 공상적으로 보이지만 사실 강남지역 일각에서 유사한 움직임이 있었던 것은 특기할 만하다. 허의후 등을 통해 사쓰마와 연결된 정보망을 갖게 된 복건 성에서는 히데요시의 중국 침략에 반감을 품은 세력이 있다는 것을 숙지하고 있었다. 전쟁이 시작된 뒤, 복건순무 許孚遠이 다시 첩보원을 사쓰마에 보내서 해상에서 히데요시를 협공하자는 연계방안을 제시했던

---

46) 앞의 중 37) 참조.
47) 실록 기사는 조헌 문집에 다음과 같이 실려있다. 趙憲,『重峯先生文集』卷之七 疏,「請絶倭使疏」(丁亥十一月公州提督時),「論時弊疏」(己丑四月),「請絶倭使三疏」(己丑十二月), 重峯先生文集卷之八 疏,「請斬倭使疏」(辛卯三月十五日) 貼黃,「請斬倭使二疏」, 同月十八日.
48)『重峯先生文集』卷之八 疏,「請斬倭使疏」(辛卯三月十五日) 貼黃, '유구국왕에게 전하는 國書의 초안', '일본국 遺民父老에게 보내어 효유하는 편지의 초안', '대마도 부로들에게 보내어 효유하는 글의 초안'.

것이다.49)

　사실 조헌이 이용한 일본 정보는 오류가 심하고 단편적이었다. 히데요시가 조선을 병탄할 계책을 세우고서 대마도 번주를 살해했고 은밀히 심복인 平義智를 보내어 대신하게 했다든지, 혹은 信長을 사신으로 보내어 정탐한 뒤 갑자기 출병할 계획을 세웠다는 등의 착오를 그대로 사실로 받아들였다. 그의 주장이 받아들여질 현실적 근거는 미약했다.

　조선 조정은 조헌의 분을 넘는 과격한 발언을 규탄했지만 거기 대한 처분은 내리지 않았다. 대마도 사신을 처형하거나 유구 등에 격문을 보낸다는 구상은 당시 조정에서 의논에 부치기도 어려울 만큼 과격한 주장이었다. 그러나 명나라에서 조선이 일본과 내통했다는 정보를 입수하여 이를 신용할 경우에 대해서는 조정 역시 우려하고 있었음에 분명하다. 4월의 조정회의에서는 당시의 황급한 정황이 잘 나타나 있다. 선조는 긴급히 대신들과 왜국 정세를 중국에 주문해야 할지 여부를 의논하는 자리를 만들었다.50) 이 회의에서 尹斗壽와 병조 판서 黃廷彧 등이 일본의 동향을 명조에 보고해야 한다고 주장했지만 李山海를 비롯한 대부분의 중신들은 명조에서 오히려 조선이 일본과 통신한 것을 문책할 것이라고 반박하였다.

　조정 중론은 쉽게 통일되지 못했다.51) 강경한 반대 입장을 표명한 부제학 金睟는 히데요시의 언사가 진실성이 없는 협박에 불과하다고 주장했을 뿐 아니라, "중국의 복건 一路는 일본과 단지 바다 하나를 사이에 두고 있어 장사꾼이 통행하고 있으니, 조선이 상주한다면 왜국에서 모를 리가 없다"는 이유를 들었다. 즉 해역을 중심으로 정보가 빈번히 오가는 정황에서 역으로 정보가 일본에 흘러 그들의 원한을 사게 될 것을 우려했던 것이다.

49) 차혜원, 앞의 글, 2016b.
50) 『선조수정실록』 25권, 선조 24년 4월 1일 丙申.
51) 『선조수정실록』 25권, 선조 24년 5월 1일 乙丑.

여기 대해 선조는 중국 역시 같은 경로로 이 사실을 알게 되면 조선을 문책할 가능성이 높다고 반박하며 찬성의견에 동조했다.

회의자리에는 참석하지 않았던 류성룡은 좌승지 柳根을 통해 의견을 제시했다. 그는 중국 침략이 증거를 대기 힘든 정보라는 점에서 신중한 입장을 취했다. 그러나 부득이 보고해야 할 경우, 통신사 파견에 관해서는 알리지 않고 일본에 사로잡혀 갔다가 도망쳐 온 사람에게서 들은 것으로 바꾸어 보고하자는 절충안을 제시했다. 사실 류성룡의 제안은 명조와의 예기된 마찰을 줄일 수 있는 최선의 방안이었다고 볼 수 있다. 류성룡과 이산해와 이양원 등 삼정승이 재차 논의한 끝에 명조에 일본의 동향을 알리되 조선인 金大璣 등이 정보를 전했다고 보고하는 방안을 채택했다.

류성룡은 한편 같은 시기에 전달된 히데요시의 서한에 대해서도 명조와 조선 간의 君臣之義를 이유로 분명하게 거절하되, 노여움을 사지 않도록 해야 한다는 방침을 세웠다. 앞에서 언급한 賀節使 金應南이 왜정 보고 자문을 지참한 것은 이러한 연유였다.

류성룡은 통신사 부사였던 김성일과는 이황 문하에서 동문수학한 가까운 사이였다. 그는 히데요시가 침략을 감행할 것 같지 않다는 김성일의 보고를 지지했고 전쟁기간 중에도 계속 김성일을 두둔하는 태도를 바꾸지 않았다. 그러나 다른 한편에서 일본 침략에 대한 대비책을 마련한 것이 그의 빼어난 점이었다. 전쟁 직전, 해상방어 문제를 심각하게 고려하여 북로수비에서 탁월한 기량을 보인 정읍현감 이순신을 전라좌수사로, 형조정랑 權慄을 의주목사에 천거하여 전쟁의 향방을 바꾸는데 결정적인 역할을 했던 것은 잘 알려진 바와 같다. 그리고 경상우병사 曺大坤을 李鎰로 교체하도록 요청하는 등 나름의 왜란 대비책을 마련하고 있었다. 또한 앞서 제시한 바와 같이 제승방략 방어체계를 개혁해야 한다는 류성룡의 주장이 묵살된 것은 아쉬움이 남는 부분이다.

조선 조야의 우려는 적중했다. 이해 8월 23일 명조에서 遼東都司의 자문 형태로 조선에 왜정을 보고하라는 문책성의 문서를 보낸 것이다.52) 이것은 앞에서 살펴본 바와 같이 사쓰마의 중국인 許儀後가 다시 誣奏한 일로 말미암은 것이다. 비변사에서는 류성룡 등의 의견이 받아들여져 사신을 보내기로 결정했고, 陳奏使 韓應寅을 대표로 한 사절단을 파견하기로 결정했다. 류성룡의 문집에는 이때 작성된 선조 명의의 奏文이 남아있다.53) 이 글은 일본이 조선을 위협하여 명나라로 쳐들어가려 한다는 정황과 함께 조선 관련 유언비어의 황당함을 차근차근 논리적으로 밝히면서 조선에게 불리한 통신사 관련 사정은 요령있게 피해 나간 명문장이었다.

상소문을 통한 조선의 대응은 최소한 당면 문제에 관한 한 성공적이었다. 북경에서 한응인 일행은 만력제를 알현하고 극진한 위로의 언사를 듣는 등 파격적인 우대를 받았다. 당시 만력제는 황태자 책봉건으로 관료들과 불화가 지속되면서 留中, 즉 일체의 정무를 방기하고 조정에도 나오지 않는 일종의 파업 상태에 있었다. 그런 만큼 조선 사신과의 접견과 후대는 파격적인 일이었다. 이것은 당시 일본의 위협 상태에 대해서 명조의 만력제 역시 전에 없이 주의를 기울이고 있었음을 보여준다.

5. 맺음말

임진전쟁이 일어나기 약 반세기 전부터 동아시아 해역에는 큰 변화가

---

52) 『선조수정실록』 25권, 선조 24년 10월 1일 癸巳.
53) 유성룡, 「朝鮮國王臣姓諱謹奏爲倭情事」, 『西厓先生文集』 卷之三, 奏文. 실록에는 첨지 最岦의 문장으로 기록되어 있으나 류성룡이 논지를 잡아 초안을 작성했고 당대의 문장가로 알려진 최립이 교정한 것으로 추정된다.

일어나고 있었다. 국제 밀무역을 통해 미증유의 물자가 교류되면서 막대한 부가 생성되었고 중국 강남 연해를 비롯한 일부 지역은 공전의 호황을 누렸다. 그러나 그 이면에는 폭력과 약취, 대규모 인신매매가 자행되면서 여기 휩쓸린 주민과 지역의 운명을 극적으로 변화시켰다. 변화의 원동력이 되었던 세계적인 은경제의 호황은 조선을 비껴가고 있었다. 그러나 1550년대의 조선 연안 역시 황당선의 출현으로 동요하고 있었고 을묘왜변으로 인해 상당한 피해를 입은 상태였다.

전쟁 전해, 강남지방에 전해진 왜구 경보는 닥쳐올 전쟁이 단순히 일본의 한반도 침략이라는 제한된 성격이 아니었음을 잘 보여준다. 일본의 침략예고는 한반도뿐 아니라 바다를 건너 아득히 멀리 떨어진 중국 복건성 등 연해 지역에 보다 구체적 내용으로 전달되었다. 이것은 결코 우연히 발생한 돌발 사건이 아니었다. 복건성과 큐슈, 동남아 일대에는 장기간에 걸친 교역 시장이 작동하고 있었고 이 속에서 중국 동남연해 지역에는 전쟁 직전 독자적인 정보망이 형성되었다. 즉 국제정보가 형성되고 작동하는 공간은 반세기 전 왜구가 활동했던 해역이었다. 여기에는 일본인은 물론 해외 화교, 선교사, 해적, 등 다양한 이해 집단들이 정보의 형성과 전달에 관여하고 있었다.

물론 당시의 국제 정보와 상호 인식의 수준은 사실 오늘날의 기준으로 볼 때는 대단히 많은 한계를 안고 있었다. 정보망을 통해 오히려 많은 오해가 생겨났고 결국 중국 조야에서는 일본의 정체 및 조선과 일본의 관계에 대해서 의심을 품게 되었다. 16세기의 동아시아 세계의 상호 인식은 대단히 허약한 기반 위에 서 있었다. 그럼에도 이런 정보들은 이후 명조의 전쟁 수행 과정에서 계속 영향력을 미치면서 조선에 커다란 위협을 주었다. 조선은 종전 직전까지 이 문제가 제기될 때마다 사절단을 통해 절박한 구명운동을 펴면서 스스로의 결백을 증명해야만 했다.

앞에서 살펴보았듯이 조선은 전쟁 전부터 명조의 동향에 초미의 관심을 기울이며 대마도를 통해 들어온 침략경보에 대응해 갈 수밖에 없었다. 침략이 예고된 긴박한 상황에서 당시 조선 사회, 특히 선조가 이끄는 조정이 여기에 적절한 대응 조처를 취하지 못했던 점은 오늘날까지 많은 사람들이 아쉽게 생각하는 장면이다. 그러나 조헌이 제시하듯이 일본에 대해 극단적인 전투태세를 서둘러 채택하기에는 조선이 가지고 있는 정보가 너무 적었다. 재상 류성룡의 선택은 안으로는 1550년대 왜구들이 침략했던 전라도 해변에 대한 방어를 강화하는 데 있었다. 여진족 방어를 위해 채택했던 제승방략의 결함을 인지하고 이를 다시 진관체제로 개선해야 한다는 것도 다가오는 해역의 위기에 대한 적절한 절충안이었다. 조선 조정은 류성룡의 제안을 받아들여 대외적으로는 명조의 오해를 불식시키기 위한 외교 교섭에 전념했다. 조선이 마주했던 위기상을 총체적으로 고려한다면 미온적인 대응이었을 수도 있다. 그러나 당시 조선이 가진 정보력으로는 국제관계의 변수와 일본열도의 역사적 변동상을 모두 고려한 조감도를 완성하기는 어려웠다. 한반도의 위기상은 조선의 지배체제 만으로는 감당하기 힘든 국제적인 성격을 내포하고 있다는 점을 임진전쟁은 여실히 증명해주고 있다.

✠ 참고문헌

(淸)張廷玉等,『明史』, 臺北: 鼎文書局點校本, 1979.
(明)陳子龍等選輯,『皇明經世文編』, 北京: 北京出版社, 1997.
『(明)世宗實錄』, 臺北: 中央研究院歷史語言研究所, 1966.
『(明)神宗實錄』, 臺北: 中央研究院歷史語言研究所, 1966.
(明)沈德符,『萬曆野獲編』, 北京: 中華書局, 1980.

(明)徐光啓,『徐文定公集』, 北京: 中華書局, 1962.
(明)鄭若曾撰,『籌海圖編』, 北京: 中華書局, 2007.
(明)鄧鐘重輯,『籌海重編』十二卷, 서울: 奎章閣本.
(明)鄧鐘重輯,『四庫全書存目叢書』史部 227, 北京: 齊魯書社出版社, 1997.

김문자, 「임진왜란기의 조일관계 동아시아 세계와 임진왜란」,『한일관계사논집』, 경인문화사, 2010.
김순남, 「조선 燕山君代 여진의 동향과 대책」,『한국사연구』144, 2009.
도현철, 「서애(西厓) 류성용(柳成龍)의 학문(學問)과 계승(繼承) ; 서애(西厓) 유성룡(柳成龍)에 대한 一 시선(視線)-17세기『선조실록』과『선조수정실록』의 경우」,『퇴계학과 유교문화』Vol.55, 경북대학교 퇴계연구소, 2004.
민덕기, 「임진왜란 직전 조선의 국방 인식과 대응에 대한 재검토: 동북방 여진에 대한 대응을 중심으로」,『역사와 담론』57, 2010.
민덕기, 「경인통신사의 활동과 일본의 대응」,『한일관계사연구』43, 2012-a.
민덕기, 「이율곡의 십만양병설은 임진왜란용이 될 수 없다:동북방의 여진 정세와 관련하여」,『한일관계사연구』41, 2012-b.
손종성, 「임진왜란시 대명외교」,『국사관논총』14, 국사편찬위원회, 1990.
우인수, 「서애(西厓) 류성용(柳成龍)의 학문(學問)과 계승(繼承) ; 남북 분당과 서애 유성룡」,『퇴계학과 유교문화』Vol.55, 경북대학교 퇴계연구소, 2004.
유보전, 「壬辰倭亂時 정응태의 조선무고사건에 관하여」, 한중인문과학연구회, 국제학술대회, 2003.
윤성익,『명대 왜구의 연구』, 경인문화사, 2007.
이계황, 「임진왜란과 강화교섭-대마도번과 고니시 유키나가를 중심으로-」,『동북아문화연구』34, 2013.
정고조, 「서애 유성룡의 정치활동과 임란 극복」,『한국학논총』30, 국민대학교 한국학연구소, 2008.
차혜원, 「명조와 琉球 간 冊封朝貢외교의 실체-萬曆年間(1573-1620) 명조의 琉球정책을 중심으로」,『중국사연구』54, 2008a.
차혜원, 「조선에 온 중국정보원-임진왜란기 동아시아의 정보전과 조선」,『역사비평』 85, 2008b.

차혜원, 「중국인의 南倭체험과 壬辰전쟁-『籌海圖編-重編』을 중심으로」, 『역사학보』 221, 2014.

차혜원, 「중국 복건지역의 임진전쟁(1592~1598) 대응」, 『동방학지』 174, 2016a.

차혜원, 「16세기, 명조의 南倭대책과 封·貢·市」, 『동양사학연구』 135, 2016b.

차혜원, 「16세기 국제질서의 변화와 한중관계」, 『동양사학연구』 140, 2017.9.

한명기, 『임진왜란과 한중관계』, 역사비평사, 1999.

한성주, 「임진왜란 전후 女眞 藩胡의 朝鮮 침구 양상과 조선의 응 분석」, 『동양사학연구』 132, 2015.

허지은, 「정응태의 '조선무고사건'을 통해 본 조·명관계」, 『사학연구』 76, 2004.

藤田達生, 「海賊禁止令の成立過程」, 『日本近世国家成立史の研究』, 校創書房, 2001.

藤田達生, 『秀吉と海賊大名：海から見た戦国終焉』中公新書, 2012.

米谷均, 「『全浙兵制考』「近報倭警」에서 본 일본정보」, 『한일관계사연구』 20, 2004.

米谷均, 「조선침략 전야의 일본정보」, 『한일역사 공동연구 보고서』, 2005.

夫馬進, 『使琉球錄解題及び研究』, 榕樹林, 1999.

夫馬進, 『中國東アジア外交交流史の研究』, 京都大学学術出版会, 2007.

夫馬進, 『朝鮮燕行使と朝鮮通信使』, 名古屋大学出版会, 2015.

山崎岳, 「舶主王直功罪考—『海寇議』とその周辺」, 京都: 『東方學報』 85, 2010.

三木聰, 『傳統中國と福建社會』, 汲古書院, 2015.

城地孝, 『長城と北京の朝政—明代內閣政治の展開と變容』, 京都大學學術出版會, 2012.

松浦章, 「明代海商と秀吉入寇大明の情報」, 『海外情報からみる東アジア唐船風説書の世界』, 清文堂出版, 2009.

時培磊, 「明清日本研究史籍探研」, 天津: 南開大學碩士論文, 2010.

王 勇, 『中國史のなかの日本像』, 東京: 農山漁村文化協會, 2000.

李 啓煌, 『文禄·慶長の役と東アジア』, 臨川書店, 1997.

田中健夫, 『中世對外關係史』, 東京大學出版社, 1975.

鄭潔西, 「秀吉の中國人説について」, 『或問』 155, No.14, 2008.

鄭潔西, 「万暦時期に日本の朝鮮侵略軍に編入された明朝人」, 『東アジア文化交渉研究』 2, 関西大学文化交渉学教育研究拠点, 2009.

鄭潔西,「万历二十一年潜入日本的明朝间谍」,『学术研究』 5期, 广东省社会科学联合会, 2010.

鄭潔西,「万历朝鲜战争期间的"丰臣秀吉中国人说"」,『外国问题研究』, 2017年第1期.

鄭樑生,『明代中日関係之研究』, 臺灣: 文史哲出版社, 1985.

鄭樑生,「鄭舜功'日本一鑑'之倭寇史料」,『中日關係史研究論集』11, 臺北: 文史哲出版社, 2001.

中島樂章,「封倭と通貢――一五九四年の寧波開貢問題をめぐって―」,『東洋史研究』66-2, 京都大學東洋史研究會, 2007.

임진왜란 시기 明의 講和協商 추진과 조선*

한명기

1. 머리말

1587년 戰國 일본을 통일했던 도요토미 히데요시(豊臣秀吉)는 이후 '唐入'을 운운하며 明을 정복하겠다고 공언했다. 일본군이 명으로 침략을 시도할 경우, 北京으로 가는 가장 빠른 통로는 조선을 경유하는 것일 수밖에 없었다. 이에 히데요시는 조선에 보낸 국서에서 이른바 征明嚮導를 요구했거니와 '정명향도'는 對馬島에 의해 '假道入明'으로 전환되었다. 일찍부터 명 중심의 册封體制 아래서 '忠順한 藩國'으로 자임했던 조선은 일본의 요구를 당연히 거부했고, 히데요시의 침략에 의해 임진왜란이 발생했다. 일본군은 1592년 4월 13일 부산에 상륙한 뒤 육전에서 승승장구했다. 오

---

* 본고는 2009년 12월, 한국학중앙연구원이 주최한 "대한민국 영토 분할 시도와 그 대응의 역사" 심포지움에서 필자가 발표했던 초고 "임진왜란 시기 明日講和와 割地論"을 바탕으로 수정, 보완한 원고임을 밝힌다.

랜 戰國時代를 거치며 전쟁에 숙련되었던 데다 鳥銃이라는 신무기를 가졌던 일본군은 불과 17일 만에 서울을 점령했다. 국왕 宣祖는 파천 길에 올랐고 일본군이 추격하여 북상하면서 전쟁은 곧 종결될 것처럼 보였다. 하지만 李舜臣이 이끄는 조선 水軍에 의해 일본군의 전라도 진입과 서해 진출이 차단되고, 慶尙右道를 비롯한 각지에서 義兵들이 봉기하면서 水陸竝進에 의한 일본군의 조선 점령 계획은 난관에 봉착했다. 선조를 추격하게 되면서 戰線은 확대되었고 보급선 또한 길어질 수밖에 없었다.

임진왜란은 이렇게 일본의 침략에 의해 朝日戰爭으로 시작되었지만 명군이 참전하면서 朝·明·日을 아우르는 동아시아의 국제전쟁으로 비화된다. 명의 입장에서 가장 충순한 번국 조선의 위기를 외면하는 것은 자국 중심의 中華秩序가 와해되는 것을 방기하는 것일 수밖에 없었다. 또 히데요시가 '征明'을 운운한 상태에서 조선이 일본에 넘어갈 경우 遼東이 위험해지고 궁극에는 北京 등 畿輔 지역까지 위기에 처할 수 있기 때문에 조선을 지원할 수밖에 없었다. 명은 이에 '위기에 처한 조선을 돕는다'는 명분 아래 조선에 참전했다.

1593년 1월, 평양전투에서 李如松이 이끄는 명군이 승리함으로써 전세는 역전되었다. 평양까지 북상했던 고니시 유키나가(小西行長) 휘하의 일본군은 남쪽으로 패주했고, 두만강까지 진격했던 가토 기요마사(加藤淸正)의 병력도 고립을 피해 남하했다. 하지만 일본군을 추격하던 명군이 같은 해 1월, 碧蹄館 전투에서 일본군에게 패하게 되면서 戰局은 또 다시 바뀌었다. 패전 이후 兵部尙書 石星, 經略 宋應昌 등 명군 지휘부는 더 이상의 決戰을 회피하고 일본군과 講和를 통해 전쟁을 끝내겠다고 공언했다. 실제로 沈惟敬과 고니시 유키나가 사이에서 지루하게 이어진 강화 회담은 뚜렷한 성과 없이 시간만 끌다가 결국 결렬에 이르고 丁酉再亂이 일어나게 되었다.

임진왜란을 흔히 7년전쟁이라 부르지만, 전체 기간 가운데 4년 이상이 講和協商을 벌이는 와중에 흘러가버렸다. 明日 양국이 밀실협상을 벌이는 동안 조선은 정치적으로 철저히 소외되었고, 사회경제적으로 엄청난 피해를 입었다. 요컨대 강화협상이 이어지면서 임진왜란의 성격은 中日戰爭으로 변질되었다고 해도 과언이 아니었다.

　領議政이자 都體察使로서 전쟁을 지휘했던 柳成龍의 생애에서도 강화협상이 진행되던 무렵이 가장 어렵고 고단한 시기였다. 이여송 등 명군 지휘부를 설득하여 일본군과 협상이 아닌 決戰을 벌이도록 호소, 종용하는 것이 그의 주된 과업 가운데 하나였기 때문이다. 하지만 결전 대신 협상을 통해 전쟁을 끝내려했던 石星 등 명군 지휘부는 류성룡의 호소를 받아들이지 않았다.[1] 심지어 "조선도 일본과의 협상을 원하고 있다"는 식으로 神宗과 명 조정의 다른 신료들을 기만하려고 시도했다. 뿐만 아니라 그 과정에서 자신들의 방침에 따르라고 조선을 전방위적으로 압박했고, 조선이 반발하자 王位交替論, 直轄統治論 등을 제기하는 등 극단적인 압력을 가하기도 했다.[2]

　본고는 이 같은 사실들을 염두에 두면서 임진왜란 시기 명군 지휘부와 명 조정 신료들의 강화협상 추진 시도와 전개 양상을 검토하고 그것이 조선에 미친 영향과 조선의 대응 양상을 추적한다. 그를 통해 국제전쟁이자 동아시아 세계대전으로서의 이 전쟁의 성격을 보다 명확히 고찰하고자 한다.

---

[1] 벽제전투 패전 이후 柳成龍은 李如松 등 명군 지휘부에 決戰을 요구하는 과정에서 그들의 격한 반발에 직면했고, 심지어 곤장을 맞을 뻔한 치욕까지 겪어야 했다. 강화협상 시기 류성룡이 감당해야 했던 간난신고는 『懲毖錄』에 잘 묘사되어 있다.
[2] 한명기, 『임진왜란과 한중관계』, 서울: 역사비평사, 1999, 57~67쪽.

2. 강화협상의 단초 – 祖承訓軍의 패배와 沈惟敬의 발탁

일본군의 침략이 시작된 직후부터 조선 육군은 일방적으로 몰렸다. 일본군이 부산에 상륙한지 불과 17일 만에 서울이 함락되고 宣祖가 播遷 길에 오르자 士庶들은 대부분 나라를 회복하는 것이 불가능하다고 여겼고 조정 신료들조차 '나라가 끝내는 멸망하고야 말 것'이라고 생각할 정도였다.3) 조선 조정은 定州에 도착했던 직후, 李德馨을 請援使로 임명하여 명에 파견했다. 이덕형 등은 遼陽의 遼東都司로 달려가 조선의 위급한 戰況을 알리고 원병을 보내달라고 요청했다. 또 일본군이 압록강까지 북상하여 더 이상 버틸 수 없는 최악의 경우, 선조가 압록강을 건너 요동으로 귀순할 수 있도록 허용해 줄 것을 요청했다.

주목되는 것은 요동도사의 반응이었다. 명 측 관원들은 처음에는 이덕형의 보고 내용을 믿지 않았다. 그들은 일본군의 침략이 시작된 지 불과 17일 만에 수도 漢陽이 함락되고 선조 일행이 변방으로 파천했다는 사실을 곧이곧대로 받아들이지 않았다. 일각에서는 "조선이 일본군을 끌어들여 不軌를 도모하려 한다"는 의구심까지 제기하고 있었다.4) 임진왜란이 일어났을 무렵 명은 조선을 기본적으로 군사강국으로 인식하고 있었다. 명의 지식인들 가운데는 조선을 '强國 高句麗의 後裔'라고 인식하는 사람들이 있었다. 과거 隋唐의 강력한 군사력과도 맞설 만큼 강성했던 고구려를 계승한 조선이 일본에게 그렇게 일방적으로 밀린다는 것을 이해할 수 없었다. 자연히 조선이 고구려의 故土 요동을 수복하기 위해 일본과 공모하여 일본군을 끌어들였다고 생각했던 것이다.5)

---

3) 『宣祖實錄』 권27, 선조 25년 6월 己酉. "初 上之出京都也 不但士庶皆言國勢必不復振 有識縉紳輩 亦以爲終必滅亡 朝臣扈從者 百無一二 人心已去 不可盡責……"
4) 『宣祖實錄』 권28, 선조 25년 7월 庚申.

우여곡절 끝에 조선에 대한 오해가 풀리자 명은 1592년 6월 15일 廣寧遊擊 史儒와 督戰參將 戴朝弁이 이끄는 선발대를 파견했다. 副摠兵 祖承訓의 휘하 병력도 조선에 진입했다. 약 3천 명 정도였던 이들은 임진왜란 발생 이후 조선에 최초로 들어온 명군이었다. 하지만 이들 명군의 戰力은 그다지 강한 것이 아니었다. 더욱이 일본군의 조총을 상대할만한 무기도 제대로 갖추지 못한 상태였다. 급기야 祖承訓과 史儒가 이끄는 명군은 7월 17일, 평양성을 공격했으나 참패하고 만다. 일본군의 조총을 당해내지 못하고 병력이 거의 전멸된 상태에서 조승훈은 가까스로 요동으로 도망쳤다. 최초로 들어온 명군의 패전 소식은 조선과 명 모두에게 커다란 충격을 남겼다. 명에서는 "조승훈의 패전으로 遼東 전체의 기운이 沮喪되었다"는 비판이 제기되었다.6) 반면 조승훈은 자신에게 쏟아지는 패전에 대한 비난을 회피하기 위해 조선에 모든 책임을 돌렸다. 즉 조선 측이 일본군에 대한 아무런 정보도 주지 않고 제대로 지원도 하지 않으면서 명군에게 진격만 요구했다고 비난했다.7)

조선 조정은 1592년 8월, 다시 요동으로 사절을 보내 명측 당국자들에게 명군을 조속히 다시 파견해 달라고 요청했다.8) 하지만 당시 명이 처한 안팎의 군사적 여건은 여의치 않았다. 당시 명은 임진왜란 말고도 1591년 播州에서 일어난 楊應龍의 반란, 1592년 寧夏에서 일어난 보바이[哱拜]의 난을 진압해야 하는 상황에 처해 있었다. 임진왜란까지 포함하면 이른바 萬曆三大征을 동시에 치러야 하는 형편이었다.9) 이 같은 상황에서 우여곡절

---

5) 한명기, 「조선시대 韓中 지식인의 高句麗 인식」, 『韓國文化』 38, 2006, 345~353쪽.
6) 『明神宗實錄』 권251, 萬曆 20년 8월 壬辰.
7) 『宣祖實錄』 권27, 선조 26년 7월 丁丑, 癸未.
8) 『宣祖實錄』 권29, 선조 25년 8월 甲午.
9) 岡野昌子, 「秀吉の朝鮮侵略と中國」, 『中山八郎教授頌壽記念明清史論叢』, 東京: 燎原, 1977, 143쪽.

끝에 파견했던 祖承訓과 史儒 휘하의 최초 원군이 참패하자 명 조정은 당황할 수밖에 없었다. 그들은 일본군이 생각했던 것보다 훨씬 버거운 존재라며 두려워하게 되었다.10) 더욱이 조총을 갖춘 일본군을 제압하려면 福建, 浙江 등지에서 砲兵과 火器手를 동원해야 한다는 사실을 절감하게 되었다. 문제는 시간이었다. 강남 지역에서 포병과 화기수들을 동원하는 동안 평양의 일본군이 조선을 제압하고 요동으로 접근할 경우, 상황은 심각해질 수밖에 없었다. 이 같은 곤경을 염두에 두고 명 조정 일각에서는 당시 막 진압되었던 반란군의 두목 楊應龍 휘하의 병력을 조선에 투입하자는 의견이 제시되기도 했다.11)

명군을 다시 調發하는 한편, 일본군의 조선 장악과 요동으로의 진격도 저지해야 하는 곤란한 상황에서 병부상서 石星은 '沈惟敬 카드'를 빼들었다. 석성은 무뢰배 출신 遊說客 심유경을 遊擊將軍에 임명하여 조선으로 들여보냈다. 그의 언변과 공작 능력을 활용하여 일본군을 조선에 묶어 두거나 요동으로의 진격을 늦추기 위한 포석이었다. 석성은 자신의 妻父였던 袁氏라는 인물을 통해 심유경을 알게 되었고, 이후 일본과의 화평 공작 과정에서 모든 것을 맡기게 된다.12) 심유경은 浙江, 혹은 福州 출신으로 알려져 있는데 명 조정이 조선에 派兵하려 할 때 스스로 "嘉靖 연간 浙直總督 胡宗憲 휘하에 있을 때 간첩으로써 왜적들을 독살시킨 일이 있었는데 이로 인하여 倭國 사정을 빠짐없이 알게 되었다."고 하면서 병부에 글을 올려 倭奴에게 가 타이르겠다고 청한 바 있었다. 사실상 自薦하여 임진왜란에 뛰어들었던 인물인 셈이다. 심유경은 1592년 8월 15일 倭情을 정탐

---

10) 『宣祖實錄』 권33, 선조 25년 12월 甲午. "陳奏使知中樞府事鄭崐壽書狀官直講沈友勝 回自北京 上引見於便殿 …… 上曰 中國難倭賊耶 崐壽曰 甚以爲難 從祖摠兵敗歸者 益懼矣"
11) 『國榷』 권76, 萬曆 20년 8월 甲午.
12) 小野和子, 「明・日和平交涉をめぐる政爭」, 『山根幸夫教授退休記念明代史論叢』, 東京: 汲古書院, 1992, 573쪽.

하기 위해 義州에 들어왔고, 25일에는 順安에 도착했다.[13] 심유경의 조선 진입은 전쟁이 새로운 국면으로 향하는 새로운 계기가 되었다.

3. 沈惟敬 - 小西行長의 강화협상[14] 개시

1) 심유경 - 고니시의 첫 만남과 割地 언급

심유경이 조선에 입국할 무렵 일본군의 사정은 어떠했을까? 파죽지세로 한양을 점령하고 서북쪽으로는 평양, 동북쪽으로는 두만강 선까지 진입하여 조선을 곧 장악할 것처럼 보였지만 상황은 간단치 않았다. 당장 이순신의 조선 수군에 의해 수로를 통한 보급로가 차단되어 군량과 피복 등 물자 부족에 시달리고 있었다.

또 고니시 유키나가와 가토 기요마사 등 일본군 지휘부 사이에서 향후 작전의 방향을 놓고 이견이 노출되고 있었다. 당시 일본군 제1군을 이끌고 가장 먼저 북상하여 평양에 진주했던 고니시와 소 요시토시[宗義智] 등은 일본군 장수들 가운데 강경파는 아니었다. 특히 상인 출신이었던 고니시

---

13) 申欽,『象村稿』권39,「天朝詔使將臣先後去來姓名」.
14) 장기간 지속된 명과 일본 사이의 강화협상에 대해서는 中村榮孝,『日鮮關係史の研究』中, 東京: 吉川弘文館, 1970 ; 小野和子,「明・日和平交渉をめぐる政争」,『山根敎授退休記念明代史論叢』, 1992 ; 鄭樑生,『明・日關係史の研究』, 東京: 雄山閣, 1984 ; 関德基,「朝鮮後期 朝・日講和와 朝・明關係」,『國史館論叢』12집, 1990 ; 佐島顯子,「辰倭亂講和の破綻をめぐって」,『年譜 朝鮮學』, 九州大朝鮮學硏究會, 1994 ; 李啓煌,『文祿・慶長の役と東アジア』, 京都: 臨川書店, 1997 ; 한명기,「임진왜란기 明・日의 협상에 관한 연구」,『國史館論叢』98, 2002 ; 이완범,「임진왜란의 국제정치학: 일본의 조선분할요구와 명의 對조선 종주권 확보의 대립, 1592~1596」,『정신문화연구』제25권 제4호, 2002 ; 김경태,『임진전쟁기 강화교섭 연구』, 고려대학교 한국사학과 박사학위논문, 2014 등의 연구 성과가 있다. 특히 김경태의 박사학위 논문은 국내외의 사료들을 폭넓게 활용하여 임진왜란 시기의 강화교섭 양상을 포괄적으로 탐구하고 있어 주목된다.

는 임진왜란을 도발하기 이전부터 전쟁을 회피하려 했고, 부산에 상륙한 뒤에도 '假道入明'을 내걸고 기회가 있을 때마다 조선과 교섭을 시도했다. 일본군의 궁극적 목표가 征明이었으므로 조선에서 빨리 和議를 이뤄야만 入明에 돌입할 수 있었기 때문이다. 그런데 조선은 고니시 등의 화의 요구를 받아들이지 않았다. '가도입명'은 원래 1590년 通信使 黃允吉 등이 일본에 갔다가 귀국할 때 히데요시가 요구한 '征明嚮導'를 변형시킨 것이었다. 조선이 지닌 尊明意識과 일본에 대한 문화적 우월의식을 고려하여 고니시와 소 요시토시 등이 용어를 순화시켰던 것이다.15) 그런데 일찍이 『千字文』을 배웠던 조선 지식인들은 '假道入明'이라는 일본의 슬로건이 얼마나 기만적이고 교활한 것인지를 철저히 인지하고 있었다.16)

1592년 4월 29일, 조선 조정은 倭學通事 景應舜을 통해 고니시가 보낸 書契를 입수했다. 고니시는 서계에서 '東萊城을 함락시킬 때 생포했던 울산군수 李彦誠을 통해 강화를 촉구하는 書契를 이미 보냈는데 회답이 없었다'며 조선이 강화할 생각이 있으면 李德馨을 忠州로 보내라고 다시 요구했다.17) 선조 일행이 평양으로 파천한 뒤였던 같은 해 6월에도 이덕형은 대동강의 船上에서 玄蘇, 平調信 등과 만나 강화 문제를 논의한 바 있다. 당시 현소 등은 '우리가 大明으로 가는 길을 빌리려 했는데 조선이 허락하지 않아 비유컨대 남의 집에 들어가기 위해 어쩔 수 없이 먼저 담장을 허물게 되었다'며 길을 빌려달라고 요구했다. 이덕형은 '너희들이 우리의 父母國을 침범하기 위해 길을 빌려달라고 위협하면 나라가 망하더라도 응할 수 없고 양국의 우호는 바로 끝장날 것'이라고 응수한 바 있다.18)

---

15) 中村榮孝, 『日鮮關係史の硏究』 中, 東京: 吉川弘文館, 1970, 173~174쪽, 268쪽.
16) '假道入明'의 기만적인 본질에 대해서는 한명기, 「壬辰亂 七周甲의 역사적 의미」, 『壬辰亂7周甲紀念 壬辰亂硏究叢書 1』, 社團法人 壬辰亂精神文化宣揚會, 2013, 137쪽 각주 19번 참조.
17) 李德馨, 『漢陰文稿附錄』 권1, 「漢陰先生年譜」 萬曆 20년 4월 29일조.
18) 李德馨, 『漢陰文稿附錄』 권1, 「漢陰先生年譜」 萬曆 20년 6월조.

그런데 심유경이 평안도에 나타남으로써 일본의 교섭 상대는 조선에서 명으로 바뀌었다. 1592년 9월 심유경과 고니시는 평양의 降福山 아래 釜山院에서 만났다. 주목되는 것은 심유경과 고니시의 첫 만남의 대화 내용이다. 고니시는 자신들이 침략하게 된 것을 조선 탓으로 돌렸다. 심유경은 고니시 등에게 점령지를 반환하고 조선에서 撤退할 것을 요구했다. 다음의 대화 내용을 보자.

> 고니시와 겐소가 "저희나라가 조선에서 길을 빌려 封貢을 구하려 했음에도 저들(-조선)은 도리어 병력을 모아 저희에게 항거함으로써 문제를 일으켰습니다. 이것은 저희의 죄가 아닙니다."라고 말했다. 심유경은 "너희들이 성의를 다해 순종하기를 생각하니 봉공하는 것이 어찌 아깝겠는가? 그러나 이곳은 天朝의 지방이니 너희는 물러가서 천조의 後命을 기다리는 것이 좋겠다"고 말했다. 유키나가가 지도를 꺼내 보이면서 "이곳은 분명히 조선 땅입니다."라고 말했다. 심유경은 "(조선은) 항상 이곳에서 詔勅을 맞이한다. 그 때문에 많은 宮室이 있는 것이다. 비록 조선 땅이지만 上國의 경계이니 (너희들은) 이곳에서 머물 수 없다"고 말했다.[19]

『宣廟中興誌』의 이 기록과 거의 유사한 내용이 『宣祖修正實錄』에도 실려 있지만, 기존의 연구에서는 위의 내용이 갖는 의미를 적극적으로 분석, 평가한 바는 없다.[20]

위의 기록에서 흥미로운 점은 두 가지다. 먼저 고니시 등이 자신들이 조선을 침략한 이유를 조선 탓으로 돌리고 있는 점이다. 즉 '일본이 명에 朝貢하려 시도했음에도 조선이 그것을 방해하고 적대했기 때문'에 전쟁이 일

---

[19] 『宣廟中興誌』三, 壬辰.
[20] 『宣祖修正實錄』 권26, 선조 25년 9월 丁巳. 기타지마 만지(北島万次) 씨가 이 수정실록의 기사를 인용하여 자신의 저서에서 언급한 바는 있다(北島万次, 『豊臣秀吉の朝鮮侵略』, 東京: 吉川弘文館, 1994.

어났다고 강조했다. 다음으로는 심유경이 평양 일대를 가리켜 명의 영역이라고 강조한 점이다. 이에 고니시가 지도를 보여주면서 조선 땅이 아니냐고 당장 반박했지만, 심유경은 다시 '明使의 詔勅을 맞이하는 곳이자 상국과의 경계'라고 능란하게 맞받아치는 모습을 보여 주었다. 심유경이 실제로 평양 일대를 자신들의 영역이라고 생각했기 때문에 그랬는지, 아니면 藩國 조선과의 밀접한 관계를 염두에 두고 다소 과장하여 그렇게 말했는지는 정확하지 않다.[21] 하지만 당시 조선과 명 관계의 본질을 정확히 알지 못했던 고니시 등의 입장에서는 '평양 일대는 명나라 땅'이라는 심유경의 발언에 상당히 당혹했을 가능성이 높다. 심유경의 말대로 라면 '명에 조공하기 위해 조선으로 들어왔다'는 일본군의 행동은 결국 '명의 영토'를 건드렸던 셈이 되는 것이고, 그 때문에 이후 대동강 以西 지역을 명 측에 돌려주겠다고 말했을 가능성이 높은 것이다.

실제 심유경은 9월의 면담에서 고니시와 50일간 휴전하기로 약속한 뒤, 다시 입국하여 11월 26일 평양성에 들어가 고니시 일행을 만났다. 그렇다면 이 두 번째 면담에서는 어떤 이야기가 오고갔을까? 심유경이 성에서 나온 직후 그를 만났던 예조판서 尹根壽는 '심유경이 일본 측에 제시한 조건은 포로가 된 왕자들과 인민들을 송환하고 조선 영토를 반환하는 것'이었는데 '일본 측은 평양성을 명에 讓與하고 대동강 이동은 우리가 주장하겠다"고 했다는 사실을 보고했다. 고니시 등은 또 "평안도는 내가 담당하므로 평양성은 돌려줄 것이지만 대동강 동쪽에서 서울에 이르는 지역에는 각기 다섯 將官이 맡고 있어 내가 주장할 수 없다."고 했다는 것이다.[22] 조

---

[21] 참고로 李如松 휘하의 2차 원정군이 조선에 들어오기 직전인 1592년 11월 30일, 宋應昌은 병사들에게 軍紀 확립을 강조하면서 "조선의 강역은 우리의 토지이고 조선 백성은 우리의 자식이자 백성[朝鮮疆域卽我土地 朝鮮百姓卽我子民]"이라고 말한 바 있다.(『經略復國要編』 권3, 「軍令三十條」). 필자는 심유경의 발언도 이와 같은 맥락에서 나온 것으로 본다.
[22] 『宣祖實錄』 권33, 선조 2년 12월 己丑.

선 영토를 명에 넘기겠다는 주장인 셈이다.

평양 이서 지역을 명에 넘기겠다는 고니시 등의 제안에 심유경이 어떤 반응을 보였는지는 정확히 알 수 없다. 당시 조선 관인들은 심유경 주변에 제대로 접근조차 할 수 없을 만큼 배제되어 있었다. 다만 柳成龍은 심유경이 고니시 등과 만났을 때 '평양 이남은 너희에게 맡긴다'고 하여 일본 측의 할지 요구를 받아들인 것처럼 의심한 바 있다.[23] 하지만 비슷한 시기 『明實錄』의 기록에서는 '일본군이 평양과 왕경 일대를 조선에게 돌려주지 않고 명에게 넘긴다'는 이야기를 기록한 뒤 그것을 명을 떠보려는 수작으로 규정하고, 그 말을 믿고 戰備를 소홀히 하면 안 된다고 강조한 바 있다.[24]

어느 쪽의 이야기가 맞는 것일까? 이후 1592년 12월 명군이 다시 참전하고 1593년 1월 평양성 전투가 벌어졌던 상황을 고려하면 심유경의 강화는 명이 2차 파병을 준비하기 위해 시간을 벌고 또 그 과정에서 일본군을 기만하기 위한 차원에서 시도된 것이라고 할 수 있다.[25] 또 고니시 등이 '평양 일대가 명의 영역'이라는 심유경의 언설에 놀라 割地를 언급했지만, 명은 일본 측을 안심시키기 위한 기만술 차원에서 일단 동의하는 자세를 보였다고 할 수 있다. 따라서 전후의 맥락으로 볼 때, 명이 일본 측의 할지 요구를 받아들인 것은 아니었던 것이다.

---

[23] 柳成龍, 『西厓集』 권6, 「馳報沈遊擊與倭問答狀」. "斯人自初擧措 臣實甚疑之 故前後狀啓 亦陳其出於僥倖息兵之計 蓋其九月 與倭人問答曰 平壤以南 任汝來犯 及夾江圍守 具海舟將下南方之說 皆非所當言 其後逃還人往來悠悠之言 不敢掛諸文字"

[24] 『明神宗實錄』 권255, 萬曆 20년 12월 己亥. "經略侍郞宋應昌言 遊擊沈惟敬稱 倭賊頭目有願將平壤王京一帶還天朝 不與朝鮮等語……所稱退還平壤王京一帶 或觀望窺伺 不得恃此忘備也"

[25] 『宣祖實錄』 권33, 선조 25년 12월 甲午. "上曰 天朝若有人 則豈不知與賊講和而終不可保乎 友勝曰 薛藩題本言 我以此術愚彼 彼亦以此愚我 云云 薛亦知其不可也"

2) 沈惟敬의 1차 강화 시도의 의미

1592년 12월 李如松 휘하의 명군이 다시 조선으로 들어오기 이전 石星－沈惟敬 라인이 시도했던 강화는 명일 사이의 1차 강화 시도라고 할 수 있다.[26] 그렇다면 심유경의 1차 강화 시도는 어떤 결과를 낳았으며, 또 어떤 역사적 의미를 갖는가?

조승훈이 이끄는 최초의 원군이 일본군에게 패퇴한 이후 명 조정의 위기의식은 높아졌지만, 조선에 군대를 다시 보내는 문제에 대한 입장은 결코 일치하지 않았다. 일부 신료들은 조선을 돕기 위해 참전하는 것의 문제점을 제기했고, 일각에서는 계속 관망할 것을 주장하는 의견도 나타나고 있었다.[27] 그 같은 와중에 遼東巡按 李時孶가 일본군이 평양을 떠나 요동을 향해 오고 있다는 보고를 올리자 명은 급박하게 움직이기 시작했다. 兵部侍郎 宋應昌을 經略으로 삼아 備倭 업무를 담당하도록 했다.[28] 北京을 보호하는 전략 요충인 遼東이 위험해진다는 상황에 이르러서야 명은 사태의 심각성을 다시 인식하게 되었다.

하지만 1592년 9월 조선의 請援使 鄭崑壽 일행을 만났을 때 병부상서 石星은 조선에 군대를 투입할 날짜를 명확히 제시하지 못했다. 병력이 부족한데다 동원하는 것 자체가 쉽지 않았기 때문이다.[29] 석성은 조선에 다시 병력을 보내는 것에 적극적이었지만, 명 조정의 科道官들 가운데는 兵馬 동원 과정에서 나타날 폐해를 이유로 군대를 보내는 것에 반대하고 중국

26) 1593년 1월, 벽제전투 패전 이후 본격화 되는 강화를 제2차 강화라고 할 수 있겠다.

27) 한명기, 『임진왜란과 한중관계』, 1999, 35쪽.

28) 『萬曆邸鈔』, 萬曆 20년 8월. "倭奴逼遼東 遼東巡按李時孶搪報 倭奴離平壤 已近遼東 以宋應昌經略薊保遼東等處備倭"

29) 鄭崑壽, 『栢谷集』 권3, 「赴京日錄」. "二十九日……尙書之言 不爲明言出師之期 且見中國兵馬亦不足 未易調發 極可悶迫也"

내부만 방어하자고 주장하는 자들이 있었다.30)

석성은 심유경을 조선에 들여보내 일본군을 묶어 놓으려 시도하는 한편, 조선에 파병하는 논의를 주도하여 1592년 10월 초에 이르면 원병을 다시 보내는 것이 거의 확정되었다. 10월 4일, 정곤수 일행은, 석성이 요동에 題本을 보내 2만의 병력을 동원하여 조선을 구원하기로 했다는 소식을 통보받았다. 이어 병력 조발 비용에 충당하기 위해 요동에서 20만 냥의 은을 보낸다는 것과 弓角과 焰硝, 魚膠 등 군수 물자도 조선에 공급하기로 했다는 소식도 전해졌다.31) 이런 와중에 10월 22일에는 總兵 楊昭訓이 입수한 일본군의 편지 내용이 공개되었는데, 그 내용은 "명군 장수들과 50일 동안 서로 살상하지 않기로 약속했다"는 것이었다.32) 이어 10월 27일 정곤수 일행은 李如松 휘하의 대병이 12월 초에 다시 강을 건너게 될 것이라는 開諭를 들었고, 가벼운 마음으로 귀국길에 오를 수 있었다. 11월 14일 정곤수 일행은 山海關에서 主事 張揀으로부터 명군 대병력이 이미 遼陽에 도착했다는 소식과 12월이 되면 압록강을 건널 것이라는 소식을 다시 들었다. 이어 귀국하는 길에 들렀던 各驛에서 조선으로 향하는 대군의 행렬과 군수 물자가 수송되는 장면을 직접 목도했다.33)

1592년 11월 21일, 조선 사신 일행은 十三山에 도착할 무렵 寧夏의 戰役에서 돌아오는 군졸들과 길에서 마주쳤다. 그 가운데 廣寧 출신의 군병이 '李如松이 劉東陽을 정벌하는데 수행했다가 돌아오는 길인데, 이여송이 돌아오자마자 다시 征倭의 명을 받고 18일에 辭朝했다'는 소식을 전해주었

---

30) 鄭崑壽, 위와 같은 조. "晦日…… 李海龍往兵部 外郞言 近日科道等 或言只防中國地方 不須救朝鮮 或以爲多發兵馬 貽弊中夏 以此石爺心上一般不寧云云"
31) 鄭崑壽, 위와 같은 조.
32) 이 내용은 명군이 2차 참전을 준비하는 과정에서 심유경의 강화 노력이 적어도 일정한 성과를 거두었음을 의미하는 것이다.
33) 鄭崑壽, 위와 같은 조. "十五日 各驛以大軍之行及輸軍器火藥等物件 周里蕭蕭 如經兵禍"

다.³⁴⁾ 정곤수 일행은 12월 1일 遼陽에서 경략 송응창을 만나고 吳惟忠이 이끄는 南兵 5천 명의 병력을 직접 목도했다. 고대하던 명 원병의 파견이 현실로 나타나고 있던 상황을 실감하는 순간이었다. 당시는 심유경이 고니시와 다시 만나 강화를 논의하면서 할지론을 비롯한 일본 측의 요구 사항을 청취하고 있던 시기였다. 이렇게 볼 때, 심유경의 1차 강화 시도는 일본 측을 기만하면서 南兵을 비롯한 명군의 대병력을 조선에 다시 투입할 수 있는 시간을 벌 수 있게 했다는 점에서 대단히 중요한 의미를 지닌다고 할 수 있다.

4. 淸正·秀吉의 割地 요구와 明의 본격적인 講和 시도

위에서 언급한 내용을 고려하면 1593년 1월, 명군이 평양전투에서 승리했던 것은 심유경의 강화 시도가 일본군을 기만하는데 성공했기 때문에 가능했던 것이라고도 할 수 있다.

그런데 심유경이 고니시와 회담했던 직후인 1592년 10월, 함경도 安邊에 있던 가토 기요마사는 鏡城判官 李弘業을 당시 成川에 있던 光海君의 分朝에 파견했다. 그는 이홍업에게 조선 측의 투항을 권고하는 書狀과 포로가 된 臨海君과 順和君, 그리고 大臣 金貴榮, 黃廷彧 등이 쓴 書狀도 들려보냈다. 가토는 서장에서 조선이 割地를 할 경우 왕자들을 송환하고 撤兵하겠다고 제의했다.³⁵⁾ 당시 가토가 보낸 서장을 보면 그는 일본 측이 조선

---

34) 鄭崑壽, 위와 같은 조. "二十一日 發行夕到十三山 道逢寧夏軍卒 相續而來 自謂廣寧軍士 隨李如松征劉東陽 李摠兵又往征倭 十八日辭朝"
35) 『宣祖實錄』 권31, 선조 25년 10월 乙巳. "關白之於異國 防戰者 攻滅之 講和者 固結之 貴國郡縣幾爲日本所有 若大王更修隣盟 則其中一二道 可還貴國 而信義如前 今具此意, 以達大王……"

全土를 모두 점령했다고 여기면서 몇 도를 돌려줄 것이니 항복하라고 요구했고 나아가 임해군 등을 할지 협상의 미끼로 사용하려는 의도를 드러내고 있다.36) 가토가 고니시 등과 할지에 대한 입장을 사전에 조율했는지의 여부는 알 수 없지만, 적어도 임진왜란 초반의 경우 일본군 지휘부는 자신들이 조선을 완전히 점령했다고 여겨 '승리자'의 입장을 드러내고 있었던 것을 알 수 있다.

명과 일본 사이의 강화 협상은 명군이 벽제전투에서 패한 이후에 본격화 되었다. 평양전투 승리를 계기로 고무되어 있던 宋應昌과 李如松 등 명군 지휘부에게 벽제전투의 패전은 커다란 충격이자, 戰意를 상실하는 계기가 되었다. 그들은 이제 沈惟敬을 시켜 일본과의 決戰이 아닌 강화협상을 통해 전투를 끝내려고 시도했다.37)

우선 경략 송응창은 벽제전투 패전 직후 參軍 馮仲纓을 안변으로 보내 가토 기요마사와 왕자 송환 문제를 논의한 바 있다. 풍중영을 안내했던 嚮導將 崔遇의 보고에 따르면, 당시 풍중영과의 면담에서도 가토는 조선이 割地를 고려하고 있는 지의 여부에 깊은 관심을 표시한 바 있다.38) 이 회담은 결렬되었는데, 그 원인은 가토의 강경한 태도 때문이었던 것으로 보인다. 그는 풍중영 앞에서 고니시를 맹렬히 비난한 뒤, '히데요시 휘하에서 진정한 무장은 자신 뿐'이라며 '명군을 전멸시키고 명의 400여 州를 초토화 시키며 명 황제를 사로잡겠다'고 호언했다고 한다.39)

한편 심유경과 고니시가 강화를 논의하고 있던 상황에서 송응창은 1593년 4월 17일, 자신의 수하인 謝用梓와 徐一貫을 서울의 倭營에 들여보냈고,

---

36) 中村榮孝, 앞의 책, 1970, 269쪽.
37) 『國榷』 권76, 萬曆 21년 2월 甲寅. "李如松自碧蹄敗後 氣索 經略宋應昌始遣沈惟敬說倭 同遊擊周弘謨往"
38) 『宣祖實錄』 권36, 26년 3월 4일 己未.
39) 北島万次, 『加藤清正─朝鮮侵略の實像』, 東京: 吉川弘文館, 2007, 50~51쪽.

일본군은 다음날부터 서울에서 철수를 시작하여 남쪽으로 물러났다. 이어 두 사람은 明 황제가 보낸 勅使로 가장하여 고니시와 함께 渡日하여 名護屋에 도착했다. 두 사람은 5월 24일 히데요시를 만났고, 히데요시는 6월 28일 이들에게 이른바 강화의 7조건을 제시했다. 두 사람을 만났을 당시 히데요시는—앞서 언급한 고니시나 가토의 입장과 마찬가지로—일본군이 조선 全土를 정복하는 데 성공했다고 믿고 스스로 優位를 자랑했다. 심지어 두 사람을 명이 보낸 謝罪使로 인식했다. 히데요시는 조선 팔도 가운데 함경·평안·황해·강원도와 서울을 조선 국왕에게 돌려주겠다며 그 교환 조건으로서 王子와 重臣을 인질로 요구했다. 그것은 사실상 조선 영토 가운데 京畿·忠淸·全羅·慶尙道 四道의 할지를 요구하는 것이었다.40) 그리고 뒤에 언급된 것이지만, 謝用梓와 徐一貫 등은 화친의 성공을 통해 자신들의 공을 내세우기 위해 일본 측이 요구한 納質·通商·割地·皇女 등의 4개 조건을 마치 받아들일 것처럼 이야기했다는 것이다.41)

그렇다면 벽제전투 패전 이후, 명군 지휘부가 이렇게 강화협상으로 다시 회귀하게 된 배경은 무엇일까?

1) 戰費 부담, 명군의 열악한 상황, 그리고 厭戰意識

명군의 조선 참전은 명 내부에 많은 부작용을 낳는 사안이었다. 우선 戰費 조달을 위한 加派(=增稅) 조치로 말미암아 백성들의 경제적 부담이 컸다. 당시 증세와 자연 재해 때문에 하층민들이 유리하고 있다는 지적이 나오는 상황에서 "본토 貧民의 膏血을 뽑아 더 이상 藩國을 도울 수 없다"는 주장이 제기되고 있었다.42)

---

40) 中村榮孝, 앞의 책, 1970, 274~279쪽.
41) 『宣祖實錄』 권74, 선조 29년 4월 丙午.

조선에 들어와 있던 명군이 처해 있던 상황도 열악했다. 평양전투에서 승리를 거둬 전세를 역전시키는 데는 성공했지만 이후 명군은 계속적인 우세를 장담할 수 없었다. 송응창은 평양전투 승리 직후인 1593년 2월 1일, 參軍 鄭同知 등에게 보낸 편지에서 여전히 일본군에 비해 명군 병력이 부족한 현실을 우려하면서 그 타개책을 모색한 바 있다.[43] 병사들의 사기도 저하되어 있었다. 상당수 병사들이 기아와 질병에 시달리고 있었다. 실제로 조선에 들어왔던 명군 대부분은 募兵에 응모했던 자들이었다. 송응창은 이미 출전 이전부터 병력 가운데 약자가 태반인데다 품팔이[傭販之徒] 출신이 많다는 것을 이유로 명군의 전투력에 의문을 표시한 바 있었다.[44] 생계를 위해 출전한 그들은 조선에서 풍토가 맞지 않아 질병에 걸리거나, 약속된 급료를 받지 못해서 불만에 가득 차 있는 경우도 있었다.[45] 전반적인 사기의 저하 현상 때문에 도망병이 상시적으로 나타나고 있었고,[46] 그들의 불평과 불만은 조선 민중에게 民弊로 전가되기도 했다.

이 같은 상황에서 송응창은 1593년 11월, 神宗에게 올린 辭職疏에서 일본에 대한 封貢이 불가피하다는 것을 강조했다. 그 이유로서 송응창은 먼저 軍兵 調發의 어려움을 지적했다. 그는 본래 東征軍의 병력으로 7만여 명을 모집할 계획이었는데 거리가 멀어 늦게 오는 자, 제 때 응모하지 못하는 자, 또 邊鎭에 소속되어 방어에 종사하는 자들 때문에 차질이 생기게 된 경위를 언급했다. 그리고 그 때문에 병사들의 자질이 고르지 못하고 強

---

[42] 한명기, 앞의 책, 1999, 47~48쪽.
[43] 宋應昌, 『經略復國要編』 권6, 「與參軍鄭同知趙知縣書」. "遼兵已不可借 劉綎陳璘兵又難卒至 彼衆我寡 大將軍憂之……".
[44] 宋應昌, 『經略復國要編』 권4, 「檄李提督」.
[45] 岡野昌子, 앞의 논문, 1977, 147쪽.
[46] 한명기, 「임진왜란 시기 明軍 逃亡兵문제에 대한 一考」, 『한국학연구』 44, 인하대 한국학연구소, 2017, 152~156쪽.

弱이 섞여 있는 상황이라고 강조했다.47) 송응창은 날씨가 추운 틈을 타서 기습했던 것, 沈惟敬의 講貢之約 때문에 평양에서 승리하고 開城을 수복할 수 있었지만, 당시 명군 병사들은 처참한 지경에 처해 있다고 호소했다. 장졸들이 피로에 지쳤다는 것, 군량을 이어댈 수 없는 상황이라는 것, 여름에 이어진 장마 때문에 활의 아교가 풀어졌다는 것, 땅이 질척거려 北兵이 말을 제대로 달릴 수 없다는 것 등의 이유를 들어 군사들을 휴식시킬 수밖에 없었다고 해명했다. 그는 명군이 비록 서울에 들어왔지만, 당시 3만 정도의 명군 병력으로는 수십만의 왜군을 공격하는 것이 불가능했다고 강조했다.48) 바로 이 같은 상황에서 벽제전투에서 패한 것을 계기로 명군은 강화를 통해 전쟁을 종식시키는 방안으로 돌아섰던 것이다.

2) 명군의 참전 목표 달성

임진왜란 시기 명군은 "위기에 처한 조선을 돕기 위해 참전한다"고 표방했지만, 그들의 참전은 무엇보다 자국의 안보를 확보하려는 목적에서 이루어진 것이었다. 즉 심장부인 北京을 방어하려면 遼東을 지켜야 했고, 요동을 방어하려면 그 울타리인 조선을 지키는 것이 절실했기 때문이었다.49) 요컨대 명군의 조선 참전은 자국을 전쟁터로 만들지 않으려는 목적에서 비롯된 것이라고도 할 수 있었다. 벽제전투 패전 이후 강화협상으로 방향을 전환했던 것은 바로 이런 상황에서 충분히 예상할 수 있는 사안이었다. 좀 더 정확히 말하면 명군은 애초부터 조선에서 일본군과 결전을 벌

---

47) 宋應昌, 『經略復國要編』 권12, 「直陳東征艱苦幷請罷官疏」.
48) 위와 같은 조. 송응창이 서울의 일본군 병력을 수십만이라고 한 것은 과장된 수치임은 분명하다.
49) 『籌遼碩畵』 권4, 「早計防剿以固封疆疏」. "愚以昔年朝鮮之役 未始不動天下之兵 何以竭中國之財力援此區區之屬國哉 救朝鮮所以衛遼也 救遼所以衛京師也"

이겠다는 의지가 없었고, 상황에 따라 임기응변식으로 대처하려 했던 것이다. 그 같은 명군의 태도는 다음 자료에서 여실히 드러난다.

> 左承旨 洪進이 義州에서 돌아와 아뢰었다……"經略이 倭奴가 그대 나라에는 진실로 百世의 怨讐지만 중국에는 다만 벌레 같은 존재에 불과한데 이제 저들이 항복을 빌고 죄를 인정했으니 내가 따르지 않을 수 없다……그러나 우리 조정의 뜻이 어떤지 모르겠다. 그대 나라가 원병을 요청했던 초기에는 조정의 의논이 분분해서 대부분 압록강을 지키는 것을 상책이라고 했다. 平壤까지 내려오자 평양만을 지키려 했고, 開城까지 내려오자 개성만을 지키려 하면서 '이미 속국을 구원하여 태반을 평정하여 회복했으니 바로 철병하는 것이 옳다'고 했지만 나와 石尙書의 의견은 그렇지 않아서 적들을 깨끗이 소탕하기로 기약했다"50)

위의 송응창의 고백은, 조선이 일찍부터 품고 있던 "명군이 과연 일본군과 끝까지 決戰을 벌여 全土를 수복하려 할 것인가"라는 의구심이 결코 허황된 것이 아님을 여실히 보여준다.51)

위의 발언에 따르면 평양전투의 승리는 애초의 전략과는 달리 명군이 조선 內地로 깊숙이 개입하는 계기가 되었던 것이다. 실제 평양전투 승리 이후 명 兵部는 神宗에게 올린 題本에서 "중국의 위세가 이미 크게 떨쳤으니 防守를 엄격히 하면서 대비해야 한다"는 의견을 제시했다.52) 또 일부 신료들은 "평양전투 승리를 통해 명의 위력을 이미 과시했기 때문에 조선 내지로 깊이 들어가지 말고 일찍 철수함으로써 戰費를 절약하자"고 주장

---

50) 『宣祖實錄』 권37, 선조 26년 4월 乙酉.
51) 조선 君臣들도 일찍부터 명의 이 같은 입장을 간파하고 있었다. 다음에 보이는 宣祖, 尹斗壽, 金應南의 발언에서 그것이 잘 드러난다. "上曰 當初沈遊擊 非自爲和也 必朝廷之意也 斗壽曰 在天朝則講和爲上策 姑許其和 竢其出城而鏖殺 則於我國 甚好矣 應南曰 雖許和 在中朝則無失 臣恐和議終成也"(『宣祖實錄』 권32, 선조 25년 11월 乙亥)
52) 『明神宗實錄』 권257, 萬曆 21년 2월 丙戌.

했다.53) 평양전투를 계기로 향후 명군의 대응이 매우 소극적일 수 있음을 암시하는 조짐이 이미 나타났던 것이다. 벽제전투의 패전은 명군 지휘부에게―평양전투의 승리에 도취해서 잠시나마 '망각'했던―명의 '근원적인 참전 목적'에 대한 주의를 다시 환기시켜 주는 계기가 되었다고 할 수 있다. 요컨대 벽제전투 패전을 계기로 명은 자신들의 참전이 '自衛'를 위해 이루어졌다는 사실을 새삼 환기하고 이제 '명을 전쟁터로 만들지 않을 수 있게 된 상황'에서 굳이 일본군과 결전을 벌일 필요가 없다는 생각을 더욱 굳히게 되었던 것으로 보인다.

5. 講和協商과 조선

1) 조선의 철저한 소외

벽제전투 패전 이후 본격화된 명일 강화 협상은 시간만 끌고 결말을 맺지 못했다. 양측이 제시한 요구 조건의 차이가 워낙 컸기 때문이다. 일본은 '皇女의 下嫁', '조선 영토의 割地' 등 요구 조건 7가지를 명에 제시했지만 명은 어디까지나 도요토미 히데요시를 일본 국왕으로 책봉하여 일본을 羈縻하려는 의도를 갖고 있었다.54) 앞서 언급했듯이 일본은 스스로 '전승국'으로 자처하면서 많은 것을 요구한 데 비해 명은 히데요시를 冊封해 주는 것만으로도 은혜를 베푸는 것이라고 생각하여 양자 사이의 입장 차이

---

53) 宋應昌, 『經略復國要編』 권8, 「與艾主事」 萬曆 21년 4월 1일. "近日朝中議者 俱謂不宜深入 昨平壤數戰 已足示威… 天朝兵馬 可以速還 錢粮可以減省"
54) 『明神宗實錄』 권299, 萬曆 24년 7월 甲戌. "諭 許倭乞封 原系羈縻 一切海防善後事誼 卽行與 各省總督撫按官 準照條議 着實修擧……"

는 엄청난 것이었다.

조선은 명이 추구하는 강화를 어떻게 생각했을까? 조선은 애초 강화가 시작될 때부터 완강히 반대하는 입장을 보인 바 있다. 조선은, 명군 지휘부가 벽제전투 패전 이후 강화를 시도했기 때문에 조선군이 해이해지고 적이 연해 지역에서 날뛰게 되었고 끝내는 진주성의 비극이 발생했다고 인식했다.[55] 실제로 金千鎰 같은 인물은, 일본군과 강화하게 되면 조선 전체가 左袒이 되어 다시 회복할 수 있는 희망이 사라지고 말 것이라고 지적하고 조선 조정의 관원들이 모든 노력을 기울여 명군 지휘부의 마음을 돌려야 한다고 촉구했을 정도였다.[56]

실제 조선 조정은 主和의 방향으로 치닫는 명군 지휘부의 마음을 돌리기 위해 다각도의 노력을 기울였다. 중신들을 명군 지휘부에 보내 進擊과 決戰을 호소하기도 하고, 심지어는 일본군에게 거짓으로 항복하는 척 함으로써 명군 지휘부의 改心을 이끌어 내려고 시도하기도 했다. 하지만 별다른 효과가 없었다. 석성-송응창(후임 顧養謙)-심유경으로 이어지는 명 조정의 주화론자들은 이미 강화를 성공시키는 것에 자신들의 정치적 생명을 걸었던 상태였기 때문이었다.[57]

강화협상 기간 동안 조선은 明日 양국으로부터 철저히 소외되었다. 일찍이 심유경과 고니시가 회담할 때부터 조선 측은 논의에 참여하는 것이 배제된 것은 물론, 명일 양측이 워낙 철저하게 따돌려서 양측 사이에서 무슨 이야기가 오고 갔는지도 제대로 파악할 수 없었다. 50일 동안 휴전하기로 약속한 뒤 1592년 11월 26일 심유경은 평양성 안으로 다시 들어갔다. 당

---

[55] 崔岦, 『簡易文集』 권4 「別帖」. "旣講之後 官軍小緩 則賊小橫 如沿途及近海各處 劫掠不可勝紀 官軍大弛 則賊大肆 如晉州圍陷是也".
[56] 金千鎰, 『健齋集』 권3, 「與鄭松江書」.
[57] 한명기, 앞의 책, 1999, 50~53쪽 ; 한명기, 「임진왜란기 明·日의 협상에 관한 연구」, 2002.

시 일본군은 그를 깍듯이 예우하여 맞이했다. 당시 심유경은 왜영으로 행차하면서 조선의 역관조차 가까이 오는 것을 막으면서 비밀리에 모든 일을 처리하려 시도했다. 조선은 저간의 사정을 알고 싶었지만 제대로 알 수 없었다.[58]

가토 기요마사 또한 마찬가지였다. 1593년 3월 무렵, 宋應昌이 파견한 參軍 馮仲纓을 安邊으로 陪行하여 가토를 면담했던 조선관원 崔遇는 막상 양자의 대화 과정에서는 배제되었다. 가토는 아예 '내가 명조와 강화를 하는데 조선인을 참여시킬 수 없다.'며 물러나게 했고, 가토와 풍중영은 병풍을 둘러치고 종일 대담을 했는데, 전혀 그 내용을 알 수 없었다는 것이다.[59] 조선은 명일 강화협상의 진행 과정에서 그야말로 완전히 배제되어 中村榮孝가 일찍이 표현한대로 '소경 상태'에서 강화협상을 바라보아야 했고 나중에는 강화 파탄의 책임까지 전부 뒤집어쓰는 상황으로 내몰렸다.

강화 협상이 진행되면서 명군 지휘부는 노골적으로 조선의 주권을 침해했다. 그들은 조선 조정에게 자신들이 추구하는 강화논의를 받아들이라고 강요했는가 하면 조선군이 일본군을 공격하지 못하도록 압력을 행사했다. 한 예로 1593년 4월, 송응창은 "사기를 그르쳐서는 안 된다"는 명분 아래 牌文을 보내 일본군을 요격하지 말라고 지시했다.[60] 심지어 같은 해 4월 19일, 일본군이 서울에서 물러날 때 명군은 일본군의 '안전한 철수'를 위해 후면에서 일본군을 호위하고, 조선군의 접근을 차단하는 행태를 보이기도 했다.[61] 이러한 태도에 대해 조선이 반발하자 송응창은 "싸우려면 조선 兵

---

[58] 『宣祖實錄』 권32, 선조 25년 11월 丙戌.
[59] 『宣祖實錄』 권36, 26년 3월 己未. "天將嚮導將崔遇馳啓曰 臣等陪馮相公 入安邊府…… 清正曰 我與天朝講和 他不得預聞 使臣等出外 臣等仍出大廳 清正圍回屛障 與天使終日討談 人不得知"
[60] 『養浩堂日記』 권2,「勤王錄」, 萬曆 21년 4월 1일(奎 古4250-5) "四月初一日 宋侍郎送牌文云 因倭酋乞哀 已爲許和 令全羅巡察權慄等 勿爲邀擊致誤事機云云"
[61] 『宣祖實錄』 권37, 선조 26년 4월 戊申.

馬로 싸워라. 이기면 포상하겠지만 만약 질 경우 처단하겠다"고 공공연히 협박했다.62)

1594년 명군 지휘부는 강화논의와 관련하여 조선을 새롭게 압박했다. 명 조정에서 일본과의 강화에 반대하는 신료들의 공세가 심해지자 병부상서 석성 등은 조선도 마치 일본과의 강화를 원하고 있는 것처럼 분식하고자 했다. 그들은 조선으로 하여금 "조선도 강화를 원한다"는 내용으로 神宗에게 주문을 올리라고 강요했다. 특히 당시 송응창의 뒤를 이어 經略에 임명되었던 顧養謙은 조선 조정에 위의 내용을 받아들이라고 강요하고, 만약 거부한다면 주둔하고 있는 명군을 전부 철수시켜 압록강만을 방어할 뿐 다시는 조선을 원조하지 않겠다고 협박했다.63) 조선을 끌어들여 자신들에게 불리하게 돌아가던 명 조정의 분위기를 반전시키려 시도했던 것이다.

2) 講和를 둘러싼 明廷의 논란과 변형된 割地論의 등장

석성-심유경 라인이 주도했던 강화협상이 좀처럼 매듭지어질 기미를 보이지 않자 명 조정에서도 논란이 빚어졌다. 1593년 7월 浙江巡按 彭應參은 "벽제전투에서 李如松이 겨우 목숨을 건졌는데 일본이 무엇이 무서워 封貢을 구하겠느냐?"고 반문한 뒤 그것은 그들의 본심이 아닐 것이라고 설파했다. 그는 더 나아가 송응창이 조선에서 이렇다 할 功이 없게 되자, 강화를 통해 왜적을 철수시켜 자신들의 공으로 삼으려 획책한다고 비난했다.64) 戶科給事中 吳應明은 "평양전 이후 일본군이 그렇게 쉽게 퇴각한 것

---

62) 『宣祖實錄』 권37, 선조 26년 4월 庚寅.
63) 『宣祖實錄』 권51, 선조 27년 5월 乙酉.
64) 『明神宗實錄』 권262, 萬曆 21년 7월 辛酉.

을 이해할 수 없다"며 강화론이 등장하게 된 배경에 의혹을 제기했다.[65] 1594년 8월 福建巡按御史 劉芳譽는 심유경이 명의 皇女를 도요토미 히데요시에게 보내기로 했다는 사실을 폭로하고, 이어 병부상서 석성이 나라를 욕되게 한 것이 극에 이르렀다고 맹렬히 비난했다.[66] 1596년 3월경까지는 神宗이 石星 등 강화론자들을 옹호하여 별 문제가 없었지만 劉芳譽의 폭로를 계기로 명 조정 내부에서 강화론에 대한 의구심이 증폭되더니 급기야 册封正使 李宗城의 倭營 脫走를 계기로 파국에 이르게 되었다.[67]

명 조정에서 강화 여부를 놓고 송응창을 비롯한 東征軍 지휘부를 비난하는 분위기가 확산되자 그 여파는 조선에도 영향을 미쳤다. 1593년 11월 7일, 경략은 陪臣 尹根壽에게 보낸 諭示文에서 조선의 태도를 맹렬히 비난하고 질책했다. 즉 조선 조정이 군량 마련, 군병 조발, 要害處 방어 등 전란 수행에 필요한 어느 것 하나 제대로 처리하지 못한다며 불만을 토로했다. 송응창은 호조판서는 군량을 빨리 운반하여 명군에게 공급하고, 병조판서는 精壯者를 뽑아 劉綎의 휘하로 보내 敎鍊토록 하고, 공조판서는 요해처에 要塞를 빨리 만들어 火器를 배치하라고 지시했다. 동시에 조선이 徭役을 균등하게 하고 田糧 징수를 공평하게 하여 내정을 안정시키라고 요구했다. 특히 자신의 지시를 확실히 이행하는 것을 감독하기 위해 왕세자 광해군과 相臣 한 사람을 경상도와 전라도 지역으로 내려 보내 관련 업무를 총괄토록 하라고 요구했다.[68] 송응창은 또 명군은 외방에 나와서 조선을 위해 고생하고 있는데 조선은 糧餉 공급 문제, 병력 조발 문제, 험요

---

[65] 『明神宗實錄』 권262, 萬曆 21년 7월 丁卯. "戶科給事中吳應明題…… 臣觀倭奴攻陷朝鮮 易于破竹 乘勝之師 何所不逞 及我師一集 輒棄開平而不顧 守王京而不堅 豈誠畏威遠遁哉 自古行師 不戰而退者 非軍中有疫 則國中有難 未可知也"

[66] 『萬曆邸鈔』, 萬曆 22년 8월, 854~855頁.

[67] 徐仁漢, 『壬辰倭亂史』, 서울: 국방부전사편찬위원회, 1987, 204~209쪽.

[68] 宋應昌, 앞의 책, 권12, 「諭示朝鮮陪臣尹根壽」.

지 방어 문제 등을 소홀히 하여 한마디로 국사를 '아이들 장난'처럼 하고 있다고 비판했다.[69]

강화를 빨리 성공시켜 정치적 곤경에서 벗어나려는 명군 지휘부의 초조함은 엉뚱한 방향에서 부작용을 낳기도 했다. 송응창은, 조선 조정이 고니시 휘하의 왜군들이 조선 주민들을 標掠하고 있다는 사실을 호소하자 오히려 일본군을 두둔했다. 그는 표략의 주체는 일본군이 아니라 조선의 從倭들이라며 그 같은 소식이 명 조정에 전해질 경우, 자신들에게 비난의 화살을 날아올 것을 우려하여 조선 군신들을 위협한 바 있다.[70] 요컨대 송응창 등은 封貢을 추진하는 과정에서 조선을 닦달하여 明廷에서 자신들이 위기에 처하는 것을 회피하려 했다. 이 상황에서 조선의 정치적 자율성은 무시되고 명과 일본 사이에서 들러리를 서게 되는 상황으로 내몰릴 수밖에 없었다. 강화논의를 계기로 왜란의 성격이 급속히 중일전쟁으로 바뀌고 있는 양상을 보여준다고 하겠다.

한편 주화론자나 반대론자를 막론하고 대다수 명 조정의 신료들은 조선 때문에 명이 곤경에 빠져들고 있다고 여기면서 빨리 그 상황에서 벗어나야 한다고 생각하는 자들이 적지 않았다. 일각에서는 '조선이 너무 약하기 때문에 일본의 침략을 막아낼 수 없고, 그 때문에 중국의 짐이 된다'며 명이 아예 조선을 분할하여 '무능한' 선조 대신 유능한 제3자에게 통치를 맡겨야 한다는 주장도 제기했다. 1593년 윤 11월, 명의 給事中 魏學曾이라는 자가 조선을 분할하고 선조를 퇴위시키자고 주장했던 것이[71] 시발이었다.

---

69) 宋應昌, 위의 책, 권12, 「諭示戚金」.
70) 위와 같은 조. "且行長輯衆待旨 而國王屢報標掠 夫標掠者 實本國從倭之民耳 不行安撫 反肆託傳 於東征事體 大有妨碍 如再亂傳 本部必密訪 陪臣中有此訛惑者 必不輕恕"
71) 柳成龍, 『西厓集』 권16, 「記癸巳冬司天使事」. "十一月間 皇朝使行人司行人司憲來 先是 中朝憂我不振 恐遂爲賊所乘 論議甚多 有給事中魏學曾者上本 處置我國 至有分割易置等語……余見其本 多醜詆我國之語 大槩以爲朝鮮旣不能禦倭 貽中國之憂 當分其國爲二三 視其能禦倭賊者而付之 使之錯置 爲中國藩蔽"

위학중에서 비롯된 변형된 할지론은 이후 조선에 명의 관원을 파견하여 직접 통치하자는 주장으로 발전했다. 1594년 薊遼總督 孫鑛은 조선에 과거 征東行省과 같은 기구를 설치하고 巡撫를 파견하여 직접 통치할 것을 주장했다. 조선을 직접 제어하여 自强케 함으로써 명의 근심을 덜어야 한다는 주장은 정유재란 이후까지 간헐적으로 계속 제기되었다.[72]

조선은 명의 이 같은 기도에 극력 반발했다. 조선의 반발 때문에 변형된 할지론이나 직할통치론은 현실화 되지 않았지만, 강화론이 장기화 되면서 조선은 일본뿐 아니라 명에 대해서도 상당한 의구심을 품을 수밖에 없었던 것이다.

6. 맺음말

주지하듯이 도요토미 히데요시는 1596년 명의 책봉을 받아들였지만, 자신의 요구 조건이 하나도 수용되지 않았다는 사실을 인지하게 되자 정유재란을 도발했다. 그리고 정유재란은 사실상 명이 아닌 조선의 영토를 빼앗으려는 목적에서 일으킨 전쟁이었다. 특히 그는 이제 征明이 현실적으로 불가능하다는 것을 깨닫고, 명에 대해서는 和好를 추구하되 전라도를 포함한 조선의 四道는 반드시 확보하겠다고 덤볐다.[73] 강화는 파탄되었어도 조선 남부를 확보하겠다는 割地의 망상만은 버리지 못했던 것이다.

그렇다면 임진왜란 시기 명일 사이에서 벌어진 강화협상과 할지논의는 어떤 의미를 갖는 것일까? 임진왜란은 기본적으로 '征明'을 내세운 히데요

---

[72] 한명기, 앞의 책, 1999, 61~64쪽.
[73] 『宣祖實錄』 권88, 선조 30년 5월 戊申.

시의 망상에서 비롯된 전쟁이었지만, 그 배후에는 大航海時代의 여파, 그리고 그와 맞물린 일본의 경제적 군사적 성장이 자리 잡고 있었다. 그리고 일본의 崛起는 中華思想에 입각하여 일본을 '변변치 못한 化外의 오랑캐'로 여기던 명, 그리고 '小中華'를 자처하면서 명의 충순한 藩國을 자임하던 조선에 상당한 위협이 될 수밖에 없었다.

假道入明을 내세워 조선을 침략한 일본군은 승승장구했다. 오랜 昇平의 세월 속에서 武備를 방기하다시피 했던 조선은 일방적으로 내몰렸다. 조선은 명에 請援하는 한편, 자신들이 '가도입명의 요구를 거부했기 때문에 명나라 대신 일본의 침략을 받았다'는 인식 아래 명군의 참전과 원조를 당연한 것으로 인식했다. 나아가 명이 요동을 방어하기 위해서는 조선을 포기할 수 없을 것이라는 낙관적인 전망도 갖고 있었다.

초전에 승승장구했던 일본군은 1592년 후반부가 되면서 난관에 봉착했다. 宣祖의 파천으로 전선이 확대되고 보급선이 길어지면서 물자 부족과 추위에 시달렸다. 水陸竝進을 무산시킨 이순신의 활약, 자발적인 의병들의 저항도 그들에게는 엄청난 난관이었다. 조선은 또한 임시 수도 義州를 거점으로 외교적 노력을 경주하여 명군을 불러오는 데도 성공했다.

제1차 강화 협상에서 심유경의 활약은 두드러진 것이었다. 비록 割地論이 대두되기도 했지만 그는 '대동강 이북이 명의 영토'라는 등의 능란한 언설로써 일본군을 기만하여 명이 다시 대군을 조발할 수 있는 시간적 여유를 벌 수 있었다. 나아가 평양전투에서 승리할 수 있었던 것도 상당 부분 그의 공로였다.

1593년 벽제전투 패전 이후부터 정유재란이 일어날 때까지가 문제였다. 명 내부의 사회경제적 문제점, 원정군 자체의 피폐한 현실을 고려하여 명군 지휘부는 일본과의 講和로 돌아섰고, 심유경과 고니시의 결탁과 기만술에 의해 협상은 성과 없이 장기간 지속되었다. 征明이 더 이상 불가능하다는 사실을 인식한 히데요시는 계속 割地에 집착했고, 강화론을 놓고 明廷의 政爭이 심화되면서 그 여파는 조선으로 곧바로 밀려왔다. 명군 지휘부는 '조선도 일본과의 강화를 원한다'는 사실을 분식하려고 시도하는 하면, '積衰之邦을 自强시킨다'는 명목 아래 조선에 대한 변형된 할지론과 직할통치론이 제기되기도 했다. 나아가 완전한 철수를 회피하는 일본군과 戰意를 놓아버린 명군이 자행하는 다양한 민폐와 고통을 감수해야만 했다. 終戰의 기미가 보이지 않은 채 강화 협상이 지루하게 진행되었던 이 기간이야말로 조선에게는 고난의 시기였다.

당연히 조선은 처음부터 강화협상에 반대했다. 명군 지휘부에 결전을 호소하는가 하면, 일부러 항복하려고 시도하기도 했다. 하지만 자체적으로 일본군을 몰아낼 능력이 없는 상황에서 조선의 반대는 명군 지휘부의 극렬한 비난과 협박을 초래할 수밖에 없었다. 문제는 결국 조선의 약체성이었다. 柳成龍, 成渾 등 일부 인사들은 명군의 화의 요구를 수용하여 '명과의 동맹'을 계속 유지해야 한다고 주장했다. '積衰'의 현실에서 이상만을 추구하다가는 國亡을 초래할 수도 있다는 우려에서 제기된 입장이었다. 그리고 그 같은 주장은 시간이 흐른 뒤 긍정적인 평가를 받게 된다.

> 石星의 죄는 封貢 문제를 성사하지 못한 데 불과했고, 우리나라에서 석성을 탓한 것도 그가 나중에 主和했다는 데 불과했다. 그러나 아예 크게 승리할 수 없을 바에는, 그의 請貢에 따라 빨리 講和하여 罷兵시키는 것이 우리나라로서는 다행이 아니라 할 수 없었다. 그런데, 우리나라는 外賊을 스스로 막아내지 못하면서도 남이 힘껏 후원해 주지 않았다는 것만 노여워하였으니, 이는 우리에게 큰 덕을 입힌 것은 잊어버리고 조그마한 원망만 생각하는 데 불과한 것이다.[74]

---

[74] 李瀷, 『星湖僿說』 23권, 「經史門」 石星.

위에서 드러나듯이 李瀷은 왜란 당시 조선이 일본군을 당해낼 능력이 없었다고 지적하고, 조선이 石星의 의견을 따라 봉공했더라면 좋았을 것이라고 이야기했다.

할지론이 배태된 임진왜란 시기의 강화 협상을 돌아보면서 中日 사이에 끼여 있는 조선으로서는 스스로 弱體性을 극복할 수 있는 지의 여부를 항상적으로 고민할 수밖에 없었던 것이다. 이런 맥락에서 보면 柳成龍이 은퇴한 이후 『징비록』을 남겼던 의도를 유추할 수 있다고 본다. 16세기 이래 조선이 제대로 실상을 파악하지 못했던 군사강국 일본의 침략을 맞아 國亡의 위기를 맞았을 때 조선은 명의 군사적 원조에 의지할 수밖에 없었다. 명은 1593년 1월, 평양전투에서 승리할 때까지만 해도 조선의 '상국'이자 '대국'으로서의 면모를 드러냈다. 하지만 곧 이은 벽제전투에서 패전한 뒤부터 명군과 명군 지휘부가 보였던 행태는 '구원군', '은인'이라기보다 '점령군', '점령국' 모습이었다. 자신들의 이해관계와 전략에 따라 일본과의 강화협상을 일방적으로 밀어붙이면서 조선을 소외시키고 겁박했다. 그런 명군 지휘부를 직접 接伴하면서 그들을 決戰의 길로 이끌어야 했던 都體察使 류성룡의 행로는 가시밭길일 수밖에 없었다. 하지만 그는 갖은 간난신고를 겪으면서도 종사를 再造하는데 커다란 공을 세웠다.[75] 그리고 그 과정에서 절절히 느꼈던 '끼어 있는 약소국' 조선의 고통과 비애를 극복하기 위한 역사적 교훈을 『징비록』에 담았던 것으로 보인다. 요컨대 명일 강화협상 과정에서 철저히 소외되었던 조선의 '약체성'을 어떻게 극복할 것인가? 필자는 바로 이 문제의식이야말로 류성룡이 『징비록』을 저술하게 된 가장

---

[75] 이 같은 공적을 염두에 두고 그의 문인 李埈은 "고려시대 이래 수백 년 동안 儒者로서 相業을 겸비한 사람은 鄭夢周와 류성룡 두 사람 뿐"이라는 평가를 내놓은 바 있다. "我東儒者之出不數 況以儒者而兼相業則尤不易得 自麗迄今數百年之間 惟圃隱與我先生而已……先生以佐王之才 抱濟世之具 其所以黼黻王猷者 無非所得於學問者 而逮夫辰巳之亂 慨然以再造王室爲己任 卒能竭忠盡瘁 收復潰裂之勢 其功業之盛 本末可考"(李埈, 『蒼石集』 권9 「答鄭景任」).

결정적인 동기였다고 생각한다.

✼ 참고문헌

『宣祖實錄』, 『宣祖修正實錄』, 『宣廟中興誌』, 『養浩堂日記』, 『懲毖錄』

金千鎰, 『健齋集』
申欽, 『象村稿』
柳成龍, 『西厓集』
李德馨, 『漢陰文稿』
李瀷, 『星湖僿說』
李埈, 『蒼石集』
鄭崑壽, 『栢谷集』
崔岦, 『簡易文集』

『明神宗實錄』, 『經略復國要編』, 『國榷』, 『萬曆邸鈔』, 『籌遼碩畫』

김경태, 「임진전쟁기 강화교섭 연구」, 고려대학교 한국사학과 박사학위논문, 2014.
閔德基, 「朝鮮後期 朝·日講和와 朝·明關係」, 『國史館論叢』 12집, 1990.
徐仁漢, 『壬辰倭亂史』, 서울: 국방부전사편찬위원회, 1987.
李啓煌, 『文祿·慶長の役と東アジア』, 京都: 臨川書店, 1997.
이완범, 「임진왜란의 국제정치학: 일본의 조선분할요구와 명의 對조선 종주권 확보의 대립, 1592~1596」, 『정신문화연구』 제25권 제4호, 2002.
한명기, 『임진왜란과 한중관계』, 서울: 역사비평사, 1999.
한명기, 「임진왜란기 明·日의 협상에 관한 연구」, 『國史館論叢』 98, 2002.
한명기, 「조선시대 韓中 지식인의 高句麗 인식」, 『韓國文化』 38, 2006.
한명기, 「壬辰亂 七周甲의 역사적 의미」, 『壬辰亂7周甲紀念 壬辰亂研究叢書 1』, 社團法人 壬辰亂精神文化宣揚會, 2013.

한명기, 「임진왜란 시기 明軍 逃亡兵문제에 대한 一考」, 『한국학연구』 44, 인하대 한국학연구소, 2017.

岡野昌子, 「秀吉の朝鮮侵略と中國」, 『中山八郎敎授頌壽記念明淸史論叢』, 東京: 燎原, 1977.
北島万次, 『加藤淸正―朝鮮侵略の實像』, 東京: 吉川弘文館, 2007.
北島万次, 『豊臣秀吉の朝鮮侵略』, 東京: 吉川弘文館, 1994.
小野和子, 「明・日和平交涉をめぐる政爭」, 『山根幸夫敎授退休記念明代史論叢』, 東京: 汲古書院, 1992.
鄭樑生, 『明・日關係史の硏究』, 東京: 雄山閣, 1984.
佐島顯子, 「辰倭亂講和の破綻をめぐって」, 『年譜 朝鮮學』, 九州大朝鮮學硏究會, 1994.
中村榮孝, 『日鮮關係史の硏究』 中, 東京: 吉川弘文館, 1970.

17세기 초 국교재개 이후 대일외교 체제 정비

김 태 훈

1. 머리말

조선전기의 대일교린관계는 임진왜란으로 파탄에 이르렀다. 7년간의 전쟁의 참화로 인하여 '不俱戴天之讐'인 일본과 관계회복은 일고의 가치가 없는, 사실상 불가능한 것이었다. 그런데 임진왜란 직후 朝·日 양국이 당면하게 된 대내외적 환경은 전란 이전의 그것과는 비교할 수 없을 정도로 긴박하게 전개되었다. 조선사회의 사회경제적 토대 붕괴와 정치적 변화, 일본의 戰國時代의 종결과 江戶幕府의 성립 이후 통치구조 변화, 그리고 明·淸교체로 인한 동아시아 역학구도의 격변 등 조·일 양국의 대내외적 여건은 이전 시기와는 확연히 구분되는 것이었다. 이처럼 격변하는 대내외적 상황에 대응하기 위해 조·일 양국의 국교를 정상화하기 위한 노력이 빠르게 전개되었다. 전란 후 재건에 여념이 없던 조선으로서는, 불안한 국제정세 속에서, 일본과 평화를 유지하는 것이 당면과제였고, 1600년 세키가하라(關が原) 전투의 승리로 일본의 실권을 장악한 德川幕府는 조선과 통교를 원하는 다이묘들의 욕구를 충족시키고 외교적 역량을 과시함으로써 집권력을 강화해야 하는 입장이었다. 특히, 對朝鮮 통교가 생존의 전제조건이었던 對馬島 역시 조·일 간 국교재개에 적극적일 수밖에 없었다.

1607년 조선의 국왕사절단인 回答兼刷還使가 江戶에 파견되고, 1609년(光海君 1)에는 양국 간의 통교를 정상화한 조약이라고 할 수 있는 己酉約條가 체결되었다. 1611년부터는 일본의 歲遣船이 정식으로 도항하게 된 일련의 과정을 통해 조·일 간 외교 및 교역 관계가 모두 재개되기에 이른다. 그러한 의미에서 광해군대 초반 시점은 대일외교상 조선후기의 출발점이었다.

조선후기의 역사를 조망해보면 17세기는 19세기 후반의 개항기와 더불어, 상대적으로 대내외적 변동성이 컸던 역동적 시기이며, 內政과 外政이 다른 어느 시기보다 긴밀하게 밀착되어 있던 시기이다. 임진왜란 이후 17세기 초반의 대외정책은 국가의 존망을 결정할 수 있는 중대사였다. 南倭北虜로 요약되는 조선을 둘러싼 동아시아 역학구도하에서 명, 여진(후금), 일본 등 동아시아 국가들과 어떠한 관계를 유지하느냐는 국가정책상 최우선의 과제였다. 임진왜란이나 병자호란 등 他者와의 관계 설정이 실패했을 경우에 초래되는 국가적 재앙을 경험한 당시로서는 외교, 국방의 비중이 다른 시기에 비해 막중할 수밖에 없었다. 선조 말년~광해군대 초반, 17세기 초에 전개된 조·일 간 국교 재개와, 기유약조 체결 등의 대일외교체제 정비가 지니는 중요성이 충분히 설명되는 대목이다.

이 글에서는 흔히 '기유약조'로 대변되는 광해군대 초반의 대일외교체제 정비 과정을 검토할 것이다. 우선 선조 말년의 국교재개 과정의 연장선상에서 이루어졌던 광해군대 초반의 대일외교체제 정비 작업을 기유약조 체결과 倭使 上京 금지 조치에 중점을 두어 살펴볼 것이다. 또 그러한 성과의 토대가 되었던, 그러나 北人 정권 내부에서도 강한 반발에 부딪쳤던, 광해군대 초반의 대일외교가 동요 없이 추진되고 일정한 성과를 거둘 수 있었던 배경을 '이견 조정과 명분의 확보'라는 측면에서 검토한다. 그리고 그러한 기반 위에서 일관성을 유지하며 전개되었던 광해군대 대일정책이 어떠한 특징을 지니는가, 즉 '정책 기조'에 대하여 검토할 것이다.

2. 己酉約條의 체결과 倭使 상경 금지 조치

1609년(광해군 1) 기유약조 체결로 조선의 대일외교가 공식적으로 복구되었다. 조·일 양국이 상호 간 수교국으로서 일체의 외교 행위를 할 수 있는 규정이 마련된 것이다.[1] 임진왜란으로 파탄난 조선전기의 대일관계가, 국교회복기를 거쳐 기유약조의 성립으로 공식화되었다는 점에서, 이는 조선후기 대일관계의 출발점이라 평가할 만하다. 기유약조의 체결은 1606년(선조 39) 일본 國王使의 파견과 '先爲致書', '犯陵賊 縛送' 등 선결 조건의 이행, 1607년 조선 측의 회답겸쇄환사 파견으로 이어지는 국교의 회복·재개 과정의 당연한 수순이었다. 이처럼, 국교회복기였던 선조 말년 대일관계의 연장선상에 있었던 광해군대 초 대일외교는, 정책 면에서도 선조대 대일정책을 계승하고 있었다. 17세기 초 조선이 처한 대내외적 상황에서 南邊의 안전을 확보하기 위한 유화적 대일정책은 불가피한 측면이 있었다. 그러나 기본적인 정책 방향이 유화적·수용적일 수밖에 없었던 상황

---

[1] 조선후기 대일외교의 공식적 출발점으로서 己酉約條가 갖는 의미는 다음의 일례를 보면 좀 더 명확히 이해된다. 『光海君日記』 卷9, 광해군 즉위년 10월 14일(무진)條에 1608년 선조가 승하하였을 때 對馬島主 宗義智가 선조의 魂殿에 치전하겠다는 의사를 전해오지만, 예조에서는 약조가 정해지기 전에는 진향할 수 없다고 회답하였다는 사실이 보인다.

에서도, 광해군 즉위 후 추진된 대일정책은 선조대 대일정책의 명분론 결여와 같은 한계를 극복하는 과정에서 일관된 정책기조를 토대로 안정적으로 유지되었다. 이는 기유약조의 체결이나 왜사 상경 금지 조치로 대변되는 대일외교 체제 정비 작업이 가능했던 배경이다.

기유약조 체결을 위한 준비는 이미 1608년(선조 41) 1월부터 시작되었다. 이지완이 宣慰使로 차정되었고, 약조 내용과 일본사신단 접대사목이 정해졌다.[2] 3월에는 조선전기와 마찬가지로 세견선의 수를 25척으로 결정하였고, 연향시 음악이나 꽃장식 등에 대한 세세한 내용까지 준비가 이루어졌다.[3] 1609년 3월에 드디어 玄蘇·柳川景直을 비롯한 324명의 일본 사신단이 13척의 배에 나누어 타고 조선에 입국하였고, 선위사 이지완과 일본 사신단은 5월에 도항하는 일본 선박의 접대와 文引·歲遣船·受職·圖書 등 통교와 관련한 제반 사항을 규정한 12조항의 약조를 체결함으로써 기유약조가 체결되었다.[4]

약조의 내용 결정이나 체결 과정에 대해서 中村榮孝는 1608년 1월부터 지속적으로 교섭한 결과로 보았으나,[5] 이에 대해 홍성덕은 기유약조의 체결과정이 쌍방간의 교섭이 아닌 일방적인 통보의 형식이었다고 논하면서, 이러한 조선 측의 약조 체결 방식은 조선전기의 여러 약조 체결 방식과 유사하다고 설명하였다.[6] 필자의 견해로도, 위에서 약술한 바와 같이 1608년 1월 이후의 준비과정은 조선 자체 내의 약조 체결 준비 과정으로 해석되며, 玄蘇 일행이 임진왜란 이후 도항한 것은 1609년 3월이 최초라는 홍성덕의 논거 제시에[7] 동의한다. 다만, 조선 측에 의해 기안된 약조의 내용은

---

2) 『東萊府接倭狀啓謄錄可考事目錄抄冊』 만력 36년 무신(1608년) 1·2월.
3) 『東萊府接倭狀啓謄錄可考事目錄抄冊』 1608년 3·4·12월.
4) 『東萊府接倭狀啓謄錄可考事目錄抄冊』 1609년 3·5월.
5) 中村榮孝, 『日鮮關係史研究』 下, 吉川弘文館, 1969, 282쪽.
6) 홍성덕, 『十七世紀 朝日 外交使行 研究』, 전북대 박사학위논문, 1998, 64~65쪽.

선위사 이지완과 玄蘇·柳川景直 간의 교섭을 통해 약간의 조정이 이루어 졌음이 주목된다. 1609년 5월에 歲賜米豆를 100석으로 講定하였고, 세견선을 25척에서 20척으로 줄였다.8) 특히, 세견선을 20척으로 줄여서 약정한 것은 당시 對馬島의 왕성한 무역 욕구와 의지를 고려할 때 의외의 성과로 보인다.

조선후기 대일관계의 기본적인 틀로 평가되는 기유약조는 조·일 간 옛 관계 회복의 종착점이기도 했다. 기유약조는 조선전기의 약조 체결 방식·과정을 그대로 준용했을 뿐 아니라 약조의 기본 내용 역시 조선으로 도항해오는 일본 送使船에 대한 종별 제한 규정과 접대 규정을 담고 있으며, 선박 수 역시 조선전기의 그것을 답습하고 있다는 점에서 '복원'의 성격을 지니는 것이 사실이다.9) 그리고 무엇보다 약조 체결의 상대가 對馬島에서 파견된 사신이며 對馬島를 일본 측 총괄자/경로로 규정하였다는 점으로 인하여, 막부와 관련성을 부정하고 조선전기 이래의 조선과 對馬島 간의 '私的' 통교관계를 규정한 것으로 평가하기도 하고,10) 對馬島에 대한 조선의 기미정책의 일환으로 성격을 파악하기도 한다.11) 이에 대해 약조의 체결 시점에 조선 조정에서 종래의 다원적 통교체제를 폐기하고, 일본 내에서 일원적 지배력을 확보한 막부정권을 대일외교 상대자로 명확히 하였다는 점과 약조의 내용에 국왕사에 대한 접대 규정도 있다는 점을 근

---

7) 홍성덕, 위의 논문, 65쪽, 각주 6).
8) 『東萊府接倭狀啓謄錄可考事目錄抄册』1609년 5월. 기유약조의 각 항의 내용과 그 분석에 관해서는 홍성덕, 위의 논문, 65~67쪽 참조.
9) 中村榮孝는 기유약조가 조선전기 對馬島主와 약정한 계해·임신·정미(1443·1512·1547년) 약조를 계승한 것이었음을 강조하였다. 또 대마번이 기유약조로 인해 무역면에서 조선에 대해 보다 유리한 조건을 갖게 되는 출발점이 되었다고 분석하였다(『日鮮關係史研究』下, 283~300쪽).
10) 田代和生, 『近世日朝通交貿易史の研究』, 創文社, 1981, 44~51쪽.
11) 손승철, 『朝鮮時代 韓日關係史研究』, 지성의샘, 1994, 155쪽.

거로, 기유약조가 '對馬島를 통한 對막부정책'의 결과물로서, 조선과 일본의 국가간 약조로서 적극적으로 평가하는 견해가 있어 주목된다.12) 다만, 이 견해에 대해서는 이후 약조의 수정·보완이 가해질 때 막부의 의중이 반영된다고 볼 수 없는 점을 고려하면 전적으로 동의하기는 어려우며, 약조 자체의 성격에 대해서는 추가적인 검토가 필요하다고 생각된다. 그러나 對馬島를 통해 대조선외교를 전개하려는 일본 막부의 의도와 조선의 對馬島를 통한 교린정책이 합일을 이룬 결과였다는 분석은 타당하다고 생각된다. 對막부 직접 통교가 아닌 對馬島를 통한 대일외교는 다음과 같은 점을 고려해도 불가피한 선택이었을 것이다.

첫째, 막부와의 직접 통교를 피함으로써 반일정서를 무마할 수 있었다. 對馬島에서 임진왜란 종전 직후 1599년 국교 재개 교섭을 위해 조선에 파견한 梯七太夫와 吉副左近, 1600년의 柚谷彌介 등은 明軍에 억류되어 모두 귀환하지 못했다.13) 또 조선 지식인들이 일본을 가리키는 '萬世不共之讐'의 표현이 국서에까지 쓰일 정도의 조선인들의 대일적개심을 고려할 때14) 막부 장군이 직접 파견한 倭使들의 상경 행렬은 용납될 수 없는 풍경이었을 것이다.

둘째, 對馬島 측 사신에 대해서는 사실상 접대 의례의 등급을 하향조정할 수 있었다. 宣醞禮 때 舊例 준수를 명분으로 왜사들에게 '뜰 아래에서 절하고 꿇어앉는' 식례를 관철시키는 상황이 연출될 수 있었던 것은15) 對馬島라는 완충지대가 있었기 때문이다.

셋째, 일본 내의 권력투쟁을 좀더 주시할 필요가 있었다. 세키가하라 전

---

12) 홍성덕, 앞의 논문, 67~70쪽.
13) 田中健夫,「鎖國成立期における朝鮮との關係」,『中世對外關係史』, 東京大學校出版會, 1975 ; 山本博文,『對馬藩江戶家老 近世日朝外交をささえた人びと』, 講談社, 2002, 17~18쪽.
14) 田代和生,『書き替えられた國書－德川・朝鮮外交の舞臺裏－』, 中央公論社, 1983, 32쪽.
15)『광해군일기』권14, 광해군 1년 3월 29일(경술).

투 이후 德川幕府가 지배권을 장악하였지만, 豊臣秀賴가 1615년 오사카 전투까지 존재하였기 때문에 조선 조정에서는 일본 내 패권의 향배에 신중한 태도를 보였다. 실제로 국왕인 선조 역시 豊臣秀賴, 德川家康 중 어느 쪽이 이길지 모르는 상황에서 신중한 대처가 필요하다는 견해를 밝히기도 하였다.[16] 이처럼 광해군대 기유약조의 체결에는 일본 정세에 대한 조선측의 판단과 대응책이 반영되어 있었던 것이다.

한편, 玄蘇 일행은 약조 체결과는 별도로 두 가지 무리한 요구를 해왔다. 柳川景直이 선위사 이지완을 통해 上京을 허락할 것과 자신들이 明에 進貢할 수 있도록 貢路를 제공할 것을 조선에 요청하였던 것이다.[17] 상경과 공로 문제의 공통점은 일본인들이 조선의 심장부[腹內]를 관통하게 된다는 점이었다. 그러나 선위사의 보고를 받은 비변사에서는 우선 상경의 문제는 이미 선위사에게 지시하였기 때문에 염려할 필요가 없고, 만약 일본 사신들이 상경한다 하더라도 큰 문제는 아니라는 의견을 제시하였다. 문제가 되는 것은 공로 요청 건이었는데, 이는 대명외교상 심각한 파장을 초래할 수 있다는 점에서 그 진의를 파악하고 반드시 막아야 한다는 결론을 내렸다.[18]

일본 측의 상경 요구는 종전 이후 국교회복의 협상과정이라든가 기타 교섭과정에서 항상 제기되어 왔다. 조선 조정은 이를 對馬島의 무역 확대 욕구에 기인한 것이라 보았기 때문에 추가적인 무역 확대 조치에 의해 해

---

[16] 『선조실록』 권199, 선조 39년 5월 13일(경진). "左副承旨崔濂以備邊司言啓曰 以日本差人入送事人啓 答曰 賊之要和 皆是中間馬島之所爲 其托稱家康者 無非詐謠之言. 家康若實有欲速和好之意 則當惟政之歸也 何無一書付之 或張皇辭說 或刦脅兇威 以恐動之乎. 秀賴家康 時未知其某賊之主國事 而遽爾如是措辭致書 則恐爲智正所賣. 設使家康實爲倭主 而秀吉之黨盡爲鋤而去之則已 不然 其黨布滿中外 家康不過挾其幼孽 以令群小而已則今此直爲致書於家康 恐爲群賊所憾 亦未知其何如也. 故予意則欲遣人偵探 更得其梗槪然後 處之耳⋯傳敎矣"
[17] 『東萊府接倭狀啓謄錄可考事目錄抄冊』 1609년 3월.
[18] 『광해군일기』 권14, 광해군 1년 3월 28일(기유).

결될 수 있을 것으로 판단하고 있었다.19) 하지만 공로 요청 건은 對馬島 측이 일본 幕府의 요구를 대변·전달하는 것이라는 점에서 주의를 요하는 문제였다. 17세기 초 일본 막부의 대외적 관심은 그 초점이 대명외교에 있었기 때문에,20) 德川家康은 1605년(선조 38) 3월 5일 伏見城에서 접견한 探賊使 유정과 손문욱에게 다음과 같이 요구하면서 대조선관계의 복구가 대명 통교로 이어지기를 바라는 의중을 드러내기도 하였다.

> 家康이 이르기를 "나는 임진란 때에는 關東에 있었으며 일찍이 兵事에는 관여하지 않았다. 따라서 나는 조선과 원한이 없으니 通和하기를 원한다는 咨文을 遼東巡撫鎭 各衙門에 보내 달라"21)

이러한 막부의 조선을 통한 대명관계 회복 노력에 대해 조선 조정에서는 1607년 회답겸쇄환사 파견을 준비하는 과정에서 대응책이 논의된 바 있다. 대명 조공이 단절된 것은 寧波의 亂(1523)으로 인한 것이므로 일본의 책임이며, 1596년에 책봉을 위해 도일한 명의 책봉사를 豊臣秀吉이 내쫓은 이후로 명·일강화는 논의 자체가 불가능한 상황이라는 논리로 분명한 거부의사를 표할 것을 확정하였다. 또한 공로 제공을 요구할 경우에 대해서는 명나라에서 엄금한다는 점을 분명히 하라는 지침을 사신들에게 하달하였다.22)

이렇게 보면 1609년 玄蘇 일행이 요구한 상경 허용과 공로 제공 문제 가운데 상경은 對馬島 측, 공로는 막부 측의 입장이 반영된 요구로 구분된

---

19) 『광해군일기』 권15, 광해군 1년 4월 4일(을묘).
20) 三宅英利 著, 孫承喆 譯, 『근세 한일관계사 연구』, 이론과실천, 1991, 107쪽. 中村榮孝는 막부의 대조선정책의 목적 자체를 궁극적 목표인 대명통교를 달성하기 위한 일종의 수단으로 파악하였다(『日鮮關係史研究』 下, 260쪽).
21) 『故事撮要』 上, 萬曆 33년 乙巳.
22) 『선조실록』 권205, 선조 39년 11월 9일(갑술).

다. 앞서 살펴본 바와 같이 조정에서 심각하게 여기는 문제는 공로 건이었다. 하지만 공로 제공의 요구에 대해서는 회답겸쇄환사 파견 당시의 논의에서나 1609년 玄蘇 일행의 요구에 대한 논의에서도 비교적 명확한 논리로 요구를 묵살하였다.23) 공로 건은 幕府가 薩摩藩의 琉球 침략을 승인하여 명에 臣屬해 있던 琉球에 대한 침범·복속이 단행된 1609년 이후 사실상 대명 관계 회복의지를 방기한 것을24) 계기로 더 이상 문제가 되지 않았다. 그런데 상경 문제는 對馬島 측의 의도를 명확히 파악하고 있었고, 무역 확대 조치와 같은 회유책으로 예비하고 있었음에도 불구하고 좀더 복잡한 해결 과정을 거치게 되었다. 역설적이게도 주의를 요하는 비중 있는 막부의 공로 요청 건은 별달리 문제가 되지 않았지만, 對馬島의 상경 허용 요청 건이 골치 아픈 현안이 되었던 셈이다.

玄蘇 일행의 계속되는 상경 허용 요구에 대해 조선 측은 國喪, 칙사의 입경, 조·일 간 약조의 미정 등의 이유를 들어 불허 입장을 분명히 하였다. 경상도관찰사로부터 대응 지침을 하달 받은 역관 박대근·김효순과 柳川景直의 상경을 둘러싼 논쟁은 "너희들이 7, 8년 공들인 것이 허사로 돌아갈 것이다"라는 역관들의 질책에 "조선이 전투는 겁내면서 쟁변에는 용감하여 한갓 예모와 문자에만 구구하게 굴고 있다"는 식으로 상대방에 대한 협박과 거친 비방도 서슴지 않는 격앙된 양상으로 전개되었다.25) 결국 조선 측의 확고한 불가 방침에 부딪친 왜사들이 승복함으로써 玄蘇 일행의 상경 요구 문제는 일단락되었다.26)

---

23) 1609년 현소 일행의 요구에 대한 대응 논리는 '일본이 충심으로 명에 조공하고자 하면 福建으로 향하는 지름길을 놔두고 굳이 조선의 길을 빌어 우회할 필요가 없다'는 것이었다(『광해군일기』 권14, 광해군 1년 3월 28일(기유)).
24) 민덕기, 『조선시대 일본의 대외교섭』, 경인문화사, 2010, 118~127쪽.
25) 『광해군일기』 권15, 광해군 1년 4월 2일(계축).
26) 『광해군일기』 권15, 광해군 1년 4월 5일(병진).

조선후기에는 일본인들의 상경이 일절 금지되었다. 임진왜란 당시 상경로를 잘 알고 있었던 對馬島主 宗義智의 부대가 일본군의 길 안내를 했던 사실로 인해 보안상의 이유로, 또 일종의 징벌적 의미에서 상경을 금지하였던 것이다. 조선후기에 일본인이 상경한 유일한 사례는 1629년 玄方의 상경이다. 그러나 玄蘇 일행의 來朝 시점에는 이러한 상경 금지의 원칙이 정립되어 規例化되어 있는 상황이 아니었다. 안보상·정서상의 관점에서 반드시 막아야 한다는 논의가 전개되는 단계였다.[27]

상경의 문제는 외형적으로는 공로 건과 공통점이 있으나, 성격상 기유약조와 동일한 차원에서 다루어져야 하는 문제이다. 기유약조는 '조선전기 교린체제의 복구'의 상징물과도 같다. 교린체제의 복구에는 약조의 체결뿐 아니라 조선전기 통교체제상의 규례가 당연히 포함되는 것이었다. 對馬島 측으로서는 조선전기 상경의 관행·관례[28] 역시 복구되는 것으로 기대할 수 있는 문제였다. 이 점은 조선 조정에서도 인지하고 있었다. 기유약조 성립 이듬해인 1610년(광해군 2) 對馬島主 宗義智와 가신 柳川景直이 다시 상경하여 진향하기를 청해왔을 때 이덕형은 箚子에서 상경과 進香을 '응당 시행되어야 하는 일'이라고 전제하고 대책을 논하였다.[29] 그리고 동래부사 오윤겸이 경상도관찰사에게 보고한 내용 가운데는 다음과 같은 부분이 있다.

---

[27] 이 문제에 대해 민덕기는 '내부적으로 금지의 방침을 세웠음에도 기유약조의 내용에도 싣지 않았다'고 서술하였는데(『조선시대 일본의 대외교섭』, 경인문화사, 2010, 113쪽), 조선전기의 약조에도 상경 허용 여부를 규정하고 있지는 않았다. 상경의 문제는 規例로서 약조와 더불어 교린체제를 구성하는 한 요소이다.
[28] 『증정교린지』 권1, 志, 接待日本人舊定事例에는 일본국왕사 이하 사신단의 상경 인원수에 관한 규례가 상세히 기록되어 있다.
[29] 『漢陰先生文稿』 卷6, 疏箚, 陳倭情仍辭職箚. "…今者 義智景直遣人 更要上京進香 又乞開市 信使旣返 約條旣成 則此皆所應行者…";『광해군일기』 권26, 광해군 2년 3월 6일(임오).

"앞으로 해마다 보내는 특송선이 나올 것인데, 전일의 규정에 의하여 상경을 허락한다면 모든 일을 모두 전일의 규정대로 하겠지만 혹시라도 상경하는 것을 허락하지 않는다면 전일의 규정과 다를 것이니, 포구에 머무르는 기한과 노정의 잔치를 변통해야 합당할 듯합니다."

위 내용은 조정과 교섭현장에서 상경을 금지하여야 한다는 방침을 세운 사실과는 별개로, 당위성이라는 측면에서 보자면 상경은 허용은 불가피한 것으로 인식하고 있었음을 보여준다. 1609년 玄蘇 일행의 상경 요구에 대해서는 약조가 정해지지 않았다는 이유 등으로 상경 요구를 무마할 수 있었지만, 1610년의 시점에서는 또다른 대안이 필요하게 되었다. 영의정 이덕형은 왜인의 상경 요구는 開市를 허용하는 것으로 막을 수 있다고 보고, 상경의 허용은 폐단이 크나 개시는 별다른 피해가 없을 것으로 예상하였다. 그리고 무엇보다 개시를 막으면 밀거래(潛商)만 늘어날 것이라는 점을 들어 개시 허용을 건의하였다.[30] 상경 문제의 근본적인 해법을 개시의 허용에서 찾은 이덕형의 소신은 "개시를 허용하면 상경은 10년 동안 허락해 주지 않아도 된다"고 하였던 발언을 통해서도 확인된다.[31] 이에 광해군은 이덕형의 건의를 받아들여 개시를 시행하도록 하였다.[32] 한편, 역관 박대근이 교섭현장에서 왜사의 상경 요구를 반박한 근거는 대일적개심과 이전보다 오히려 명의 대일관계에 대한 간섭이 심해졌다는 이유였다.[33] 명의 간섭을 이유로 일본의 요구에 대응하는 이른바 '借重之計'를 활용한 것이었다.

---

30) 『漢陰先生文稿』 卷6, 疏箚, 陳倭情仍辭職箚.
31) 『광해군일기』 권35, 광해군 2년 11월 18일(기미). "德馨曰…通市事若快許 則上京一事 雖不許 十年 亦可豈以上京一事 至有意外之患…"
32) 『광해군일기』 권26, 광해군 2년 3월 14일(경인).
33) 『광해군일기』 권26, 광해군 2년 3월 16일(임진).

이처럼 왜사들의 상경 요구에 대해 조선 측은 국휼, 칙사 在京, 약조미정 등의 이유로, 혹은 반일정서와 借重之計를 활용한 공박으로 그들의 요구를 무마하였다. 그리고 또 한편으로는 이덕형의 건의에 의한 개시 허용이나, 상경하지 못하는 왜사들의 늘어난 왜관 체류기간에 대한 대책 마련과 접대의례 재정비[34] 등을 통해서 대안을 제시함으로써 해결하였다.

왜인들의 상경 요구 사례는 1610년 이후에도 간헐적으로 보인다. 상경을 허락해주지 않는다 하여 식료품 수령을 거부하면서 고집을 부린 사례라든지,[35] 광해군대 후반인 1621년의 상경 허용 요청[36] 등이 그것이다. 1621년 사례는 殿倭使[37]로서 일본 정세를 알린다는 명분으로 상경을 요구한 것으로 파악되는데,[38] 이들 사례 외에도 상경을 요구한 사례는 더러 있지만, 대부분 동래부사 선에서 제지되고 조정에서 현안으로 논의되지는 않는다. '倭使 상경 불가'의 규례는 광해군대에는 확실하게 유지되었다고 할 수 있다.

이상에서 살펴본 바와 같이 왜사들의 상경 요구 문제는, 일본인들의 돌발적인 공세라기보다는 기유약조와 더불어 '조선전기 교린체제 복구'의 문제 가운데 하나로 파악하는 것이 타당하다. 기유약조의 기본성격을 어떻게 확정하느냐의 문제와 상경 문제는 광해군대, 나아가서는 조선후기 대일교린체제를 이해하는데 중요한 시사가 된다. 일본의 집권자인 막부에 대한 외교 통로로 對馬島를 설정하여 '對馬島를 통한 대일외교체제'가 기유약조 체결로 성립되었고,[39] 상경 금지를 관철시킴으로써 조선후기 대일

---

34) 『광해군일기』 권27, 광해군 2년 윤3월 14일(기미).
35) 『東萊府接倭狀啓謄錄可考事目錄抄冊』 1612년 11월.
36) 『東萊府接倭狀啓謄錄可考事目錄抄冊』 1621년 2월.
37) 對馬島 왜인으로서 幕府將軍의 명을 받들어온 사신을 가리킨다.
38) 『東萊府接倭狀啓謄錄可考事目錄抄冊』 1621년 1월.
39) 홍성덕, 앞의 논문, 67~70쪽.

교섭의 공간을 동래지역과 왜관으로 한정시켰다는 점에서 그러하다. 기유약조 성립과 관련해서는 광해군대 초반의 대일정책이라는 관점에서도 몇 가지 의미를 지니는 것으로 파악하였는데, 對馬島라는 완충지대를 둠으로써 임진왜란 이후 반일정서의 자극을 최소화하고 접대 의례 등의 문제에서 조선의 입장을 관철해나갈 수 있었다. 또 일본의 정세 변화에 대처할 수 있는 여지를 마련하였다는 점도 중요하다고 보인다.

상경 금지를 관철시킨 것 역시 대일외교체제 정비 과정에서 중요한 의미를 지니는 것인데, 첫째, 상경 불허의 명분을 설득력 있게 제시함으로써 외교적 마찰을 최소화하고 조선 측 입장을 관철시켰다는 점을 들 수 있다.

둘째, 왜사들의 요구를 좌절시키는 것에 그치지 않고 개시의 허용과 접대의례의 재정비 등 지속가능한 대안을 적절한 시점에 통제력을 발휘할 수 있었다는 점이다. 이후 대일관계로 인한 내정상의 부담을 최소화할 수 있었다.

셋째, 반박의 논리와 대안이 동시에 신속하게 제시됨으로써, 상경요구가 왜인들이 교섭을 자신들에게 유리하게 진행하기 위한 압력수단으로 활용될 가능성을 차단하였다는 점을 들 수 있다.[40]

이처럼 광해군대 초반 대일외교체제 정비는, 기유약조의 체결과 상경문제의 해결 과정에서 적절한 대응능력을 보여주면서 대일교섭에서 통제력을 발휘하였고, 대일관계로 인한 내정상의 부담을 최소화할 수 있었다는 점에서 평가할 만하다.

---

[40] 이 외에도, 광해군대 왜사 상경 금지 조치는, 17세기 동아시아 정세 변화 속에서 국가 간 역학관계 상정과 그에 조응하는 대일정책 모색이라는 문제를 고찰하는 데에도 기본 전제가 되는 대일정책상 중요한 외형적 틀이다. 인조대 이후 동아시아 역학관계 상정과 대일정책 방향 모색에 관해서는 김태훈, 「肅宗代 對日政策의 전개와 그 성과」, 『한국사론』 47, 2002, 1장 1절 참조.

3. 대일정책상의 異見 조정과 명분 확보

　1608년 2월 1일 父王 선조가 승하하고 국상을 치르면서 광해군은 한편으로 형 臨海君과 유영경 등 정적들을 숙청하고 이원익을 영의정에 제수하는 등 인사를 단행함으로써 정국을 재편하는 작업을 진행하였다. 정인홍의 사면 복권 역시 그 일환이었다. 그리고 선조 승하 후 불과 1개월이 지난 시점에서 광해군은 아래와 같은 비망기를 통해 국정의 선결과제를 지적하고 정책 방향을 제시하였다.

　"寡昧한 내가 罪逆이 너무 많아 하늘이 돌보아주지 않은 탓으로 이런 혹독한 앙화를 당하였는데도 모진 목숨 끊지 못하고 이미 1개월을 넘겼다. 애통해 하는 가운데도 생각이 國事에 미치니 걱정스럽고 송구스럽고 안타까운 마음에 어떻게 조처해야 될지를 모르겠다. <u>북쪽 오랑캐에 대한 守禦와 남쪽 왜인들의 접대에 대해서는 先朝 때부터 이미 상세히 강구하여 왔으니, 廟堂에서 반드시 잘 조처할 것이다.</u>
　목전의 긴박한 일을 가지고 말하여 본다면 백성들의 일이 매우 안스럽고 측은하기 그지없다. 山陵의 役事와 詔使의 使行 때 드는 비용을 털끝만한 것도 모두 백성들에게서 염출하고 있으니, 불쌍한 우리 백성들이 어떻게 견뎌낼 수 있겠는가. 만일 위로하고 구휼할 대책을 서둘러 강구하지 않는다면 나라의 근본이 먼저 동요되어 장차 나라를 다스릴 수 없게 될 것이다. 내가 이를 매우 두려워하고 있으니, 경들은 백방으로 생각하고 헤아려 일푼의 은혜라도 베풀기를 힘써야 한다.
　예컨대 해묵은 逋欠, 급하지 않은 貢賦, 군졸들의 逃故, 세도를 부리는 豪強들의 侵淩은 물론 이밖에 백성들을 병들게 하는 모든 폐단은 일체 견감하고 개혁시켜 혹시라도 폐단이 되는 일이 없게 하라. 供上하는 方物과 內需의 일에 대해서는 내가 마땅히 헤아려서 감하겠다. 그리고 中外로 하여금 소회를 다 진달하게 하여 좋은 의견이 숨겨지는 일이 없게 하면 더없는 다행이겠다. 이런 내용으로 대신에게 이르라."[41]

순탄치 않았던 즉위 이후 이어진 숨가쁜 정치 행보를 일단락하고, 국왕으로서 비로소 자신의 정치를 시작하면서 국정 전반에 관해 표명한 第一聲이었다. 위 비망기는 당시 조선이 처한 대내외적 현실을 집약적으로 보여주고 있는데, 국왕으로서 가장 우선시해야 할 민생문제[生民之事]보다 여진·일본[北虜·南倭]과 관련한 국방·외교문제를 제1의 과제로 제시한 것에는 17세기 초 극도로 불안정한 대외적 여건에 대한 절박한 인식이 반영되어 있다. 특히, 여진과 일본에 대한 대응전략을 각각 군사적 방어와 외교를 통한 평화유지로 명확히 구분하고 있는 부분은 대외정책과 관련하여 주목할 만하다. '수어'와 '접대'로 요약되는 대외정책 방향은, 임진왜란 종전 이후 宣祖代부터 전개된 대외정책의 흐름임을 언급하면서 광해군 스스로 그 계승을 표방하고 있는데, 이는 광해군대의 대일정책 나아가 대외정책 전반을 이해하는 단서이다. 북쪽의 여진족에 대해서는 군사적 강경책을, 남쪽의 일본에 대해서는 경제적 회유책을 써야 한다는 기본 방향은 15세기 신숙주의 『해동제국기』에서 제시된 전통적 시각이라고 할 수 있다.[42]

광해군대 일본에 대한 '외교'는 기유약조의 체결을 비롯한 상경 금지의 관철 등 통교의 기본적 틀을 마련하는 것으로 시작되었다. 선조대 말기 국교회복기의 연장선상에서, 급변하는 동아시아 정세와 일본 측의 대조선 통교 요구 등의 대외적 요소를, 임진왜란 이후의 반일정서와 붕괴된 사회

---

[41] 『광해군일기』 권2, 광해군 즉위년 3월 2일(기축). "備忘記傳曰 惟予寡昧 罪逆深重 不弔于天 罹此酷禍 頑命未絶 已過一朔 哀疚之中 念及國事 憂惶悶迫 固知攸濟 北虜之守禦 南倭之接待 自在先朝講究已悉 廟堂必爲之善處矣 姑以目前切迫者言之 生民之事 極可憫恤 山陵之役 詔使之行 其所需用秋毫盡出於民力 哀我赤子 若之何能堪 儻不爲急講撫恤之策 邦本先搖 將無以爲國 子甚瞿然 卿等百爾思度 務宣一分之惠 如積年逋欠 不急貢賦 軍卒逃故 豪勢侵凌 此外凡干病民之弊 一切蠲革 無或有弊端 如供上方物 內需之事 則子當量減焉 且令中外盡陳所懷 使嘉言罔伏 不勝幸甚 此意言于大臣"

[42] 하우봉, 『조선시대 한국인의 일본인식』, 혜안, 2006, 144쪽.

경제적 기반이라는 대내적 여건하에서 내정 상의 요구를 반영하여 외부로 표출한 결과가 곧 기유약조의 성립이었다. 기유약조 체결 직후의 비변사의 보고에,

"임진년 이후에 왜노가 승리한 기세를 끼고 여러 차례 강화를 요구하였는데, 우리나라에서는 쇠약함이 쌓인 나머지 여러 해 동안 의심하면서 미루어 왔습니다. 이는 강화를 허락하는 것이 어려워서가 아니라 대개 약조를 정하기가 더욱 어려워서였던 것입니다."[43]

라고 한 것은 광해군 정권이 어떠한 방식으로 통교 틀을 구성하느냐에 많은 역량을 집중하였음을 대변해준다. 동시에, 국교 회복 그 자체는 필연적인 시간상의 문제일 뿐이지만, 어떠한 통교 틀을 마련하느냐의 문제는 내정상의 요구를 외교에 구현할 수 있느냐의 문제였음을 시사하는 것이다. 이는 곧 정치의 성패가 갈릴 수 있는 문제였다.

이처럼 중요한 과제였던 기유약조 체결에 대한 자체 평가는 긍정적이었다. 특히 세견선 수를 25척에서 20척으로 줄인 것을 높이 평가하고 있는 것이 눈에 띈다.[44] 그러한 분위기 속에서 광해군은 선위사 이지완과 역관들을 加資함으로써 공로를 치하하였는데,[45] 연일 계속되는 간관들의 가자 환수 요구에도 광해군은 요지부동이었다.[46] 그만큼 성과를 만족스럽게 받아들였음을 의미하는 것이었다.

---

[43] 『광해군일기』 권17, 광해군 1년 6월 17일(병인). "壬辰以後 倭奴挾屢勝之勢 恐脅要和 我國以積衰之餘 遲疑累年者 非許和之難 蓋定約之爲尤難 朝議至欲請天將以來莅講約條"

[44] 『광해군일기』 권17, 광해군 1년 6월 17일(병인). "今乃以一介使臣之言 一朝而定之 比前船數有減而無加 南邊之幸 孰有加於是哉"

[45] 『광해군일기』 권23, 광해군 1년 12월 19일(병인).

[46] 『광해군일기』에는 광해군 1년 12월 20·22·25·26·27·28일 등 6일에 걸쳐 加資를 환수 요청이 있었던 것으로 나타난다.

그러나 가자 조치에 대한 끈질긴 환수 요청에서도 볼 수 있듯이 광해군의 대일정책에 대한 직간접적인 불만 표출 역시 지속적으로 나타나고 있었다. 승정원에서는 倭使 玄蘇 일행이 幕府將軍의 선물이라며 진상한 병풍을 받아들이지 말기를 청하면서, 기유약조를 '對馬島에 조종되어 맺게 된 부득이한' 약조라고 폄하하였다.[47] 이처럼 소위 '倭物'을 대궐에 들이지 말 것을 청하는 승정원·삼사의 계사에는 왜사들을 '賊使' 혹은 '倭奴'로 표현하면서 반드시 갚아야 할 원수[萬世必報之讐], 절대 잊어서는 안될 원수[萬世不可忘之讐]라고 하여 대일 적개심을 드러내었다.[48] 이처럼 기유약조 체결 당시 조정 내에서 반일정서를 표출하며 대일 통교 정상화에 반대하는 의견이 광범위하게 존재하고 있었다.

1610년 3월 사헌부에서는 관서들의 무분별한 대일 공무역 행태를 비판하면서, 공무역을 통한 물자의 조달도 시급하지만, 깊은 원수[深讐]를 잊지 말아야 한다고 강조하고 "大禁이 한 번 풀리면 후일 끝없는 걱정이 이루 말할 수 없을 것이며, 强弓과 날카로운 칼은 써보지도 못할 것"이라고 하며 개시 허용 방침을 철회할 것을 密啓하였다.[49] 비변사의 논의를 통해 개시를 허용 방침을 사실상 확정하였던 시점이었다. 이후 광해군이 개시 허용을 최종 결정하자[50] 사헌부는 연일 개시 허용 방침을 철회할 것을 논계하였다.[51]

1609년(광해군 1) 기유약조 체결 당시와 1610년 일본인들에 대한 개시 허용 시점에서 제기되었던 반대의견들은 반일정서의 표출이었다. 광해군

---

[47] 『광해군일기』 권15, 광해군 1년 4월 17일(무진).
[48] 『광해군일기』 권16, 광해군 1년 5월 9일(기축)·13일(계사).
[49] 『광해군일기』 권26, 광해군 2년 3월 4일(경진).
[50] 『광해군일기』 권26, 광해군 2년 3월 14일(경인).
[51] 『광해군일기』 권26, 광해군 2년 3월 15일(신묘)~21일(정유). 사헌부의 논계는 이 기간 동안 하루도 빠짐없이 계속되었다.

스스로의 기억에도 "왜놈이 유린하여 한 뼘의 깨끗한 땅도 남아 있지 않았던"52) 임진왜란의 참혹함으로 인한 대일적개심은 대일 통교가 불가피한 상황에서 최우선적으로 해결해야 할 과제였다. 상황론·불가피론만을 가지고는 극렬한 반일 정서를 결코 잠재울 수 없었다. 더욱이 광해군대 초반 대일정책이 宣祖代의 성과뿐만 아니라 과오마저도 모두 떠안아야 했다는 사실을 고려하면 그다지 유리한 조건에서 출발하였던 것도 아니었다. 광해군대 전반기에 대일외교를 주도하였던 이덕형은, 선조 말년의 국교회복 과정에 있었던 과오를 다음과 같이 지적하였다.

"불행하게도 김광이 와서 悖說을 하였으므로 조정이 경솔하게 유정을 보내어 바다를 건너가게 하였고, 또 불행하게도 對馬島가 거짓으로 범릉적을 묶어 보낸다고 하였으므로 조정이 경솔하게 통신사를 보냈으니, 이 두 계책은 잘못된 것입니다. 신은 이 일을 말할 때면 매번 탄식을 금치 못합니다. 이어 간악한 왜적 玄蘇가 가짜 서신을 가지고 왔는데 우리가 옛 규례에 의해 화친을 허락하였으니 비유컨대 바둑을 이미 다 끝낸 것과 같을 뿐이었습니다."53)

이덕형은 1604년(선조 37) 일본 막부에 유정을 탐적사로 파견한 것, 강화의 전제 조건으로 제시되었던 범릉적 박송과 선위치서가 명분상 하자가

---

52) 『광해군일기』 권146, 광해군 11년 11월 3일. "…但念此虜之變 不可比論於壬辰倭奴蹂躪八方 必無一寸乾淨地矣"
53) 『漢陰先生文稿』 卷6, 疏箚, 陳倭情仍辭職箚. "往在辛丑年 天兵纔撤 南徼蕩然 馬島倭子橘智正持書出來 中外人心 騷動靡定 及見禮曹修答書契 有卽爲許和之意 臣適膺體察之命而在邊上 書夜商度 疆事不許 則目前無悍禦零賊之勢 欲許則非但讎怨通天 纔許之後 種種難處 不得已 羈縻遷延 以冀十餘年無事而為自强之計矣 但雖欲為此計 我國氣力毫無依據 操縱者必須籍重天朝 陽開陰闔 以絶其哄脅之端 然後處事之權 我可議矣 遂改撰書契 幷包禮曹答書 陳達其狀 謬蒙先王奬諭施行 其後馳稟萬軍門 得其諭帖 遣入馬島 覘探賊情 乘機善導 以過數年 不幸而金光來肆悖說 朝廷輕遣惟政渡海 又不幸而馬島誑稱械送犯陵賊 朝廷輕遣通信使 失此二策 臣語及此事 每切嗟咄 曁乎奸賊玄蘇持假書來我 而我乃依舊例許和 譬諸着棋局已了矣"

있었음에도 1607년(선조 40) 회답겸쇄환사를 파견함으로써 국교재개를 허용한 것에 대해 그 조급함과 명분론적 결여를 지적하면서 비판하였던 것이다. 위 지적에서 보듯이 광해군대 대일정책은, 명분상의 하자를 묵인함으로써 대일정책의 주도권을 확보할 수도 없었고, 속성으로 전개된 탓에 왜란 이후 10년이 채 되지 않아 통교체제를 규정하는 약조(기유약조)를 맺어야만 하는 불가피한 상황에서 출발한 것이었다.

국교회복기 대일외교의 연장선상에 서 있었고, 무엇보다도 국내의 사회경제적 붕괴와 급변하는 동아시아 정세라는 대내외적 여건에서 출발한 광해군의 대일외교는 전략적 견지에서 功利的·宥和的으로 전개될 수밖에 없었다.

1609년 기유약조를 체결하게 되는 玄蘇와 平景直 일행에게 선위사 이지완이 선온례를 거행할 때 뜰 아래에서 절하고 꿇어앉는[庭下拜跪] 등의 式例 준수를 요구하였다가 왜인들의 반발을 샀다. 이에 관해 보고 받은 광해군은,

"당초 의리에 의거해 물리쳐 저들과 통신하지 않았으면 그만이지만, 지금 이미 信使가 왕래하고 있으니, 먼 나라 사람의 마음[遠人之心]을 사소한 음식 문제로 서운하게 해서는 안된다. 사목 중에 式例가 너무 야박하지 않은가?"

라고 하면서 후하게 접대하여 위무할 것을 지시하였다.[54] 광해군의 유화적 대일관이 잘 드러나는 대목이다.

교섭 현장에서 왜사들을 지나치게 후대하는 행태에 대한 형조참판 최관의 비판에 대해서도 광해군은,

---

54) 『광해군일기』 권14, 광해군 1년 3월 29일(경술).

"애당초 의를 들어 배척하였다면 그만이려니와, 지금 신사가 왕래함에 미쳐서는 우대하여 보내지 않을 수 없다"[55]

라고 하여 조정내의 신료들의 반발을 무마하기도 하였다. 倭物을 들이지 말라는 비판에 직면하였을 때도 "이미 의리에 입각하여 배척하지 못하고서 분함을 참고서 화친을 하였다면 그들이 바친 물건을 안에서 쓰건 밖에서 쓰건 크게 구별이 없을 듯하다"고 하면서 현실적·포용적 견해를 밝히기도 하였다.

위의 사례들을 통해 광해군의 대일관·대일정책을 유추할 수 이해할 수 있으며, 동시에 반일정서로 인하여 광해군의 대일정책·대일관에 대한 비판적 시각이 조정의 논의에서도 드러났음을 볼 수도 있다. 그런데 여기서 주목할 것은 그러한 비판적 시각이나 반대 의견을 무마하는 광해군의 修辭이다. 광해군의 발언의 전반부, 즉 '이미 통신사가 왕래하는' 상황이나 '애당초 의를 들어 배척하지' 못한 것은, 광해군대가 아닌 선조대 대일정책의 소산이다. 다시 말해 이 부분은 이미 벌어진 일에 대해서는 사실상 자신의 책임이 아니며, 비난 받을 이유가 없다는 말의 완곡한 표현이다. 소북파 영수 유영경이 주도했던 선조대 말기 대일정책에 대한 비판이자 책임전가의 장치인 것이다.[56] 발언의 전반부를 책임 소재를 밝히는 데에 할애했다면 후반부에서는 '遠人之心을 서운하게 하지 마라' 혹은 '우대하여 보내라'는 왜사 접대의 태도와 도리를 강조하고 있다.

사실 광해군대 유화적 대일관은 남왜북로의 현실에 대한 상황론적 인식에서 비롯된 것이었다. 그러나 상황론, 불가피론으로 광해군 자신의 대일

---

[55] 『광해군일기』 권15, 광해군 1년 4월 4일(을묘).
[56] 선조 말년 대일정책상 유영경의 입지와 역할에 관해서는 김경태, 「임진전쟁기 강화교섭 연구」, 고려대 박사학위논문, 2014 참조.

정책을 합리화하는 것이 아니라, 이른바 '交隣之道'의 명분으로 비판적 의견들을 무마하고 있는 것이다. 이는 선조대 말기의 대일강화교섭에서 조건으로 내건 범릉적 송환과 선위치서가 모두 對馬島의 조작에 의한 것으로, 조선이 필요로 하는 명분을 전혀 충족시키지 못하는 하자가 있었던 것으로 인해 여론의 지탄을 받았던 사실에 기인한 바 크다. 광해군대 초반 반일정서나 반대여론을 명분론적 논리제시를 통하여 적절히 완화시킴으로써, 광해군은 대일정책상 운신의 폭을 확보할 수 있었던 것으로 보인다. 광해군대 대일외교의 대체적 추이를 살펴보면, 명분론상의 허점으로 인하여 심각한 반대여론에 부딪치는 경우는 좀처럼 찾기 힘들다. 광해군의 이러한 대응논리는 국내의 극렬한 반일정서와 일본 측의 공세적 요구 사이에서 대일정책을 전개해나갈 수 있었던 중요한 전제였다.

한편 통교의 정점에 명분 문제가 걸려 있다면 그 토대에는 통상을 비롯한 현실적 득실, 이해관계의 문제가 자리 잡고 있다. 대일정책의 비전이 설득력 있고 논리가 정연하다 치더라도 이해 득실의 차원에서 효율적인 대응을 하지 못할 경우, 지속가능한 정책으로서 의미를 가질 수 없을 것이다. 앞서 살펴본 상경 문제와 더불어 개시 허용 여부를 논의하는 정책결정 과정을 통해서 광해군대 대일정책상의 현실적·합리적 대응을 파악할 수 있다.

개시의 허용 문제는 1610년 對馬島主와 柳川景直이 조선에 상경을 요구해왔을 때,[57] 상경 요구를 무마하기 위한 대응책으로 본격 논의되었다. 이덕형의 건의에 따라 개시를 허용하고, 또 한편으로는 상경 금지에 따른 의례의 재정비 등을 통해 왜사들의 요구를 무마하고 그에 맞는 체제를 형성시켰음을 이미 살펴보았다. 개시 허용이 결정되고부터 계속된 사헌부의

---

[57] 『광해군일기』 권26, 광해군 2년 3월 6일(임오).

허용 방침 철회를 요구하는 논계 가운데 "서울의 各司 差人들이 공무역이라 칭탁하고 응당 금지해야 할 물건도 공공연히 장사하여 왜노가 공갈하게 한다"든가,58) "개시를 허용할 경우 모리배들이 마음대로 왕래하게 되고, 상업적 이익만을 추구하게 되어 국정을 누설하게 될 것이므로 利害로 따져도 허용해서는 안된다"고59) 한 사례들은 대일감정의 차원이 아니라 밀거래의 폐단과 국정 누설이라는 사회경제적 문제와 안보적 측면에서 득실을 논하고 있다. 실제로 잠상으로 인한 폐단은 광해군대, 나아가 조선후기 내내 왜관 지역의 고질적인 병폐였다.

적극적으로 개시 허용을 주장한 이덕형은 이 문제에 관해 차자를 올려 "이익이 생기는 근원을 막는 것은 냇물을 막는 것보다 어렵고, 禁法이 조밀할수록 잠상이 더욱 많아졌다"고 하면서 오히려 거래활성화를 통해 잠상의 폐단을 줄일 수 있다고 주장하였다.60) 그리고 금지 품목으로 되어 있는 비단·인삼·호피에 대해서 거래를 허용하면 왜인들의 체류기간이 줄어드는 효과 나올 것이고, 잠상이 근절될 경우 국정 누설의 우려는 자연히 감소될 것이라 전망하였다.61) 이덕형은 차자에서, 금법이 엄했음에도 불구하고 잠상이나 국정 누설의 폐단을 막지 못해서 왜인에게 朝報를 등초하여 보여주기까지 하였다는 사실을 예시하는 등 치밀하고 설득력 있게 자신의 견해를 밝혔다.

광해군대에 국한하여 보더라도, 1609년 3월 현소 일행이 기유약조 체결을 위해 내조하였을 때 부산 사람 이춘영이 왜관에서 잠상하다 적발되었으므로 수금하였다는 기록이 있고,62) 사헌부의 논계 중에도 금지 물품을

---

58) 『광해군일기』 권26, 광해군 2년 3월 4일(경진).
59) 『광해군일기』 권26, 광해군 2년 3월 15일(신묘).
60) 『漢陰先生文稿』 卷6, 疏箚, 陳倭情仍辭職箚. "…利源難塞 甚於防川 禁令愈密 潛商愈衆 此蓋由開市禁斷諸物…"
61) 『漢陰先生文稿』 卷6, 疏箚, 陳倭情仍辭職箚.

거래한다는 내용이 있다.[63] 이덕형이 차자 속에서 제시한 사례나 이들 사례를 보면 史官의 평론처럼 "왜적이 화친을 청한 것은 오로지 이 일(개시·통상) 때문"이었던 상황에서[64] 이덕형의 주장은 분명 설득력을 가질 수 있었다.

개시는 조선전기에는 매월 3·13·23일에, 월 3회의 개시가 있었다.[65] 그리고 기유약조 준비 과정에서도 紗羅·綾緞·虎皮·細蔘 등을 금지 물품으로 지정하는 등[66] 개시를 약조 성립 이후의 당연한 수순으로 여기고 있었던 것으로 보인다. 상경 건과 마찬가지로 조선전기에 관례화된 개시는 어찌 보면 당연히 재개되는 것이었으며, 또 한편으로는 상경 문제와는 달리 사무역을 대체할 다른 수단이 사실상 존재하지 않는다는 점에서 개시 문제는 활성화를 전제로 한 대책을 수립하는 것이 그 시점에서 최선의 선택이었다고 볼 수 있다. 개시가 재개된 후 비변사는 3일마다 한번씩 개시하여 월 10차로 횟수를 늘릴 것, 대대적인 금수 조치의 해제, 선매매 후 수세 조치, 호조·경상감사의 行狀 발급을 통한 시장 문란화 방지 대책 등을 입안함으로써 사무역에 대한 국가적 관리체제를 정비해나갔다.[67] 이 가운데 개시 횟수는 월 6회로 조정되어 시행되었다.[68]

사헌부의 계사와 이덕형의 차자에 대한 비교·검토를 통해서 두 가지 대응책 가운데 합리적이고 현실적인 방안이 정책으로 최종 결정되고 신속하게 교섭현장에서 구현되는 과정을 볼 수 있었다. 이처럼 현실적 대응책

---

[62] 『東萊府接倭狀啓謄錄可考事目錄抄冊』 1609년 3월.
[63] 『광해군일기』 권26, 광해군 2년 3월 4일(경진).
[64] 『광해군일기』 권26, 광해군 2년 3월 6일(임오) "…夫賊之請和專爲此事…"
[65] 『增正交隣志』「志」'開市'.
[66] 『東萊府接倭狀啓謄錄可考事目錄抄冊』 1609년 1월.
[67] 『광해군일기』 권33, 광해군 2년 9월 9일(신해).
[68] 『東萊府接倭狀啓謄錄可考事目錄抄冊』 1610년 10월.

이 논의상 우위에 서게 되고 원활하게 정책이 구현되는 과정은 광해군대 초반 대일외교체제 정비 시점의 대일정책이 출발선상에서 산적한 난제들을 해결할 능력을 갖추고 있었음을 말해주는 것이다.

이상에서 살펴본 바와 같이 광해군대 초반은 대일외교상 매우 중요한 시점이었으며, 일본 측의 요구를 합리적·현실적 정책의 입안과 원활한 추진 과정을 통해서 대응해 나갔다. 그것은 대외적 요소에 대한 상황론적 인식과 대내적 요구에 대한 규범적 논리 창출이 합일된 결과였다. 그리고 상경 건과 개시 문제에서 보듯이 외교 현안에 대한 현실적 대응능력이 발휘되었던 것도 주목하여야 할 부분이다. 이 문제의 이해를 위해서는 광해군과 함께 당시 대일정책 결정에 참여했던 이덕형을 비롯한 인물들에 초점을 맞출 필요가 있다.

이덕형(1561~1613)은 선조대 이래 외교분야의 실무 경험을 바탕으로 광해군대 초반 대일정책을 주도하였다. 더욱이 대내외적 상황에 대한 인식과 대응 문제에서 광해군과 확실한 공감대를 형성하며 밀착된 관계를 유지하였다. 1613년 廢母殺弟 논의에 반대하다 삭탈관작 되었지만 그해 이덕형이 죽자 광해군은 곧바로 그를 복권시키고 朝市를 정지하는 등 최대한의 예우를 갖추었다. 이덕형은 선조대 동서분당 때 류성룡, 김성일, 김우옹, 이산해, 이원익 등과 함께 동인에 가까웠고, 1591년(선조 24) 정철의 建儲 주청 사건을 계기로 동인이 남·북으로 나뉠 때 류성룡, 김성일, 정경세, 김우옹, 이원익 등 퇴계의 문인들과 함께 남인에 속하였다. 이후 이덕형은 남인과 북인 사이에서 중도적 성향을 보이다가 점차 온건 남인의 성향을 보였다.[69] 광해군대 대북파가 권력을 독점하는 정국에서도 광해군대 초반 이덕형이 대외정책에서 주도력을 발휘할 수 있었던 것은 외교실무

---

[69] 이성무, 『조선시대 당쟁사』 1, 동방미디어, 2000, 136~138쪽.

담당자로서 이력이 뒷받침된 외교전문가로서의 능력 때문이었다. 그의 대외정책 분야 실무 경험은 표로 작성해보면 다음과 같다.

〈표 1〉 李德馨의 대외관계 관련 주요 활동 내역

연도	관직, 임무수행시 직책	활동 내용
1588년(선조 21)	吏曹正郞, 宣慰使	일본 사신 玄蘇, 平義智와 회담
1592년(선조 25)	대사간, 공조참판, 동지중추부사	임진왜란기 玄蘇와 강화 회담
	請援使	명의 원군 요청, 성사
	接伴使	李如松 접대, 明軍 지원, 군량미 조달
1593년(선조 26)	병조판서	평양 전투 참전
1597년(선조 30)	이조판서, 接伴使	經理御使 楊鎬 접대, 정유재란기 명군의 南下 요구
1598년(선조 31)	좌의정, 우의정	對馬島 정벌 주장
1602년(선조 35)	체찰사, 영의정	피로인 송환을 위해 惟政의 對馬島 파견 건의
1608년(광해군 즉위)	領中樞府事, 陳奏使	왕위계승 추인 위해 북경 使行

典據 : 『漢陰先生文稿附錄』 卷1·2 年譜, 『宣祖實錄』, 『光海君日記』

20년 이상 외교 분야에서 다양한 임무를 수행하고 성과를 거두어 온 그의 이력이 광해군대 초반 대일외교에서 현실적인 대응력으로 구현되었다고 볼 수 있다. 이덕형은 특히 스스로가 "난리 뒤로 임무를 받은 곳이 모두 남쪽 지방이었으므로 바다를 방비하는 일에 대해서는 잘하고 잘못하고 간에 처리한 경험이 자못 많다"고 자부할 정도였다.[70] 이외에도 1596년 일본 사행 경험을 토대로 『日本往還日記』를 저술한 황신(1560~1617)과 같은 인물들의 대일외교 실무 경험은 광해군대 초반 대일외교가 일정한 성과를 거둘 수 있었던 원동력이었다.

---

70) 『광해군일기』 권57, 광해군 4년 9월 18일(기유). "亂後受任 每在南方 海邦之事 則善惡間多有 料理矣"

광해군대 대북정권의 성향 역시 이 문제를 이해하는 단서가 된다. 북인의 학문적 연원으로 소급할 수 있는 조식의 敬義之學은 성리학을 하학 중심으로 인식하고 실천의 측면에 중점을 두었고,[71] 이를 계승한 정인홍 곽재우의 의병 활동은 북인의 정치적 입지를 강화시킴으로 임진왜란 이후 국정 운영 주도권을 잡을 수 있었다.[72] 상무적 기질을 보이면서 실천적 정치노선을 추구하였던 북인 정권의 성향 역시, 광해군대 초반 대일외교체제 정비 시기의 대일정책상 성과를 이해하는데 함께 고려되어야 할 부분이다.

4. 대일정책의 功利的 · 宥和的 기조

광해군대 초반의 대일외교는 국교회복과정의 종착지이자 조선후기 대일외교의 출발점이었다. 기유약조의 성립과 상경 문제의 일단락, 개시 복구 등의 조치를 통해서 1610년까지 통교체제의 정비가 일단락되었다고 볼 수 있다. 물론 이로써 대일통교를 위한 체제가 '완비'된 것은 아니며 필수불가결한 최소한의 틀을 마련했다고 볼 수 있다. 대내외적 여건의 변화에 조응하면서 시스템이 원활하게 작동할 수 있도록 제도의 추가 정비 작업과 구체적인 교섭사례의 축적을 통해 規例를 축적하는 과정은 여전히 남아 있는 과제였다. 다만 광해군대 초반 통교 틀을 세우는 과정에서 추진된 대일정책상의 성과로 인해, 대내외적 현실을 고려할 때, 대일외교는 상당히 양호한 출발을 보였다고 할 수 있다.

---

[71] 신병주, 「남명 조식의 학문경향과 현실인식」, 『한국학보』 58, 1990, 118~119쪽.
[72] 신병주, 「17세기 전반 북인관료의 사상」, 『역사와 현실』 8, 1992, 140쪽.

1610년(광해군 2) 9월 비변사의 건의로 '倭情'에 관한 사항은 동래부사가 경상도관찰사를 거치지 않고 직접 조정에 보고할 수 있는 권한을 부여하였는데, 준거가 된 것은 의주부윤의 예였다.73) 남왜북로의 현실에 대처하기 위해서 조선전기와는 다른 신속한 보고체계로 변화시킨 것이다. 늘어나는 왜사 접대비용을 감당하기 위하여 경상도 13개 읍의 田稅를 면제하여 경상도의 糧餉으로 전환시킨 조치는74) 경제적 측면의 제도 정비였다. 1611년 9월에는 기유약조 성립 이후 공식적으로 세견선이 도항하기 시작하였다.75) 이는 기유약조에서 규정한 통교체제의 본격적 가동을 의미하는 것이었다. 기유약조 12조목이 통교상의 모든 행위를 규정하고 있지 못하는 것은 당연하다. 그에 대한 일종의 보완 장치가 이른 바 規例인데, 광해군대 대일정책의 전개는 조선 전기의 규례를 복구하고, 또는 시대상에 맞는 새로운 규례를 창출하고 정착해 나가는 과정이기도 하다.

　세견선이 도항하면서 가장 먼저 문제가 된 것은 왜사들의 접대 절차·의례와 관련한 것이었다. 당장 문제가 된 것은 접대시의 座次였는데, 동래부사 조존성의 보고에 의하면 좌차를 講定하기 위해 참고한 것은 '古老들의 기억'이었다. 전례를 상고할 만한 기록이 동래부에 남아 있지 않았던 것이다. 예조에서도 對馬島 사절단의 접대 관련 문서를 확보할 수 없었다.76) 官署志 편찬 사업의 일환으로 『通文館志』나 『增正交隣志』와 같은 외교규례집이 존재하지도 않았고, 많은 문서가 전란으로 散失된 현실에서 비롯된 일이었다. 대개는 15세기에 편찬된 『해동제국기』를 참고하는 경우가 많았던 것으로 보인다. 한편 이때 古老들에게 자문한 구례로는 왜사들

---

73) 『東萊府接倭狀啓謄錄可考事目錄抄冊』 1610년 9월 ; 『광해군일기』 권33, 광해군 2년 9월 5일(정미).
74) 『광해군일기』 권36, 광해군 2년 12월 26일(정유).
75) 『朝鮮通交大紀』 권5, 慶長 16년 ; 『東萊府接倭狀啓謄錄可考事目錄抄冊』 1611년 9월.
76) 『광해군일기』 권46, 광해군 3년 10월 10일(병자).

이 南行에 앉아야 하는 것이었지만, 왜사 平智直의 요구대로 결국 東西坐를 허락하였다. 허락한 근거는 예조 연향시의 접대 사례에 正官 이상이 西壁에 앉는 사례가 있다는 사실이었다. 교섭현장에서 왜인들의 공세적인 요구에 밀린 것을 합리화하고 있는 것이다.[77] 17세기 대일외교에서 자신들의 요구를 관철시키기 위한 왜인들의 공세적 위압적 태도나 불법적 행태는 끊임없이 문제가 되었다. 이덕형은 이 문제를 "왜인이 화를 내면 우리 측에서 더 화를 내어 기를 꺾어야 하는데, 접대하는 이들이 이러한 왜인의 정상을 모르고 잘못 대응하기 때문에" 발생하는 것으로 보고 점점 막기 어려울 것이라고 염려하였다.[78] 이덕형의 말대로 "큰 것은 지키고, 작은 것은 허용하는"[79] 식의 대응이 현실적 대안이었다.

동래부사와 왜사 간의 拜揖禮는 원래 '正官이 앞에 나와 再拜하고 동래부사가 답배'하는 것이었는데, 왜인들의 반발로 인하여 '相揖禮'로 바뀌었다.[80] 접대 절차·의례상의 문제는 교섭현장에서 지속적으로 제기되었는데, 예조에서 문서를 상고하여 정하고 對馬島主에게 移書하여 확정하는 등의 방식으로 정리가 되었는데,[81] 왜인들은 예조에서 정한 의례에 불만이 있을 경우 對馬島主에게 품정한다고 핑계 대고 행례하지 않기도 하였다.[82]

한편, 광해군대 대일정책상 가장 크게 부각되는 것 가운데 하나가 밀무

---

77) 『광해군일기』 권46, 광해군 3년 10월 10일(병자).
78) 『광해군일기』 권57, 광해군 4년 9월 18일(기유). "…壬辰羞辱 萬世不忘之讐 而如是許待 終必有難防之禍矣. 且倭人情狀 巧詐不測 若有怒色 我國加一等生怒以示之 則彼亦自沮矣. 今者不知倭情 故待之不以待倭之道. 以此 多少要請 漸至難防…"
79) 『광해군일기』 권57, 광해군 4년 9월 18일(기유). "…如上京重大之事 當斷然絕禁 如女樂一事 雖許之無妨矣"
80) 『東萊府接倭狀啓謄錄可考事目錄抄冊』 1611년 11월.
81) 『東萊府接倭狀啓謄錄可考事目錄抄冊』 1613년 3월.
82) 『東萊府接倭狀啓謄錄可考事目錄抄冊』 1613년 7월.

역[潛商] 문제였다. 이 시기 대일외교의 궁극적 목표는 '南邊의 안보'였다. 이를 위해서 조선은 군사적 대응이 아닌 '통상' 허용을 선택한 것인데, 그 결과 '잠상'의 폐단이라는 문제에 직면하게 된 것이다. 1609년(광해군 1) 玄蘇 일행이 來朝하였을 때 광해군은 왜인들에게 국정이 누설되는 것을 방지하기 위해 비밀스러운 일은 朝報에 내지 말고 潛通人을 엄금하라고 지시하였다.[83] 同年 3월에 있었던 부산인 李春榮의 삼상 사건이[84] 직접적 계기로 추정된다. 광해군은 경상감사가 가장 신경 써야할 현안으로 잠상 문제를 거론할 정도로[85] 잠상 단절을 강조하였으며, 잠상에 대한 기찰을 게을리 할 경우 동래부사와 부산첨사를 처벌하라는 지시를 내리기도 하였다.[86]

동래 지역 잠상의 실태를 살펴보면, 잠상인들이 金帛·紬繒 등의 물건을 수레로 가득 실어나르면서 동래에서 팔고, 왜인들 역시 요동의 개시에 가서 무역하겠다고 억지를 부린다든지,[87] 밤에 水柵을 열고 米船을 끌어들이는 등[88] 이익이 남는 경우 품목을 따지지 않고 다양한 방법으로 이루어지고 있었다. 그 가운데 가장 전형적인 형태는 조선 상인들이 왜인과 내통하여 倭銀을 가지고 중국산 물품을 사들여 왜관에 판매함으로써 이익을 취하는 방식이었다.[89] 조선 상인 입장에서는 중개무역의 이득을 취할 수 있었고 왜인들로서는 공무역을 통해서는 원활하게 확보할 수 없는 부가가치 높은 사치품들을 구입할 수 있었던 것이다. 그런데 문제는 승지 이명남

---

[83] 『광해군일기』 권15, 광해군 1년 4월 5일(병진).
[84] 『東萊府接倭狀啓謄錄可考事目錄抄冊』 1609년 3월.
[85] 『광해군일기』 권27, 광해군 2년 윤3월 20일(을축).
[86] 『광해군일기』 권39, 광해군 3년 3월 21일(신유).
[87] 『광해군일기』 권53, 광해군 4년 5월 28일(신유).
[88] 『비변사등록』 광해군 9년 3월 19일.
[89] 『광해군일기』 권130, 광해군 10년 7월 11일(정유).

의 지적처럼 동래-의주, 혹은 동래-북경 사이를 조선 상인이 왕래할 동안 왜인들이 왜관에 체류함으로써 생기는 폐단이었다.[90] 당연히 장기 체류로 인해 조선 측의 경제적·사회적 부담이 증가하였다.

潛商의 폐단은 대체로 두 가지로 요약된다. 하나는 탈세, 금지물품 거래로 인한 국부의 유출, 거래질서의 문란 등 경제적 측면의 문제였다. 또 하나는 국가 기밀의 유출, 즉 '國情 漏泄'의 안보 문제였다. 그 가운데 특히 광해군이 민감하게 여겼던 부분은 '국정 누설'의 문제였다. 광해군이 잠상을 단절시키라는 지시를 하면서 세수의 감소라든지 금수품의 유통으로 인한 손실이나 폐단을 지적한 사례는 찾기 힘들다. 잠상을 철저히 기찰하라고 지시하면서 "잠상을 엄히 기찰하여 뜻밖의 변을 막으라"거나[91] "모든 크고 작은 동정을 (왜인과) 상통하지 않음이 없으니 그 폐단이 이루 말할 수 없다"는[92] 등의 안보 문제를 언급하고 있다. 良弓을 비롯한 금수품의 왜관 유입에 대한 언급[93] 역시 경제적 측면의 지적이라기보다는 국가 안보의 문제로 볼 수 있다. 잠상 기찰과 관련하여 광해군이 계속해서 집착하는 문제가 바로 소위 '朴賊'의 추포이다. 朴賊은 1613년(광해군 5) 계축옥사의 발단이 되었던 1612년의 銀商 살해사건(일명 七庶의 獄)의 주동자로서 유일하게 도주한 朴致毅를 말한다. 계축옥사 처리과정에서 '대비가 서양갑을 시켜 왜적을 불러들이고 심우영을 파견하여 奴酋를 불렀다'는[94] 식으로 사실이 날조되었다. 그 때문에 광해군은 박치의가 왜관으로 숨어들 가

---

[90] 『광해군일기』 권130, 광해군 10년 7월 11일(정유).
[91] 『광해군일기』 권25, 광해군 2년 2월 11일(정사). "況今倭子出入境上 中原差委往來無常 亦必有潛商暗通之類 宜嚴加譏察 依律重治 以杜意外之變"
[92] 『광해군일기』 권39, 광해군 3년 3월 21일(신유). "釜山倭營 島夷長留 我國奸細人等 凡大小動靜 無不相通 其弊罔有紀極矣"
[93] 『광해군일기』 권50, 광해군 4년 2월 6일(신미).
[94] 『광해군일기』 권67, 광해군 5년 6월 22일(기유).

능성이 크다고 판단하고, 이후 지속적으로 동래지역의 잠상 기찰과 박적의 추포를 관련지었던 것이다. 잠상 문제를 곧 정권안보의 측면에서 민감하게 생각하였던 듯하다. 1613년(광해군 5)부터[95] 계축옥사 이후 10년 가까이 지난 1622년(광해군 14)까지도[96] 잠상 기찰을 박적 추포와 관련하여 지시하고 있는데, 광해군의 과도한 집착이 드러나는 부분이다.[97]

광해군이 잠상의 폐단을 거의 전적으로 안보 측면에서 바라본 것은 '南邊의 안정보장을 위해서 대일통상을 허락하였는데, 거기에서 발생하는 잠상 문제가 오히려 안보를 위협하는' 상황에 대한 위기의식에서 비롯되었다고 볼 수 있다. 즉 광해군대 南倭北虜의 현실 속에서 대일외교의 최우선 목표는 어디까지나 안보였다는 사실을 상기할 필요가 있다.

광해군대 일본에 대한 군사적 대비는 기유약조의 준비과정에서부터 보인다. 통제사와 좌수사가 戰船을 부산에 移泊시켜 만약에 대비하고 육군 부대를 선발하여 왜사가 보이는 곳에 배치함으로써 강성함을 과시토록 하였다.[98] 동년 3월에 내조한 왜사 玄蘇 일행이 324명이나 되었던 점을[99] 고려하면 절대 과잉 대응이라고 볼 수는 없는 조치였다. 광해군이 즉위 초에 여진과 일본에 대한 대응을 각각 '수어'와 '접대'로 상정한 사실이나, 유사시 최후의 보장처로 江華나 嶺南[100]을 지목하였던 사실을 보면 17세기 초 여진의 발호로 인한 위기감이 고조되는 속에서 당연히 최대의 가상적을 여진으로 상정했던 것만은 분명하다. 하지만 이것이 일본에 대한 군사적

---

[95] 『광해군일기』 권67, 광해군 5년 6월 15일(임인).
[96] 『광해군일기』 권179, 광해군 14년 7월 12일(병오).
[97] 정권안보에 위배되는 사건들에 대한 광해군의 강박관념에 대해서는 한명기, 「폭군인가 현군인가 – 광해군 다시 읽기 –」, 『역사비평』 44, 1998 참조.
[98] 『東萊府接倭狀啓謄錄可考事目錄抄冊』 1609년 1월.
[99] 『東萊府接倭狀啓謄錄可考事目錄抄冊』 1609년 1월.
[100] 『광해군일기』 권15, 광해군 1년 4월 4일(을묘).

대비태세 완화를 의미하는 것은 전혀 아니었다. 기유약조 성립 이후 대일 통교가 정상화되었음에도 불구하고 광해군은 "왜적이 비록 羈縻하여 왕래하지만 방비는 조금도 늦출 수 없다"고 하면서 번번이 出仕를 거부했던 곽재우를 다시 한번 효유하여 출사토록 할 것을 지시하였고,101) 巡察使 尹昉을 파견하여 釜山의 방비를 일신하고 水使를 부산성으로 移駐토록 지시하는 등 대일정책상 국방 문제를 논의할 때 긴장을 늦추지 않았다.102) 1611년 세견선 도항이 임박해서는 兩南의 戰船을 재정비하여 왜인들에게 잔약함을 보이지 않도록 조치할 것을 지시하였다.103) 일본의 도발 가능성에 대한 경계심은 1619년 深河 전투를 기점으로 위기의식이 더욱 고조되면서 한층 더 강화되었다. 수군의 재정비, 安東에 다시 設鎭하는 일 등이 논의되었는데, 특히 경상감사 박경신은 "왜노가 변경에 오래 머무르다가 만약 서북에 경보가 있는 것을 듣게 되면 薺浦의 變104)이 없지 않을 것"이라고 하면서 일본의 도발을 우려하였다.105)

  이처럼 기유약조의 성립으로 교린관계가 복구되었지만, 광해군대 일본의 도발에 대한 경계심은 완화되기보다는 국제정세와 맞물려 그 후반부로 갈수록 더욱 고조되었다. 잠상의 폐단을 논의하는 과정에서 사회경제적 측면이 아닌 안보와 관련하여 논의가 전개되었던 것은 광해군대 대일정책의 궁극적 목표가 무엇이었나의 문제와 직결되는 것이었다. 특히 深河 전투 이후에는 대외정책의 무게 중심이 여진에 대한 군사적 대비에 쏠리면

---

101) 『광해군일기』 권26, 광해군 2년 3월 26일(임인). "上日 倭賊雖羈縻往來 而在我防備 不可少緩. 壬辰之變 舟師頗有功 備邊司商議 雖不能一時措置 留念修繕可也 郭再祐多有戰功 累召不來 諭出之可矣"
102) 『광해군일기』 권39, 광해군 3년 3월 18일(무오).
103) 『광해군일기』 권47, 광해군 3년 11월 24일(기미).
104) 1510년(중종 5)의 삼포왜란. 薺浦는 熊川, 현재의 경남 진해.
105) 『광해군일기』 권130, 광해군 10년 7월 11일(정유).

서, 일면 대일외교를 방기하는 듯한 양상이 나타나기도 한다. 대일위기감의 고조와는 반대로, 대일정책에 투입되어야 할 동력은 감소하였다고 할 수 있는데, 그 때문에 대일통교상 제반 문제에 대한 대응이 한층 더 유화적 기조 위에서 이루어지는 모습을 보인다. 광해군이 왜인들을 박대하지 말고 양질의 물품을 제때 공급하여 말썽을 일으키지 말 것을 지시한 일이나,106) 서울에서 내려보내는 물품이 지체되어 왜인들이 화를 낸 사실을 지적하기도 하고107) 왜사에게 물품을 넉넉히 보내서 환심을 사도록 한 사실108) 등은 광해군대 후반 대일정책의 유화적 기조를 이해하는 단서가 된다. 광해군의 유화적 대일관은 "倭의 實情을 헤아릴 수 없는데 방백 이하

〈표 2〉 광해군대 왜관 체류 일본인 수109)

年/月	留館倭人數	비고
1609/4	353명	기유약조 당시 玄蘇·柳川景直 일행
1611/11	700여 명	退館倭 700여 명이 동서관을 메우다
1613/3	300~400명	
1618/5	1000여 명	
1618/6	1000여 명	
1619/5	613명	새로 도착한 사절 196명을 더하니 613명이 되다
1619/5	585명	
1619/6	593명	
1619/6	569명	
1619/6	651명	82명이 새로 와서 651명이 되다
1619/7	655명	44명이 새로 와서 655명이 되다
1619/7	620명	68명이 새로 와서 620명이 되다
1619/12	649명	649명(入歸 212명, 留館倭 407명)

典據 : 『光海君日記』, 『邊例集要』, 『啓本謄錄』(규-古 4255-17-2)

---

106) 『광해군일기』 권166, 광해군 13년 6월 17일(정해).
107) 『광해군일기』 권169, 광해군 13년 9월 20일(무오).
108) 『광해군일기』 권177, 광해군 14년 5월 10일(을사).
109) 양흥숙, 「조선후기 東萊 지역과 지역민 동향-倭館 교류를 중심으로-」, 부산대 박사학위

가 조정의 명령을 받들지 않고 접대를 삼가지 않아 왜사들이 감정을 상한다"고 한 발언에110) 극명하게 드러난다. 잠상에 대한 대응 역시 기찰을 통한 잠상인의 처벌과 동시에 왜사들의 요구에 대한 신속한 대응을 통해 체류일을 줄임으로써 해결하고자 하는 방향으로 전개되었다.

당시 두모포 왜관의 적정 체류 인원은 200~300명으로 추산되는 데 반하여,111) 실제 체류인원은 적게는 353명, 많게는 1,000여 명에 이르는 등 대체로 500~700명 선이었다. 언제든 군대로 편성될 수 있는 남성 500명 이상이 변경지역에 장기간 체류한다는 사실은 광해군대 대내외적 상황에서 사회경제적 측면에서 뿐만 아니라 안보상의 위협이 되는 문제였다. 그런데 1618년까지는 왜관에 체류하는 왜인의 수, 즉 유관왜인수를 '300~400명', 혹은 '1,000명이 넘는다'는 부정확한 숫자로 보고된 것을 볼 수 있다. 그러나 深河 전투가 있었던 1619년의 보고 수치는 1명 단위까지 정확하게, 월단위로 자주 보고되고 있는 특징을 보인다. 이는 왜인관리의 초점이 국방·안보 문제에 있었음을 시사하는 것이다.

이상에서 살펴본 접대 의례의 정비나 잠상 문제에 대한 대응을 살펴보았다. 기유약조와 상경문제 등 대일통교의 기본적인 틀을 마련하는 과정에서 광해군대 초반 대일정책이 거둔 일정한 성과 위에서 전개된 대일정책의 특징은 유화책이다. 왜사들의 요구를 되도록 수용하려는 입장에서 정책 논의가 전개되었다. 광해군대 대일정책이 유화적 기조에서 전개되었다는 것은 수세적이고 피동적이었다는 의미는 아니다. 일본의 공세적 요구에 일방적으로 자국의 손실을 감수하는 식의 악순환이 아니라 대일유화

논문, 2009, 22쪽의 〈표 1〉(두모포왜관의 留館倭人)의 일부를 변용하여 작성하였다.
110) 『광해군일기』 권179, 광해군 14년 7월 12일(병오). "傳于東萊府使曰 近日倭情叵測 方伯以下 不體朝廷命令 不謹接待 使令倭使憾恨非一. 餽贈之物 各別擇給 勿令久留 卽爲答送 潛商人 亦十分嚴禁 摘發啓聞 在逃逆賊 竝物色購捕(事, 東萊府使處言送)"
111) 양흥숙, 앞의 논문, 22쪽.

책이 곧 대일통교에서 발생하는 문제들을 개선할 수 있다는 대응 논리 위에 전개되었기 때문이다. 이는 특히 잠상에 대한 대응에서 물품의 공급을 신속하게 함으로써 왜사들의 체류기일을 최소화하고 또 잠상의 폐단과 경제적 부담을 덜 수 있다는 식의 선순환 구조를 제시하였던 데에서 볼 수 있다. 유화적 기조 위에서 전개된 광해군대 대일정책의 또 하나의 특징은 정책 논의기 '원칙'이 아닌 '이해득실'에 철저히 초점을 맞추고 있나는 점이다. 접대의례나 잠상 문제를 통해서도 원칙이나 시비를 기준으로 오류를 시정함으로써 개선하는 방식이 아니라, 대안을 제시함으로써 혹은 득실을 따짐으로써 문제를 해결하는 방식을 추구하였다는 공통점이 보인다. 그러한 점에서 광해군대 대일정책 유화적인 동시에 공리적인 특징을 지닌다고 할 수 있겠다.

　1617년 회답겸쇄환사가 일본 쇼군에게서 받은 銀子를 營建都監에서 사용하도록 한 사례나[112] 深河 전투 출전을 위한 논의과정에서 군량 확보를 위해 兩湖의 미곡을 왜관에서 무역하여 銀으로 바꾸고 그 은으로 다시 요동에서 미곡을 구매하여 운송의 부담을 덜도록 한 사실[113] 등은 대일통교를 국익으로 전화시키는 광해군대 대일외교의 일면을 보여준다. 광해군대 大北 정권의 중요한 특징으로 국부 증대를 위한 상업적 유통의 중요성에 대한 인식을 들 수 있다. 호패법, 양전사업, 대동법 등이 시행되고 은광개발과 주전론도 활발히 제기되었다.[114] 개시 허용에 대한 전향적 태도나, 중앙의 각 관서에서 필요한 물품을 확보하기 위해서 왜관 무역을 적극적으로 활용하였던 것[115] 역시 그러한 정치적 성향과 연관지어 이해할 수 있

---

[112] 『광해군일기』 권129, 광해군 10년 6월 25일(임오).
[113] 『광해군일기』 권130, 광해군 10년 7월 10일(병신).
[114] 신병주, 「17세기 전반 북인관료의 사상」, 『역사와 현실』 8, 1992, 145쪽.
[115] 『광해군일기』 권26, 광해군 2년 3월 4일(경진).

는 부분이다.

　대일통교체제의 기본 틀을 구성하는 과정에서 조선 측의 의지를 관철시킴으로써 안정적 출발을 보인 광해군대 대일정책은 17세기 초의 대내외적 현실 속에서 유화적이고 공리적인 대응을 통해 대일관계를 유지해나갔다. 광해군대 대일정책상의 이러한 특징들은 17세기 후반의 '원칙론적' 대응론과는116) 차이를 보인다.

5. 맺음말

　조선후기 대일 통교의 기본 틀로 평가되는 기유약조 약조 체결과정에서 조선 조정은 조·일 간 외교통로로 대마도를 설정함으로써 '對馬島를 통한 대일외교 체제'를 성립시켰다. 이처럼 대일외교에서 일종의 간접 통교방식을 취하게 된 것은 다음과 같은 조선 조정의 의도가 반영된 결과였다. 첫째, 국교 회복이 불가피한 상황에서 '武威'를 내세우던 일본 幕府와의 직접 통교를 회피함으로써, 임진왜란의 기억이 생생하던 당시의 반일정서를 어느 정도 무마할 수 있었다. 둘째, 대마도에서 파견된 倭使들이 준행하는 외교의례는 조공례를 원용한 것으로, 조선으로서는 접대 의례를 하향 조정함으로써 교섭현장에서 대마도에 대한 제어력을 행사할 수 있었다. 셋째, 체결 당시 일본에서는 아직 패권을 둘러싼 권력투쟁이 진행 중이었고 최종 승자를 외교상대로 선택해야 했던 조선으로서는 幕府와 직접 교섭을 유보함으로써 추후 일본 정세 변동에 대한 위험 부담을 줄일 수 있었다.

　한편 기유약조 체결 당시 쟁점 현안으로 대두되었던 것이 대마도의 '상

---

116) 17세기 후반의 원칙론적 대응에 관해서는 김태훈, 앞의 논문, 2장 참조.

경 허용 요청'이었다. 기유약조 체결은 곧 조·일관계의 '復舊'를 의미하는 것이었고, 그러므로 왜사 상경을 포함한 조선전기 이래의 規例 회복 역시 당연한 수순으로 인식되고 있었다. 그러나 조정에서는 '왜사 상경 금지'를 기본 방침으로 확정하고는 開市 허용, 明의 허가 없이는 상경을 허용할 수 없다는 식의 '借重之計' 활용, 肅拜禮를 비롯한 의례 정비 등 회유와 압박 등을 통하여 왜사 상경 금지를 새로운 규례로 안착시켰다. 광해군대 초반 기유약조 체결로 대마도를 통한 대일외교체제를 성립시키고, 왜사 상경 금지를 관철시킴으로써 東萊 지역의 倭館이라는 한정된 공간을 대일통교의 장으로 확정하여 조선후기 대일외교의 외형적인 틀을 마련하였다. 그리고 그 과정에서 적절한 외교적 대응 능력을 발휘함으로써 대일교섭에서 통제력을 지닐 수 있게 되었고, 대일관계로 파생될 수 있는 제문제로 인한 내정상의 부담을 최소화할 수 있었다.

광해군은 즉위 직후부터, 남왜북로의 현실하에서, 일본에 대한 '接待'와 여진에 대한 '守禦'를 외정의 기본 방향으로 제시하였다. 불공대천의 원수인 일본에 접대, 곧 통교를 허하는 것이 불가피하게 된 것은 이미 진행되어버린 국교회복 때문으로 이는 先代의 과오/유산이라 하여 그 책임을 전가하는 방식으로 부담을 덜어냈다. 또 한편으로는, 기왕의 통교 상대인 이웃나라에 대한 접대는 交隣之道에 입각해서 행해야 한다는 당위론을 제기함으로써, 내부적 반발을 무마할 수 있었다. 그리고 실제 대일통교 과정에서 발생하는 문제들에 대해서는 명분론적·원칙론적 관점이 아닌 철저히 공리적·유화적 견지에서 대응하는 모습을 보였는데, 밀무역의 폐단에 대해 통상 억제가 아닌 양성화·합리화를 통해서 돌파구를 찾은 것이 그 일례이다. 이는 17세기 후반 원칙론적 대응을 통해 정책 기조를 재확립했던 것과는 대조적이다.

요컨대 17세기 초 대일외교체제 정비 과정에서 조선 조정은 통교체제의 기본 틀을 구성하는 문제, 즉 기유약조 체결이라든가 왜사 상경 금지 건에 대해서는 조선 측의 의지를 관철시켰다. 그리고 어차피 내주어야 하는 부분에서는 시기와 방법을 조율해가면서 허용하는 공리적이고 유화적인 대응을 해나갔다. 이처럼 17세기 초 국교재개 이후 전개된 대일외교체제 정비 과정에서 보였던 대일외교의 안정적 출발은, 긴박했던 17세기 초 당시의 대내외적 여건을 고려하면 큰 의미를 지닌다고 하겠다. 뿐만 아니라, 기유약조와 왜사 상경 금지 관례 정착 등의 성과는 19세기 후반까지 유효했던 대일외교의 기본 틀을 제공하였다.

참고문헌

『朝鮮王朝實錄』(宣祖~光海君)
『備邊司謄錄』
『東萊府接倭狀啓謄錄可考事目錄抄冊』
『朝鮮通交大紀』
『漢陰先生文稿』
『增正交隣志』
『故事撮要』

김경태, 「임진전쟁기 강화교섭 연구」, 고려대 박사학위논문, 2014.
김태훈, 「숙종대 대일정책의 전개와 그 성과」, 『한국사론』 47, 2002.
민덕기, 『前近代東アジアのなかの韓日關係』, 早稻田大學出版部, 1994(번역·증보, 『前近代 동아시아 세계의 韓·日관계』, 경인문화사, 2007).
민덕기, 『조선시대 일본의 대외교섭』, 경인문화사, 2010.
손승철, 『朝鮮時代 韓日關係史硏究』, 지성의샘, 1994.
신병주, 「17세기 전반 북인관료의 사상」, 『역사와 현실』 8, 1992.
양흥숙, 「조선후기 東萊 지역과 지역민 동향-倭館 교류를 중심으로-」, 부산대 박사학위논문, 2009.
이계황,『東アジア國際情勢と朝日國交再開』, 京都大 박사학위논문, 1994.
이민호,『朝鮮中期 對日外交研究-國交 再開問題를 中心으로-』, 단국대 박사학위논문, 1987.
홍성덕,『十七世紀 朝日 外交使行 硏究』, 전북대 박사학위논문, 1998.
山本博文,『對馬藩江戶家老 近世日朝外交をささえた人びと』, 講談社, 2002.
三宅英利,『近世日朝關係史硏究』, 文獻出版, 1986.
田代和生,『近世日朝通交貿易史の研究』, 創文社, 1981.
田中健夫,「鎖國成立期における朝鮮との關係」,『中世對外關係史』, 東京大學校出版會, 1975.
中村榮孝,『日鮮關係史研究』下, 吉川弘文館, 1969.

17~18세기 임진왜란 참전 明軍에 대한 기억*

우 경 섭

1. 머리말

　1592년 임진왜란이 일어나자 명나라는 대규모 원병을 조선에 파견했다. 전쟁 중 많을 때는 약 11만 명의 명군이 조선에 주둔했는데, 그들 중 대부분은 1598년 전쟁이 끝나자 명나라로 귀환했다.
　명군의 참전은 이순신의 해전 및 의병 활동과 더불어 흔히 임진왜란 극복의 3대 원동력으로 평가된다. 그리고 이들이 남긴 영향은 17~18세기 조선 사상계에 再造之恩의 이데올로기로 지속되었음은 주지의 사실이다. 그러나 임진왜란사 연구가 주로 외침에 대한 항전이라는 관점 아래 진행되면서, 전쟁 중 명군의 실제적인 활동상은 충분히 해명되었다고 보기 어려

---

* 본고는 2017년 6월 2일 연세대학교 '서애 류성룡' 연구단에서 주최한 학술회의 〈임진왜란과 그 후의 전쟁 기억〉의 발표문을 보완하여 『한국학연구』 46집(인하대학교 한국학연구소, 2017)에 수록한 글을 일부 수정한 것이다.

울 듯하다. 더구나 조선후기 명나라에 관한 기억이 사대주의로 규정되는 한, 명군이 조선후기 사회에 남긴 흔적들 또한 적극적인 연구 대상이 될 수 없었다.1)

이 글은 동아시아 질서의 새로운 변동에 직면했던 명청교체 이후 조선 사회가 임진왜란에 참전했던 명군들을 어떻게 기억하였는지에 관한 시론이다. 그간에는 명나라 장수들이 세운 關王廟 및 明皇을 제사했던 萬東廟와 大報壇을 중심으로 조선후기 사회에 드리워진 명나라의 흔적들이 검토되는 가운데, 再造之恩의 관념에 입각한 '慕明思想'이 임란 당시부터 조선 말까지 존속·강화된 것으로 설명되었다. 아울러 재조지은의 실제적 주인공인 참전 명군을 제사하는 愍忠壇·武烈祠·宣武祠 등 壇廟들 역시 재조지은의 관념 아래 별다른 변화 없이 유지되었다고 이해되었다.2)

그러나 임란 당시에 설립된 민충단·무열사·선무사에 관해서는 아직까지 그 연혁조차 명백히 밝혀지지 못한 듯하다. 필자의 과문함 탓인지 모르겠지만, 지금까지 이들 세 壇廟에 관한 본격적 연구로는 구와노 에이지(桑野榮治)의 논문이 유일하다.3) 그는 中村榮孝의 관점에 대한 비판적 시각 아래, 임란 이후 국가 祀典의 변화와 대명인식의 구도 속에서 관왕묘와 더불어 민충단·무열사·선무사의 건립 경위를 상세히 검토하였다. 그런데

---

1) 현재까지 한국학계에서 이루어진 임진왜란 참전 명군에 관한 연구로는 한명기의 『임진왜란과 한중관계』(역사비평사, 1999)가 대표적이며, 개별 논문으로는 다음과 같은 성과들이 있다. 박현규, 「明將 鄧子龍의 활약과 죽음」, 『한중인문학연구』 22, 2007 ; 박현규, 「임진왜란 명 장수 吳惟忠의 한반도 소재 문물 고찰」, 『석당논총』 64, 2016 ; 楊海英, 「南兵의 시점에서 본 壬辰戰爭」, 『壬辰亂 硏究叢書』 1, 임진란정신문화선양회, 2013 ; 윤혜민, 「조선후기 石星에 대한 인식 변화와 그 의미」, 『조선시대사학보』 70, 2014 ; 진병용, 「杜師忠의 생애와 慕明齋에 대한 역사적 고찰」, 『대구사학』 119, 2015 ; 한명기, 「임진왜란 시기 明軍 逃亡兵 문제에 대한 一考」, 『한국학연구』 44, 인하대 한국학연구소, 2017.
2) 中村榮孝, 「朝鮮の慕明思想と大報壇」, 『天理大學學報』 78, 1972 ; 「朝鮮における關羽の祠廟について—壬辰·丁酉倭亂と關王廟の創始」, 『天理大學學報』 85, 1973.
3) 桑野榮治, 「朝鮮後期における國家祭祀儀礼の変動—壬辰倭亂直後の朝鮮と明—」, 『久留米大學文學部紀要 國際文化學科編』 23, 2006.

본고는 관점을 조금 달리하여, 조선에 정착한 명군 및 그 후손들의 정체성을 대표하는 상징물로서 세 단묘가 지닌 시대적 의미를 추적해 보고자 한다. 즉 임란 참전 명군을 제사하기 위해 세워진 민충단·무열사·선무사 및 조선에 정착한 명군 후손들의 삶을 주제로 삼아, 17~18세기 임진왜란에 대한 기억이 시대의 흐름에 따라 어떠한 양상으로 변화하게 되는지 그 구체적인 모습들을 검토하고, 명군의 참전에서 출발한 再造之恩의 현실론적 담론이 尊周大義라는 정통론으로 포괄되어 가는 과정을 논하고자 한다.

2. 전몰 명군을 위한 壇廟 건립

1592년 4월 임진왜란이 발발하자 명에서는 병부상서 石星과 備倭經略 宋應昌이 지휘하는 원군의 조선 파병이 결정되었다.[4] 7월 요동부총병 祖承訓이 5천 명을 이끌고 압록강을 건넌 것을 필두로 명군의 개입이 시작되었고, 12월 도독 李如松 휘하의 左協將 楊元, 中協將 李如栢, 右協將 張世爵과 駱尙志·吳惟忠·王必迪 등이 이끈 4만의 군사들이 당도하였다.

이들은 1593년 1월 평양을 탈환하여 전쟁 초반의 불리한 전세를 단숨에 역전시켰지만, 2월에 벌어진 벽제관 전투에서 대패했다. 이후 명과 일본 사이에서 지루한 강화협상이 진행되는 동안 명군은 왜군과의 전투에 소극적이었을 뿐 아니라, 전국 각처에서 심각한 민폐를 저지르기도 하였다. 그리고 1597년 정유재란이 일어나자 병부상서 邢玠와 經理朝鮮軍務 楊鎬의 주도 아래 麻貴가 지휘하는 육군과 陳璘이 이끄는 수군이 다시 조선에 들

---

[4] 임진왜란에 참전한 명군들의 구체적인 활동 및 再造之恩 이념의 형성에 관해서는 한명기, 앞의 책, 67~88쪽 참조.

어왔다. 이들은 정유재란 초반이던 1597년 8월 남원성 함락 때 몰살되고, 12월과 이듬해 9월 두 차례 울산 공략전에서도 실패를 거듭하였다. 그러나 명나라 육군이 북상하던 왜군을 충청도 직산에서 저지하였고, 수군 역시 이순신 함대와 더불어 큰 전공을 세웠던 사실은 부정할 수 없다.

그런데 임란 시기 명군의 구체적 전적과 공로를 어떻게 평가하느냐의 문제와 별개로, 전쟁 발발 직후부터 국왕 선조를 중심으로 명군의 참전을 왜적 격퇴의 근원으로 간주하는 再造之恩의 이데올로기가 형성되었음은 앞서의 연구들을 통해 밝혀진 바이다. 선조의 다음과 같은 말은 그러한 인식을 잘 보여준다.

> 금번 왜적을 평정한 일은 오로지 天兵 때문이었다. 우리 나라의 將士들은 그저 천병의 뒤를 따라다니다 요행히 잔병들의 머리를 얻었을 뿐, 적장의 머리 하나를 베지 못하고 적진 하나를 함락시키지 못했다. (중략) 천병이 출동한 이유를 논하자면, 호종한 여러 신하들이 험한 길에 엎어지며 나를 따라 의주에 당도하여 天朝에 호소했기에 왜적을 토멸하고 강토를 회복할 수 있었던 것이다.5)

만력제가 파병한 원군 덕분에 조선이 왜적을 물리칠 수 있었다는 위와 같은 재조지은의 관념은 결국 100여 년이 지난 뒤 숙종대 대보단 설립으로 귀결되었다. 그런데 대보단 설립 이전에 이미 참전 명군과 관련된 몇 곳의 제단과 사당이 세워졌으니, 대표적인 것이 1590년대에 건립된 愍忠壇·武烈祠·宣武祠였다.6)

---

5) 『선조실록』 권135, 선조 34년 3월 14일(임자) "今此平賊之事, 專由天兵, 我國將士, 不過或隨從天兵之後, 或幸得零賊之頭而已, 未嘗戡一賊首, 陷一賊陣. (중략) 若論天兵出來之由, 則皆是扈從諸臣, 間關顚沛, 隨予到義州, 籲呼天朝, 得以討賊, 恢復疆土耳."

6) 민충단·무열사·선무사에 관한 기본 사실은 『증보문헌비고』 권63, 諸壇 및 권64 諸廟 참조.

민충단은 1593년(선조 26) 윤11월 명나라의 요청에 따라 전몰 명군을 제사하기 위해 설립된 제단이었다. 명 예부가 요구하기를, 조선 조정의 주관 아래 왜군과 격전을 벌였던 평양·개성·벽제·서울 등 4곳에 명군 전사자를 위한 단을 세우고, 황제의 명에 따라 제단의 이름을 '愍忠'으로 정하라는 것이었다. 이때 명에서는 단의 규모, 牌坊의 설치, '大明征東陣亡官軍之位'라는 位牌의 표기까지 세부적인 의절을 지시하였고, 명의 관리를 직접 파견하여 제사를 거행하고자 한다는 뜻을 함께 전해왔다.7) 이에 따라 조선 조정에서는 제단 설립에 관하여 다음과 같은 논의가 이루어졌다.

> 삼가 遼東都司의 移咨를 살펴보니, 평양·벽제·서울에 제단을 설치하고 해마다 전사한 군졸들을 제사한다고 합니다. 이역만리의 전쟁 중에 죽은 天朝 將士들에 대하여, 천조에서는 제사하나 우리가 막연히 있는 것은 정서상 옳지 않을 뿐 아니라 나중에 오는 장사들의 원망을 초래할 것입니다. (중략) 서울과 경기의 감사에게 글을 내려, 전장 근처의 땅을 정비하고 나무를 세워 '勅賜愍忠壇'이라 쓴 뒤, 우선 나라의 명으로 그 옆에서 제사하게 하소서. 그리하면 죽은 이들을 위로함에 섭섭하지 않을 것입니다.8)

비변사의 위와 같은 건의에 따라, 우선 서울 홍제원과 평양 을밀대 북쪽에 민충단이 건립되었다. 명 조정에서는 1595년(선조 28) 2월 조서 및 은과 함께 제관을 파견하여 평양과 벽제의 민충단에서 전몰 명군의 혼령을 위로하였으며, 홍제원에서는 유격 陳雲鴻이 황제의 명을 받들어 제사를 거행하며 직접 儀註를 만들었다.9) 그리고 매년 명의 제관을 파견하기가 번

---

7) 『선조실록』 권45, 선조 26년 윤11월 20일(경자).
8) 『선조실록』 권45, 선조 26년 윤11월 24일(갑진) "備邊司啓曰, 伏見遼東都司移咨, 平壤碧蹄王京設壇, 歲祭陣亡軍卒. 天朝將士, 萬里征役, 至於死亡, 天朝致祭而我國漠然, 則其於情理甚不相稱, 而亦使後來將士生怨恨之意. (중략) 請下書于長安京畿監司, 於戰場近處, 略爲除地, 立木書曰勅賜愍忠壇, 先以國命, 祭於其側, 則其所以慰悅幽明者, 非淺淺矣."

잡하다는 이유로 북경에 왕래하는 조선 사신 편에 향촉과 제물을 전하여 대신 제사하도록 하였다. 그러나 전쟁 중에 조선 조정에서 실제로 제사를 주관했었는지는 분명치 않으며, 병자호란 이전에 이미 제사가 중지되었던 듯하다.

그 뒤 민충단 제사가 다시 이루어진 것은 현종대의 일이었다. 현종 연간 1668년(현종 9)과 1671년(현종 12) 두 차례 제사가 거행되었는데,[10] 이때 제사 재개의 명분이 재조지은의 이데올로기와는 별로 상관이 없었다는 점이 주목된다.

이때는 1670년(현종 11)의 이른바 '경신대기근'을 전후한 시기로, 기상 이변과 가뭄으로 인한 기근 및 전염병이 온 조선 땅을 휩쓸고 있었다. 당시 조야에서는 이러한 천재지변이 왜란과 호란 때 억울하게 죽은 원혼들이 和氣를 해치기에 발생한다는 인식이 널리 퍼져 있었다. 이미 인조 연간부터 기근과 여역이 들 때마다 險川·雙嶺·江華·金化·兎山 등 병자호란의 격전지에서 원혼들을 위로하는 제사를 지내기 시작하였다.[11] 그런데 1668년 김좌명의 건의에 따라 호란 때 전적지에 더하여 민충단 제사가 추가되었고, 1670년 이후 임란 때 대규모 사상자가 발생한 진주·남원·금산·달천(충주)·울산·상주 등지에서도 解冤의 의미를 지닌 제사가 함께 거행되었던 것이다.

> 올해 가뭄은 예전에 없던 바입니다. 서울에서는 이미 기우제를 지냈습니다만, 외방에는 늘 겨를이 없어 지내지 못합니다. 지난 무신년(1668) 봄에 경연 신하의 건의에 따라 민충단과 강화·토산·금화·쌍령 등지에서 전사한

---

9) 『선조수정실록』 권29, 선조 28년 2월 1일(갑진) ; 『선조실록』 권60, 선조 28년 2월 15일(무오) ; 『영조실록』 권125, 영조 51년 7월 30일(을해).
10) 『현종실록』 권14, 현종 9년 3월 23일(신유) ; 권19, 현종 12년 4월 19일(경자).
11) 『인조실록』 권40, 인조 18년 6월 12일(임술).

장사들을 위하여 특별히 근신을 파견해 치제하였습니다. 그러나 임진년 변란
에 남원·금산·진주·달천의 전사자들에 대해서는 제사를 내리지 않으니,
이는 祀典의 큰 흠결이라 할 수 있습니다. 더구나 천재지변을 당한 때에 이
르러 미비한 법도를 보완함이 마땅할 것이니, 청컨대 근신을 보내어 날짜를
가려 치제하게 하소서.12)

 이처럼 현종대 민충단 제사에는 재조지은의 의미가 담겨있지 않았지만,
향축과 폐백만 보내던 지방의 해원제들과 비교하여, 중신이 제관으로 파
견되었다는 점에서 남다른 중요성을 인정받고 있었다. 천재지변이 있을
때 해원의 방도로서 거행되는 민충단 제사의 관행은 숙종대 전반까지 이
어졌다.13)

 한편 명나라 조정에서 파병을 주도했던 병부상서 석성 및 평양 전투를
승전으로 이끈 제독 이여송과 양원·이여백·장세작 등 세 장수의 화상을
봉안한 무열사는 1593년(선조 26) 평양성 탈환 직후에 설립된 것으로 알려
져 왔지만,14) 실제로는 창건 연대가 불분명하다.

 1593년 1월 평양 전투가 끝나자마자 병조판서 이항복은 이여송의 공로
를 기리는 사당을 세워 화상을 봉안하고 비석을 세우자고 선조에게 건의
하였다.15) 그리고 같은 해 9월, 이여송의 사람됨을 설명한 『선조수정실록』
의 기사 말미에 무열사에 관한 언급이 처음 보인다.

---

12) 『현종개수실록』 권22, 현종 11년 3월 25일(임오) "持平柳延啓曰, 今年旱乾, 前古所無. 京中旣
行祈雨祭, 而至於外方, 則每有未遑者. 往在戊申春, 因筵臣建白, 愍忠壇江華兎山金化雙嶺等
處戰亡將士, 擧皆別遣近臣致祭, 而唯壬辰之變, 南原錦山晉州㺚川戰亡者, 獨不賜祭, 其在祀
典, 亦極欠闕, 況當遇災之日, 宜修廢典, 請遣近臣, 擇日致祭."
13) 『숙종실록』 권11, 숙종 7년 5월 12일(갑자).
14) 『俎豆錄』, 關西 平壤 武烈祠 "宣祖癸巳建, 同年賜額." ; 『增補文獻備考』 卷64, 禮考 諸廟 武烈
祠 "宣祖二十六年(原本作三十六年, 而平壤誌及禮曹祠院錄皆云, 宣祖癸巳賜額, 當作二十六
年)創建."
15) 『선조실록』 권34, 선조 26년 1월 12일(정묘) ; 『선조실록』 권35, 선조 26년 2월 2일(정해).

> 나중에 임금이 평양에 사당을 세워 석성 및 이여송을 제사하고 이여백·
> 장세작·양원을 배향하라 명하고, 武烈이라 사액하였다.16)

　그런데 위의 기록에서 문제가 되는 부분은, 무열사를 세우고 사액한 '나중'이 언제인지 명확하지 한다는 점이다. 그리고 이항복이 말한 이여송의 사당과 무열사가 동일한 것인지도 분명치 않다.
　그런데 1594년 10월 비변사의 건의를 살펴보면, 무열사 건립 이전에 별도의 이여송 사당이 존재했던 정황을 짐작할 수 있다. 즉 원군 파병을 주도한 석성과 더불어 양원·이여백·장세작 등 부장 3인도 이여송의 사당에 함께 향사하자는 비변사의 건의에 대하여, 선조는 석성과 이여송의 합사는 승낙하되 부장 3인까지 함께 제사하기는 너무 번다하므로 다시 의논하라고 답하였다.17) 뒤이어 1595년 1월, 선조는 명 사신이 당도하기 전에 '다른 사람들(이여백·장세작·양원 등 부장 3인)은 몰라도 석성과 이여송을 함께 제사하는 일을 서두르라'고 전교하였다.18)
　따라서 이들 기록으로 본다면 무열사는 1595년 1월까지도 건립되지 못했고, 다만 1593년 이항복의 건의에 따라 무열사와 별개의 이여송 사당이 먼저 세워졌음을 짐작할 수 있다. 그리고 1596년(선조 30) 3월 奏聞使 鄭期遠이 이여송의 공로만 기리는 조선의 군신들에게 섭섭한 감정을 토로하던 양원을 직접 만나 그의 생사당이 평양에 있음을 언급하며 위로한 것으로 보아,19) 당시에는 5명의 화상을 함께 봉안한 무열사가 존재했음을 확인할

---

16) 『선조수정실록』 권27, 선조 26년 9월 1일(임자) "後, 上命建祠于平壤, 祀石星及如松, 而以如栢張世爵楊元配, 賜額武烈."
17) 『선조실록』 권56, 선조 27년 10월 13일(정사) "備邊司啓曰, 當初力排群議, 命將出師, 來救我國, 石尙書之功, 果爲重大. 爲設位版, 與李提督同入一祠, 副將三人, 亦爲同祠, 其於情禮, 極爲允當. 答曰, 依啓. 副將三人似多, 更議."
18) 『선조실록』 권59, 선조 28년 1월 4일(정축) "上敎政院曰, 石尙書生祠, 曾已定之矣. 他人雖不得爲之, 石尙書與李提督同祀, 天使未出來之前, 使之擧行, 俾華人知之."

수 있다. 즉 1593년 1월 평양 전투 직후 이여송의 사당이 먼저 세워지고, 1594년 10월부터 석성 및 이여송의 부장 3명의 합사가 추진되었으며, 결국 1596년 무렵 5명이 함께 향사된 무열사로 통합된 것이 아닌가 짐작된다.[20)]

그런데 살아있는 사람의 화상을 모신 무열사는 애초부터 過恭의 혐의를 지닌 사당이었다. 당시 석성과 이여송은 왜란 초기의 급박한 전세 속에서 조선의 명운을 좌우할 인물이었기에, 무열사는 처음부터 명군들에게 보이기 위한 목적이 두드러졌던 것이다. 1595년 1월 선조가 두 사람의 합사를 재촉했던 이유 역시 중국 사신의 행차 이전에 사당을 완성하여 그들에게 보이기 위함이었던 사실이 무열사의 건립 목적을 잘 보여주고 있다.

조선 조정에서는 곧 무열사 제사의 의절을 마련하여 매년 2월과 8월에 제사를 행하였지만,[21)] 정작 무열사 제사에 적극적인 관심을 보인 것은 왜란이 끝난 뒤 1599년(선조 32) 석성이 명나라에서 옥사했다는 소식이 전해진 뒤였다.[22)] 이후 1604년(선조 37) 7월 후술할 선무사와 더불어 제사가 거행되었으나, 그 뒤에도 조정에서 주관하는 정례적 제향이 이어졌는지는 확인되지 않는다.[23)] 그리고 인조대 정묘호란을 겪으면서 석성의 화상만 온전했을 뿐 이여백의 화상은 상반신만 남았고, 나머지 3명의 화상은 간 곳을 알 수 없게 되었다. 이에 이여백의 화상을 수보하고 3명은 화상은 위

---

19) 『선조실록』 권86, 선조 30년 3월 25일(을묘). 桑野榮治, 앞의 논문 36쪽 참조.
20) 1788년(정조 12) 정조는 무열사와 별개의 이여송 사당을 다시 세우고, 직접 李提督祠堂記를 지어 걸게 하였는데, 이것이 정조 행장에 보이는 寧遠祠 혹은 李提督祠堂인 듯하다. 『弘齋全書』 권21, 提督李公如松定不祧之典購第建祠日致祭文 "破竹之形, 藉公此舉, 雲仍靡家, 香火無所. 凡在朝紳, 勳猶賜第, 矧惟尊靈, 寧莫安揭," ; 『정조실록』 권26, 정조 12년 11월 13일(신미) ; 『정조실록』 附錄, 正祖大王行狀 "王於尊周大義, 宿寐繼述, 每望拜皇壇, 遣官審宣武祠, 致侑寧遠祠武烈祠, 扁李提督祠堂, 歲祀不祧."
21) 『선조실록』 권117, 선조 32년 9월 1일(정미) "今考李提督生祠堂節目, 則每年春秋仲月中丁行祭, 祭物依精忠錄所載, 參以我國藏祭之例, 增損磨鍊, 祠號亦令藝文館撰定云."
22) 石星의 임진왜란기 활동과 그에 대한 조선인들의 인식에 관해서는 윤혜민, 앞의 논문 참조.
23) 『선조실록』 권118, 선조 32년 10월 20일(병신) ; 권176, 선조 37년 7월 20일(기사).

판으로 대신하게 하였다.24) 그러나 병자호란 패전 이후 청나라의 강압 아래 놓이게 된 뒤, 청 사신이 왕래하는 평양의 무열사 제사가 계속 되었을 리는 없었을 듯하다.

또한 1599년(선조 32)에 남대문 안 太平館 서쪽에 정유재란 때의 병부상서 형개의 화상과 선조의 어필 '再造藩邦'을 봉안한 선무사가 세워졌다. 선무사 역시 생존 인물인 형개를 위해 세운 생사당이었으므로 위패 대신 화상을 봉안하였고, 1604년(선조 37)에는 양호의 화상을 배향하였다. 특히 선무사는 훗날 朝宗巖과 華陽洞에 모각되어 再造之恩 이데올로기의 상징물이 된 선조 어필의 소장처로서 조선후기 내내 각별한 관심을 받았다.

선무사에 관한 기록은 왜란이 종결된 직후인 1598년(선조 31) 12월에 처음 보인다. 정유재란 이후 軍門 형개의 접반을 담당하던 軍門都監에서 보고하기를, 명나라 장수들이 예전에 조선 조정이 송응창을 위한 歌謠를 짓고 이여송의 생사당을 세웠던 전례를 거론하며, 형개의 귀국 이전에 그의 공덕에 걸맞는 마땅한 예우를 갖추라고 요구해 왔다는 것이다. 즉 평양 전투에서 한 번 승리를 거두었을 뿐인 이여송에게도 사당을 지어주었는데, 왜적을 물리쳐 강토를 수복해 준 형개를 위해서도 당연히 노래와 사당을 마련해야 한다는 뜻이었다.25) 이에 비변사에서 다음과 같은 의견을 선조에게 아뢰었다.

> 형군문의 생사당과 노래에 관한 일을 저들이 먼저 직접 말했으니, 속히 거행하여 저들의 마음을 위로함이 옳을 듯합니다. 그런데 군문을 위해 생사당과 노래를 만든다면 4로의 제독들이 모두 거기에 끼어들려고 할 터인데, 누구는 해주고 누구는 해주지 않으면 그들의 분노를 일으켜 난처한 일이 생길

---

24) 『인조실록』 권29, 인조 12년 2월 19일(병자).
25) 『선조실록』 권107, 선조 31년 12월 11일(임술).

것입니다. 그러므로 우선 생사당을 건립하겠다는 뜻을 먼저 군문에게 알려 화상을 그리게 하고, 사당 건립은 천천히 하되 노래를 먼저 지어 보내도록 하십시오.26)

이후 1599년 9월 무렵 사당과 화상이 완성되고, 조선 조정은 선무사 제사를 무영사의 의절에 따라 거행하고자 하였다. 그러나 유격 姜良棟 등이 물력이 많이 소요되는 石碑와 銅柱까지 세울 것을 집요하게 요구하자,27) 선조는 석비와 동주 대신 '재조번방' 네 글자를 써서 刻板한 뒤 선무사에 걸도록 하였다.28)

그 뒤 제독 李承勳이 철군하며 자신에게도 어필을 내려줄 것을 청했을 때, 선조는 다른 신하에게 써주도록 명하며 '재조번방' 편액을 남기게 된 경위를 다음과 같이 설명하였다.

어렸을 때부터 경박하여 옛 사람의 글씨를 매우 좋아했지만 글씨 쓰는 법은 전혀 알지 못하였다. 간혹 따라 써보기도 했지만 한때의 장난이었을 뿐, 매번 혼자 웃으며 찢어버리며 답답한 마음을 심사를 풀곤 했으니, 나에게 마음의 병이 있었기 때문이다. 애초부터 남에게 보인 적이 없으며, 題額이나 병풍·족자 따위는 지금까지 한 번도 써보지 않았다. 이는 좌우에 있는 사람들이 모두 아는 바이다. (중략) 예전에 邢軍門과 楊經理 등에게 준 揭帖의 경우 중대한 일이기도 했지만, 아랫사람이 쓰면 중국 장수에게 의심 받을까 염려되었기 때문에 부득이 손수 쓴 것이다. 생사당의 제액은 당초 戴中軍이 한사코 畫軸에 써달라고 부탁하는 것을 내가 애써 사양하였으며, 비변사가 계청하기까지 하였는데도 따르지 않았다. 그러자 대중군이 몹시 화를 내며 갔는

---

26) 『선조실록』 권107, 선조 31년 12월 29일(경진) "軍門生祠歌謠事, 軍門旣自言之, 似當速爲擧行, 以慰其心. 但爲軍門設生祠歌謠, 則四路提督必欲幷參其間, 或爲或否, 則有激怒難處之事. 姑當以建生祠之意, 先告軍門, 摹其眞像, 建祠則從容處之, 歌謠爲先製述投呈."
27) 『선조실록』 권117, 선조 32년 9월 1일(정미) ; 9월 26일(임신).
28) 『선조실록』 권118, 선조 32년 10월 5일(신사).

데 불손한 말을 내뱉기까지 하였다. 우리 나라가 은혜를 갚으려는 생각이 없다고 여기며 원망할까 염려되어, 전에 다른 종이에 써서 보였던 글씨를 사당에 걸도록 하였다. 이는 단지 중국의 조처에 감은한다는 것일 뿐, 다른 거리낌이 없었기 때문이다.29)

이처럼 선무사의 창건은 형개를 비롯한 명군 측의 요구에서 시작되었지만, 1604년 양호의 배향 과정은 좀 달랐다. 양호는 왜란 당시 조선에 왔던 명나라 장수들 중 자신의 임무에 가장 충실했다는 평가를 받았고, 군사들의 작폐를 막는 데도 힘써서 '고려재상'이라 칭해진 인물이었다.30) 양호가 1598년(선조 31) 丁應泰의 무고 사건으로 인해 파직되어 명으로 돌아가게 되었을 때, 선조는 그가 왜적을 토벌하는데 가장 열심이었음을 변호하는 글을 좌의정 이원익에게 들려 북경에 보냈고, 양호가 서울을 떠날 때에는 모화관이 있는 홍제원까지 나아가 눈물을 흘리며 배웅하였다. 그리고 전쟁이 끝난 지 5년이 지난 1604년 양호의 선무사 배향을 명하는 다음과 같은 비망기를 내렸다.

지난 정유년 남원이 함락되고 적병이 기세를 몰아 북상하자 백성들은 도망쳐 숨고 도성은 놀라 무너졌다. 이때 양경리가 평양에서 이틀길을 하루에 달려 서울에 들어와 여러 장수들을 지휘하고, 길을 나누어 적을 쳐서 적이 결국 패주하였으니, 강토를 회복한 것은 이것이 기틀이 된 것이다. 또 얼음 같은 청렴한 지조는 풀잎 하나 취하지 않았고 호령이 엄명하여 사람들이 감히

---

29)『선조실록』권129, 선조 33년 9월 22일(임술) "小時輕薄, 果好古人之筆迹, 而專不知其法. 時或效而書之, 不過爲一時戲玩, 輒自笑手毁之, 以資遺鬱, 蓋子兼有心疾故也. 初未嘗示人, 如題額屛簇, 平生一不書之, 此則左右侍側者之所共知, (중략) 前日邢軍門楊經理等前揭帖, 則此大事不可不親書, 且下人書之, 則恐致疑天將, 故不得不手書之. 生祠堂題額, 則初爲戴中軍所逼, 使書於畫軸上, 予力辭之, 至於備邊司啓請, 而亦不從之, 戴也大怒而去, 至發不遜之語. 恐以我國, 不欲報其恩, 深銜之, 故以曾所示他紙之書, 懸於廟. 此則只感恩中國所爲, 固無妨也."
30) 한명기, 앞의 책, 82~84쪽.

범할 수가 없었다. 불행히 공을 성취하기도 전에 간신에게 모함을 당하였다. 예전에 사당을 세울 때는 반드시 배향이 있었으니, 나는 양경리를 선무사에 배향하고자 한다.31)

그리고 동지사로 하여금 양호의 화상을 구해 오도록 명하여 결국 1610년(광해군 2)에 선무사에 화상을 봉안하게 되었는데, 이때 광해군의 명을 받은 李廷龜가 양호의 공덕을 칭송한 이른바 楊鎬去思碑를 찬술하여 홍제원에 세웠다.32)

선무사에서는 건립 직후부터 조정에서 주관하는 제사가 매년 2월과 8월에 거행되었는데, 병자호란 때 화상이 사라지자 위판으로 대체하여 제사를 이어가도록 하였다.33) 그러나 남한산성의 항복 이후 청나라에 사대하게 된 조선 조정이 선무사를 비롯한 명군 제사를 공개적으로 이어가기는 어려웠다. 더구나 명청교체 이후 17세기 내내 - 현종대 두 차례 민충단 제사를 제외하고는 - 선무사 등과 관련된 논의가 거의 이루어지지 않았다. 18세기 초 숙종대 대보단의 건립으로 상징되는 대명의리론이 국가 이념으로 확립되기까지, 임란 참전 명군을 제사하는 세 곳의 단묘 모두 방치된 채 점차 망각되어 갔던 것이다.

---

31) 『선조수정실록』 권38, 선조 37년 7월 1일(경술) "昔在丁酉, 南原旣破, 賊兵長驅, 人民奔竄, 都下驚潰. 楊經理自平壤兼程疾馳, 直入京城, 指揮諸將, 分道擊賊, 賊遂敗逃, 恢復疆土, 此其基也. 且氷蘗淸操, 一芥不取, 號令嚴明, 人莫敢犯, 不幸功未就, 而爲奸臣所構陷. 古者立祠, 必有配享, 予欲以楊經理配于宣武祠."
32) 『月沙集』 권45, 皇明都御史楊公鎬去思碑銘.
33) 『인조실록』 권34, 인조 15년 5월 18일(을유).

3. 명군 후손들의 귀화와 尊周大義

　1598년 11월 전쟁이 끝난 뒤에도 경리 萬世德 휘하의 명군 약 3천 명 정도가 조선에 남았다가 1600년(선조 33) 9월 완전히 철수했다. 선조의 간청 아래 왜적의 재침을 방비한다는 명분으로 주둔하던 이때의 명군들은 특별한 임무 없이, '天兵'으로서 온갖 위엄을 떨치며 再造之恩의 공덕을 곳곳에 남기고자 하였다. 현재 알려진 임란 당시 및 그 직후에 세워진 명군과 관련된 주요 비석들을 살펴보면 다음과 같다.

〈표 1〉 임진왜란 참전 명군과 관련된 주요 금석문[34]

명칭	연도	찬자	대상 인물	위치 (현재 위치)	비고
天朝副摠兵吳惟忠 德淸仁勇碑	1597		吳惟忠	경기도 죽산 (죽주산성)	
欽差提督麻公 威振蠻貊碑	1597		麻貴	충청도 직산	
麻貴坪碑	1597		麻貴	충청도 은진	
東征勝捷碑	1598	片碣頌	麻貴	경상도 울산	
欽差經理朝鮮都御史 楊公去思碑	1598	李廷龜	楊鎬	서울 沙峴 (명지대학교)	서울 유형문화재 제91호
遊擊將軍 季公淸德碑	1598	安大進	季金	충청도 보령	
天朝游擊將軍 方公去思碑銘	1598	高尙顔	方時新		
天朝游擊將軍 葉公淸德碑銘	1598	高尙顔	葉邦榮		
釜山平倭碑銘	1599	賈維鑰	萬世德	경상도 부산	
望日思恩碑	1599	李拭	李如松	충청도 공주 (공산성)	충남 유형문화재 제36호

---

[34] 이 표는 아직 충분한 현지 조사 및 사료 검토를 거치지 않은 채 작성된 것으로, 추후에 보다 완정한 보완을 기약하고자 한다.

明遊擊將軍 藍公種德碑	1599	鄭霱	藍芳威	충청도 공주 (공산성)	충남 유형문화재 제36호
明委官林霱碑	1599	李栻	林霱	충청도 공주 (공산성)	충남 유형문화재 제36호
明張良相東征詩碑	1599	張良相	萬世德· 邢玠·陳 璘 등	경상도 남해	경남 유형문화재 제27호
勇略威德大振碑 (都督洞碑)	1598	施登科	麻貴	경상도 울산	
天將麻公頌功德碑銘	미상	裵龍吉	麻貴	경상도 안동	
天將薛侯頌德碑銘	1598(?)	裵龍吉	薛虎臣	경상도 안동	
天將吳侯頌德碑銘	1598(?)	裵龍吉	吳惟忠	경상도 안동	
天將劉都督碑文	미상	丁焰	劉綎		
清肅碑	미상		吳惟忠	충청도 충주	
欽差都司吳公宗道 江華府去思碑陰記	미상	李宜顯	吳宗道	경기도 강화역 사박물관	

위의 비석들 가운데 명나라 장수 賈維鑰이 지은 子城臺碑 즉 「釜山平倭碑銘」의 내용이 실록에 전해진다. 요약하자면, 임란 발발 이후 경리 만세덕에 이르기까지 명장들이 세운 공로를 나열하며 그들이 조선에 베푼 재조지은이 三皇五帝의 공덕보다 뛰어나다는 이야기였다. 그런데 이에 대해 『선조실록』의 사신은 다음과 같은 논평을 남겼다.

> 저 명나라 장수들은 한 구석에 주둔하며 倭奴들이 물결을 일으키며 바다를 건너감을 앉아서 보고만 있었다. 그런데도 명예를 거짓으로 과장하며 심지어 비석에 공적을 새겨 만세토록 이름을 전하려 하니, 부끄러움이 없음이 여기에서 다하였다.[35]

아마 이것이 명군에 대한 조선인들의 보편적 정서였을 것이다. 그러나

---
35) 『선조실록』 권118, 선조 32년 10월 1일(정축) "彼天將等, 擁兵一隅, 坐視倭奴揚波渡海, 而虛張名譽, 至於刊石銘功, 欲使萬世流名, 其爲無恥, 至此極也."

천자의 군사들에 대하여 조선이 할 수 있는 일은 별로 없었다. 선조는 수시로 주둔군 사령관인 만세덕과 가유약의 처소를 직접 찾아가 위문했고, 그들은 늘 천병에 대한 군량 보급과 접대가 소홀하다고 책망했다. 그리고 전쟁이 끝난 지 1년이나 지났는데 죽은 명군을 제사하는 사당(선무사)의 건립이 완성되지 못했음을 힐난하였다.36)

1600년 명군의 철수가 시작된 뒤로는, 상당수 명군들이 군영을 이탈하여 조선 백성들 틈으로 도주하는 일이 발생했다.37) 그 숫자를 정확히 헤아리기는 어렵겠지만, 부상·범죄·가난 등을 이유로 고국으로 귀환하기를 거부한 이들 도망병 문제는 심각한 사회 문제로 떠올랐다. 이들은 주로 농업과 상업, 혹은 침구술 등을 통해 생계를 도모했으나, 경향 각지를 횡행하며 조선 관리들과 마찰을 일으키는 무리도 적지 않았다. 조선 조정은 이들 중 군사적으로 쓸모 있는 자들을 정착시켜 활용하려 하였다.

또한 1644년 청이 중원을 차지하자 '皇朝의 遺民'을 자처하며 조선으로 망명한 명나라 사대부들도 있었다.38) 이들의 숫자는 그리 많지 않은 것으로 짐작되나, 명나라 조정에서 관직을 역임한 명벌 출신들이 포함되었다는 점에서 무시할 수 없었다. 특히 임란 때 명군 지휘부의 가문들이 큰 비중을 차지했는데, 이들은 임란이 끝난 뒤 곧바로 만주족과의 전투에 참여했기에 청조 치하에서 살아가기 어려운 실정이었다. 그들은 왜란 당시 조선에 베푼 '은혜'를 상기시키며 조선인들의 후대를 기대하는 가운데, 후손들에게 적극적으로 조선 망명을 권유했다. 현재까지 필자가 확인한 바로는 20여 개의 성씨가 이들 명군의 후예로 알려져 있다.39)

---

36) 『선조실록』 권118, 선조 32년 10월 7일(계미) ; 권118, 선조 32년 10월 26일(임인) ; 권119, 선조 32년 11월 13일(무오).
37) 임진왜란 종전 후 조선에 잔류한 명군 도망병에 관해서는 한명기, 앞의 논문 참조.
38) 17세기 조선으로 귀화한 이른바 皇朝遺民에 관해서는 우경섭, 『조선중화주의의 성립과 동아시아』, 유니스토리, 2013, 103~114쪽 참조.

〈표 2〉 조선으로 귀화한 임진왜란 참전 명군 및 그 후손들

연번	성씨	본관	귀화인	세거지	비고
1	賈氏	蘇州	賈琛	경상도 부산	賈維鑰의 손자
2	康氏	미상	康世爵	함경도 회령	康霖의 손자
3	杜氏	杜陵	杜師忠	경상도 대구	잔류
4	藍氏			경상도 동래	藍芳威의 후손
5	劉氏	浙江	劉鄕廷, 劉億壽	경상도 거창·고성	
6	麻氏	上谷	麻舜裳	전라도 광주	麻貴의 손자
7	萬氏	開城·江華		평안도 평양	萬世德의 후손
8	査氏			평안도 강계	査大受의 후손
9	徐氏	浙江	徐鶴	경상도 성주	잔류
10	石氏	海州·星州	石潭, 石洊	황해도 해주	石星의 아들
11	宋氏			강원도 강릉	宋應昌의 후손
12	施氏	浙江	施文用	경상도 성주	잔류
13	柴氏	綾鄕·泰仁	柴植	전라도 태인	柴登科의 아들
14	李氏	隴西·星州	李應仁·李成龍	경상도 성주	李如松·李如梅의 손자
15	張氏	浙江	張海濱	경상도 군위	잔류
16	陳氏	廣東	陳泳溙	전라도 해남	陳璘의 손자
17	千氏	潁陽	千萬里	함경도 명천	잔류
18	秋氏	秋溪·全州	秋水鏡	전라도 전주	잔류
19	彭氏	浙江	彭富山	경상도 진해	彭友德·彭信古의 후손
20	片氏	浙江	片碣頌	경상도 경주	잔류
21	扈氏	全州	扈浚	전라도 전주	잔류
22	花(化)氏	晉陽	花明臣	경상도 진주	잔류

조선에서 귀환한 뒤 "천하가 장차 어지러워질 때 조선이 피난처가 될 만 하다"고 말했다는 이여송의 후손들이 대표적인 사례였다. 그의 아들 李性忠이 이자성의 난 때 죽자 손자 李應仁이 조선으로 건너왔으며, 이여송의 동생 李如梅의 아들 李憲忠이 1619년 후금과의 사르후 전투에서 전사하자

---

39) 尊周大義를 국가 이념으로 삼았던 조선후기에 명군의 후예를 참칭한 사례는 무척 많았을 것 으로 생각되며, 따라서 족보를 비롯한 관련 자료에 대하여 면밀한 검토가 필요할 것이다.

손자 李成龍이 가족을 이끌고 조선으로 망명했다. 한편 이여송이 조선에 머물 때 봉화 금씨와의 사이에서 낳은 李天忠은 청조가 들어서자 쇄환을 피해 거제도에 숨어 살았다.

제독 麻貴 집안의 경우, 그 아들 麻巖(일명 麻里光)이 사르후 전투에서 전사하자 손자 麻舜裳이 도주하여 전라도 광주에 정착했다. 이순신과 함께 싸웠던 陳璘의 아들 陳九經 역시 정유재란에 참전했다 귀국한 뒤 崖山에서 청군과 싸우다 전사했는데, 감국수위사를 지낸 그 아들 陳泳溙가 조선으로 건너와 조부가 공을 세웠던 해남군 일대에 정착하여 皇朝洞이라는 마을을 이루었다. 양호의 중군 彭友德은 아들 유격 彭信古와 함께 정유재란에 참전했다가 귀환했는데, 이후 팽신고가 명나라 멸망 당시 순절하자 그 아들 彭富山이 귀화하여 경상도 진해에 머물러 살게 되었다.

전쟁 초반 명군 파병을 주도했던 병부상서 석성의 후손들도 조선으로 건너왔다. 석성이 강화협상 실패의 책임을 지고 파직되었다가 1599년 옥사한 뒤, 그 아들 石潭과 石洊이 조선으로 건너와 해주에 정착했다. 그리고 『열하일기』를 비롯한 후대의 사료에 자주 등장하는 康世爵 또한 이름난 무인 가문 출신으로, 증조부 康祐는 몽골과의 전투에서 전사하고 조부 康霖은 임란 때 황해도 평산에서 전사했다. 아버지 康國泰 역시 무과에 급제하여 靑州虞候를 지냈는데 청군과의 牛毛嶺 전투에서 전사했다. 아버지를 따라 요양에 머물던 강세작은 홀로 탈주하여 청군에 저항하다가 결국 압록강을 건너 함경도 회령으로 이주하였다.

한편, 정유재란 때 유격 오유충의 부하로 죽산·울산 전투에 참전했던 張海濱은 부상으로 인해 귀환하지 못하고 경상도 군위에 정착한 사례였다.40) 성주에 머물며 정인홍의 조카사위가 되었다가 인조반정 때 처형된

---

40) 『自著』 권27, 羅山策 "海濱, 張良苗裔也. 萬曆丁酉, 以左部二司, 隸吳遊擊惟忠麾下, 東征倭寇, 大捷於竹山蔚山之戰. 再中流丸, 及游擊還, 海濱瘡未完, 不得與俱攸, 且喜東俗之淳厖, 落留嶺

것으로 알려진 施文用이나, 杜師忠,[41] 秋水鏡, 千萬里, 片碣頌, 扈浚 역시 1600년 철군 때 귀환하지 않고 조선에 남아 세거하여 현재까지 그 가문이 유지되고 있다.

이들 명군과 그 후손들은 재조지은의 주인공으로서 조선의 환대를 기대했지만, 뒤이은 후금의 발흥과 두 차례의 호란, 그리고 1644년 명청교체에 이르는 동아시아 정세의 격변 속에서 그리 환영받지 못하는 '뜨거운 감자' 신세로 전락하게 되었다. 특히 병자호란 패전의 결과 조선이 청과 맺은 강화 조약 중 명시된 한인 쇄환의 규정을 피하기 위해 주로 궁벽진 시골에 숨어 살 수밖에 없었다. 조선 조정은 그들을 東征將士(東援將士)의 후예라 칭송하며 고휼의 차원에서 세금과 군역을 원칙적으로 면제해 주었지만, 사실은 여러 궁가와 아문으로부터 무단적 수탈을 받는 처지에 놓여 있었다.

이때 주목되는 점은 그들에게 법률적으로 규정된 신역이 없었다는 점이다. 그들은 본디 '타국인'이므로 고휼의 대상일 뿐 정해진 신역이 부과되지 않았고, 이는 그들이 여전히 명나라의 백성이지 조선의 백성이 아니라는 사실을 의미했다.[42] 그들 자신 역시 비슷한 인식을 지니고 있었다. 이여송의 손자 이응인의 경우 여전히 명나라의 신하임을 자임하며 조선의 관직을 거부하고 조선말 대신 중국어 사용을 고집했다.[43] 이러한 분위기 속에서, 그들 가운데 조정의 고관 반열에 오른 사람은 없었으며, 대부분 중인 신분으로 조선 사회에 정착하게 되었던 것으로 보인다.[44]

南, 卜居于軍威北山里, 屢除官不就, 內外孫百餘人, 至今同居一里, 稱張村."
[41] 杜師忠의 생애에 관해서는 진병용, 앞의 논문 참조.
[42] 『숙종실록』 권60, 숙종 43년 11월 22일(임신) "提調閔鎭厚曰, 所謂向化者, 本是他國人, 故朝家特加顧恤, 未嘗有差役之事."
[43] 『硏經齋全集』 권43, 皇明遺民傳 7 "孝宗居之朝陽樓下, 欲官之. 鳳岡辭曰, 天若祚明, 克復區夏, 臣歸死丘矣. 孝宗亦不強. (중략) 朝廷欲官之. 應仁辭曰, 國破君亡, 何以官爲. 朝廷重其義, 不復強, 而命世世復其家. 應仁遂入東, 至淮陽居焉, 終身不出山門, 言語不改華音."
[44] 『硏經齋全集』 권43, 皇明遺民傳 7 "鳳岡等子姓甚繁, 幷爲委巷人."

그런데 17세기 후반 오삼계의 난이 진압되고 중원이 안정기에 접어들자 청조는 더 이상 한인 쇄환을 요구하지 않았다. 조선에서는 1704년(숙종 30) 명 멸망 1주갑을 전후하여 임란 때 원군을 파견해 준 만력제의 제사를 거행하는 萬東廟와 大報壇이 설치되면서, 조선이 명나라의 뒤를 이어 중화 문명의 적통을 계승했다는 조선중화주의가 국가 이데올로기로 공인되었다. 이러한 분위기 속에서 그간 사실상 방치되었던 잔류·귀화 명군의 후손들을 포함한 이주 한인들을 皇朝人 또는 皇朝遺民이라 개념화하고 조선의 통치 체제 안으로 포용하려는 움직임이 나타나기 시작했다.

그런데 이때 주로 내세워진 명분이 정통론에 입각한 尊周大義였으며, 현실적 공덕을 의미하는 再造之恩이란 표현의 사용은 점차 감소했던 것에 주목할 필요가 있다. 그 이유는 먼저 명나라가 부흥하여 조선을 재조해 줄 가능성이 사라진 마당에, 재조지은의 구호가 과연 현실성을 가질 수 있겠는가 하는 문제였다. 또한 명나라가 조선을 재조해 주었다는 功業에 중점을 두는 한, 그것은 청나라에 대한 사대를 합리화하는 논리로 전환될 수 있다는 점에서 더 큰 문제를 안고 있었다.

실제로 청 태종은 남한산성의 함락에도 불구하고 왕위를 보전해 준 사실을 인조에게 상기시키며, "짐은 너의 죽은 목숨을 살려주고 종사를 보전해 주었으며 획득한 바를 다시 돌려주었으니, 너는 마땅히 짐이 베풀어 준 再造之恩을 유념해야 할 것이다"라고 신칙하였다.[45] 더구나 사대의 명분이 再造라는 현실적 이유에 있다면 그 대상이 꼭 중원의 정통왕조일 필요는 없었다. 그렇기에 인조는 자신의 왕위를 보전해 준 청 태종의 행위에 대하여 다음과 같이 표현한 바 있었다.

---

[45] 『淸太祖實錄』 권33, 崇德 2年 正月 戊辰 "爾以旣死之身, 朕與生存, 保全爾之宗社, 復還所獲. 爾當念朕再造之恩, 後日子孫毋違信義, 則邦國永存矣."

지난 해(1636년) 봄 이후 大國은 한결같은 情意로써 小邦을 대하였지만 小邦이 大國에 죄를 저지른 것이 한두 번이 아니었으니, 大軍을 맞게 됨은 실로 자초한 바입니다. 군신 상하가 두려움에 떨며 날을 보내며 오직 죽음만을 기다렸는데, 뜻밖에 하늘같은 聖德이 불쌍히 여기시어 宗社를 보전하게 되었습니다. (중략) 동방의 백성들이 자자손손 모두 폐하의 공덕을 칭송하리니, 하물며 직접 再造之賜를 입은 신의 경우야 어떠하겠습니까?[46)]

요컨대, 임란 당시 명나라 군대의 참전이라는 현실적 관계 내지 특수한 상황 아래에서 형성된 재조번방 내지 재조지은의 관념은 명청교체라는 중원 형세의 변화 과정 속에서 청나라에 대한 신복을 정당화하는 논리로 전용될 수 있었다. '강대국의 施惠에 대한 약소국 조선의 感恩'이라는 형세론적 구도 속에서, 禮義를 중심으로 한 중화문명의 보편적 가치 내지 華夷의 분별이라는 문화적 가치에 대한 고민은 그 자리를 찾기 어려웠다.

또한 앞서 부산 자성대비에 대한 사신의 논평과 같이, 재조의 은혜를 강조하고 기념하기에 전쟁 기간 명군이 보여준 작폐와 무능은 조선인들에게 깊이 각인되어 있었다. 더구나 재조지은의 논리는 임진왜란보다 중화주의적 가치가 보다 두드러진 병자호란 및 명청교체의 기억을 포괄할 수 없었다. 따라서 재조지은의 논리는 보다 넓은 의미인 尊周大義라는 정통론적 명분 아래 종속되었고, 명군들에 대한 기억 역시 존주대의의 상징물로서 만동묘와 대보단이 건립된 이후 새로운 의미를 지니게 되었다.

특히 대보단 제사를 통해 존주대의를 선양함으로써 국왕권의 정통성을 확립하고자 하였던 숙종·영조·정조의 치세 동안, 선무사와 무열사의 존

---

46) 『淸太宗實錄』 권33, 崇德 2年 正月 甲子 "自上年春後, 大國之所以待小邦者, 情意靡替, 而小邦之所以獲過大國者, 種種非一, 大兵之加, 實所自取. 君臣上下, 惴惴度日, 惟待死亡, 不圖聖德如天, 俯賜矜憫, 思所以保全宗社. (중략) 東方之人, 子子孫孫, 皆將頌陛下之功德, 況臣躬被再造之賜者乎?"

재가 다시 부각되고 그 위상에 변화가 나타나기 시작했다.47) 숙종은 1703년
(숙종 29) 청나라 칙사를 맞이하러 왕래하는 길에 선무사를 지나던 감회를
토로하며 만력제의 공덕과 선조의 어필을 기리는 제사를 거행하도록 명했
는데, 이때 특별히 中祀의 의절과 같이 양과 돼지를 희생으로 쓰게 하였
다.48) 이때의 선무사 제사는 병자호란 이후 중단된 명군 제사가 존주대의
의 이념 아래 재개되었다는 각별한 의미를 지니는데, 숙종은 얼마 후 대보
단 건립 논의가 시작된 직후에 민충단과 선무사에 관원을 보내어 다시 치
제하였다.49)

비록 가뭄과 여역이 치성할 때 민충단을 비롯한 전적지에 제사를 지내
는 관행은 이후에도 간헐적으로 이어졌다.50) 그러나 1704년 만력제와 숭
정제에 대한 제사를 거행한 직후에 이루어진 치제는 이제 이들 명군 사당
들이 대보단으로 상징되는 尊周大義의 명분 아래 새로운 체제로 편제되기
시작했음을 보여준다. 매년 2월과 8월 두 차례 거행되던 선무사 제사는 매
년 3월 한 차례 행해지는 대보단 제사에 맞추어 春享은 대보단 제사 직후
로 미루어지고, 9월로 미루어진 秋享은 폐지 논의 끝에 일단 존속되었던
것으로 보인다. 대보단 건립을 주도한 인물 중 하나인 좌의정 李畬가 남긴
다음의 말은, 선무사 제사가 이제 대보단 제사와의 연관 아래 논의되기 시
작한 정황을 잘 보여주고 있다.

  당초 대보단을 설립할 때 廟가 아닌 壇으로 정하고 매년 1회 제사를 올린

---

47) 尊周大義의 이데올로기가 지닌 조선의 내부적 의의에 관해서는 노대환, 「숙종·영조대 對明
 義理論의 정치·사회적 기능」, 『한국문화』 32, 2003 참조.
48) 『숙종실록』 권38, 숙종 29년 6월 18일(임진) ; 6월 20일(갑오).
49) 『숙종실록』 권39, 숙종 30년 3월 7일(병오) ; 3월 19일(무오).
50) 『숙종실록』 권59, 숙종 43년 6월 1일(갑신) ; 권61, 숙종 44년 4월 1일(기묘) ; 『정조실록』 권
 21, 정조 10년 4월 10일(계미).

까닭은 郊天의 의리를 따랐기 때문입니다. 그 예법이 지극히 존엄함은 절기에 따라 향사를 거행하는 일반 제사와 비교하여 논할 수 없습니다. (중략) 지금 선무사의 제사는 사당이 있고 위판이 있어 일반 제사에 해당하니, 그 체모가 대보단과 전혀 다릅니다. 또한 선무사에서 1년에 두 차례 제사를 거행함이 대보단에서 한 차례 거행함에 혐의로울 것이 없습니다. 하물며 선조대에 사당을 세운 이래 이미 100년간 제사를 지내왔는데, 이제 와서 갑자기 뜯어고쳐 1년에 한 번 제사하는 것으로 축소한다면 미안하지 않겠습니까? 제 생각에 봄에는 대보단 제사가 먼저 있으므로 감히 먼저 행하지 않음이 壓屈하는 도리이겠으나, 가을에는 원래대로 제사하더라도 방해됨이 없을 듯합니다.[51]

이후 선무사 제사는 관왕묘와 더불어 小祀에 새롭게 포함되었는데, 이러한 관례는 1744년(영조 20) 『속오례의』에 이르러 명문화되었고,[52] 국왕들이 매년 3월 20일을 전후하여 선무사에 제관을 보내에 치제하는 일이 상례화 되었다.

또한 숙종은 1709년(숙종 35) 무열사의 제사가 그동안 중지되었음을 한탄하며 예관을 보내어 치제하고, 국가에서 봄·가을로 향축을 내려 제사를 지내도록 명하였다. 그리고 1713년(숙종 39) 무열사 춘제는 선무사의 예에 의하여 대보단 제사 직후 함께 거행하도록 하였다.[53]

영조대에 이르러서도 참전 명군에 대한 추숭 사업은 만력제와 더불어 홍무·숭정제를 병향하게 된 1749년(영조 25) 대보단 증수에 즈음하여 이

---

[51] 『睡谷集』 권8, 大報壇一年一祭宣武祠秋享當否議 "當初大報壇之設, 不以廟而以壇, 歲一獻享者, 蓋倣郊天之義, 其禮至尊至嚴, 不可與常祀以時節行事者比論也. (중략) 今宣武之祭, 有祠有版, 列於常祀, 體貌與皇壇不啻截然, 雖歲再享之, 而未見其可嫌於皇壇之一祭. 況自宣廟朝立祠以來, 行之已過百年, 到今遽有變改, 減其一享, 得無未安乎? 臣意在春則既有事於皇壇, 不敢先行, 固爲壓屈之道, 在秋則仍舊行祭, 恐無所妨." 『숙종실록』 권53, 숙종 39년 2월 20일(무진) ; 3월 6일(계미).
[52] 이영춘, 「朝鮮後期의 祀典의 再編과 國家祭祀」, 『한국사연구』 118, 2002, 200~201쪽 참조.
[53] 『숙종실록』 권47, 숙종 35년 9월 11일(무인) ; 권54, 숙종 39년 9월 12일(병진).

루어졌다. 1746년(영조 24) 선무사에 '垂恩海東'이라는 어필 현판을 내렸던 영조는 1749년(영조 25) 대보단 증수 후 선무사와 무열사에 치제하였고, 명황의 기신일 등을 맞을 때마다 수시로 제관을 보내어 제사하게 하였다.54) 특히 청나라 칙사를 西郊에서 전송한 뒤 돌아오는 길에 선무사에 들러 배례하는 일이 자주 있었다.

　1750년(영조 26) 온행에서 돌아오는 길에 영조는 수원 禿城山城에 올라 임란 때의 일을 회상하며 눈물을 흘리고, 도성에 들어갈 때 선무사를 경유하게 할 것을 명하며 선무사 개수를 명하였다.55) 그리고 1760년(영조 36) 선무사 동쪽 마당에 별도의 전각을 마련하여, 민충단 제사에 사용하던 전몰 명군들의 위판을 봉상시에서 옮겨와 이안하여 征東官軍祠라 이름하였다. 이후 민충단 제사는 사실상 폐지된 것으로 보인다.56) 그리고 1764년(영조 40) 사현에 있던 양호의 비석을 선무사로 옮겨 세우도록 하였다.57)

　영조의 이같은 일련의 조처들 속에서, 선무사를 중심으로 한 전몰 명군에 대한 추숭의 분위기가 고조되었음은 분명하다. 그러나 선무사뿐 아니라 남한산성과 강화도에서 순절한 조선인들을 기리는 顯節祠와 忠烈祠 등도 함께 중시되었음을 감안한다면, 오히려 명군의 위상은 존주대의의 이념 아래 점차 상대화 되어 갔다고 해석함이 타당할 듯하다. 이미 영조가 1749년 대보단에 3황을 병향하면서 홍무제의 大造(錫封賜號)之恩, 만력제의 再造之恩, 숭정제의 東援之恩을 병칭하였음을 보면,58) 이제 재조지은의 관념은 尊周大義의 일부로서 의미를 지니게 되었던 것이다. 따라서 임란

---

54) 『영조실록』 권63, 영조 22년 윤3월 14일(경술) ; 권80, 영조 29년 7월 21일(갑술).
55) 『영조실록』 권72, 영조 26년 9월 26일(을축).
56) 『영조실록』 권95, 영조 36년 5월 29일(임신) ; 권95, 영조 36년 6월 3일(을해) ; 권103, 영조 40년 3월 10일(신유) ; 권125, 영조 51년 7월 30일(을해).
57) 『영조실록』 권103 영조 40년 3월 20일(신미).
58) 『영조실록』 권69, 영조 25년 3월 23일(신미).

참전 명군의 위상 역시 호란 이후 순절자들과 동등한 반열에 위치하게 되었는데, 이같은 면모는 명군의 후예를 포함한 명나라 출신 귀화인 전반에 대한 조선 조정의 정책에서도 감지할 수 있다.

영조는 대보단 제사에 호란 때 순절한 조선인뿐 아니라 귀화한인들의 후손까지 참여시키는 일을 상례로 삼고, 忠良科를 시행하여 순절인과 더불어 귀화한인들의 관식 신출 동로를 마련하고자 하였다.59) 이 과정에서 皇朝人 또는 皇朝遺民이라는 새로운 칭호가 정식으로 사용되기 시작하였는데, 이때 주목되는 것은 명군의 후손들이 황조유민의 주축은 아니었다는 사실이다. 오히려 송대의 대학자 胡安國의 15세손으로 1643년(인조 21) 답례사로 조선에 왔다가 정착한 胡克己, 송대의 명신 文天祥의 16세손으로 알려진 文可尙, 한림학사를 지내고 조선에 들어와 星山伯에 봉해진 楚海昌, 병부상서 田應揚의 후손으로 가도에서 청군에 저항하다 귀화한 田好謙 등 명나라 명벌의 후손, 그리고 1645년 봉림대군이 심양의 인질 생활에서 석방될 때 동행했던 이른바 '隨龍八姓'의 집안 등 명청교체기에 조선으로 귀화한 한인들이 훨씬 자주 거론되었다.60)

〈표 3〉 1645년 봉림대군과 동행한 한인들

姓名	生沒	字	官歷	本官	墓
王美承	1602-1659	繼伯	庠生	山東 東昌	-
馮三仕	1607-1671	惟崇(惟榮)	庠生	山東 臨朐	楊州 養元里
黃功	1612-1677	聖報(聖服)	留守	浙江 杭州	楊州 別非谷
鄭先甲	1617-1686	始仁, 三新	進士	山東 瑯琊	楊州 佛光里
楊福吉	1617-1675	祥甫	庠生	河北 通州	楊州 忘憂里
裵三生	1621-1684	之重	庠生	山西 大同	
王文祥	1622-1688	汝章	庠生	山東 靑州	楊州 佛巖
王以文	1625-1699	歧陽	庠生	山東 濟南	楊州 乾川面

---

59) 『영조실록』 권87, 영조 32년 정월 14일(임오) ; 권103, 영조 40년 1월 20일(임신).

정조 역시 즉위 초반부터 황조유민에 대한 각별한 우대를 거듭 신칙했다. 이에 따라 호안국・초해창・전호겸・강세작 및 수룡팔성의 후손들을 포함한 귀화한인들에게 여러 차례에 걸쳐 군직이 제수되었다. 그런데 명군 가문 중에서는 이여송의 후손인 李源만 포함되었을 뿐이었다.[61] 그리고 1790년(정조 14)에는 귀화한인들에 대한 우대책의 일환으로 훈련도감에 소속된 漢人牙兵을 漢旅로 새롭게 편제하고, 거기에 소속된 한인의 후손들 중 3명을 선발하여 대보단의 수직을 담당하게 하였다. 이때 수직관 자리 또한 수룡팔성의 후손들이 돌려가며 세습하였다.[62] 정조의 명에 의해 편찬된 『尊周彙編』 중 귀화한인 19명에 관한 항목에도 명군 후손 가운데 이응인이 포함되었을 뿐, 나머지는 모두 문가상・호극기 및 수룡팔성을 중심으로 한 호란 이후 귀화인들이었다.[63]

이처럼 존주대의의 상징물인 대보단이 주로 명청교체에 즈음하여 귀화한 명나라 사대부 출신들의 후손을 중심으로 운영된 것에 비하여, 임진왜란 참전 명군의 후손들은 국가 전례의 체계상 대보단의 아래에 위치한 선무사와 무열사의 제관을 맡게 되었다. 1790년 대보단 수직관이 신설될 때, 석성의 조카인 石漢英・石漢俊 형제는 무열사의 제사를 맡아 보게 되었다.[64] 그리고 1792년(정조 16) 평안감사 홍양호가 무열사를 대대적으로 중수하고 평양성 탈환에 큰 공을 세운 駱尙志의 종향을 청했을 때,[65] 정조는

---

[60] 1645년 봉림대군을 따라 조선으로 귀화한 王以文 등 8가문에 대해서는 우경섭, 「조선후기 大明遺民의 罔僕之義-濟南 王氏 가문의 사례-」, 『한국학연구』 36, 인하대 한국학연구소, 2015 참조.
[61] 『정조실록』 권28, 정조 13년 12월 11일(임술).
[62] 『정조실록』 권29, 정조 14년 3월 19일(기해).
[63] 강세작의 경우 명군 후손이기도 하지만, 명청교체기 그 자신의 절의로 인해 수록된 경우였다.
[64] 『정조실록』 권32, 정조 15년 3월 19일(계사).
[65] 『耳溪集』 권14, 武烈祠重修記. 홍양호는 이때 무열사를 중수하며 평양 유생들에게 돈을 걷었다는 이유로 곧 평안감사에서 파직되었다. 『정조실록』 권36, 정조 16년 11월 10일(을사).

제관으로 이여송의 5세손 李源을 파견하고 무열사에도 참봉 2명을 두도록 명하였다.[66] 1796년(정조 20)에는 이원의 건의에 따라 한려 3인을 선무사에도 직숙케 하고 이원을 선무사 구관당상으로 임명하였는데,[67] 이 무렵 선무사에도 수직관 자리가 마련된 것으로 보이지만 그 자리 역시 점차 수룡팔성의 후손들이 차지하게 되었다.

특히 수룡팔성 중 왕이문의 후예인 王德一과 王德九 형제가 귀화한인 사회를 주도하면서 수룡팔성을 중심으로 그 내력을 정리하였는데, 이는 명벌 출신인 자신들을 명군의 후손을 비롯한 다른 유민들과 구별하려는 의식으로 표출되기도 하였다.

> 서울에서는 太原 劉氏가 劉自成의 후손이고, 廣平 田氏는 尙書 田應揚의 후손이라 하며, 시골에서는 金化의 潘氏와 北靑의 胡氏는 그 유래를 알 수 없습니다. 安峽의 石氏는 石奎의 후손, 恩津의 文氏는 文信國의 후손, 興海의 張氏는 張雲起의 후손, 江界의 王氏는 王承祖의 후손, 查氏는 查大受의 후손, 江陵의 宋氏는 宋應昌의 후손, 泰安의 柴氏는 柴登科의 후손, 平壤의 萬氏는 萬世德의 후손, 宣川의 千氏는 千志中의 후손, 東萊의 藍氏는 藍芳威의 후손, 彭氏는 彭友德의 후손, 星州의 施氏는 施文用의 후손, 軍威의 張氏는 張海濱의 후손, 大邱의 杜氏는 杜師忠의 후손, 海南의 秦氏는 秦綏德의 후손, 吉州의 慈氏는 慈度輔의 후손이라고 하는데, 그 진위를 자세히 알 수 없습니다. 그러나 쫓겨난 자들이 아니면 東援軍官의 후예인 듯하며, 일을 저지르고 황조에서 도망하였다가 조용해진 연후에 조선으로 들어온 자들일 것이니, 어찌 황조가 멸망할 때에 동쪽 땅을 밟게 된 烈士들과 같은 반열에 있을 수 있겠습니까?[68]

---

[66] 『정조실록』 권35, 정조 16년 8월 6일(임신) ; 권35, 정조 16년 9월 18일(갑인) ; 권36, 정조 16년 12월 16일(경진).
[67] 『정조실록』 권45, 정조 20년 7월 27일(경오) ; 권47, 정조 21년 7월 21일(무자).
[68] 『滄海集』 권1, 上蔓山李相公 "至於在京, 而太原劉氏爲劉自成之後, 廣平田氏爲尙書應揚之後, 在鄕而金化之潘北靑之胡未知其來處, 安峽之石爲石奎之後, 恩津之文爲信國之後, 興海之張爲

나라에서 李公(李如松)과 麻公(麻貴)의 후손들을 거두어 등용한 까닭은 그들의 임진왜란 때 공로를 기리기 때문이지만, 효종을 따라 들어온 9공의 자손들을 돌보아 준 까닭은 그들의 罔僕之義烈을 숭상했기 때문입니다. 또한 삼대 이래 숭정 갑신년까지 이주한 사람들이 中州人의 후손이 아니며 또한 皇朝人이 아닌 적이 있었습니까? 지금 천하의 모든 성씨를 살펴보면 大明의 遺民이 아닌 사람이 어디 있습니까? 그러나 중원의 백성들이 모두 오랑캐가 되었으니, 어찌 지금도 황조유민이라 칭할 수 있습니까? 또한 靑邱의 3천 백만 백성들이 치발을 하지 않았다고 황조유민이라 부를 수 있겠습니까? 오직 9공만이 천추백대 동안 황조유민이라 부름을 고칠 수 없음이 진실로 옳고 분명할 것입니다.[69]

왕덕구는 위의 글을 통해 명군의 후예라 자처하는 사람들의 가문적 내력을 믿기 어렵다는 점, 또한 신분이 비천한 사람들 뿐 아니라 명나라에서 죄를 짓고 쫓겨나거나 도망친 사람들도 포함되어 있다는 점 등을 지적하며, 효종을 따라 東來한 수룡팔성의 후손인 자신들만이 진정한 의미의 황조유민이라 자부하고 있었다. 또한 명군 후손들의 유래가 분명하다 하더라도, 그들 조상들의 再造之功은 수룡팔성의 罔僕之義에 미치지 못함을 내세우며, 자신들이야말로 중화문명의 東傳을 상징하는 황조유민의 실체라 과시하였던 것이다.

이처럼 19세기 초반에 이르러 재조지은의 현실적 상징인 임진왜란 참전

雲起之後, 江界之王爲承祖之後, 查爲大受之孫, 江陵之宋爲應昌之後, 泰安之柴爲登科之後, 平壤之萬爲世德之後, 宣川之千爲志中之後, 東萊之藍爲芳威之後, 彭爲友德之後, 星州之施爲文用之後, 軍威之張爲海濱之後, 大邱之杜爲師忠之後, 海南之秦爲綏德之後, 吉州之慈爲度輔之後云云者, 難詳其眞贋, 然或非放逐而來, 則似是東援軍官遺種, 又因事逃命於皇朝晏然之日而來者也, 是豈皆與混灘之禍蹈東烈士而列之哉?"

[69] 『滄海集』 권1, 上薑山李相公 "國朝所以收用李公麻公之後孫者, 錄其龍蛇之勳勞也, 顧恤陪從九公之子孫者, 尙其罔僕之義烈也. 且自三代以下, 至崇禎甲申以前, 流寓之人, 豈非中州人之裔, 亦豈非皇朝人乎? 顧今天下萬姓, 何莫非大明之遺民, 然赤縣之民, 皆變爲夷, 尙今稱之曰皇朝遺氓乎? 靑邱三千百萬生靈, 不爲薙髮, 亦可謂之曰皇朝遺民乎? 惟我九公之千秋百代謂以皇朝遺民而不改者, 寔爲不悖不惑矣."

명군의 후예들은 귀화한인 사회에서도 점차 주변부로 밀려나게 되었다. 그리고 그 자리를 명청교체에 즈음하여 망명해 온 명나라 사대부들의 후손들이 차지하게 되었다. 이같은 상황 속에서 명군 가문을 대표하는 이여송의 후손들조차 가난하여 조정에서 받은 집을 잃어버린 채 제사를 잇지 못하는 실정이었고,[70] 마귀의 후손들은 어찌되었는지 그 종적조차 확인할 수 없게 되었다.[71]

4. 맺음말

임진왜란에 참전한 명군의 영향은 17~18세기 조선 사상계에 再造之恩의 이데올로기로 지속되었다. 만력제가 파병한 원군 덕분에 조선이 왜적을 물리칠 수 있었다는 재조지은의 관념은 숙종대 大報壇 설립으로 귀결되었는데, 대보단 이전에도 이미 임진왜란 참전 명군의 흔적을 간직한 몇 곳의 제단과 사당이 건립되어 있었다. 그 대표적인 것이 1590년대에 건립된 愍忠壇・武烈祠・宣武祠였다.

1593년(선조 26) 명나라 조정의 요청에 따라 설립된 민충단은 평양・개성・벽제・한양 등 4곳의 격전지에 전사한 명군들을 제사하기 위하여 세운 제단이었다. 그리고 명군의 평양성 탈환을 기념하여 세운 평양의 무열사는 1596년(선조 29) 무렵 완공된 것으로 추정되는데, 여기에는 원병 파병

---

70) 『순조실록』 권21, 순조 18년 12월 20일(계미).
71) 『皇朝遺民錄』, 皇朝遺民錄跋 "我朝鮮三百年事明時, 明朝衣冠之族搢紳之列, 仰之若天上人. 且於壬辰, 皇恩之浹骨也, 欲報之心, 雖九死而不辭矣. 及夫甲申以後, 遺民之來托於我者, 我之所以待之, 當靡不用極, 而諸公之家, 僅以廩厚遇之. 至于時移世遠之後, 則諸公後孫初不以我國士族例之, 至麻公之孫不知所終, 此蓋東俗甚薄, 專以國內門閥自高, 不顧大國遺民之門閥也."

을 주도한 병부상서 石星 및 평양 전투를 지휘한 제독 李如松과 楊元·李如栢·張世爵 등 5명의 화상을 봉안하였다. 뒤이어 1598년(선조 31)에는 한양에 정유재란 때의 병부상서 邢玠의 화상과 선조의 어필 '再造藩邦'을 봉안한 선무사가 건립되었고, 1604년(선조 37)에는 楊鎬의 화상이 배향되었다. 그러나 인조대 정묘·병자호란 및 뒤이은 명청교체의 결과, 명군을 기념하는 이들 壇廟의 제사는 제대로 시행될 수 없었다.

한편, 임진왜란이 끝난 뒤 상당수의 명군들이 군영을 이탈하여 조선에 정착했다. 또한 명나라 멸망 이후 임란 당시 명군 지휘부의 후손들이 대거 조선으로 망명했는데, 이들은 임란 종료 후 곧바로 만주족과의 전투에 참여했기에 청조 치하에서 살아가기 어려운 실정이었다. 그러므로 왜란 당시 자신들이 조선에 베푼 '은혜'를 상기시키며 조선인들의 후대를 기대하는 가운데 후손들에게 적극적으로 조선 망명을 권유하였다. 그러나 청조의 시선을 의식해야 했던 조선 정부는 그들의 존재를 인정할 수 없었고, 그들 역시 변방에 숨어 살며 점차 중인 신분으로 정착하게 되었다.

선무사를 비롯한 명군의 사당과 조선으로 귀화한 그 후손들의 존재가 尊周大義의 관념 아래 새롭게 인식되기 시작한 것은 동아시아 정세가 안정기에 접어든 18세기 이후의 일이었다. 특히 조선이 중화문명의 적통을 계승하였다는 朝鮮中華主義의 이데올로기 아래 1704년 대보단이 건립된 뒤, 선무사 등 명군 기념물에 대한 제사는 대보단으로 상징되는 尊周大義의 명분 아래 새롭게 편제되었다. 그리고 참전 명군에 대한 추숭 사업이 전개되는 가운데 조선에 정착한 그 후손들은 皇朝遺民이라는 관념적 지위를 인정받게 되었다.

그러나 선무사뿐 아니라 남한산성과 강화도에서 순절한 조선인들을 기리는 顯節祠와 忠烈祠 등도 함께 중시되었음을 감안한다면, 오히려 명군의 위상은 존주대의의 이념 아래 점차 상대화 되어 갔다. 영조가 1749년 대보단에 三皇을 병향하며 홍무제의 大造之恩, 만력제의 再造之恩, 숭정제의 東援之恩을 병칭하였음을 보면, 이제 재조지은의 관념은 尊周大義의 일부로서 의미를 지니게 되었던 것이다. 또한 명군의 후손들 중 일부는 선무사와 무열사의 제사를 담당하며 명나라의 후예로서 정체성을 유지해 갔지만, 大報壇 守直官을 세습하던 隨龍八姓 등 명나라 사대부의 자손들이 주도하던 귀회한인 사회 안에서도 점차 주변부의 위치로 밀려나게 되었다.

참고문헌

『宣祖實錄』, 『宣祖修正實錄』, 『光海君日記』, 『仁祖實錄』, 『顯宗實錄』, 『肅宗實錄』, 『英祖實錄』, 『正祖實錄』, 『淸太祖實錄』, 『增補文獻備考』, 『春官通考』, 『硏經齋全集』, 『滄海集』, 『皇朝遺民錄』, 『宣武祠備考』.

김지영, 「典享司『祭禮謄錄』을 통해 본 朝鮮後期 國家祭禮와 일상」, 『사학연구』 116, 한국사학회, 2014.
김지영, 「조선 후기 관왕묘 향유의 두 양상」, 『규장각』 49, 2016.
노대환, 「숙종·영조대 對明義理論의 정치·사회적 기능」, 『한국문화』 32, 2003.
박현규, 「明將 鄧子龍의 활약과 죽음」, 『한중인문학연구』 22, 2007.
박현규, 「임진왜란 명 장수 吳惟忠의 한반도 소재 문물 고찰」, 『석당논총』 64, 2016.
楊海英, 「南兵의 시점에서 본 壬辰戰爭」, 『壬辰亂硏究叢書』 1, 임진란정신문화선양회, 2013.
우경섭, 『조선중화주의의 성립과 동아시아』, 유니스토리, 2013.
우경섭, 「조선후기 大明遺民의 罔僕之義-濟南 王氏 가문의 사례-」, 『한국학연구』 36, 인하대 한국학연구소, 2015.
윤혜민, 「조선후기 石星에 대한 인식 변화와 그 의미」, 『조선시대사학보』 70, 조선시대사학회, 2014.

이영춘, 「朝鮮後期 祀典의 再編과 國家祭祀」, 『한국사연구』 118, 2002.
진병용, 「杜師忠의 생애와 慕明齋에 대한 역사적 고찰」, 『대구사학』 119, 2015.
한명기, 『임진왜란과 한중관계』, 역사비평사, 1999.
한명기, 「임진왜란 시기 明軍 逃亡兵 문제에 대한 一考」, 『한국학연구』 44, 인하대 한국학연구소, 2017.
桑野榮治, 「조선 소중화 의식의 형성과 전개: 대보단 제사의 정비과정을 중심으로」, 『국가이념과 대외인식 – 17~19세기』, 아연출판부, 2002.
桑野榮治, 「朝鮮後期における國家祭祀儀礼の変動 – 壬辰倭亂直後の朝鮮と明 – 」, 『久留米大學文學部紀要 國際文化學科編』 23, 2006.

계미년(1763) 통신사행의 對日 인식과 자기 성찰
조선 통신사와 일본 소라이학파 학자들의 만남을 중심으로

김 정 신

1. 머리말

　조선통신사, 그중에서도 계미년(1763, 영조39)의 통신사에 대한 연구는 활기를 띠며 많은 연구가 축적되고 있다.[1] 근래에 들어와 계미년의 사행단과 소라이학파(徂徠學派)를 위시한 일본 학자들 간의 만남을 본격적으로 다룬 연구가 활기를 띠고 있다.[2] 기왕의 연구에서 이들의 만남은 철저

---

[1] 이원식,『朝鮮通信使』, 民音社, 1991 ; 구지현,『계미통신사 사행문학 연구』, 보고사, 2006 ; 구지현,『통신사 필담창화집의 세계』, 보고사, 2011 ; 허경진 엮음,『통신사 필담창화집 문화연구』, 보고사, 2011 ; 허경진 엮음,『통신사 필담창화집 문학연구』, 보고사, 2011.

[2] 정민,「『동사여담』에 실린 이언진의 필담 자료와 그 의미」,『한국한문학연구』32, 2003 ; 구지현,「필담을 통한 한일 문사 교류의 전개와 양상－赤間關을 중심으로－」,『東方學志』138, 2007 ; 金滬,「1763년 癸未 通信使와 日本 古學派 儒醫 龜井南冥의 만남－조선인의 눈에 비친 에도時代 思想界－」,『朝鮮時代史學報』47, 2008 ; 임채명,「『長門癸甲問槎』의 筆談을 통해 본 朝日 文士의 交流－주로 程朱學과 古文辭學 議論을 중심으로－」,『일본학연구』27, 2009 ; 정민,「이언진과 일본문사의 왕세정 관련 필담」,『동아시아 문화연구』49, 2011 ; 허경진·박순,「『장문계갑문사』를 통해 본 한일 문사의 사상적 차이」,『통신사 필담창화집 문화연구』, 보고사, 2011 ; 김정신,「癸未通信使行(1763)의 학술교류－『南宮先生講餘獨覽』을 중

한 주자학자로서 조선 사행단의 면모가 강하게 부각되어 왔다. 즉 사행단이 주자학의 화이론적 시각을 답습, 고수함으로써 일본을 敎化·敎導의 대상으로 간주하였고, 이 때문에 빠르게 변화하는 일본의 학문 사상·사회 풍속·정치 상황을 객관적으로 파악하는데 뚜렷한 한계를 보였다는 것이 그 대체적인 내용이라 할 수 있다.[3]

위의 연구들은 그 실증적 내용이 풍부하여 조선후기 통신사에 대한 다채로운 연구를 가능케 하는 기반이 되고 있다. 그러나 동시에 이 연구들의 대부분은 조선 측의 사행록만을 연구 대상으로 삼고 있기 때문에 실제 조선 사행단과 일본 학자들이 직접 대면하여 필담을 나누었던 정황이나 상대편인 일본 학자들의 인식과 시각을 제대로 담아내지 못하였다. 나아가 兩亂 이후 조선 사상계가 반드시 주자학 일변도로 흘렀던 것은 아니며 주자학을 표방하면서도 그 내부에서 느슨한 균열이 가해지고 있었던 점이 소홀하게 취급되고 있다.

17세기에서 18세기에 걸쳐 조선은 정치·사상·경제 등 다양한 부분에서 새로운 전범들을 모색하고 있었다. 한편에서 주자도통주의자들이 주자학을 절대화하고, 주자의 교시에 따라 구질서·구체제를 복구하는 방향으로 사회 모순의 타개책을 마련하였다면, 다른 한편에서는 정통주자학의 획일적 사상 경향에 반대하는 이들이 사회변동에 상응하는 변통의 방법을

심으로−」, 『한국실학연구』 22, 2011.
[3] 河宇鳳, 「元重擧의 日本認識」, 『한국사학논총』(下), 이기백선생고희기념한국사학논총간행위원회, 1994, 1231~1232쪽 ; 河宇鳳, 「朝鮮後期 實學과 日本近世 古學의 比較硏究 試論」, 『한일관계사연구』 8집, 한일관계사학회, 현암사, 1998 ; 박재금, 「원중거의 ≪화국지≫에 나타난 일본인식」, 『한국고전연구』 12, 한국고전연구학회, 2005 ; 「원중거의 일본체험, 그 의의와 한계−『화국지』를 중심으로」(한국한문학회 전국학술대회 발표문), 2010 ; 후마 스스무(夫馬進), 하정식·정태섭·심경호·홍성구·권인용 옮김, 『연행사와 통신사』, 신서원, 2008의 제5장 조선통신사의 일본고학 인식 참조 ; 이홍식, 「1763년 계미통신사행과 한일 관계의 변화 탐색−충돌과 갈등 양상을 중심으로−」, 『1763年 癸未 通信使行과 東亞細亞 文化 接觸』(한양대학교 동아시아문화연구소 추계 국제학술회의), 2010.

모색하고 있었던 것이다. 대외인식에 있어서도 명·청 교체 이후 종래의 화이론적 의식구조에 변화가 오게 되었고 동시에 중국 중심적인 세계관에서 탈피하고자 하는 의식이 생기게 되었다. 일본에 대한 태도와 인식 역시 주자학의 화이론에 따라 일본을 이적·야만시하고 감정적인 적개심을 앞세우는 이들이 있는가 하면 일본에 대해 폭넓은 관심을 가지고 그 실상과 변화를 객관적으로 파악하고자 노력하는 이들 또한 존재하였다. 북학파를 위시한 18세기 실학자들이 후자의 입장에서 일본에 대한 체계적 인식과 이해에 노력한 이들이라 할 때, 일본에 대한 이들의 접근은 계미사행 당시 소라이학파 학자들과 수많은 필담을 나누었던 조선 사행단의 使行錄 및 그들로부터의 傳聞에 바탕을 둔 것이었다고 할 수 있다.[4]

조선과 일본 학인들의 직접적인 교류는 조선이 타국인 일본에 대한 인식을 심화시켜 주는 동시에 양국의 역사를 다시 성찰하게 하는 계기로도 작용하였다. 이 글에서는 조선 통신사행이 일본 소라이학파 학자들과의 만남에서 드러낸 對日 인식을 살펴보고, 그 과정에서 서로 다른 입장 차이를 확인한 내용들은 무엇이었으며, 좁혀지지 않는 간격에도 불구하고 자

---

[4] 실제로 계미사행의 부사 서기 원중거가 '燕巖一派'의 일본인식 형성에 큰 영향을 끼쳤음을 주목하는 연구가 있다(河宇鳳, 『朝鮮後期 實學者의 日本觀 研究』, 一志社, 1989 중 「제2장 18세기 實學者의 日本觀」 ; 河宇鳳, 「元重擧의 『和國志』에 대하여」, 『全北史學』 11·12 合輯, 1989 ; 河宇鳳, 앞의 논문, 1994 참조). 이 연구에 따르면 원중거는 朴趾源·李德懋·李書九·朴齊家·柳得恭 등 북학파 실학자들과 밀접한 교류를 하였으며, 이들 그룹의 '長老'로서 젊은 학자들로부터 존경과 대접을 받는 한편 이들과 시와 문장을 논하는 詩友였다. 사행의 성과물로서 일본의 역사·정치·대외관계·군사·사회·사상 등을 종합적으로 이해한 원중거의 사행록 『화국지』와 『승사록』은 조선 지식인의 일본관 및 일본 인식의 폭을 넓히는데 많은 영향을 주었다. 원중거는 특히 이덕무와 가깝게 지내면서 그의 일본에 대한 관심과 이해에 큰 영향을 주었다. 이밖에도 유득공, 박제가 등에게도 일본에 관한 소식을 전해주고 일본의 문장계와 사회·경제 등에 관해 진지하게 토론하였음이 『冷齋集』과 『貞蕤集』에 기록되어 있다. 또한 정약용의 일본관이 원중거의 그것과 유사한 점이 많음을 볼 수 있는데, 정약용은 원중거와 직접 교류하지는 않았으나 원중거가 교류했던 이가환·박제가와 가깝게 지냈다. 정약용의 일본관에 원중거의 영향이 크게 미쳤음을 어렵지 않게 추정해 볼 수 있는 대목이라 하겠다.

신의 입장을 새롭게 성찰하거나 상대방의 입장을 새롭게 이해하게 된 내용들이 무엇이었는지를 살펴보고자 한다. 이를 위해 계미년 조선통신사가 파견되었을 당시 일본의 대표적인 소라이학파 학자들이라 할 다키 가쿠다이(瀧鶴臺, 1709~1773)와 미야세 류몬(宮瀨龍門=劉維翰, 1719~1771), 난구 다이슈(南宮大湫, 1728~1778)의 필담창화집, 『長門癸甲問槎』와 『東槎餘談』, 『南宮先生講餘獨覽』을 주요 분석대상으로 삼았다. 『장문계갑문사』와 『동사여담』, 『남궁선생강여독람』은 조선 사행단과 일본 학자들의 필담이 상당부분 차지하고 있어 양측의 상호 인식과 교류를 살펴보기에 매우 용이하지만, 아무래도 일본 측의 자료인 만큼 일본 학자의 시선과 입장이 강하게 반영되어 있음을 볼 수 있다. 따라서 이에 대응하는 조선 사행단의 使行錄을 함께 살펴보고자 하는데, 제술관 南玉(1722~1770)의 『日觀記』를 비롯, 서기 元重擧(1719~1790)의 『乘槎錄』과 『和國志』, 서기 成大中(1732~1812)의 『日本錄』이 그것이다. 아래에서는 양국 학자들의 학문적 교류와 논쟁을 거치며 계미년 사행단이 가졌던 대일 인식이 어떻게 변화하고 그 성찰의 내용은 무엇이었는지를 살펴보고자 한다.

2. 朝·日 學人들의 만남과 상호 인식

영조 39년(1763) 계미 통신사행은 조선후기 11번째의 사절로서 에도까지 간 마지막 사행이었다. 1763년 정사 趙曮·부사 李仁培·종사관 金相翊 등 통신사 일행이 도쿠가와 이에하루(德川家治)의 襲職을 축하하기 위해 방문한 이 사행은 조선의 통신 사행을 통틀어 가장 활발한 교류가 이루어졌다. 나아가 그 결과물로서 조선 측의 사행록이나 일본 측의 필담창화집 또한 가장 많이 쏟아졌고 질적인 면에서도 우수하였다.[5] 이 글에서는 그중

계미년(1763) 통신사행의 對日 인식과 자기 성찰 | 231

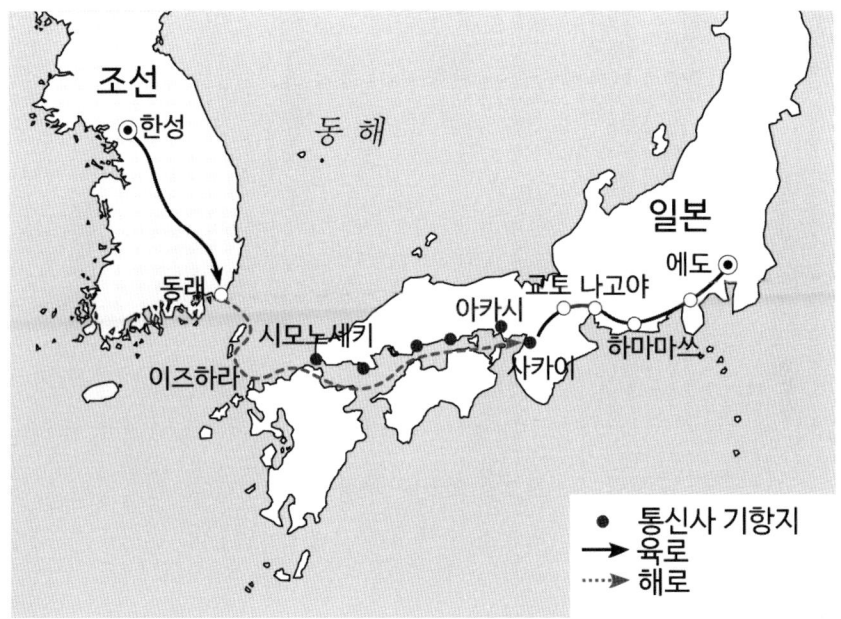

〈그림 1〉 계미사행단의 여정

에서도 조선 측 사행록으로서 제술관 남옥의 『일관기』, 정사 서기 성대중의 『일본록』, 부사 서기 원중거의 『승사록』과 『화국지』를, 일본 측 필담창화집으로서 다키 가쿠다이가 편찬한 『장문계갑문사』와 미야세 류몬이 편찬한 『동사여담』을 간단히 소개하고 이후 그 내용들을 주요 사료로 삼아 논의를 전개해 보고자 한다.

통신사행은 목적지인 에도까지 총 22개 주를 거치게 된다. 대략 對馬島-州壹岐島-筑前州-長門州-周防州-備後州-備前州-播摩州-攝津州-山城州-近江州-美濃州-尾張州-三河州-遠江州-駿河州-伊豆州-相模州-武藏州의 순이다. 사행단은 1763년 10월 6일 부산을 출발하여 이

---

5) 구지현, 앞의 책, 2006.

듬해 1월 20일 오사카 河口에 도착, 21일에 오사카에 입성하였다. 이후 26일 樓船으로 갈아타고 오사카를 출발하여 이튿날 요도우라(淀浦)6)에 하선하였고 곧 교토로 들어갔다. 오사카와 교토는 학맥이 서로 이어져 있고 출중한 학자들이 많이 배출된 지역이었으므로, 필담과 창수를 나눌 기회가 가장 많았다. 사행단이 오사카와 교토에 머문 기간은 에도로 향하던 1월 21일부터 29일, 그리고 에도로부터 돌아오던 4월 3일부터 5월 6일까지이다. 교토에서 이틀을 머문 사행단은 29일 다시 京都를 출발하여 近江州, 美濃州, 尾張州, 三河州, 遠江州, 駿河州, 伊豆州, 相模州를 거쳐 2월 16일 에도로 들어갔다. 사행단은 다시 3월 11일 강호를 출발해 4월 3일 교토로 돌아왔고 5일 오사카에 도착했다. 4월 7일 최천종 피살사건7)이 발생해 한 달간 오사카에 체류하다가 5월 6일 비로소 오사카를 출발해 6월 23일 부산으로 돌아왔다.

이 글에서 주요 자료로 다루게 될 조선 측의 사행록『일관기』·『일본록』·『승사록』·『화국지』는 이 긴 여정의 결과물이었다. 먼저『일관기』를 지은 제술관 남옥은 본관이 宜寧이며, 자는 時韞, 호는 秋月이다. 증조부 이래로 庶系가 되었으며 32세 때인 1753년(영조29) 정시문과에 병과 4등으로 합격하였다. 41세 때인 1762년 趙載浩의 옥사에 연루되었다가 풀려났고 42세 때 계미사행의 제술관으로 임명되어 일본에 다녀와 復命하였다. 그의 사행록『일관기』는 제목 그대로 '일본을 관찰한 기록'으로, 일본의 다양한 면모를 객관적인 입장에서 관찰하려 노력하였음을 볼 수 있다.

---

6) 현재의 교토부(京都府) 교토시(京都市) 후시미구(伏見區) 요도혼마치(淀本町)에 있는 옛 포구를 말한다.
7) 1764년 통신사행이 에도로부터 돌아오던 중, 4월 7일 밤 오사카에서 上房 都訓導 최천종이 쓰시마번의 통역 스즈키 덴조(鈴木傳藏)에 의해 살해된 사건을 말한다. 최천종 피살사건의 이면에는 조선과 일본 양국 사이에 잔존하고 있었던 불신감과 당시 쓰시마 藩士와 조선관리들 사이에 무역을 둘러싸고 일어났던 경제적 갈등 등이 복잡하게 얽혀 있다. 당시 사행을 함께했던 서기 金仁謙은 인삼 밀무역이 주요 원인이라고 보았다.

〈그림 2〉 일본인이 그린 조선통신사 행차 모습

『승사록』8)과 『화국지』9)를 지은 원중거의 호는 玄川, 字는 子才이며 본관은 原城이다. 한미한 무가 집안의 서얼 출신으로 영조 26년(1750) 32세 때 司馬試에 급제하였으며 영조 39년(1763) 그의 나이 45세 때 詩才를 인정받아 副使의 書記로 통신사행에 참여하였다. 원중거의 학적 기반이라 할 낙론계의 학풍은 소옹상수학·心學·雜學·경세학 등을 공유하는 가운데 주자 절대주의를 앞세운 호론계보다 비교적 자유롭고 개방적인 분위기를 띠고 있었다.10) 그가 北學을 선도한 연암학파에 속한 인사들과 폭넓게 교

---

8) 『乘槎錄』은 사행의 전 여정을 일기체로 기술한 일기이다. 모두 4권 4책으로, 1·2권은 1763년 7월 24일 출발에 앞서 영조를 인견한 날부터 이듬해 3월 에도에서 국서를 전하기까지의 일정이, 3·4권에는 '回程記'라는 소제목 아래 1764년 3월 11일 에도에서의 출발부터 귀국 후 7월 8일 왕에게 복명하기까지, 도합 332일간의 사행일정이 매일 매일의 일기형식으로 기술되어 있다. 『승사록』에서는 원중거가 직접 견문한 일본 문화와 문물에 대한 깊이 있는 기술을 볼 수 있다. 원중거는 대마도에서 강호까지 이어지는 여정에서 만난 일본인, 일본의 정치·경제·종교·지리, 가옥과 도로 항만 선박, 農政과 농산물, 상인과 시장 등 일본 생활문화의 거의 전 영역에 대해 관찰하고 기록하였다.

9) 『和國志』는 '日本國志'적인 성격을 지닌 저술로, 天·地·人 3권으로 구성되어 있다. 天卷에서는 일본의 지리·역사·정치·외교 등을 중심으로 26항목이, 地卷에서는 일본의 사회·경제·풍속을 중심으로 31항목이, 人卷에서는 경제·풍속·한일관계사를 중심으로 19항목이 각각 서술되어 있다.

10) 김문식, 『朝鮮後期 經學思想 硏究』, 일조각, 1996 ; 정호훈, 『朝鮮後期 政治思想 硏究 - 17세기 北人系 南人을 중심으로 - 』, 혜안, 2004 ; 조성산, 「조선후기 낙론계 학풍의 형성과 전개」,

유했다는 사실은 앞에서 이미 언급하였다.11) 원중거가 2종의 사행록을 저술한 연대는 사행을 마치고 돌아온 해인 1764년에서 1777년 정조의 즉위 이전으로 추정된다.12) 일본에서 돌아와 사행록을 저술할 당시 원중거는 일본에 대해 상당한 준비와 연구를 거쳐 높은 이해수준을 가지고 있었다. 자신이 직접 경험한 견문은 물론 필요에 따라서는 앞서 사행을 다녀온 이들의 사행록이나 일본의 서적까지 인용함으로써 일본에 대한 종합적이고 객관적인 저술을 완성할 수 있었다.

『일본록』의 저자 성대중의 본관은 昌寧이며 자는 士執, 호는 靑城이다. 1753년(영조29)에 생원이 되고 1756년 정시문과에 병과로 급제하였다. 서얼이었으나 영조 대 庶孼通淸운동에 힘입어 1765년 淸職에 임명되었다. 문장이 뛰어났으며 원중거와 같은 學風을 공유한 인물이다. 그의 아들 成海應은 漢學의 名物과 宋學의 義理를 절충하자는 漢宋折衷論을 주창하였던 인물이었고, 이러한 학풍은 부친인 성대중으로부터 물려받은 가학적 전통과 그 교유권인 북학파 인사들과의 직·간접적 교류를 통해 이루어지고 있었다.13) 원중거와 성대중은 사행 내내 절친한 관계를 유지하였으며 귀국 후 함께 방대한 傳聞을 북학파 인사들에게 전하였다.

계미사행 당시 일본은 가장 다양한 학파가 풍미했던 시기로, 이때의 사행은 조선 후기 12차례의 통신사행을 통틀어 사행단이 가장 다양한 인물들을 만났던 때였다. 姜沆에서 전파되어 후지와라 세이카(藤原惺窩, 1561~1619)에게서 시작된 일본의 유학은 점차 성리학에서 벗어나 자기 변주를 거듭하고 있었다. 통신사행은 약 8개월에 걸친 오랜 여정 동안 하야시 호

지식산업사, 2007 참조.
11) 각주 4) 참조.
12) 河宇鳳, 앞의 책, 1994 ; 박재금, 앞의 논문, 2010.
13) 김문식, 앞의 책, 1996, 74~80쪽 참조.

코쿠(林信言)・나바 로도(那波魯堂)와 같은 주자학자, 난구 다이슈(南宮大湫)・이노우에 시메이(井上四明) 같은 折衷學者, 가메이 난메이(龜井魯)・다키 가쿠다이・미야세 류몬 같은 소라이학파의 학자를 포함해 五山文學을 보여주는 다이텐 겐조(大典顯常=竺常), 이후 蘭學으로 옮겨갔던 이마이 쇼안(今井松庵=井敏卿) 등 다양한 유파의 일본 학자들과 창수하고 때로는 필담을 나누며 그들의 학문적 경향이나 학풍을 접했다. 그중에서도 가장 주류적 勢를 형성하고 있었던 것은 오규 소라이(荻生徂徠, 1666~1728)의 고문사학이었다.

계미사행 당시 조선 사행단과 직접 교류한 일본 소라이학파 학자들은 가메이 난메이・다키 가쿠다이・미야세 류몬 등이 있다. 그중에서도 다키 가쿠다이와 미야세 류몬은 당대 소라이학파의 대표적 중진들이었다. 이들이 활동한 주요 공간은 에도였는데, 당시 에도는 막부의 직할 학교로서 관학을 이끌어가는 昌平黌(쇼헤이코)과 오규 소라이에서 비롯된 고문사학파의 蘐園塾을 중심으로 소라이학 학자들이 포진해 있었다. 이들은 조선 사행단과 나눈 필담과 창수시들을 모아 각각 『장문계갑문사』와 『동사여담』이라는 필담창화집을 편찬하였다. 또한 에도를 기점으로 한 사신의 왕복 행로 중에 사행단은 美濃州와 尾張州에서 난구 다이슈의 문인들과 수창을 하는 한편 난구 다이슈와는 학문토론을 위한 서신을 교환하였는데 이때의 편지와 시를 묶어 편찬한 것이 『남궁선생강여독람』이다.

『장문계갑문사』[14]의 저자 다키 가쿠다이는 소라이학파의 명사로서 그

---

[14] 『長門癸甲問槎』는 서문・성명・본문으로 구성되어 있다. 서문은 1764년 춘삼월에 야마네 가요(山根華陽=山根淸, 1697~1771)가 지었고, 성명은 長門癸甲問槎姓名과 韓客姓名으로 구분되어 있다. 본문은 4권 4책에 걸쳐 수록되어 있는데, 乾上에는 12월 28부터 30일 동안 아카마가세키에서 다키 가쿠다이와 조선 사행단이 주고받은 필담과 시편 및 서신이 수록되어 있고, 乾下 전반부에는 5월 20일 귀로에 아카마가세키(赤間關)에서 다키 가쿠다이가 조선 사행단을 만나 주고받은 필담과 증별시가, 후반부에는 12월 29, 30일 다키 가쿠다이의 아들 다키 고교(瀧高渠=瀧鴻)가 조선 사행단과 주고받은 필담과 시문이 수록되어 있다. 坤上에는 12월

명성이 주 밖에까지 떨쳐졌던 長門州의 대표적 유학자였다. 그의 이름은 長愷, 자는 彌八로 본래 성은 引頭이다. 다키 가쿠다이는 장문주 소속이기는 했지만 주된 활동 무대는 세자 시독으로 근무하던 에도였으나, 藩主의 명에 따라 통신사 접대를 위해 소환되었다. 그가 조선 사행단을 만났을 때 스스로를 소개하기를, '동쪽으로 에도와 교토에서 노닐고 서쪽으로는 나가사키에서 노닐어 해내의 명승지를 대략 경유하였으며 나아가 청나라와 네덜란드 등 여러 나라 사람들을 접견하였다'15)고 하였는데, 이는 그의 다채로운 학문 편력을 잘 보여준다. 즉 다키 가쿠다이는 장문주를 대표하는 학자로서 폭넓은 견문과 학식을 갖추었을 뿐만 아니라 에도에서 오랫동안 소라이학파의 수업을 받은 후 그의 스승이자 소라이의 제자인 핫토리 난카쿠(服部南郭, 1683~1759)조차 제자로 대하지 않을 정도로 높은 학문이 수준에 도달해 있었다.

『동사여담』16)의 저자 미야세 류몬은 龍門山에 은거해 학문을 닦다가 오규 소라이를 흠모하게 되어 에도로 이주한 고학파의 인물이었다. 당대 대표적인 문장가로 일컬어졌으며, 1748년 1748년 정사 洪啓禧·부사 南泰耆·종사관 曹命采 등이 도쿠가와 이에시게(德川家重)의 습직을 축하하기 위해 파견된 무진 사행 때에도 에도에서 제술관 朴敬行·서기 李鳳煥·柳

28일부터 30일 동안 아카마가세키에서 구사바 다이로쿠(草場大麓, 1740~1803)·야마네 난메이(山根南溟, 1742~1793)가 조선 문사와 주고받은 필담과 시문이 수록되어 있고, 坤下에는 하타 겐코(秦兼虎, 1735~1785)·구사바 다이로쿠·야마네 난메이와의 필담과 창화시, 서신이 수록되어 있다.
15) 『長門癸甲問槎』 乾上, 23쪽.(쪽수는 일본 都立中央圖書館 소장본을 따랐음. 이하 같음.)
16) 1764년 통신사행 때 조일 문사 간에 주고받은 필담과 창화시를 정리하여 엮은 필담창화집으로, 2권 1책이다. 미야세 류몬(宮瀨龍門=劉維翰)이 그 이듬해 에도에서 조선의 제술관 南玉·서기 成大中·元重擧·金仁謙·정사의 伴人 趙東觀·화원 金有聲·역관 李彦瑱 등과 교유하였고, 이때 나눈 필담과 창화한 시를 정리하여 『東槎餘談』으로 엮었다. 『동사여담』은 시부이 다이쓰(澁井太室)와 미야세 류몬 등이 지은 서문, 제술관과 삼서기 및 역관·화원 등 조선인의 인적사항을 밝힌 부분과 인물 그림, 미야세 류몬과 사행단 간에 나눈 필담 위주의 본문, 수창시를 수록한 부록으로 구성되어 있다.

〈그림 3〉 미야세 류몬의 『동사여담』에 수록되어 있는 계미 사행단의 인물 그림

追・李明啓 등과 창화를 했던 경험이 있는 인물이다. 그의 집안은 증조 때부터 紀伊州에서 醫官으로 벼슬을 하였으나 미야세 류몬에 이르러 削籍당하였다. 때문에 갑신년(1764) 3월 조선 사행단과 두 차례에 걸쳐 교류할 당시 그는 벼슬이 없는 평민 신분이었으며, 자격 또한 자연히 개인 신분이었다.[17] 성대중은 에도에서 돌아오는 길에 다키 가쿠다이와 다시 만난 자리에서 미야세 류몬을 대단한 유학자라 소개하였는데, 당시 다키 가쿠다이와 미야세 류몬은 직접적인 교류는 없었던 것으로 보인다.[18]

『남궁선생강여독람』[19]의 저자 난구 다이슈는 미장주 사람으로 호는 大湫, 字는 喬卿이다. 그가 활동한 伊勢州, 美濃州, 尾張州는 關西와 에도 사이에 위치해 있으면서 강호의 소라이학파와 관서 지방의 주자학파, 古義學派를 함께 아우르는 지역이었다. 요컨대 이 지역은 宋學과 漢學, 주자학

---

[17] 미야세 류몬이 조선 사행단을 만나기 위해 對馬裁判官 기백린(紀伯麟)에게 사적으로 부탁하여 자리를 마련한 정황이 『東槎餘談』 18쪽과 39쪽에 나와 있다(『東槎餘談』의 쪽수는 일본 東北大學付屬圖書館 소장본을 따랐음. 이하 같음).
[18] 『長門癸甲問槎』 乾下, 19쪽.
[19] 사행단이 에도를 왕복하는 여로에 사행단과 난구 다이슈 사이에 주고받은 편지와 시를 묶은 책으로, 1764년 가을에 京師 文泉堂에서 출간되었다. 『南宮先生講餘獨覽』에 담긴 논쟁의 주제는 漢宋折衷의 학문론・『書經』 '危微精一'장의 해석・인간의 心性 문제, 이렇게 크게 세 가지로 나누어 볼 수 있다. 김정신, 앞의 논문, 2011 참조.

과 일본의 古學을 절충하는 가운데 상대적으로 자유롭고 다양한 학풍을 견지하고 있었다. 계미사행 당시 난구 다이슈는 에도로 진출하기 전으로 아직 30대의 신진학자였다. 사행단과 서신을 통해 직접적인 학문 교류를 하고, 이를 다시 『남궁선생강여독람』으로 정리해 성가를 높였고, 이후 일본 절충학파[20]의 대표적 인물로 성장하였다.

1763년 통신사행은 사행길 곳곳에서 일본의 고문사학자들과 직접 대면하여 창수하거나 학담을 나누었다. 이미 1719년 통신사에 의해 古義學派 이토 진사이(伊藤仁齋, 1627~1705)의 『童子問』이 조선으로 반입되었고,[21] 1748년 통신사에 의해서는 古文辭學派 오규 소라이의 학풍이 소개되어 있었다. 1748년의 통신사는 그 여정에 동반하여 고문사학의 존재를 알고 있었던 것으로 보인다.[22] 실례로 난구 다이슈는 이미 1748년 사행 때에도 통신사의 문사들과 만나 유학에 관해 질문하고 토론한 일이 있었다.[23] 그는

---

[20] 절충학파의 학문경향은 주자학의 장점을 인정하면서도 묵수하지 않았고, 훈고·명물·제도에 관하여 古注疏까지도 포괄하자는 고학파의 학문방법론을 수용한 융통성에 그 특징이 있었다. 즉 절충학파는 주자학을 유학의 한 분파로 취급할 뿐 교조적인 태도는 보이지 않았으며 소라이학 역시 존중하지만 이를 묵수하지는 않음으로써 타 학파와의 폭넓은 토론과 교류에 적극적으로 임할 수 있는 자세를 견지하고 있었다. 김정신, 앞의 논문, 2011 참조.

[21] 『童子問』은 이토 진사이의 대표적 저서로, 聖學의 본질, 古學의 本義, 학문의 原理論·方法論·實踐論 등이 문답 형식으로 서술되어 있다. 1719년 정사 洪致中·부사 黃璿·종사관 李明彦 등 통신사 일행이 도쿠가와 요시무네(德川吉宗)의 습직을 축하하기 위해 일본을 방문하였을 때, 부사서기 成夢良이 후쿠야마번(福山藩)의 유관으로 있던 이토 진사이의 次男 이토 바이우(伊藤梅宇)로부터 이 책을 얻어 조선으로 가지고 왔다고 한다. 현재 最古의 稿本은 1691년 판본이며, 이토 진사이 사후 이토 도가이(伊藤東涯)가 1707년에 增補 訂正하여 출판하였다(「童子問」, 『조선시대 대일외교 용어사전』, 한국학진흥사업 성과포털, http://waks.aks.ac.kr 참조).

[22] 후마 스스무(夫馬進)는 1748년 통신사행이 사행 과정에서 일본 고학에 관한 인식을 심화시켜 갔고, 정확하지는 않았다 해도 그 개요 정도는 확실히 알고 있었던 것으로 보인다고 하였다(후마 스스무(夫馬進), 하정식·정태섭·심경호·홍성구·권인용 옮김, 앞의 책의 「제5장 조선통신사의 일본고학 인식」, 2008 참조).

[23] 난구 다이슈는 1748년 미장주에서 조선의 제술관 朴敬行, 서기 李鳳煥·柳逅·李明啓, 良醫 趙崇壽 등과 교유하였고, 이때 주고받은 시와 필담 등이 『鳴海驛唱和』「府下唱和」에 수록되어 있다.

당시 미장주의 性高院에 "당신도 주자의 학문에 반대하십니까?"라고 묻는 제술관 이봉환의 물음에 적극적으로 주자학을 표방하지 않아 주자를 반대하는 무리로 몰려 필담을 거부당한 경험이 있었다. 남궁악은 이봉환의 물음에 "堯舜을 으뜸으로 삼아 전술하고, 문왕과 무왕을 본받으며, 仲尼를 스승으로 삼을 뿐이다"라고 대답했는데 이봉환이 아무런 대답도 없었다고 회상했다.24) 先行 통신사들의 전문을 바탕으로 하여 사행단은 출발할 때 이토 진사이나 오규 소라이의 존재를 알고 있었으나, 그들의 학술은 대체로 '陸・王을 종주로 하고 程・朱를 공격하는 이단'이라고 인식하였다.25)

통신사행은 외교적인 면에서 일본을 교린정책 아래 대등한 외교적 의례를 갖추어야 하는 나라로 받아들였지만 일본은 아직 진정한 신의의 대상이 아니었다. 그들 대부분은 이적의 국가라 하여 경시하는 전통적인 풍조 및 임진왜란 이후 고조된 적개심에서 자유롭지 못했다. 때문에 논자에 따라 약간의 편차는 있었지만 출발 당시 이들의 뇌리에는 주자학에 입각하여 일본을 교화시키겠다는 우월의식이 강하게 자리하고 있었다. 통신사의 사행록, 특히 원중거의 『승사록』을 살펴보면 그가 사행에 앞서 주자학에서 벗어난 어떠한 견해도 용납하지 않으리라는 다짐을 남겨놓은 것을 볼 수 있다.26) 원중거는 부산을 출발할 당시 동행한 서기 성대중과 김인겸에게 이번 사행에서 일본인들을 주자학으로 교도할 결심이라고 하며 詩文보다도 經學을 주로 논의할 생각이라고 밝혔다. 성대중과 김인겸이 "그 말은 바르고 큰 뜻이지만 우리의 역할은 唱酬이지 講學이 아니"라고 하자, 원중거는 "정주를 배척하는 무리와는 창수도 하지 않을 것"이라고 답하였다.27)

---

24) 『南宮先生講餘獨覽』, 11쪽(쪽수는 국립중앙도서관 소장본을 따랐음. 이하 같음).
25) 『日觀記』 卷10, 總記, 文章 ; 『長門癸甲問槎』 乾上, 25쪽, 원중거 발언 ; 『長門癸甲問槎』 乾上, 25쪽, 성대중 발언 ; 『東槎餘談』, 56쪽.
26) 『乘槎錄』 卷2, 甲申 3月 10日.
27) 위와 같음.

이는 원중거가 화이론의 자장 안에서 일본을 이적시하는 전통적 관념을 지니고 사행을 시작하였음을 잘 보여준다. 이처럼 출발 당시 사행단은 주자학을 무시하는 일본인들에게 주자의 설에 의거하여 대응한다는 나름의 방책을 세워 놓고 있었다. 실제로 1764년 3월 강호에 도착하기 전까지 일본 학자들과의 필담 자리에서 사행단이 가장 힘을 기울였던 것은 일본의 '異學'과 소라이학에 대한 공격이었다.[28]

한편 일본 소라이학파 학자들의 조선 인식도 그리 긍정적인 것은 아니었다. 소라이학파는 이미 1711년 일본을 방문한 조선통신사와 본격적으로 교류한 경험이 있었고, 이는 『問槎畸賞』이라는 필담창화집으로 출판되어 있었다.[29] 『문사기상』 上卷에서 조선 사행단과 필담을 나누고 창화한 야마가타 슈난(山縣周南, 1687~1752)은 바로 다키 가쿠다이의 어린 시절 스승이기도 하였다. 『문사기상』은 소라이의 문생들이 1711년 신묘 통신사행과 문재를 겨루는 과정에서 이루어진 필담창수의 원고를 에도의 오규 소라이가 받아 감수하고 다시 문생들에게 보여주어 윤독하는 절차를 거쳐 편찬되었다. 소라이가 조선 문사의 시문에 비평을 가하여 잘잘못을 구체

---

[28] 사행 당시 조선 문사의 한 사람인 원중거가 워낙 고학을 비판하고 주자학을 강조하자 大阪에서 합류한 護行文士 那波師曾은 그 후 오규 소라이를 칭하며 주자학을 비방하는 자는 원중거와 만나지 못하도록 했을 정도였다. 또한 에도에서 太學頭 林信言을 만난 원중거는 異端說을 금하고 주자학서를 간행 보급할 것을 간곡히 권유하였다.

[29] 1711년 조태억(趙泰億)을 정사로 한 통신사행이 도쿠가와 이에노부(德川家宣)의 습직을 축하하기 위해 일본을 방문하였을 때, 야마가타 슈난(山縣周南)·리에 자쿠스이(入江若水)·안도 도야(安藤東野)·아키모토 단엔(秋元澹園) 등 오규 소라이의 문인들이 사행단을 찾아와 교유하였고, 이때 수창한 시 등을 아키모토 단엔이 편집하여 간행한 『問槎畸賞』의 서문을 오규 소라이가 지었다. 또한 1719년 정사 洪致中·부사 黃璿·종사관 李明彦 등 통신사 일행이 도쿠가와 요시무네(德川吉宗)의 습직을 축하하기 위해 일본을 방문하였을 때, 미즈타리 헤이잔(水足屛山)과 그의 아들 미즈타리 야스카타(水足安方) 및 미즈타리 슈켄(水足習軒) 등이 오사카에서 제술관 申維翰·서기 姜栢·成夢良·張應斗 등 사행단과 만나 교유하였고, 이때 주고받은 필담과 시 등을 모아 엮은 필담창화집 『航海唱酬』의 서문 역시 오규 소라이가 지었다. 이하 『문사기상』에 대한 설명은 임채명, 「『問槎畸賞』의 성격에 대하여 : 주로 비평자의 시각을 중심으로」, 『열상고전연구』 29, 2009 ; 박상휘, 「자료 소개 : 『問槎畸賞』」, 『국문학연구』 26, 2012 참고.

적으로 적시한 내용을 살펴보면 조선 사행단의 文才에 대해 상당히 부정적인 시선을 던지고 있음을 볼 수 있다. 소라이의 부정적 인식은 일본에 파견되는 조선 사행단이 일본 학자를 압도할 목적으로 선발된 조선 최고의 인재들이면서도 문재가 저열하다는 것과 창작의 실제에 있어서도 '卑靡'하고 '宋元之舊'를 답습하는 千篇一律의 내용에 머물러 있다는 것, 그리고 군색하게 압운과 대우에만 매달린다는 것으로 요약될 수 있다. 잘 알려져 있다시피 고문사학을 내세운 소라이는 盛唐의 시를 가장 뛰어나다고 생각하였다. 그는 제자들에게 한시의 창작방법을 가르칠 때도 성당시를 암송시켜 철저히 성당시를 모방할 것을 장려하였다. 그는 중국의 시인 중에서 규범으로 삼을 만한 문인은 당나라의 韓愈(768~824)와 유종원(柳宗元, 773~819), 명나라의 왕세정(王世貞, 1526~1590)과 이반룡(李攀龍, 1514~1570)뿐이라고 하였고, 송나라의 구양수(歐陽脩, 1007~1072)나 소식(蘇軾, 1036~1101)과 같은 문인은 규범으로 삼을 수 없다고 주장하였다.

이 때문에 대부분의 소라이학파 학자들은 사행단과의 학문 논쟁을 회피하는 경향이 짙었다. 다키 가쿠다이와 같은 학자는 아예 자신이 소라이학파의 문인임을 사행단에게 밝히지 않고 필담에 응할 정도였다. 17~18세기에 쏟아져 나온 수많은 필담창화집들로 인해 조선의 학문 사상이 획일화되었다는 선지식이 일본 학자들에게 퍼져 있던 상황에서 다키 가쿠다이의 이러한 태도는 조선의 학인들과 굳이 논쟁을 벌일 필요가 없다고 생각하였기 때문에 나온 것으로 보인다. 다키 가쿠다이는 통신사행의 언설을 두고 '다만 허공에 대고 부질없이 소라이를 꾸짖을 뿐, 그의 가르침이 공자의 도와 어긋나는 곳을 명확하게 거론하는 것은 없다'[30]고 비판하였다. 나아가 그는 소라이의 학문으로 나라가 다스려지고 백성이 편안하다면 그뿐,

---

30) 『長門癸甲問槎』 乾下, 29쪽.

학술의 같고 다름을 논쟁할 필요는 없다31)고 하며 논쟁을 피하는 모습을 보였다.

관서 지방에서도 나가토미 도쿠쇼안(永富獨嘯庵)이나 관서의 古學을 대표하는 인물인 오카 핫쿠(岡白駒) 등과 같이 소라이학파에 속한 인물들은 접견을 거절하거나 직접 만나러 오지 않았다. 에도에서 만난 『동사여담』의 저자 미야세 류몬도 원중거가 '程・朱의 학문에 정진하여 타고난 본성을 저버리지 말라'고 하자, "공의 입장이나 저의 입장이나 피차일반입니다. 저는 정주의 학문을 믿지 않으니, 이는 공이 저의 학문을 신봉하지 않는 것과 같습니다. 어찌 제가 옳다고 생각하는 것을 고집하여 저를 비난하는 사람에게 말하겠습니까. 행여 분쟁이 일어날까 걱정되어 감히 논하지 않겠습니다. 제가 배우는 학술은 잠깐 동안에 갖추어 알 수 있는 것이 아닙니다."32)라고 답하며 사행단과의 더 이상의 논의를 피하였다. 미야세 류몬은 왕세정・이반룡에 대한 학문적 관심사를 공유했던 이언진을 만나 필담을 나누었을 때, "지금 학사들께서는 걸핏하면 격물궁리로 경계하시니 저는 그 진부한 말에 이미 물렸습니다."33)라고 진심을 토로하기도 하였다. 난구 다이슈도 논쟁 상대인 남옥에게, '주자를 반대하는 소견에 대해 조선의 사행단이 모두 不正한 것으로 간주하여 물리치는 것은 올바른 학문태도가 아니라' 하며 주자의 해석만을 고집하는 사행단의 편협한 학문태도를 비판하였다.34) 자국의 유학이 이미 새로운 학문 경지로 올라섰다는 자부심을 가지고 있었던 난구 다이슈의 눈에 조선의 사행단은 그 발전을 인정하지 않을 뿐만 아니라 비판까지 가하면서도 정작 자신들은 주자학의 '편

---

31) 『長門癸甲問槎』 乾下, 31쪽.
32) 『東槎餘談』 83~84쪽.
33) 『東槎餘談』, 97쪽.
34) 『南宮先生講餘獨覽』, 12~13쪽.

협함'에 그대로 머물러 있는 것으로 보았다.

지금까지 살펴보았듯이 주자학의 자장 안에 있었던 조선의 사행단과 송대 이래의 학문 방법과 내용을 총체적으로 비판하며 古文辭學을 선도해 나갔던 일본의 소라이학파 및 절충학파 학자들은 양극단이라 할 만큼 서로 간의 학문·사상의 경향이 달랐다. 따라서 처음에는 양측 모두 자국의 문화·학술에 대한 자존의식을 견지하며 상대방에 대한 선입견이 앞서는 바람에 보이지 않는 충돌과 갈등을 빚기도 하였다. 그러나 수차례의 지속적 만남은 제한적이나마 조선의 사행단으로 하여금 상대방에 대한 이해의 폭을 넓히고 자신의 견해를 객관화시켜 성찰하는 계기가 되었다. 사행단은 아이노시마(藍島)에 체류하면서 재기 넘치는 젊은 학자 가메이 난메이를 만났고35) 아카마가세키에서 소라이학의 대표적 인물 다키 가쿠다이와 대면하였으며 이후 관서 지방을 오가며 난구 다이슈가 표방하는 절충학을 접하였고 에도에서는 소라이학의 중진 미야세 류몬을 만났다. 유연하게 자기 변주를 해 나가는 일본의 유학이 접하며 이들은 일본의 소라이학에 관심을 기울이기 시작했다.

> 저들의 지경에 들어가서 축전주의 가메이 난메이 이후부터는 조금 재주가 있고 말을 잘하는 사람은 모두 物氏(오규 소라이: 필자 주)를 높이고 섬기었다. 나는 필담을 할 때나 시문을 지을 때 반드시 정주를 일컬었고 반드시 『소학』을 거론하였는데 저들 가운데 유학하는 선비들이 처음에는 자못 항거하는 말을 굽히지 않더니 끝내는 입을 다물고 말을 하지 않았고 다키 가쿠다이 같은 사람은 '잠시 버려두고 나중에 다시 논합시다.'라고 말하기도 하였다. … 오사카에 이른 후로는 들어온 선비들이 '여러 선생님이 정주를 공부하시니 존경하고 따를 만합니다.'라는 사람이 생겼고, 나머지도 오규 소라이를 절대

---

35) 이에 대해서는 김호, 「1763년 癸未 通信使와 日本 古學派 儒醫 龜井南冥의 만남」, 『朝鮮時代史學報』 47, 2008 참조.

로 언급함이 없었다. …… 사증(師曾=나바 로도: 필자 주)이 일본인들에게 '감히 물씨를 일컫고 정주를 헐뜯는 사람은 손님의 자리에 용납될 수 없다'고 선언을 했다고 한다. 그러므로 저들 가운데 비록 물씨를 높이 섬기는 사람이 있어도 그 자취를 숨기고 감히 물씨의 말을 하지 못하였다.36)

우리나라 사람이 이단을 배척하기 때문에 주자를 종주로 한다고 억지로 말하는 사람이 더러 있다. 그러나 주자를 공격하는 자들 중에는 준걸한 인재가 많고 주자를 종주로 하는 자들 중에는 재주가 떨어지는 자가 많다.37)

윗글에서 알 수 있듯이 조선의 사행단이 에도까지의 여정을 왕복하며 소라이학을 이단이라 규정하고 말할 때마다 程·朱와 『小學』을 일컫는 바람에 소라이학파의 학자들은 아예 입을 다물거나 주자를 섬긴다고 거짓을 말하기도 하였다. 문제는 통시사행이 보기에 일본의 걸출한 인재들 대부분은 소라이학파이고, 주자를 종주로 한다는 이들은 문재가 떨어지는 이들이 많다는 것이었다. 성대중이 한탄하듯 정자와 주자를 존숭하는 이가 있다 하더라도 모두 세상에 쓸모없는 속물 학자들이거나 힘이 약하여 자립할 수 없는 이들이 대부분이었다.38) 이러한 상황에서 일본을 직접 경험하고 실정을 살펴보고자 하였던 조선 사행단이 교조화된 華夷 분별을 앞세울 수는 없었다. 통신사라는 본연의 임무로 보더라도 적대적 화이의식은 일본의 문물이나 변화에 대한 객관이고 정확한 인식을 저해하는 요소로 작용할 수 있는 위험이 있었다.

이상에서 살펴보았듯이 1763년 통신사행은 일본을 이적시하고 일본의 학문·사상을 이단시 하는 조선 사행단과, 조선을 하위국으로 멸시하고 그

---

36) 『承槎錄』 卷2, 3월 10일.
37) 『日觀記』 卷10, 總記, 文章.
38) 『日本錄』 卷2, 166~167쪽(쪽수는 『日本錄』의 번역서인 홍학희 옮김, 『부사산 비파호를 날 듯이 건너』, 소명출판, 2006을 따랐음. 이하 같음).

학문·사상을 경시하는 일본의 소라이학파 학자들이 직접 대면하는 계기가 되었다. 그 과정에서 이들은 상호 간의 견해차를 드러내며 충돌하기도 하고, 직접적인 만남을 매개로 한 교류의 장에서 강고하게 지켜왔던 자신들의 견해를 수정하거나 스스로를 돌아보며 성찰하는 계기로 삼았다. 아래에서는 그 내용을 보다 구체적으로 살펴보도록 하겠다.

3. 문화적 華夷論에 입각한 對日 인식 변화와 자기 성찰

1) 일본에 대한 부정적 선입견의 一新

전통적으로 조선의 대일 외교는 신의와 도리에 근거한 '적례적 교린' 정책을 이상으로 하였다. 그러나 兩亂과 명·청 교체는 조선 지식인들의 대외인식과 현실관을 크게 동요시켰다. 예적 질서의 구심점이라 할 명은 더 이상 실재하지 않았고, 그 공백을 메우기 위한 대안으로서 '朝鮮中華'론이 발흥하였다. 조선의 지식인들은 대변란을 야기한 일본과 청에 대해 기본적으로 적개심을 품고 있었으며, 조선중화론은 이들 '오랑캐'에 대한 무시와 경멸을 합리화시켜주는 명분이 되고 있었다.

조선의 중화 의식은 역설적으로 청나라와 군신부자의 사대관계를 맺은 현실과의 괴리를 더욱 크게 자각하는 요인이 되었다. 정사 조엄의 자제군관 華山 趙聖賓이나 성대중이 말하듯, 중화의 의관문물의 상징하는 章服이나 '기자의 유풍(遺風)', '기자 이래 중국에 가까운 성음과 성률' 등이 지금껏 조선에 남아 있음에도 불구하고 청나라에 신하 노릇함을 모면하지 못하고 있는 현실이 원통함과 탄식을 야기하였던 것이다.[39]

이러한 상황에서 조선이 스스로의 자존 의식을 지키기 위해서는 두 가지 방법이 있었다. 첫째는 주자학의 의리 명분론을 토대로 한 종족적 自尊 의식 속에서 조선의 '小中華' 의식을 강화시켜 나가는 것이다. 실제로 명의 멸망 이후 조선은 중화문명의 계승자라는 소중화 사상으로 자존의식을 강화하였고, 그 구체적인 움직임이 한때 관념적 북벌론으로 나타나기도 하였다. 학문 사상적 측면에서도 모든 經傳의 이해를 오로지 주자를 통해서 터득해야 한다는 '朱子絶對化'의 경향이 강조되고 있었다.[40] 운아 이언진이 미야세 류몬에게 "(조선의) 국법에 宋儒와 다르게 경전을 해석하는 걸 엄중하게 단속하는지라 감히 이런 일에 대해서는 말씀드릴 수가 없습니다. 문장에 대해서나 논했으면 합니다."[41]라고 하거나 "왕세정과 이반룡의 글을 아는 사람은 적고, 모르는 사람이 많습니다. 왕과 이를 좋아하는 저를 칭찬하는 사람은 적으며, 비난하는 사람이 많습니다. 군자는 시속(時俗)을 돌아보지 않으며, 홀로 우뚝 서서 근심을 잊을 뿐이지요."[42]라며 자국의 학문 풍토를 自嘲하였던 것은 주자학을 절대시하는 조선의 학술 풍토에 대해 내부자가 가한 비판적 시선이었다.

둘째는 주자학에 입각한 종족적 화이론을 문화적 화이론으로 변화시키는 것이다. 양난 이후 朝·日 관계가 점차 안정되고 대륙의 정세가 청을 중심으로 구축됨에 따라 조선의 일각에서는 화이론의 관념에서 벗어나 일본·청의 실제를 알고자 하는 움직임이 일고 있었다. 원리에 대한 집착에

---

[39] 『東槎餘談』, 55쪽 ; 『東槎餘談』, 69쪽 ; 『長門癸甲問槎』 坤下, 13쪽.
[40] 그 대표주자인 송시열은 스승인 金長生이 程子와 朱子의 말이 아닌 註疏는 굳이 읽지 않아도 된다고 한 말을 인용하면서, 정자와 주자의 註說이 아닌 諸儒의 설들은 다만 보아 넘길 뿐이라고 하였다. 이와 같이 모든 경전을 주희를 통해서만 이해하기 위해서는 주희의 저작만이 실려 있는 『朱子大全』의 중요성과 그에 대한 연구가 일차적인 과제로 떠오를 수밖에 없었다. 김준석, 『朝鮮後期 政治思想史 硏究-國家再造論의 擡頭와 展開』, 지식산업사, 2003 ; 조성산, 앞의 책의 「1장 3절. 호서지역 송시열의 성리학 이해와 현실관」, 2007 참조.
[41] 『東槎餘談』, 97쪽.
[42] 『東槎餘談』, 73쪽.

서 벗어나 현실을 살피는 데 중점을 두는 '실사구시'의 관점이 대두하는 양상은 17세기 이후 동아시아 사상계의 보편적 양상이었다. 청나라의 고증학, 일본의 고학, 조선의 실학이 그것이다.[43] 당시 조선에서 중세봉건사상인 주자학을 해체시켜나가는 나가는 양상은 다양했다.[44] 그중에서도 주된 특징이라 할 수 있는 것은 주자학을 전면적으로 부정하는 것이 아니라 폭넓은 유학의 흐름 속에서 주자학을 부분적 요소로 상대화하는 것이었다. 다만 이러한 흐름은 중국의 양명학·고증학이나 일본의 고학처럼 일찍부터 정제된 탐구방식으로 자리 잡은 것이 아니라 반주자학·비주자학의 학풍 속에 폭넓고 다양하게, 그리고 느슨하게 모여 있었다.[45]

다키 가쿠다이와 필담을 나누는 자리에서 원중거는 "중국이면서 행실을 이적처럼 하면 이적이 되고, 이적이면서 중화에 변화된다면 중국이 되는 것"[46]이라 주장하였다. 이에 대해 다키 가쿠다이는 세속의 유자들이 중국을 귀하게 여기고 이적을 천시하는 것은 소루한 식견이라며 원중거보다

---

[43] 임진왜란 이후 조선에서는 詩에서는 漢魏盛唐을 본받고[詩必漢魏盛唐] 文에서는 先秦兩漢을 배워[文必先秦兩漢] 六經에 도달하고자 하는 秦漢古文 운동이 등장하고 있었다. 이는 壬辰倭亂의 과정에서 명대 秦漢古文派의 문장들이 조선에 전래되면서 시작된 것으로 전란 이후 급격히 문단에 파급되었다. 秦漢古文風은 先秦兩漢 이전의 古文을 숭상하고자 하는 復古主義的 요소와 함께 唐代 이전의 문장과 학문을 존숭하고 宋學의 학문적 권위를 반감시키는 요소가 내재되어 있었다. 秦漢古文派의 대표적인 문인들로는 申欽, 李晬光, 柳夢寅, 李恒福, 車天輅, 鄭斗卿 등이 있다. 秦漢古文에 곧장 나아가 그 문체와 시대정신을 배우고자 하던 이러한 태도는 당시 許穆·윤휴 등 北人系 南人을 중심으로 전개되었던 古學的 학문경향과 그 맥을 같이하고 있었다. 송대의 註疏體 문장을 폄하하는 가운데 주희의 주석에 의거하지 않고 六經古文 그 자체를 중시하였던 이들의 학문적 태도는 진한고문풍과 깊은 관련성을 가지고 있었다. 김문식, 앞의 책, 一潮閣, 1996 ; 김용흠, 「朝鮮後期 老·少論 分黨의 思想基盤－朴世堂의 思辨錄 是非를 중심으로」, 『學林』 17, 1996 ; 원재린, 『조선후기 星湖學派의 학풍 연구』, 혜안, 2003 ; 정호훈, 앞의 책, 2004 ; 조성산, 앞의 책, 2007 참조.
[44] 그중에는 사회 원리에 대한 성리학의 관심을 아예 뒤로 하고 노장 사상이나 불교 등을 통해 개인 문제를 천착하는 경향도 있었지만, 한편으로 성리학을 새로운 차원에서 전개하거나 성리학 대신 다른 관점에서 사회를 바라보려는 노력도 있었다. 후자의 영역에 속하는 노력들이 20세기에 들어와 '실학'이라는 이름으로 각광을 받게 되었다.
[45] 김문식, 앞의 책, 1996 ; 원재린, 앞의 책, 2003 참조.
[46] 『長門癸甲問槎』 乾上, 65쪽.

한발 더 나아간 주장을 폈다. 그러자 원중거는 천지간의 양과 음, 중화와 이적 간에 先後·內外·本末이 없을 수 없으며,⁴⁷⁾ 중국 밖에서 태어난 자신은 楚나라에서 태어나, 周公과 仲尼의 도를 좋아한 나머지 북쪽 중국에 와서 학문을 배운 陳良이 될 수는 없음을 주장하였다.⁴⁸⁾ 그러나 동시에 그는 노력 여하에 따라 국한된 형세의 장벽은 어느 정도 극복이 가능하다고 주장한다.⁴⁹⁾ 중화주의의 중세적 성격을 온전히 벗어나지는 못하고 있으되 이른바 復讐雪恥를 전제로 한 화이론의 자기폐쇄성과 비현실성을 자각해 가는 모습이라 할 수 있다.

종족적 화이론으로부터 문화적 화이론으로의 전변이 당시 조선에서 실제로 북학파에 의해 주창되고 있었고, 원중거·성대중이 이들 북학파와 친밀한 교유관계를 형성하고 있었음은 이미 앞에서 언급한 바가 있다. 일본에 대한 사행단의 인식도 이러한 화이론의 전변을 기반으로 변화하고 있었다. 물론 일본에 대한 오랜 적개심으로 말미암아 사행단에게 여전히 조선과 일본을 華와 夷로 분별하고자 하는 시각이 자리하고 있었음은 부정할 수 없다.⁵⁰⁾ 전 장에서 언급하였듯이 조선의 사행단은 華夷論의 전통적 자장 안에서 일본을 이적시하는 관념을 지니고 사행길에 올랐다.

그러나 그들에게는 일본을 이적시하는 인식만이 독존하고 있었던 것은 아니었다. 그들은 일본이라는 '別界'에 대한 지적 호기심도 함께 지니고 있

---

47) 『長門癸甲問槎』 乾上, 65쪽.
48) 『長門癸甲問槎』 乾上, 65쪽.
49) 『長門癸甲問槎』 乾上, 65쪽.
50) 이와 함께 주자학을 국정교학으로 하는 조선이었던 만큼 그 공식사절인 통신사행은 모든 언사에서 주자학을 중심에 놓지 않을 수 없었던 점도 고려되어야 할 점이다. 간혹 논자에 따라서는 소라이학의 강성함에 대적하느라 상대적으로 자신의 생각 이상으로 주자학을 강조한 측면도 분명 있었을 것이다. 사행시 제술관이나 서기의 직임을 맡았던 이들은 그 직분상 소라이학의 위력을 실감하면 실감할수록 주자학을 더욱 강경하게 옹호할 수밖에 없었다. 표면상 소라이학에 대한 부정적인 평가가 많았던 것은 이러한 이유도 있었으리라 본다.

었다. 원중거는 갑작스레 정해진 통신사행을 결국 수락한 이유에 대해 "문득 하늘 끝을 살피고자 하는 뜻이 생겨서"51)라고 기술하고 있다. 즉 자신의 능동적인 의지에 따라 일본이라는 새로운 문물에 대한 각별한 관심을 가지고 통신사행에 참여하였음을 밝히고 있는 것이다. 앞서 문화적 형세론을 중시한 원중거의 의론을 계속해서 미루어 나간다면 청은 물론 조선이나 일본미지도 중화의 보편성을 공유하며 동시에 각각의 '別界'를 형성할 수 있게 될 터였다. 남옥이나 성대중 또한 통신사행의 참여를 계기로 일본을 관찰하고 새롭게 인식하는 기회로 삼고 있었으며 그들의 사행록은 사행에 임하는 그들의 태도와 시각을 잘 보여주고 있다. 이렇듯 일본에 대한 경계와 호기심이라는 미묘한 긴장 속에서 일본·일본인을 화이론만으로 분별하기는 어렵다는 인식52)이 점차 공감대를 넓혀가고 있었다.

원중거는 일본이 중국에 대한 事大를 오랫동안 지키지 않은 채 독자적인 국가를 운영해 왔던 것에 대해 부정적인 시선으로 바라보지 않았다. 다만 일본의 '地勢'가 필연적으로 그러한 결과를 가져왔을 뿐이라며 담담하게 서술할 뿐이었다.

> 대개 강호를 오고 가는 천여 리에 이름난 도회지와 큰 고을이 없지는 않았으나 그 겉과 속, 산천이 요충지를 이룬 형상, 맑고 아름다움의 형세가 처음부터 백에 하나도 비슷한 곳이 없었으니 한 나라를 이루는 좋은 風水이다. (일본이) 만년토록 거짓되게 이름 하였던[僞號] 것은 이미 먼저 그 땅을 가졌기 때문이다. 뜻하지 않게 바다 위의 큰 산천을 허락하고 또 제일가는 지경을 점유하며 군주가 스스로 게와 자라의 우두머리가 되어 중국에 신하라고 일컫지 않았던 것은 참으로 이 때문인 것이다.53)

---
51) 『乘槎錄』 卷1, 癸未 7月 24日.
52) 『日本錄』 卷2, 靑泉海遊錄鈔, 266쪽.
53) 『乘槎錄』 卷3, 甲申 4月 4日.

전통적으로 중국 중심의 화이론은 종족적 요소는 물론 지리적 성격을 띠고 있다. 중국의 정치·문화적 영향에서 멀리 떨어진 지리적 형세는 곧 이적의 요건이 되는 셈이다. 그러나 원중거에게 지리적 형세는 한 나라를 형성하는 주요 요소이다. 때문에 고유의 맑고 아름다운 형세를 가지고 산천의 요충지, 큰 도회지 등을 모두 갖추고 있는 일본의 地勢는 그 자체로 제일의 地境이 된다. 위의 예문에서 그는 일본이 중국에 대해 독자적인 행보를 유지할 수 있었던 것은 바다를 사이에 둔 지세에 힘입은 바 크며 이로써 일본만의 독립적인 형세를 만들 수 있었다고 보았다.54)

이에 따라 원중거는 비록 '僞號'이긴 하지만 일본이 '天皇'을 僭稱하는 것 또한 중국의 영향력이 닿지 않는 곳에서 一國의 형세를 이룬 것에 기인하므로 나름의 역사성·합리성을 갖추고 있는 것으로 평하였다. 이에 반해 조선에 대해서는 명과 국경을 맞대고 있었으므로 형세상 그 영향을 강하게 받을 수밖에 없었다는 논의를 펴고 있다. 요컨대 조선이 중국[명]에 대한 사대적 질서를 고수하였던 것은 천리나 의리의 발현이 아닌, 국경을 마주하고 있는 지세로 인해 불가피한 일이었다는 것이다.

이렇듯 원중거는 중국의 정치·문화적 영향에서 벗어난 곳을 이적시하던 종래의 화이관으로부터 거리를 두고 있었다. 대신 동아시아 사대교린 질서가 일본과 중국, 조선과 중국의 관계에 각각 다르게 관철될 수밖에 없었던 이유를 각국의 지리적 형세와 그에 따른 관계의 역학 속에서 살폈다. 이러한 맥락 속에서 원중거는 종래 조선이 일본을 이적시한 대표적 이유, 즉 인성의 교활함이나 살인과 자살을 가볍게 생각하는[輕生好殺] 면모에

---

54) 일본서적인 『日本地勢辨』에는 '일본이 중국에 복종하지 않고 유일하게 그 명령을 받지 않으면서 독자적인 국가를 운영해 나갈 수 있었던 것은 士民의 힘이 아니라 바로 땅의 形勢가 그러했기 때문'이라는 내용이 있다. 이와 같은 내용의 日本地勢論은 원중거를 비롯한 18세기 당시 조선의 지식인들—일본에 대해 지적 관심을 가지고 있었던—에게 널리 수용되고 있었던 것으로 보인다. 河宇鳳, 앞의 책의 「제2장 18세기 實學者의 日本觀」, 1989 참조.

대해서도 다른 의견을 내놓았다. 일본인이 인의를 닦지 않고 예를 알지 못하며 무력만을 숭상하는 간교한 오랑캐라는 것은 임진왜란을 거친 조선이 필연적으로 갖게 된 일본·일본인에 대한 선입견이며, 대마도와 역관들의 술수에 놀아난 잘못된 인식이라는 것이다.

① 전에는 왜인을 논하며 항상 몹시 독하고 교활하며 살인을 잘하고 자살을 가볍게 한다고 하였다. 이는 임진왜란이 일어났던 시간이 멀지 않으므로 우리에게 의심하고 두려워함이 쌓여 있었기 때문이다. 또 저들과 우리의 장사치 역관 무리들이 모두 장황하게 말하며 반드시 우리에게 저들을 호랑이처럼 무서워하도록 만들고 감히 소리 하나도 내지 못한 채 한 마디도 묻지 못하게 함으로써 자신들의 뜻을 행하려고 하였기 때문이다.[55]

② 그들이 검을 차고 다니는 것을 좋아하는 것은 神을 숭상하기 때문이고 자살을 가볍게 하는 것은 국법을 두려워하기 때문이다. 義를 좋아하고 부끄러움을 멀리하며 법을 두려워하고 해로움을 피하려고 하는 데에 이르러서는 우리나라 사람들이 저들의 풍속에 대해 몹시 부끄러운 점이 있다고 생각한다.[56]

③ 어떤 사람은 혹 말하기를 그들과 더불어 어찌 인의를 족히 말할 수 있는가라고 한다. 그러나 이는 크게 틀린 말이다. 둥근 머리와 모난 발[圓頭方足]을 하고 있어도 우리와 똑같이 눈으로 보고 귀로 듣는다. 어찌 우리만이 독특한 五氣와 七性을 가져서 그들과 다르겠는가? 그들의 총명하고 專靜함과 義를 사모하고 善을 좋아하는 것, 자신의 일과 직분에 근면하고 몰두하는 점에서는, 오히려 우리나라 사람들이 그들에게 흠을 잡히지 않을까 염려스럽다.[57]

---

55) 『乘槎錄』 卷2, 370쪽(쪽수는 『乘槎錄』의 번역서인 김경숙 옮김, 『조선후기 지식인, 일본을 만나다』, 소명출판, 2006을 따랐음. 이하 같음).
56) 『乘槎錄』 卷2, 373쪽.
57) 『乘槎錄』 卷4, 甲申 6月 14日.

원중거는 전쟁이라는 역사적 상처 때문에 선험적으로 일본인을 교활한 이들로 간주하는 조선의 일본 인식이 객관적이지 못함을 지적하였다.(①) 사행의 여정을 거치며 많은 일본인을 직접 대면한 원중거는 화이론이 지니는 자기폐쇄성과 비현실성을 자각하며 점차 日本夷狄觀에서 벗어났던 것으로 보인다. 그는 일본인들이 검을 차고 다니거나 죽음을 가볍게 여기는 것도 그들에게 내재된 인성 때문이 아니라 일본 고유의 종교인 神道와 엄중한 국법이라는 외적 요인이 작용한 결과라고 보았다. 더불어 義를 좋아하고 국법을 두려워하는 일본의 풍속에 비하면 조선은 오히려 미치지 못하는 점이 있다고 보았다.(②) 또한 원중거는 근면·성실·청결·단정한 일본인의 기질을 높이 평가하였으며[58] 義를 좋아하는 四端의 천성은 인간이라면 모두 온전히 구비하고 있음을 강조하였다.(③) 조선인이든 일본인이든 '인간'으로서의 人性은 동질적이라는 것이다.[59] 원중거가 이처럼 조선과 다른 일본의 풍속을 오랑캐의 습속이라 하여 야만시하지 않았던 것은 인성에 대한 內·外, 華·夷의 구별을 부정하는 화이론적 시각으로 더이상 일본을 바라보지 않게 되었음을 보여주는 것이라 하겠다.

처음에 이단이라 규정하였던 소라이학에 대해서도 사행단은 직접 일본의 서적과 시문을 접하고 문물을 살피면서 점차 진지한 학문적 관심을 기울이게 되었다. 남옥은 에도에 체재하고 있던 1764년 3월 오규 소라이의

---

[58] 『和國志』卷1(天), 風俗, 81쪽(쪽수는 『和國志』의 번역서인 박재금 옮김, 『와신상담의 마음으로 일본을 기록하다』, 소명출판, 2006을 따랐음. 이하 같음).
[59] 이는 18세기 전반 조선의 치열한 湖洛논쟁 속에서, 湖論의 보수적 주자학과는 입장을 달리하였던 원중거의 洛論的 학풍이 그의 일본 인식에 그대로 투영된 결과라 하겠다. 호론은 氣質은 물론 人性이 아직 發하지 않은 未發의 心體에까지 華·夷의 엄격한 구분을 가하는 분별의식을 통해 지배질서를 공고히 하고자 하였다. 반면 낙론의 입장은 개개 사물이 '도덕적 본성'을 가졌다는 것을 전제로 이들을 인식하면서 지배질서를 재정비하는 것에 있었다. 따라서 낙론계는 교화론을 전개시키는 과정에서도 개개 주체들에게 최대한 '도덕적 가능성'을 인식시켜 주면서 자발적으로 성리학적 '正'의 길을 걷도록 유도하는 방법을 취했다. 조성산, 앞의 책의 「3장 1절. 호락논쟁의 전개와 낙론 학맥의 사상 동향」, 2007 참조.

문집을 입수하여 일행과 함께 숙독하였고,60) 성대중은 다키 가쿠다이에게 소라이의 전집과 『辨道』・『辨名』은 보았으나 『隨筆』과 『論語徵』, 『學則』은 아직 보지 못했다며 소장본을 청하기도 하였다.61)

『徂徠集』을 접한 후 성대중은 오규 소라이의 높은 재주와 식견, 통쾌한 논변, 광박한 학식과 문재에 대해 함부로 배척할 수 없는 면모라 하였다.62) 그는 일본의 학문이 소라이 이후로 크게 진작되었다고 보고, 주자학을 매개로 학문적 친연성을 가졌던 후지와라 세이카(藤原惺窩)와 하야시 도슌(林道春)보다 왕세정・이반룡의 문풍을 창도한 소라이나 그 문인들이 훨씬 뛰어남을 인정하였다.63) 나아가 그는 왕세정・이반룡의 문풍이 비록 浮華하여 알맹이가 없으나 조선의 문장도 그에 힘입은 것이 많으며, 이제 그 효과가 동쪽 일본에서도 나타나니 이는 秦나라가 夏나라의 음악에 능하게 된 것과 같다고 감탄하였다.64)

남옥은 오규 소라이의 학문에 대해 "끝내 요순의 도에 함께 들어갈 수 없지만 그의 문장은 불꽃이 이글이글 타오르듯 마멸할 수 없는 기운이 있다"65)라고 하며 소라이를 후지산처럼 높은 일본의 대학자라고 인정하였다.66) 그러면서 鵝湖에서 주희와 육상산이 논쟁을 벌였듯 자신이 소라이를 직접 만나 논쟁을 할 수 없는 것이 한스럽다고 하였다.67)

---

60) 『長門癸甲問槎』 乾下, 29쪽 및 『日觀記』 卷8, 甲申 3月 2日자 기사에서, 에도에 체류하던 남옥이 고문사학파의 태두인 오규 소라이의 문집 『徂徠集』 및 『辨道』・『辨名』을 입수하여 읽었음을 볼 수 있다.
61) 『長門癸甲問槎』 乾下, 18쪽. 다키 가쿠다이가 행장에 꾸려 오지 못했다고 하자 성대중은 아카마가세키나 오사카의 서점에서 구할 수 있는지를 문의하기도 하였다.
62) 『長門癸甲問槎』 乾下, 28쪽.
63) 『日本錄』 卷2, 166~167쪽.
64) 위와 같음.
65) 『長門癸甲問槎』 乾下, 29쪽.
66) 『長門癸甲問槎』 乾下, 30쪽.
67) 『長門癸甲問槎』 乾下, 29쪽.

원중거 또한 소라이학에 대해 "학술에 있어서 反身之方을 얻었다",[68] "그 학문이 몹시 허황되지만, 또한 옛 것을 인용하여 현재를 밝히기를 잘하고 推事함에 心身에 와 닿도록 한"[69]다고 평하였다. 그의 이러한 평은 비교적 자유롭게 실제적·실용적 학문을 추구하는 소라이학에 대한 긍정적 평가로서, 인간의 감정과 행동을 예외 없이 의리명분에 맞추고자 지나치게 관념적이고 高遠한 성리설·인성론을 전개하였던 주자학에 대한 비판을 전제로 한 것이었다고 할 수 있다.

소라이의 문집을 읽기 전 원중거는 소라이학이 주로 명나라 유학자의 陸學을 숭상한다고 보았다.[70] 그러나 이듬해 3월 에도에서 소라이의 著作을 직접 읽어본 후, 그는 '소라이는 육상산과 왕양명이 밝힌 良知·良能이 무엇인가를 거의 논하지 않는다.'고 하였다. 이는 그가 소라이학을 陸·王의 陽明學과 동일하거나 적어도 유사한 것으로 이해한 종래의 인식과는 달리 소라이학이 양명학과는 다른 학문임을 정확하게 이해하게 되었음을 보여준다. 원중거는 오규 소라이에 대해 "기이한 재주와 기개가 있으나 실로 애석하다"[71]라는 평을 내리기도 하였는데, 여기에서 그가 말한 '기이한 재주와 기개'의 구체적인 내용은 "문장에 있어서 叙事之體를 얻었다"[72]는 것으로, 오규 소라이가 주창한 古文辭學의 방법론과 일본 유학을 진흥시킨 공로를 높이 평가한 말이었다. 그런데도 원중거가 소라이에 대해 '애석하다'라 평한 구체적인 이유는 무엇일까? 그것은 바로 소라이학에는 "불교와 노장처럼 性과 德을 논하는 기발함이 없고, 陸王學처럼 良知, 良能의 辨도 없다."[73]는 것에 있었다. 원중거는 『和國志』에서 이토 진사이와 오규

---

[68] 『和國志』 卷2(地), 異端學說, 276쪽.
[69] 『乘槎錄』 卷2, 351쪽.
[70] 『乘槎錄』 卷1, 계미년 12월 10일.
[71] 『乘槎錄』 卷2, 354쪽.
[72] 『和國志』 卷2(地), 異端學說, 276쪽.

소라이를 〈異端之說〉의 항목에 분류하였고 당연히 그들의 학설에 대해서도 매우 비판적이었다. 이때 주목해야 할 점은 원중거가 일본의 古學을 이단이라 규정하는 태도와 이유이다. 원중거는 이들이 주자학을 비판했다는 것 그 자체는 크게 문제 삼지 않았다. 오히려 그가 비판한 것은 일본의 古學派가 주자의 주석을 비판한 내용이 사리에 어그러진다는 것[74]과, 특히 소라이학의 경우 주지에 대한 일방적인 반대를 고수하며 주자학의 경서 주해를 전면적으로 부정하고 어떠한 이점도 취하지 않는 편향적 학문 풍토를 가졌다는 점이었다.[75]

앞서 언급하였듯이 조선 또한 일본과 유사한 古學風의 학적 분위기가 北人系 南人·小論을 중심으로 형성되어 있었다. 그러나 조선에서는 송시열·한원진 같은 주자도통주의자들은 물론 윤휴나 박세당처럼 斯文亂賊·異端이라 배척되었던 이들도 주희의 경서 주해를 존숭하고 인정하였다. 이단으로 배척되었던 조선의 非주자학·反주자학 논자들의 경우 주희의 경서 주해에 대해 회의를 품고 의문을 제시한 점은 표면상 일본의 고학파와 같았으나 동시에 그들은 주희의 주해가 정미한 뜻이 온축되어 있는 훌륭한 주해임을 인정하였다. 물론 선택을 전제로 한 긍정이었다. 일본처럼 주자학의 경서 주해를 무가치한 것으로 폄하하거나 그 존재 자체를 부정하는 것이 아니라 성리설, 심성론의 틀을 유지하며 이를 주자학과 다른 내용과 논리로 재구성하는 것, 그것이 바로 주자학의 봉건적 면모를 해체시키는 조선의 주된 방식과 특징이었다.

원중거를 비롯한 조선의 사행단이 인간의 심성에 대한 논의를 간과하는

---

[73] 『和國志』 卷2(地), 異端之說, 275쪽.
[74] 『和國志』 卷2(地), 異端之說, 274~275쪽.
[75] 이는 원중거·성대중 등으로부터 일본 유학의 동향에 대한 많은 지식을 습득한 실학자들도 마찬가지로, 이러한 점은 정약용에 의해서도 비판된 바 있다. 河宇鳳, 앞의 책의 제3장 「丁若鏞의 日本儒學 硏究」, 1989 참조.

일본의 유학 풍토에 대해 심각한 우려를 표명하였던 것은 그들이 반드시 골수 주자학자이거나 소라이학에 대한 이해가 없기 때문이 아니라 주자학·반주자학을 통틀어 조선이 근본적으로 가졌던 학적 풍토에 기반한 사유였던 것이다. 심성에 대한 성리학적 논의는 현실과 의리명분의 괴리를 초래하기도 하지만, 반대로 인간 심성에 대한 끊임없는 환기로 인해 覇道에 대한 王道, 武治에 대한 文治 우위의 정치운영을 유지시켜 나가는 동력이 되기도 한다.

이렇게 볼 때 원중거가 오규 소라이의 학문에 성리설, 심성론에 대한 논의가 결여되어 있음을 비판하였던 것은 곧 소라이학에 천지 인간을 관통하는 도리와 사람으로서 어떻게 살아야 하는가에 대한 고민이 빠져 있음을 지적한 것이었다고 하겠다. 소라이학은 정치와 도덕을 나누고, 정치가 도덕보다 우위에 있다고 주장한다.76) 개인의 자발적·자율적 의지보다는 강압성을 띤 제도 법령의 일상적 관철에 학문의 주목적이 있었다. 원중거에게는 理氣心性論만을 일삼거나 도덕과 정치를 맹목적으로 일치시키는 주자학도 문제였지만, 이기심성론의 거론 자체를 폄하하거나 정치와 도덕을 성찰 없이 분리시켜 인간의 의지를 제도 법령의 강압 아래 종속시키는 일본의 古文辭學이 더욱 문제로 인식되었다. 같은 맥락에서 고문사학의 학문방법인 엄격한 실증과 고증 또한 그 자체가 목적이 되어서는 안 되고 어디까지나 인간의 도리나 의리를 밝힌다는 한 단계 높은 목적을 위해서 존재해야 한다는 것이 그의 기본 입장이었다.

이렇듯 원중거를 비롯한 통신사행은 소라이학의 장점과 단점을 공정하고 객관적으로 인식하기 위해 노력하였다. 빡빡한 일정의 사행길에 굳이 소라이의 저서를 구하여 숙독하였던 것도 그러한 노력의 일환이었다. 귀

---

76) 丸山眞男, 『日本政治思想史研究』, 東京大學出版會, 1953(김석근 역, 통나무, 1995) ; 「오규 소라이」, 『조선시대 대일외교 용어사전』, 한국학진흥사업 성과포털, http://waks.aks.ac.kr 참조.

로에 장문주에서 다키 가쿠다이와 재회한 원중거는 그에게 소라이의 좋은 부분[明處]에 대해서는 수용하여 이해하고 잘못된 부분[暗處]에 대해서는 취사선택 할 것을 권하였다.77) 성대중 또한 소라이학에 대해 후학이 그 본받을만한 점을 본받고 그 버려야 할 점을 버린다면 소라이를 잘 배운다고 말할 수 있고, 소라이 또한 후세에 도움이 될 수 있을 것이라고 하였다.78) 斯文에 해를 끼쳤다고 비판하였던 소라이학에 대해 이제는 그 '功'過'를 모두 고려하고 있는 것이다.

  이러한 면모는 사행단이 일본 학자들에게 주자학을 추숭하도록 맹목적으로 강요하였던 종래의 입장을 버렸음을 보여준다. 원중거는 소라이학을 포함한 일본 유학의 발전을 文治 부흥의 實例라 하여 긍정하는 가운데 이제 일본을 海中文明의 고장이라 불러도 지나치지 않을 것이라며 높이 평가하였다.79) 일본에 갖추어져 있는 풍부한 典籍과 발전된 인쇄기술, 일부 학자들의 시문에 대해 그는 큰 놀라움을 표했다.80) 이에 대해 그는 일본이 나가사키에서 중국과 통상하며 중국 문물을 수입함에 따라 유학과 시문 등이 발전하였다고 보고, 그로 말미암아 일본사회가 무치주의에서 문치주의로 변화화고 있다고 평하였다.81) 일본을 더 이상 비루한 오랑캐라고 소홀히 대할 수 없다는 것이다.82) 그는 특히 소라이에 의해 중국의 훈으로 고경을 읽는 법이 일본 내에 널리 퍼지게 된 점을 높이 평가하였다.83) 古文을 중국의 음으로 읽고 언어를 문장으로 서술함으로써 일본이 진정한

---

77) 『長門癸甲問槎』 卷2, 13~14쪽.
78) 『長門癸甲問槎』 卷2, 14쪽.
79) 『和國志』 卷2(地), 詩人文人, 281쪽.
80) 『和國志』 卷2(地), 詩人文人, 281쪽.
81) 『和國志』 卷2(地), 詩人文人, 277쪽 ; 『乘槎錄』 卷2(地), 351쪽.
82) 『和國志』 卷2(地), 詩人文人, 277쪽.
83) 『和國志』 卷2(地), 異端學說, 276쪽 ; 『長門癸甲問槎』 乾下, 30쪽.

중화 문명의 일원으로 거듭 날 수 있다고 낙관한 것이다. 원중거가 "저들이 만약 인의를 알고 염치를 알아, 옛 것을 기뻐하고 지금을 돌이킨다면 이는 단지 그 나라의 다행만이 아니라 우리나라와 중국이 침략 당할 우환이 더욱 없어질 것이다. 그러므로 내가 일찍이 장기의 물화와 서적을 일러, '진실로 청나라 사람의 상업적 이로움이며 또한 일본문명이 걸린 운수'라고 한 것이다."84) 한 것은 이러한 이유에서였다. 나아가 그는 일본에 이는 이러한 文風을 타고 그들의 오랑캐적 습속을 중화로 변화시켜 일본을 正道로 안내하는 지도자가 곧 나타나리라는 기대도 표명하였다.85)

남옥 또한 일본은 평화가 이미 오래되어서 兵務를 기휘하니 文風이 전보다 점점 성해져서 이미 오랑캐의 본색을 잃어버렸다고 보았다.86) 그는 일본에 과거제도가 없는 까닭에 문장의 수준이 낮은 자는 文理를 이루지 못하고 시 또한 경박하지만 문장이 높은 자는 옛날에 근접한 높은 학문적 경지에 오르니, 이전에 비하면 가히 混沌이 뚫린 것과 같다87)라고 평하였다. 성대중은 일본의 文運이 활기차게 이는 이유에 대해 고금의 기이한 서적과 百家의 문집이 일본에 모여드는 이유도 있지만, 과거제도가 없는 까닭에 학문이 관직을 얻기 위한 수단이 아니라 그 자체 목적이 되어 시대를 불문하고 자유롭게 옛 문장을 토론하고 평가할 수 있기 때문이라 보았다.88)

이상에서 살펴보았듯이 에도에서 오규 소라이의 문집을 접한 사행단은 소라이학을 이단으로 규정하였던 종래의 선입견을 버리고 古學派의 反주자학적인 학설을 비판하면서도 그들이 축적한 유학 자체의 가치나 성숙성

---

84) 『和國志』 卷1(天), 中國通使征伐, 166쪽.
85) 『乘槎錄』 卷2, 351쪽.
86) 『日觀記』 卷10, 總記, 源系.
87) 『日觀記』 卷10, 總記, 文章.
88) 『日本錄』 卷2, 靑泉海遊錄鈔, 245쪽.

에 대해서는 객관적으로 인정하는 것으로 견해를 달리하게 되었다.

2) 임진왜란에 대한 비판적 성찰

일본의 다양한 학풍과 백가쟁명이 가능한 학적 풍토는 이를 대면한 통신사행으로 하여금 조선의 현실을 돌아보게 하는 계기로 작용하는 한편 일본에 대해 진지하게 접근하고 이해해야 할 필요성을 자각하게 하였다. 양국의 역사를 객관화하여 성찰하는 모습도 그러한 면모의 하나로, 원중거가 과거 임진왜란의 발발 원인과 전개 과정을 자세히 들여다보고, 조선·일본·중국 간 이해관계의 상충과 상호 인식 등을 고찰하였던 것은 그 일환이었다. 그는 3국을 둘러싼 국제적 역학관계를 임진왜란이라는 '歷史'를 통해 성찰함으로써, 임란 이후 새로이 전개되는 국제정치의 현실을 이해하고 향후 있을지 모를 일본의 재침략을 경계할 거울로 삼고자 하였다.

임란 후 조선은 일본을 九世必報해야 할 원수국으로 보고 뼈에 사무치는 적개심을 가지고 있었다. 1719년 사행의 제술관이었던 申維翰의 경우, 임진년 加藤淸正은 조선의 가장 흉악한 원수였으므로 그의 자손은 통신사와 酬酢하는 곳에 참여할 수 없도록 특별히 부탁할 정도였다.[89] 그러나 감정적 증오를 앞세워 일본을 바라본다면 일본 인식은 쉽게 객관성을 잃을 수 있다. 원중거는 이러한 위험성을 충분히 인지하고 있었다. 그는 어차피 전쟁을 통한 복수전을 치를 수도 없는 상황에서 대를 이어 일본을 원수의 나라로 규정한다는 것은 현실적이지 못하다고 보았다. 원중거는 역사적으로 일본은 물론 중국[명]조차도 유교적 신의나 명분보다 자국의 實利를 앞세우는 냉혹한 국제 질서를 고수해 왔음을 직시하고 있었다. 때문에 그는

---

89) 『日本錄』 卷2, 靑泉海遊錄鈔, 263쪽.

향후 조선과 일본의 관계는 군사적 대결이 아닌, 외교적 신의의 교린관계를 지속해야 할 것이라 생각하였다. 때문에 감정적 적개심을 날것 그대로 표출할 것이 아니라 보다 근본적인 대책을 강구할 것을 주장하였다. 이것이 그가 주장하는 와신상담의 내용이었다.90)

이에 원중거는 1592년의 임진왜란을 3국이 처한 정치적 상황 속에서 다각적으로 접근하고 재조명하였다. 그는 임란 발발의 원인 규명은 물론 전쟁의 현황과 화의 교섭 과정, 전후의 처리와 수습 등을 상세히 기술하고 이에 대해 나름의 분석과 논평을 가하였다. 그 속에서 원중거는 임란 발발의 원인을 크게 대외적인 요소와 국내적인 요소의 두 가지로 나누어 살폈다. 대외적인 요소는 일본의 정치적 정세를 들었으며, 국내적인 요소로는 조선의 당쟁과 국방태세의 허술함, 그리고 국제정세에 대한 위정자들의 무지와 외교적 실패를 지적하였다.

임진왜란의 대외적 원인으로서 원중거가 일본의 정세를 거론하며 주목하였던 것은 도요토미 히데요시(豊臣秀吉)의 등장과 그의 정치적 목적이었다. 오다 노부나가(織田信長) 휘하의 일개 장수였던 히데요시가 일본을 통일하였으나 그 권력은 진정한 통일이라고 하기에는 아직 불안정하였고, 왜황에 대한 권력구조도 확고하지 못했다.91) 원중거는 히데요시가 왜황을 폐하고 자립하고자 해도 나라 안의 공론이 두려워 할 수 없었으므로, 무력으로 명나라를 협박하여 책명을 얻어냄으로써 나라 사람들을 굴복시키고 스스로 海中의 제왕이 되려 했다고 보았다. 다만 명나라를 급작스럽게 범할 수 없으므로 '假道入明'을 내세워 조선으로 하여금 중국에 중재 역할을 하도록 하였고, 그 과정에서 임란이 발발하게 되었다고 하였다.92) 요컨대

---

90) 『和國志』 卷1(天), 秀吉本末, 110쪽 ; 『和國志』 卷1(天), 壬辰入寇時賊情, 150쪽.
91) 『和國志』 卷1(天), 秀吉本末, 112쪽.
92) 위와 같음.

히데요시가 武威의 선양을 통해 왜황의 권위에 대항하고 국내의 無用한 병력을 처리하여, 통치체제를 공고하게 안정시키고자 일으킨 전쟁이 임진왜란이라는 것이다.

이처럼 원중거는 침략자와 약탈자로서의 조선에 각인된 일본관을 넘어 임란을 역사적 성찰의 대상으로 삼았다. 그리하여 히데요시의 침략 동기를 단순히 남을 해치기 좋아하는 오랑캐의 고유한 기질이나 인성에서 찾는 것이 아니라 일본 국내의 정치적 事勢에서 기인하는 것임을 냉철하게 지적하였다. 이와 함께 원중거는 일본의 정치운영이 법가적 술수에 기반하고 있다 지적하면서도 여기에 비판의 시선을 던지지는 않았다. 그가 보기에 일본에게 霸道的 정치운영은, 무력을 소지한 지방 세력을 제어하고 그들의 복종과 충성을 이끌어낸 효율적인 정치수단이었다.[93] 수백여 년의 전쟁을 겪은 일본이 성공적으로 정치적 안정을 이룰 수 있었던 것은 모두 패도적 정치운영에 힘입은 바 크다는 것이 그의 생각이었다. 나아가 원중거에게 일본의 패도는 일본의 8도 66주의 평안을 보장하는 것에 그치는 것이 아니었다. 패도는 막부가 중앙정부의 권위와 통치력을 안정적으로 행사할 수 있게 해줌으로써 조선과 중국의 변방에 해적의 출몰을 막아주는 유효한 정치술이기도 하였다.[94]

원중거는 일본이 법가적이고 무치주의적인 점에서 패도를 앞세운 중국의 秦나라와 흡사하다고 보았다. 그는 일본에 패도가 안착하게 된 功을 도요토미 히데요시에게 돌리며, 그를 일본 땅의 秦始皇과 같은 존재라고 평가하였다.[95]

---

[93] 『和國志』 卷1(天), 關白之始, 96쪽. 제술관으로 사행길을 함께 한 南玉 또한 關門의 치밀함과 엄격함, 상품유통에 대한 막부의 철저한 관리 등은 비록 오랑캐의 법이긴 하나 조선도 취해 실행할 만한 치적이라 보았다(南玉, 『日觀記』 卷10, 總記. 禁關門. 皇系).
[94] 『和國志』 卷3(人), 我朝征倭錄, 385쪽.
[95] 『和國志』 卷1(天), 關白之始, 96쪽.

대개 미나모토노 요리토모(源賴朝) 이후로 각 주에서 다투어 서로 군대를 일으켜 공격하고 싸웠으므로 전쟁으로 편안한 날이 없었다. 그러나 왜황은 미약하여 功과 罪를 주재할 수 없었다. … 각 주에서는 모두 춘추열국으로 자처하여 이합집산이 무상하였다. 온 나라 사람들이 모두 용력을 숭상하여 싸워서 죽는 것이 용기라고 보았고 삶을 가벼이 여겼다. 창과 방패, 대포와 칼 등이 지극히 정교하여 5백여 년 동안 불길이 더욱 치열해져서, 마치 戰國時代 말기에 진나라가 아니었다면 통합할 수 없었던 것과 같았다. 그때 히데요시가 일어나 마침내 진시황의 일을 행하였다.[96]

원중거는, 일본 통일의 길을 연 오다 노부나가가 1582년에 죽고 그 휘하의 일개 장수였던 도요토미 히데요시가 1590년까지 일본 사상 최대의 통일 권력을 세울 수 있었던 것은 용맹하고 재주가 많았던 히데요시 개인의 능력과 위세 때문이라고 보았다.[97] 히데요시가 關白으로서 상벌을 잘 주재하여 나라 안의 재주와 지혜가 있고 용기와 힘이 있는 자들이 모두 그에게 와서 의탁하였고, 마침내 270여 국 8주를 통합하게 되었다는 것이다. 앞서 언급하였듯이 원중거가 이와 같은 일본의 정치변동을 의미 있게 바라본 것은 그들의 정치적 안정이 곧 중국과 조선의 변경에 출몰하는 왜구를 통제할 통치력으로 이어졌기 때문이었다.

원중거가 개인적으로 히데요시를 한 하늘 밑에서 더불어 살 수 없는 원수로 보았다는 점은 다른 이들과 다르지 않았다. 그는 "아! 히데요시의 악은 차마 붓을 적셔 적을 수가 없구나. 2백 년 동안 한 번이라도 한 치의 무기로 후시미성(伏見城)을 짓이겨 버리지 못하고, 히데요시로 하여금 뼈를 태워 아무 탈 없이 티끌이 되게 하였다. 내가 계미년 통신사행을 따라 강호에 들어와 흉악한 도적이 기세등등했던 땅 아님이 없음을 보게 되니,

---

96) 『和國志』 卷1(天), 關白之始, 96쪽.
97) 『和國志』 卷1(天), 秀吉本末, 104쪽.

육지에서 길을 가고 물에서 자면서 마음이 찢어지려 하였다."98)라고 할 만큼 임란의 賊魁 히데요시에 대한 분노와 적개심이 컸다. 그러나 원중거는 히데요시에 대한 감정을 화이론으로 轉化하여 일본을 夷狄視하거나 일본에서의 그의 공로를 경시하지 않았다. 원중거는 도쿠가와 이에야스(德川家康)가 히데요시의 虐政을 대신했으나, 그것은 히데요시가 나라를 통합하였으므로 가능한 일이었다고 하여99) 일본 내에서의 그 정치적 공적을 인정하였다. 일본의 전국시대 말, 힘이 곧 정의로 통하는 현실에서 향후 일본의 정치적 안정을 기할 토대를 마련하고 조·중·일 3국의 변방을 안정시키며 평화로운 국제질서를 다지게 된 시발점이 원중거에게는 역설적이게도 도요토미 히데요시의 전국시대 통일이었던 것이다.100)

한편 그러한 가운데에서도 원중거는 일본의 재침에 대한 경계를 늦추지 않았다. 그는 자신에게 주어진 직분을 지키며, 정해진 국법을 감히 범하지 않는 일본인의 습성에 도요토미 히데요시의 覇道가 더해지면 임진왜란에서 경험했듯 천하에 해를 끼치는 寇賊으로 변화할 수도 있음을 우려하였다.101) 반면 도쿠가와 이에야스처럼 비교적 덕과 도량을 갖춘 지배자가 백성을 잘 이끈다면 안정된 정치가 손바닥을 움직이는 것처럼 쉽게 이루어질 것이라 보았다.102) 이는 그가 경세학의 면모가 강한 소라이학을 긍정하면서도 동시에 '인간'에 대한 철학을 간과한 점을 비판하였던 것과 같은 맥락이라 할 수 있다. 이처럼 그는 일본인, 일본 유학이 법령과 제도, 覇道와

---

98) 『和國志』 卷1(天), 秀吉本末, 110쪽.
99) 『和國志』 卷3(人), 我朝征倭錄.
100) 1624년(인조 2년) 강홍중의 사행록 『東槎錄』 「견문총록」에서도 도요토미 히데요시의 일본 통일을 평가하며 원중거와 유사한 의론을 펴고 있음을 볼 수 있다.
101) 『和國志』 卷1(天), 人物. 원중거가 긍정적으로 바라본 일본인의 인성은 '인간'의 보편적 품성을 논한 것이기도 하지만 '守定分', '非犯國法'의 용어에서 볼 수 있듯이 피지배층인 백성에 대한 지배층의 시선이 담겨 있기도 하다.
102) 위와 같음.

功利만을 앞세워 武治를 강화하는 기반으로 삼고 이러한 일본의 무치가 다시 조선에 위협이 될 수 있는 가능성에 대해 경계를 게을리 하지 않았다.

이처럼 원중거는 일본의 패도, 즉 법치와 功利를 현실적으로 긍정하고, 나아가 임란의 賊魁라 불렸던 도요토미 히데요시에 대해서도 일본의 정치적 맥락 속에서, 또한 조선과 일본의 관계 속에서 그 공적을 일부 인정하였다. 패도적이고 천황과 장군의 이원적 권력구조를 유지하는 일본의 정치·정치운영은 조선의 유학자 원중거에게 분명 이질적으로 비쳐졌을 것이다. 그러나 그의 사행록에서는 이러한 일본의 현실에 대해 의리명분이나 시비명변을 앞세워 부정하거나 폄하하는 의론은 찾아보기 어렵다. 이러한 사실은 원중거가 일본의 제반 현실과 상황들을 천리 혹은 예의 이름으로 검속하고 규제하는 주자학의 화이론에서 벗어나, 현실의 사세를 직시하는 속에서 조선과 일본의 실제적 관계를 전망하였음을 잘 보여준다.

한편 원중거는 일본에 대한 조선의 미숙하고 관념적인 대응이 임란을 불러온 대내적 요인이라 보았다. 특히 임란 전의 외교적 무지와 실패가 주된 비판 대상이 되었다. 그는 전쟁이 일어나기 전, 적의 침략을 알 수 있는 기회가 여러 번 있었는데도 당시 위정자들이 무사안일에 젖어 이를 무시하였던 것이 돌이킬 수 없는 잘못이라고 주장하였다. 이와 관련한 사례로 그는 히데요시가 집권한 후 조선에 사신을 보내 통신사의 來聘을 요청했을 때 당시 조선 조정에서 일본을 篡逆의 나라라는 점을 들어 거절한 사실을 들었다.[103]

---

[103] 1467년 '應仁의 亂'으로부터 시작된 전국적 전란으로 室町막부는 통제력을 상실하였다. 이 과정에서 이른바 "日本 封建社會"를 새롭게 재편하며 등장한 도요토미 히데요시는 1586년 對馬島主 宗義調에게 '高麗出兵'의 의도를 通告하는 한편 대마도로 하여금 朝鮮國王의 日本 立朝를 성사시킬 것을 엄명하였다(井上淸, 서동만 옮김, 『일본의 역사』, 이론과 실천, 1989, 111~157쪽 참고). 이에 궁지에 빠진 대마도는 먼저 일본의 국왕이 交替되었다는 사정을 조

히데요시가 노부나가를 시해했다는 것은 우리나라에서 記事로 전하지 않는 데가 없다. 그 당시에 무엇을 근거로 해서 이러한 말이 있게 되었는지 알 수가 없다. 하늘을 뒤덮는 히데요시의 악행은 천하에서 만세토록 죽여도 용서하지 못할 바이다. 그러나 단지 우리나라에서 그가 신장을 시해했다고 배척한 것은 극심하게 올바름을 잃은 것이다. 처음에 통신사를 요구했을 때, 조정과 재야에서 모두 이러한 근거를 끌어서 힘써 통신의 의론을 힘써 저지하였다. … 우리나라와 왜에 대한 관계는, 魯나라와 齊나라의 관계와는 다르다. 가령 히데요시가 진짜 노부나가를 시해했다 하더라도 陳恒의 토벌에 이르는 것은 온당치 못하다. 묵특(冒頓)이 頭曼을 시해한 것이, 조정이 평화를 이어가는 데 무슨 방해가 되겠는가? 하물며 그 일이 진실로 있지 않았는데도 조야에서 와자지껄하게 그것을 말했음에랴.[104]

원중거가 생각하기에 壬亂을 목전에 둔 조선의 상황은 일본의 도요토미 히데요시가 제 임금을 시해한 역적이라는 彝倫=명분상의 瑕疵를 두고 통신사를 파견해야 할 것인가 말 것인가에 대한 논의로 분분할 때가 아니었다. 조선 조정이 그 당시 가장 크게 염두에 두어야 했던 것은 왜적으로 인해 불안한 변방을 현실적으로 방어할 수 있는 대책을 마련하는 것이었다. 심상치 않은 일본의 정국을 직시하지 못하고 일본의 정국이 의리명분에 배치되는 簒逆의 亂局이라며 체모나 예법에 얽매여 나라의 안전과 기틀이

선에 알리고 새로운 국왕에게 賀禮를 위한 조선통신사의 渡來를 요청한다는 외교적 형식을 취하여 위기를 모면하고자 하였다. 이를 위해 대마도에서는 2차례에 걸쳐 橘康廣, 玄蘇를 가짜 '日本國王使'로 만들어 조선에 파견, 일본국왕 교체를 고하고 통신사의 파견을 요청하였다. 처음에 조선정부에서는 도요토미 히데요시가 '제 임금을 시해한 역적'이라는 이유로 통신사 파견에 난색을 표명하다가 논의 끝에 마침내 선조 22년 11월 18일 통신사의 파견을 결정하고 上使, 副使, 書狀官에 각각 황윤길, 김성일, 허성을 임명하였다. 결국 이때의 상황은 對朝鮮 무역권을 독점하고 있었던 대마도가 당장에 임박한 전쟁을 우선 회피하기 위하여 도요토미 히데요시가 모르는 일본국왕사를 두 차례나 보내서 조선의 통신사를 渡日하도록 만드는 데 성공한 것인데, 조선 조정에서는 히데요시가 조선국왕의 立朝를 요구한 사실을 전혀 모르는 채 통신사를 파견하기에 이른 것이다(『宣祖實錄』卷23, 22년 8월 丙子, 21책 459쪽 참조).

[104] 『和國志』卷1(天), 平信長, 98~99쪽.

달려 있는 중요한 대처 시점을 놓치고 왜란을 불러오게 되었다는 것이 그의 생각이었다.

원중거가 이처럼 시종일관 냉정하고 객관적인 시각을 견지하며 임란을 성찰하였던 주요 목적은 일본과 국제정세에 대한 무지에 기인한 조선의 외교적 실패를 비판 반성하기 위한 것이었다. 그는 냉혹한 국제 질서를 현실과 동떨어진 이념으로 재단한 결과 임란과 같은 아픈 과거가 초래되었다고 보았다. 이는 곧 절대적이고 선험적인 의리명분의 강조, 현실의 事勢를 돌아보지 않는 是非明辨을 앞세워 일본의 정세를 적시에 정탐할 수 있는 기회를 놓친 과거 조선에 대한 통렬한 비판이었다. 그리고 이러한 비판은 제반의 현상과 상황들을 천리 혹은 예의 이름으로 검속하기보다는 실제에 나아가 현실을 직시하고 대응해야 한다는, 원중거의 현재 사유가 투영된 것이기도 하였다.

마지막으로 원중거는 임란 당시 명이 조선에 군사적 원조를 하였던 것에 대해서도 자국의 변방을 미연에 안정시키기 위한 명의 實利策이었다는 주장을 펼쳤다.

> 신종황제가 격노하여 군대를 정비하여 미친 도적을 신속하게 쓸어버린 것은, 우리나라만을 생각해서가 아니라 명의 변방을 굳건히 하여 영토를 편안히 하고자 했기 때문이다. 내가 보건대 중국이 동쪽으로 원군을 보내어 피해를 입었으니 당시에 이 일을 주장한 사람들이 잘못이라는 주장이 있는데, 여기에는 매우 그렇지 않은 점이 있다. 만약 명나라가, 속국이 중국 대신 오랑캐에게 침략당하는 것을 서서 구경만 하다가 들판에 풀조차 남아 있지 않은 지경에 이른 후에야 비로소 오랑캐의 폐해를 다스리고자 했다면, 이것이 어찌 천하의 군주된 자가 차마 할 바이겠는가. 전투의 기회를 가지고 말하더라도, 만약 미친 도적으로 하여금 바다를 건너 여러 해 동안 이르는 곳마다 소굴을 짓게 한 후 날카로움과 힘을 다하게 하고서야 비로소 출병하여 바다를 건넜다면, 내가 보기에는 아마도 제독 이여송이라 하더라도 평양성의 승전을

알릴 수 없었을 것이다. …… 여러 번 싸워 여러 번 패하고서 비로소 천하의 군대를 발동했다면, 중국이 피해를 입은 것이 어찌 다만 지난날 정도로 그쳤겠는가? 하물며 우리나라는 명나라에 대하여 의리를 같이 하고 안으로 복종하고 마음 속 깊이 수백 년을 서로 믿어왔다. 또한 우리 땅이 연경으로부터 불과 수천 리 떨어져 있는데 어찌 外藩이라 핑계하여 살펴 구제하지 않을 수 있는가? 당시를 헤아려 보자면, 도적이 아직 깊이 이르지 않았을 때 우리나라와 힘을 합하여 무찌름만 못했을 것이니, 그랬다면 그 형세가 공을 이루는 데 있어서 쉬웠을 것이다. … 그러므로 신종황제의 중국이 동쪽으로 군사를 낸 행동은 우리나라에 있어서는 再造의 은혜가 있고, 중국에 있어서는 천하에 군림하는 체를 얻었다. 후세에 공을 계산하고 이익을 꾀하는 천박하고 편협한 무리는 도리어 입을 함부로 놀려 의론하기를 좋아하니, 내가 적이 마음이 상하고 머리가 아프다.[105]

원중거는 명이 조선에 원군을 보낸 것은 의리상으로 당연하지만 전략상으로도 필요했기 때문이라고 하면서, 이것이 우리에게는 '再造之恩'이 되었고, 명으로도 '得君天下之體' 하였다고 하였다. 그가 보기에 임란 당시 명이 조선에 군사적 원조를 하였던 것은 의리명분을 지키기 위해서만은 아니었다. 명은 자국의 안위와 변방의 안정을 위해 부득이하게 출병할 수밖에 없었으며, 오히려 보다 일찍 출병하여 피해를 줄이지 못했던 것이 안타까운 일이라 하였다.

이처럼 원중거는 조선이 사대하며 중화라 섬겨왔던 명나라 또한 자국의 이해득실에 민감하게 반응했던 현실을 직시해야 한다고 주장하였다. 전통적인 의미에서 사대교린은 대국과 소국간, 혹은 列國 간에 힘의 논리를 앞세우지 않고 信·義에 합당한 도를 가지고 예로써 대하는 관계를 가리킨다. 그러나 임란에 얽힌 조·명·일 3국의 이해관계를 냉철하게 성찰하였

---

[105] 『和國志』 卷1(天), 秀吉本末, 110~111쪽.

던 원중거에게 사대교린이란 조선과 중국, 조선과 일본 간 대외질서를 안정적으로 유지하고 이로써 조선의 정치·군사적 안위를 도모하는 실질적 통치책의 의미가 더욱 컸다. 이는 명에 대한 再造藩邦의 은혜와 청에 대한 復讐雪恥를 주장하며, 조선과 명의 관계는 다만 신·의 두 글자에 있을 뿐 興亡·强弱은 논할 바가 아니라는 주자학의 보수적 입장과는 정반대의 주장이요 인식이었다.

임란 이후 동아시아 보편질서의 축이던 명이 멸망하였고, 이로써 의리명분이 구현되던 현실세계는 붕괴되었다. 조선은 이념과 명분으로 재단되지 않는 엄혹한 현실을 새롭게 인식할 필요에 당면하였다. 이러한 상황에서 원중거는 조선·일본·중국의 이해관계가 첨예하게 얽혔던 임란을 역사적 성찰과 사유의 대상으로 삼아, 당시 3국의 내외 정세를 분석하였고, 국제 질서를 철저히 '形勢'의 입장에서 파악하였다. 이러한 그의 노력은 임란 당시 동아시아 3국의 국제정세에 대한 보다 정확한 인식을 가능케 하였으며, 조선과 중국, 조선과 일본의 현재와 미래에 대한 전망을 현실적으로 직시하는 사유로 이어지고 있었다.

4. 맺음말

壬亂 후 조선 지식인들의 대체적인 對日觀은 소중화적 華夷의식에 입각한 夷狄觀에서 크게 벗어나지 않았다. 참혹한 전쟁으로 인해 일본에 대한 적개심만 고조되었을 뿐 일본에 대한 진지한 관심이나 객관적 지식은 찾아보기 어려웠다. 그러나 17세기에 접어들면서 실학자를 중심으로 한 一群의 지식인들이 華夷의식에서 점차 탈피해 나갔고, 여기에 일본을 기행한 통신사행원들의 傳聞과 그들이 남긴 사행록을 통해 일본사회의 실상과

변화가 전해지면서 조선의 對일본관에도 변화가 생기게 되었다. 특히 18세기에 들어오면 일본에 대한 적극적인 관심과 학문적인 연구가 사행록을 매개로 하여 고조되는 양상을 보이고 있었다. 이는 동아시아 보편질서의 축이던 명의 멸망으로 인해 의리명분을 구현하던 현실세계가 붕괴되었고, 이로써 이념과 명분으로 재단되지 않는 현실을 새롭게 재인식할 필요에 당면한 조선 지식인의 대응이기도 하였다. 계미년(1763, 영조39) 통신사행의 使行錄, 특히 제술관 南玉의 『日觀記』를 비롯, 서기 원중거의 『乘槎錄』과 『和國志』, 서기 성대중의 『日本錄』에는 일본에 대해 폭넓은 관심을 가지고 일본사회의 실상과 변화를 객관적이고 정확하게 인식하고자 노력이 담겨져 있다.

1763년 통신사행은 일본을 이적시하고 일본의 학문·사상을 이단시 하는 조선의 사행단과, 조선을 하위국으로 멸시하고 그 학문·사상을 경시하는 일본의 소라이학파 학자들이 직접 대면하는 계기가 되었다. 이 과정에서 조선의 사행단은 상호 간의 견해차를 드러내며 충돌하기도 하고, 직접적인 만남을 매개로 한 교류의 장에서 강고하게 지켜왔던 자신들의 견해를 수정하거나 스스로를 돌아보며 성찰하는 계기로 삼았다.

대표적 實例로서 사행단의 서기였던 원중거는 주자학의 화이론으로 일본인의 人性을 판단하지 않았고, 유교적 덕치 이념에서 벗어난다고 하여 法과 武에 기반한 일본의 패도적 정치 운영을 비판하지 않았다. 일본의 침략을 역사적 상처로 안고 있었던 조선에서는 으레 일본인을 교활한 이들로 간주하는 선입견이 강했다. 그러나 원중거는 통신사의 임무를 수행하며 직접 접하였던 일본인들의 근면, 성실, 청결을 높이 평가하였으며, 선한 본성은 일본인을 포함한 모든 사람에게 평등하게 구비되어 있음을 주장하였다. 한편 일본이 중국을 구심점으로 하는 사대교린 질서에서 벗어나 있었던 원인에 대해서도 그들이 '夷狄'이기 때문에 그러한 것이 아니라, 중국과 멀리 떨어져 있었던 일본의 지리적 형세 때문으로 보았다. 그는 또한 일본의 패도적 정치 운영이 그들 내부의 정치적 안정을 이루는 데는 효율적 토대가 됨을 인정하였다. 나아가 그는 1592년의 임진왜란을 동아시아 3국이 처한 각각의 형세 속에서 접근하고 재조명하였다. 임란 후 조선은 일본을 원수국으로 보고 뼈에 사무치는 적개심을 가지고 있었다. 그러나 원중거는 어차피 전쟁을 통한 복수전을 치를 수도 없는 상황에서 일본을 원수의 나라로 규정한다는 것은 현실적이지 못하며, 역사적으로 일본은 물론 중국[明]조차도 자국의 實利를 앞세우는 냉혹한 정치 질서를 고수해 왔음을 자각해야 한다고 보았다. 더불어 일본에 패도를 안착시킨 도요토미 히데요시·도쿠가와 이에야스의 정치적 공적을 일본의 역사와 정치론 속에서 인정하였다. 그러나 일본의 패도적 정치운영은 그 백성들로 하여금 현실의 분수를 그대로 맹종하고 이로 인한 정치적 안정을 오랫동안 유지시킬 수 있는 장점에도 불구하고, 도요토미 히데요시와 같은 잘못된 정치 지도자가 나와 이들을 이끌 경우 백성들이 寇賊으로 化할 것을 우려하기도 하였다. 이는 곧 조선과 일본, 나아가 중국을 포함한 '천하'의 전쟁을 재발하는 요인이 될 것이며 3국의 혼란을 야기하게 될 것이기 때문이었다.

이와 같이 새로운 문물에 대한 호기심, 그리고 그 속에서 일본을 객관적으로 관찰하고자 하였던 계미년 통신사행단의 노력은 조선의 對日 인식을 다변화시켰던 동시에 양국의 역사에 대한 이해의 폭을 넓히고 다시 성찰하게 하는 계기로 작용하였다.

참고문헌

『日本錄』(김보경 옮김, 『붓끝으로 부사산 바람을 가르다』, 소명출판, 2006)
『乘槎錄』(김경숙 옮김, 『조선후기 지식인, 일본을 만나다』, 소명출판, 2006)

『日觀記』(홍학희 옮김, 『부사산 비파호를 날 듯이 건너』, 소명출판, 2006)
『和國志』(박재금 옮김, 『화국지-와신상담으로 일본을 기록하다』, 소명출판, 2006)
『長門癸甲問槎』(일본 都立中央圖書館 소장본)
『東槎餘談』(일본 東北大學付屬圖書館 소장본)
『南宮先生講餘獨覽』(국립중앙도서관 소장본)

구지현, 『계미통신사 사행문학 연구』, 보고사, 2006.
김문식, 『朝鮮後期 經學思想 硏究』, 일조각, 1996.
김정신, 「癸未通信使行(1763)의 학술교류-『南宮先生講餘獨覽』을 중심으로-」, 『한국실학연구』 22, 2011.
김 호, 「1763년 癸未 通信使와 日本 古學派 儒醫 龜井南冥의 만남」, 『朝鮮時代史學報』 47, 2008.
박상휘, 「자료 소개 : 『問槎畸賞』」, 『국문학연구』 26, 2012.
박재금, 「원중거의 ≪화국지≫에 나타난 일본인식」, 『한국고전연구』 12, 한국고전연구학회, 2005.
박재금, 「원중거의 일본체험, 그 의의와 한계-『화국지』를 중심으로」, 한국한문학회 전국학술대회 발표문, 2010.
이홍식, 「1763년 계미통신사행과 한일 관계의 변화 탐색-충돌과 갈등 양상을 중심으로-」, 『1763年 癸未 通信使行과 東亞細亞 文化 接觸』, 한양대학교 동아시아문화연구소 추계 국제학술회의, 2010.
임채명, 「『問槎畸賞』의 성격에 대하여 : 주로 비평자의 시각을 중심으로」, 『열상고전연구』 29, 2009.
임채명, 「『長門癸甲問槎』의 筆談을 통해 본 朝日 文士의 交流-주로 程朱學과 古文辭學 議論을 중심으로-」, 『일본학연구』 27, 2009.
조성산, 『조선후기 낙론계 학풍의 형성과 전개』, 지식산업사, 2007.
河宇鳳, 「元重擧의 『和國志』에 대하여」, 『全北史學』 11·12 合輯, 1989.
河宇鳳, 『朝鮮後期 實學者의 日本觀 硏究』, 一志社, 1989.
河宇鳳, 「元重擧의 日本認識」, 『한국사학논총』(下), 이기백선생고희기념한국사학논총간행위원회, 1994.

河宇鳳,「朝鮮後期 實學과 日本近世 古學의 比較研究 試論」,『한일관계사연구』 8집, 1998.
허경진·박순,「『장문계갑문사』를 통해 본 한일 문사의 사상적 차이」,『통신사 필담 창화집 문화연구』, 보고사, 2011.
후마 스스무(夫馬進), 하정식·정태섭·심경호·홍성구·권인용 옮김,『연행사와 통신사』, 신서원, 2008.

전쟁의 기억과 정치론, 『동국신속삼강행실도』

정호훈

1. 머리말

『동국신속삼강행실도』는 1617년(광해군 9) 기자헌, 이이첨, 정인홍을 책임자로 하고 홍문관 부제학 李愭, 韓纘男 등이 실무를 맡아 편찬했다. 임진왜란 당시 '三綱'의 행실에서 탁월한 모범을 보였던 인물들을 선정, 그들을 포창하고자 편찬된 이 책의 주요 목적은 일본의 침략 전쟁에서 죽은 인물들을 기억하고 이를 통하여 전쟁 후의 새로운 질서 수립에 필요한 동력을 얻고자 하는 것이었다. 물론 작업이 진행되는 과정에서 임진왜란 이전의 인물들로 그 범위가 확장되었지만, 출발은 임진왜란의 참혹한 죽음을 기억하고자 함에 있었다. 그런 면에서 이 책의 편찬은 전쟁 후에 펼쳐진 전란 수습책과 긴밀히 연관되어 있었다 하겠다.

원집 17권과 續附 1권으로 구성된 『동국신속삼강행실도』(이하 『동국신속』)는 이전에 나왔던 『三綱行實圖』 『續三綱行實圖』의 성격을 계승하면서도 여러 면에서 다른 면모를 지니고 있었다. 기존 연구들의 성과에 따른다면 이는 다음 몇 가지로 정리할 수 있다. 우선, 수록 규모가 방대하다. 1500여 명에 이르는 효자, 충신, 열녀의 행적이 실렸다. 이들 수록 인물이 살았던 시기는 고대 삼국기부터 광해군대까지 이른다. 둘째, 수록 대상자를 신분에 구애받지 않고 선정하였다. 賤民으로부터 양반에 이르기까지 각양 각층의 인물이 등재되어 있음을 확인할 수 있다. 셋째, 제목에서도 알 수 있듯, 이 책에는 동국인-한민족의 인물들만 실렸다. 『삼강행실도』나 『속삼강행실도』에서 중국인들이 차지하는 비중이 큰 점과는 대비된다. 넷째, 이 책은 간행된 후, 여러 시비에 휘말리며 널리 보급, 유통되지 못했다. 많은 인력을 동원하고 물력을 쏟아 부어 힘들게 만들었음에도 실제 사회적인 영향은 그렇게 많이 발휘하지 못했던 셈인데, 이 같은 사태가 벌어진 일차적인 요인은 전쟁 후의 어려운 재정 상황에서 구할 수 있을 것이다. 이와 더불어 당시 전쟁의 기억과 襃獎의 방식을 둘러싸고 정치계-사상계가 첨예하게 대립하며 의견 합일을 이루지 못했던 당대 정치 상황 또한 한 요인으로 꼽을 수 있을 것이다.

『동국신속』의 간행을 둘러싼 여러 문제를 검토하는 것은 전쟁 직후 조선 사회가 이 전쟁을 어떤 방식으로 수습하려고 했던가 하는 점을 이해함에 중요한 작업이 될 것이다. 그간 학계에서는 이 책의 존재를 주목하고 다양한 측면에서 그 가진 의미를 해명해 왔다. 이 책의 편찬 배경과 관련해서도 많은 논의가 이루어졌는데, 광해군의 왕권 안정과 관련하여 이 책의 간행을 주목하기도 하고,[1] 국가의 민에 대한 폭력적인 삼강 도덕의 강

---

[1] 이광열, 「光海君代 ≪東國新續三綱行實圖≫ 편찬의 의의」, 『韓國史論』 53, 2007. 이 연구는 규장각에서 소장하고 있는 『東國新續三綱行實撰集廳儀軌』를 활용, 『東國新續三綱行實圖』 편찬과 관련된 구체적인 사실을 꼼꼼히 정리, 이 책이 가지는 의미를 집중적으로 분석하였다.

조라는 측면에서 이 책의 역사성을 살피기도 했다.[2] 한 연구에서는 大北派의 정치관을 담은 점을 유의하며, 국왕·국가에 대한 忠을 강조하는 의식에서 이 책이 만들어졌다고 이해하기도 했다.[3]

이 글에서는 이 책이 가지는 의미를 국가와 사회가 벌인 전쟁 경험의 반추 및 정리의 측면에서 확인해보고자 한다. 전쟁이 끝난 후 조선이 시도한 전쟁 경험의 문헌적 정리 작업은 그다지 충실하지도 또 풍부하지도 못했던 것으로 보인다.[4] 현재 확인할 수 있는 자료를 통해서 본다면 이 작업은 대체로 개인 차원에서 이루어졌다. 전쟁 직후에 나온 저술로는 류성룡의 『懲毖錄』, 신흠의 『征倭志』, 이항복의 『壬辰錄』, 趙慶男의 『亂中雜錄』 등을 들 수 있다. 시간이 조금 흐른 뒤에 정리된 책으로는 申炅의 『再造藩邦誌』, 辛錫謙의 『宣廟中興志』 등이 있다.[5] 이들 두 문헌은 앞 시기에 나온 자료를 참조하고 활용하며, 자료의 폭 혹은 서술의 범위를 더 넓히려 한 모습을 보여준다.

『동국신속』은 이에 대비되는 국가 차원의 정리 작업의 하나라 할 수 있다. 물론 이 책의 구성 방식과 내용이 전쟁의 전 과정을 살피며 이를 정책 차원에서 검토하는 것과는 거리가 있지만, 효자-충신-열녀의 사례를 국가에서 정리하고 표창하며, 이를 이념의 형태로 전 국민과 공유하려 했다는 측면에서 본다면 전후 전쟁 정리 작업의 일환으로 볼 수도 있다. 글을 정리하면서 활용한 기본 자료는 『동국신속삼강행실도』,[6] 『東國新續三綱

---

[2] 정일영, 「임진왜란 이후 '敎化'의 양상 : 광해군대 『東國新續三綱行實圖』를 중심으로」, 『韓國思想史學』 34, 2010.
[3] 김혁, 「≪東國新續三綱行實圖≫의 구성과 편찬 과정」, 『書誌學報』 25, 2001.
[4] 정호훈, 「전쟁의 경험과 반추-≪懲毖錄≫, ≪再造藩邦志≫의 시선-」, 『韓國思想史學』 48, 2015.
[5] 『선묘중흥지』에 대해서는 박인호, 「임진왜란의 경험과 역사 정리 작업-신석겸의 『선묘중흥지(宣廟中興志)』를 중심으로-」, 『韓國史學史學報』 26, 2012 참조.
[6] 『東國新續三綱行實圖』(全39 외).

行實撰集廳儀軌』[7)이다. 이들 자료는 모두 규장각에 소장되어 있다.

2. 전후 삼강 행실자의 표창과 『동국신속삼강행실도』의 편찬

1) 전후 효자·충신·열녀의 표창 작업과 추이

망국의 위기에서 기사회생했던 조선이 당면한 과제는 적지 않았다. 국가 체계가 정상적으로 작동하도록 하고, 도탄에 빠진 백성들의 삶을 건강하게 회복하며, 흔들린 민심을 가라앉히는 일은 그 무엇보다 시급했다. 일본군에게 참혹하게 죽은 사람들의 억울함을 국가 차원에서 신원하고 위무하는 일 또한 급한 사안이었다. 7년 동안의 전쟁에서, 무수하게 많은 군인들이 전사했고 일반 백성들이 생명을 잃었다. 어떤 이는 나라를 지키다가 죽음을 당하기도 하고 어떤 이는 부모의 죽음을 지키려다 죽었으며, 어떤 이는 절개를 지키기 위해 죽음을 당했다. 조선 역사에서 이처럼 많은 사람이 그처럼 많은 사연을 안고 外敵에게 죽음을 당한 적은 없었다. 일본군에게 당한 죽음은 조선 사람들에게 깊은 슬픔, 절망을 불러 일으켰고 또한 그들에 대해 참을 수 없는 분노와 적개심을 갖도록 만들었다. 전쟁 극복은 어찌 보면, 조선 사람들 내면에 깊숙이 자리 잡은 슬픔과 분노, 절망적 고통을 다스리고 위무하는데서 시작될 일이었다.

삼강의 행실에 대한 포상은 조선 정부가 택한 전쟁 수습책의 하나였다. 정부는 대상자들을 선정, 旌門을 세우고, 상으로 벼슬을 내리고, 역 부담을 면제하며, 사회적으로 그들의 행실을 크게 알려 선양하고자 했다. 이 일은

---

7) 『東國新續三綱行實撰集廳儀軌』(奎14208).

삼강이라는 도덕 규범 속에 인간의 행동, 삶과 죽음을 재단하고 규정하는 정치적 행위임은 분명했지만, 또한 공동체에서 일어난 집단의 '죽음'을 사회가 끌어안고 애도하며 기억하는 의미 또한 강하게 지니고 있었다. 이 작업은 이미 전쟁 때부터 진행되었으며, 전쟁이 끝난 후 본격적으로 시도되었다. 『동국신속삼강행실도』는 그 과정에서 탄생했다. 이 움직임을 자세히 살펴보자.

전쟁에서 죽은 이들을 포창하고 이를 책으로 엮어 널리 알리려는 작업은 전쟁 중간에 이미 시도되었다. 전쟁 초기, 경황이 없는 중에도 정부에서는 신하로서 임금을 위해 죽은 자, 자식으로서 부모를 위해 죽은 자, 아내로서 정절을 지키다 죽은 자, 노비로서 의리를 지켜 절개와 덕행이 널리 알려진 자들을 찾아 정문을 세우고 復戶하는 작업을 실행하려고 하고,[8] 서울이 회복된 뒤에는 서울에서 절개를 지키다 죽은 자들에게 旌表하려고 했다.[9]

이와 더불어 정부에서는 나라를 위하여 死節한 사람, 효자·열녀들의 행적을 정리하여 책으로 印出, 전국에 반포하고자 했다. 1595년(선조 28)의 일이었다. 처음에는 나라를 위하여 사절한 사람에 한정하여 책을 엮기로 했다가[10] 효자·열녀까지 범위를 확대했다.[11]

그러나 전쟁 중에 삼강 행실자를 포증하고 이들의 행적을 엮어서 책으로 인출하는 일은 몇 년간 논의되었지만 제대로 시행되지 못했던 것으로 보인다. 책을 만드는 일 자체가 어려웠겠지만, 근본적으로는 삼강 행실자의 포증 자체가 지체되었기 때문이다. 정부에서는 국왕의 재가를 받아 변

---

[8] 『宣祖實錄』 권37, 선조 26년 4월 24일 戊申.
[9] 『宣祖實錄』 권43, 선조 26년 10월 2일 壬午.
[10] 『宣祖實錄』 권65, 선조 28년 7월 12일 癸未.
[11] 『宣祖實錄』 권65, 선조 28년 7월 19일 庚寅.

란 이후로 절의에 죽은 충신·효자·열녀에 대해 旌表하는 일을 1595~1596년 사이에 이미 抄出하였으나, 담당 관서에서 사실 여부를 명확히 살핀 뒤 일을 처리하겠다고 하여 10여 년의 세월을 보내버렸다. 전쟁이 이미 끝났으나 이일을 시행하지 못했던 것이다. 당국자는 이를 두고 국가로서 커다란 '欠典'을 안게 되었다고 평가했다.12)

그리하여 정부에서는 1601년(선조 34)에 이르러서야 비로소 전쟁 중에 모인 외방 각도의 장계와 京中 各部의 牒報를 바탕으로 旌門類·賞職類·復戶類·賞物類로 등급을 매기고 분류하여 褒嘉·獎勵하였다.13) 대대적인 포창 작업이라 할 정도로 그 규모가 작지 않았는데, 정부에서는 예조에서 마련한 안에서 과반수를 넘는 200명 정도를 빼고 포상을 시행했다.14)

한편 정부의 포상 작업이 본격화되면서, 명단에서 누락되거나 포상의 등급에 불만을 가지는 사람들이 많이 나타나며 보완작업이 이루어지기도 했다. 이 일 이후 명단에서 누락된 사람들을 포창해달라거나 포상의 등급이 낮으므로 정표해주기를 요청하는 움직임이 전국적으로 일어났다. 실록에서 확인할 수 있는 사례로 본다면, 1603년(선조 36) 淳昌에 사는 生員 曹應瑞 등 9인은 呈書하여 고경명 의병부대에 참여한 學諭 贈司諫 柳彭老를 정표해달라고 청원했고,15) 玉果에 사는 洪敬復 등 26인은 '南原에 사는 俊士 安瑛이 충효의 절의가 뚜렷하므로 정표하기를 요청했다 이들은 안영에 대한 정표와 아울러 그 집에 대한 復戶, 子壻에 대한 錄用, 그의 어머니와 아내에 대한 廩給을 요청하기도 했다.16) 1604년(선조 37)에는 나주 생원 姜渭虎 등 58인이 진주성 싸움에서 죽은 金千鎰을 표창하고 정표해주기를

---

12) 『宣祖實錄』 권136, 선조 34년 4월 21일 戊子.
13) 『宣祖實錄』 권139, 선조 34년 7월 9일 甲辰.
14) 『光海君日記[中草本]』 권24, 광해 2년 1월 17일 甲午.
15) 『東國新續三綱行實圖』 충신도, 彭老死義에 실렸다.
16) 『東國新續三綱行實圖』 충신도, 安瑛死義에 실렸다.

청원했다.17)

　삼강의 행실자에 대한 포상은 기본적으로 정치성을 띠었다. 삼강의 행실자들이 출현한 것은 교화의 결과이며 이들을 포창하면 다시 교화를 흥기시킬 수 있다는 것이 이 일을 행하는 국가의 판단이었다. 동시에 이 작업은 개인과 가문에게 명예와 이익이 주어지는 일이었다. 살아남은 가족과 후손들은 死節 행위를 국가가 포창해주기를 적극적으로 원하고 그 일이 보다 널리 알려지기를 바랐다. 이 일은 또한 향촌의 명예이기도 했다. 앞서 본 바 1603~4년에 일어났던 전라도 지역에서의 집단 청원이 향촌의 주요 공론자들의 힘으로 이루어진 사실은 이를 잘 보여준다. 이들의 청원은 모두 받아들여졌으며 『동국신속』의 충신도에 수록되었다.18)

　광해군이 즉위하면서 표창 사업은 선조대의 작업을 계승하며 본격화되었다. 1610년 초에는 예조판서 李廷龜의 주관하에 앞서 시행된 사업에서 누락되었던 인물들을 다시 포창하여 그 범위를 넓혔다.19) 이정구는 선조 34년의 포상을 주관했던 인물이었기에 당시의 사정을 잘 알고 있었다. 새 국왕이 즉위하자 이전에 실행하지 못했던 포상을 다시 실현하고자 노력, 이러한 결실을 얻을 수 있었다.

　그런데 광해군대 표창 작업은 여기에 머무르지 않고, 삼강 행실자들의 행적을 묶어 책으로 내는 방향에 중점을 두어 추진되었다. 여기에는 광해군의 의지가 크게 작용했다. 이 일은 이미 전쟁 중에도 시도된 적이 있었기에 새롭다고는 할 수 없지만, 광해군의 의지는 강력하여 즉위 후 그는 이 일을 실행하도록 여러 차례 명령을 내리고 독촉했다.

---

17) 『宣祖實錄』 권180, 선조 37년 10월 20일 丙寅. 이에 대해 국왕은 "국사에 죽은 신하를 위해 旌門한 전례는 없다"고 계하했고, 대신들은 추후 의논을 더 기다려 포창 여부를 결정하기로 했다.
18) 『東國新續三綱行實圖』 충신도 참조.
19) 『光海君日記[中草本]』 권24, 광해 2년 1월 17일 甲午.

節義를 배양하는 것은 천하 국가에 없을 수 없는 것이다. 임진년 이후로 충신, 효자, 열녀, 義婦를 표창하고 旌表하는 것과 圖書를 인쇄해 내는 등의 일이 아직까지 거행되지 않아 몹시 지연되고 있으니, 속히 勘定하여 시행할 〈일로 해조에 이르라.〉20)

임진년 이후에 충신·효자·의사·열사의 행적이 적지 않았는데, 옥당에서 일이 중대하다는 이유로 질질 끌고 마감하지 않은 지가 벌써 20년이나 되었다. 세월이 오래될수록 사적은 더욱 인멸될 것이니 어찌 애석하지 않겠는가. 속히 啓下에 따라 간행 반포하여 권려할 〈것을 홍문관에 이르라.〉21)

절행의 인물들을 정리하여 책으로 묶어 내는 일은 실은 간단한 일이 아니었다. 책에 수록하기에 적당한 사람을 선정하는 일부터 작업에 필요한 비용과 시간, 인력을 마련하는 데까지 준비해야 할 사항이 하나둘이 아니었다.

당시 예조·홍문관 등 담당 관서에서는 임진년 이후뿐만 아니라 그 이전 平時의 정표자들도 많이 있으니 그들을 같이 묶어 출간해야 한다는 의견을 내며 광해군의 지시에 적극 호응하지 않았다.22) 1612년(광해군 4)에 이르면 광해군의 태도는 거의 신경질적으로 변하였는데, "임진년 이후 효자·충신·열녀 등의 實行을 속히 심사 결정하여 반포할 일로 일찍이 여러 차례 하교하였는데도 아직까지 거행하지 않고 있다. 인심이 무지스럽고 의리가 어두워진 이때를 당하여 충절을 표창하여 무너진 세속을 격려하는 것이 무엇보다 급선무이니, 해조는 속히 의논하여 결정하라."23)는 광해군의

---

20) 『光海君日記[中草本]』 권26, 광해 2년 3월 20일 丙申, "傳曰: 培養節義, 天下國家之所不可無者也. 壬辰以後, 忠臣·孝子·烈女·義婦, 褒獎旌表·圖書印出等事, 尙不擧行, 極爲稽緩, 從速勘定施行〈事, 言于該曹.〉". 원문과 번역문의 〈 〉 표시는 중초본에만 있는 내용으로 정초본에는 삭제되었다. 이하 인용문의 〈 〉도 동일하다.
21) 『光海君日記[中草本]』 권38, 광해 3년 2월 2일 壬申.
22) 『光海君日記[中草本]』 권26, 광해 2년 3월 27일 癸卯.

명령에도 예조·홍문관에서는 즉각 동조하지 않았다. 이들의 의견은 책을 급하게 만들지 말 것, 전쟁 때와 전쟁 이전 평시의 행실자를 동시에 정리하여 책으로 만들자는 것이었다.

> 실행을 圖贊, 감정하여 반포하는 일은 대간의 아룀으로 인해 홍문관이 지금 맡아서 거행하고 있습니다. 다만 이 일을 생각건대 만약 하나의 책으로 이루어지면 이는 곧 ≪三綱行實圖≫를 잇는 것으로, 만세에 전하게 되니 그 관계된 바가 극히 중대합니다. 그런데 난리 후에 보고된 것 가운데 旌門類만을 취하여도 그 숫자가 방대하고, 더구나 난리 전에 정문된 자 또한 적지 않습니다. 撰詩·圖畫·書寫 등의 일이 극히 중대한데, 필시 이로 인해 즉시 완결하지 못할 것입니다. 홍문관으로 하여금 속히 의논하여 거행하게 함이 어떻겠습니까?24)

국왕 광해군과 신료들이 의견 대립을 보인 이유는 명확하지 않다. 삼강의 행실자를 표창하는 범위와 대상, 방법을 두고 양자의 방침은 성격을 크게 달리하고 있었다. 『동국신속』은 이러한 상황 위에서 출현했다.

2) 『동국신속삼강행실도』의 편찬 과정

『동국신속』의 편찬이 본격화된 시점은 1613년(광해군 5)으로 추정할 수 있다. 1613년 2월, 광해군은 임진년 이후의 충신·효자·열녀 등에 대해 畫像을 그리고 찬양하는 일을 이전 전교에 의거해 빨리 행하라고 담당 관서에 독촉하였다.25) 광해군의 이 명령은 1612년 6월에 있었던 신료들의 저항

---

23) 『光海君日記[中草本]』 권54, 광해 4년 6월 1일 甲子, "臣等之意, 竊以爲本館纂次之外, 積置於該曹者, 亦云不少', 勢難孤陋草率而成書, 以貽無窮之悔. 似當特設別局, 選置多官, 集衆人之聞見, 講摩編出, 得免遺行冒參之患何如?" 傳曰: "議大臣以啓."
24) 『光海君日記[中草本]』 권54, 광해 4년 6월 1일 甲子.

이후 6개월여를 지나 다시 거론된 것이었다. 1612년 6월에 있었던 저항의 실상은 이러하다.

광해군이 효자·충신 등의 실행을 그림과 시찬을 붙여 제작한 뒤 반포할 것을 지시하자 홍문관에서는 이를 담당할 별도의 기구=찬집청을 설치하여 본격적으로 시행할 것을 요청했지만,26) 좌의정 奇自獻·우의정 沈喜壽는 이를 반대했다.27) 기구 설치가 전례 없고 또 허다한 儒臣을 두고 별도로 누구에게 의견을 구할 것인가 하는 점이 반대의 변이었다. 대신에 이들은 홍문관에서 시간에 구애받지 말고 일을 처리하도록 요청했다.28)

이러한 과정은 거쳐 1613년(광해군 5) 12월, 홍문관에서는 효자·충신·열녀의 事蹟을 상·중·하 3편으로 엮어서 광해군에게 보고했다.29)[1차 완성본] 수록된 인물은 모두 효자·충신·열녀 합하여 1천1백23명이었다.30) 이 가운데 정려된 사람은 775인으로 이들은 상권에만 수록했고, 중·하편에는 비 정려자 348인이 실렸다.31)

책을 만들어 보고하면서 홍문관에서는 두 가지를 건의했다. 하나는 중편에 붙인 효자·충신·열녀의 탁월한 행실이 상편에 수록된 인물들과 다름이 없는데도 아직 旌門을 해주지 못했고, 하편 중에도 이와 같은 자가 혹 있으니, 자못 欠典이 되었으므로 이 사람들에 대해 다시 담당 관부에 그 사실을 조사하게 해서 일일이 정문해야 한다는 것이었다. 둘째는 睿覽

---

25) 『光海君日記[中草本]』 권63, 광해 5년 2월 24일 壬子, "傳曰: 壬辰以後, 忠臣·孝子·烈女等, 圖畫贊揚事, 依前傳敎速行."
26) 『光海君日記[中草本]』 권54, 광해 4년 6월 4일 丁卯.
27) 완평부원군 이원익은 병으로 의견을 내지 않았다(『東國新續三綱行實撰集廳儀軌』, 壬子 七月 十五日).
28) 『光海君日記[中草本]』 권55, 광해 4년 7월 15일 丁未.
29) 『光海君日記[中草本]』 권73, 광해 5년 12월 12일 乙未.
30) 『光海君日記[中草本]』 권80, 광해 6년 7월 11일 辛酉.
31) 『東國新續三綱行實撰集廳儀軌』, 甲寅 七月 十一日.

을 거친 뒤 조종조의 고사에 따라 별도로 1국을 설치하고 名儒를 널리 모아, 全傳을 가져다 혹은 다시 짓기도 하고 혹은 바로잡기도 하여 聖王 시대의 완성된 책을 만들어서 風敎에 일조하자고 했다. 포상 작업을 확대해 나가되 앞서 좌절된 찬집청을 설치, 이를 본격적으로 시행하자는 의견이었다.

1613년 말에 이루어진 홍문관의 충·효·열의 사적 정리는 임란에서 죽음을 당한 사람들을 대상으로 한 최초의 작업이라는 의미를 갖는다. 그러나 주무 부서인 홍문관에서는 이때 엮은 책이 많은 한계를 지니고 있고 이를 넘어서기 위해서는 예조에서 주관하여 정문하지 않은 자들을 찾아서 일일이 선정하게 하고, 또 편찬을 전담할 조직을 설치하도록 요청했다. 이에 따라 吏曹에서 이 일을 맡아 찬집청을 설치하고 편찬을 진행하는 것으로 결정되었다.[32]

찬집청을 설치한 이후, 편찬 작업은 새로운 단계로 진입했다.[33] 도제조, 낭청 등 일을 전담할 담당자가 배정되고, 기구가 들어설 공간이 마련되었으며, 소요되는 경비가 책정되었다. 정부 여러 기구의 도움을 상시적으로 받을 수 있는 기반도 마련되었다.

편찬 방침도 정해져서 『삼강행실도』 『속삼강행실도』와 달리 새 책에서는 詩와 讚을 없애고 행실과 언해만을 싣기로 했다. 앞의 두 책과 같은 체재를 갖춘다면, 분량이 너무 늘어나는 문제가 생길 수 있었기 때문이다. 시와 찬이 책의 내용을 독자들에게 전달하는데 특별히 기여하지 못한다는

---

[32] 『東國新續三綱行實撰集廳儀軌』, 甲寅 正月 二十七日 ; 『東國新續三綱行實撰集廳儀軌』, 甲寅 五月 初八日.

[33] 찬집청 활동은 1614년 6월 초5일, 도제조, 낭청을 이조에서 선발하면서 본격화되었다(『東國新續三綱行實撰集廳儀軌』, 甲寅 六月 初五日). 찬집청 설치 이후 『동국신속삼강행실도』의 편찬 과정은 『東國新續三綱行實撰集廳儀軌』(규14208)에 시간 순으로 자세히 정리되어 있어 참고할 수 있다.

점도 고려되었다.34)

　책의 편찬에서 주의 깊게 볼 수 있는 점은 찬집청을 구성한 이들의 면면이다. 초기에는 도제조 3인, 제조 4명, 낭청 10명으로 구성했다. 일이 진전되는 과정에서 낭청 2인을 도청으로 바꾸고, 또 부제조를 한 명 두었다. 도제조, 제조, 부제조, 도청, 낭청의 위계 구조를 갖추었다 하겠다.

　도제조는 기자헌, 정인홍, 정창연 등 3인으로 이들은 처음부터 끝까지 자리를 지켰다. 제조는 처음에는 柳根, 李爾瞻, 吳億齡, 宋諄 등 4인으로 시작했다가 뒤에 오억령을 李惺으로 교체했다.35) 낭청은 당초 柳希亮, 丁好善 등 10명을 임명했는데, 이후 유희량과 정호선 두 명은 도청으로 삼고 나머지 낭청 8명은 각 房을 분장하도록 했다.36) 찬집청에서는 작업 중간

---

34) 『東國新續三綱行實撰集廳儀軌』, 甲寅 七月 十六日. 찬집청에서는 『三綱行實圖』에 실린 詩가 '陳腐庸雜하여 차마 볼 수 없다'고 하여, 시·찬 무용론을 펼쳤다.
35) 찬집청의 도제조, 제조, 부제조는 아래 표와 같다.

〈표 1〉 찬집청의 도제조·제조·부제조(1614년~1615년)

역할	이름	甲寅 6.5	乙卯 2.18	乙卯 2.29	乙卯 4.8	乙卯 4.16	乙卯 8.7	乙卯 10.5	비고
도제조	奇自獻	○	○	○	○	○	○	○	
	鄭仁弘	○	○	○	○	○	○	○	
	鄭昌然	○	○	○	○	○	○	○	
제조	柳根	○	○	○	○	○	○	○	
	李爾瞻	○	○	○	○	○	○	○	
	吳億齡	○	○	○	遷轉				이성이 대신함
	宋諄	○	○	○		○	○	○	
	李惺				代吳億齡	○	외임체직		오억령 대차
부제조	韓纘男	○ 낭청	○	代丁好善 都廳	○	○	부제조	○	*1차 낭청 *이성이 外任 되자 도청에서 부제조로 역할 바뀜

36) 1614년 6월 5일 처음 임명된 낭청 10인은 議政府 舍人 丁好善, 成均館 直講 柳希亮, 弘文館 校理 朴鼎吉, 兵曹 正郎 洪霧, 兵曹 正郎 高用厚, 前正郎 鄭雲湖, 前郡守 趙纘韓, 弘文館 副修撰 朴鲁, 成均館 典籍 尹知養, 禮曹 佐郎 鄭遵이었다. 낭청 10인 가운데 정호선과 유희량을 도청으로 삼고, 나머지 8원은 각 방의 임무를 분장하도록 한 조치는 1614년 7월 5일에 나왔다(『東國新續三綱行實撰集廳儀軌』, 甲寅 七月 初五日, 事目).

책 편찬 작업이 제 속도를 내지 못하자 이들 8명의 낭청을 2명씩 짝을 지어 일을 분담하도록 했다. 정호선은 뒤에 교체되었는데 韓纘男,[37] 朴鼎吉이 각기 이었다.[38]

　편찬 작업을 실질적으로 맡아 이끌었던 도청 이하 낭청은 이 시기 북인의 핵심 인물들로 구성되었다. 이들은 권력의 핵심부에서 활동하면서도 문장이나 경학에서 명민한 능력을 가지고 있었다. 이들의 정치이념, 소신이 『동국신속』의 편찬에 어느 정도로 영향을 미쳤는지 가늠하는 것은 쉽지 않지만, 책을 편찬하던 무렵 이들이 차지하던 정치적 위상과 활동력을 생각해보면, 이 책이 추구했던 정치적 목표와 이들의 존재는 분리해서 생각할 수는 없을 것이다.

　찬집청이 설치되면서 편찬 작업은 궤도에 올랐으나 생각만큼 속도가 나지는 않았다. 1614년(광해군 6) 중국의 사신 접대문제로 재정 긴축책을 벌이면서 찬집청의 인원과 경비가 축소되기도 했고,[39] 찬집청 낭청들이 일을 전담하는 환경이 조성되지 않았던 것이 주요한 원인이었던 것으로 보인다.

　편찬 작업은 이 같은 과정을 거쳐 1615년(광해 7) 초에는 어람본까지 만들어졌다.[2차 완성본] 어람본까지 나온 것은 애초의 의도가 결실을 거의 맺을 단계에 이르렀음을 보이는 일이라 하겠다. 하지만 일은 여기서 끝나지 않고 수록 범위를 확대하기로 방침을 바꾸는 변화가 생겼다. 1615년 4월 10일의 일이었다. 戰後의 효자·충신·열녀를 대상으로 한 작업은 거의 완료되었지만, 戰前의 평시에 旌閭를 받을 정도로 행동이 지극했던 다수의

---

[37] 『東國新續三綱行實撰集廳儀軌』, 乙卯 二月 二十九日.
[38] 『東國新續三綱行實撰集廳儀軌』, 乙卯 八月 初七日. 도청과 낭청의 임명과 교체 상황은 『東國新續三綱行實撰集廳儀軌』에 자세하다.
[39] 『東國新續三綱行實撰集廳儀軌』, 甲寅 九月 初一日. 이 조치는 이해 연말까지 지속되었으며, 이듬해 초부터 속도를 내어 작업을 진행했다.

사람이 아직 '삼강행실도'에 들어가지 못한 경우가 있으므로, 전국적으로 해당자를 새로이 조사한 뒤 찬집하여 상권으로 엮으면 좋겠다는 의견을 찬집청에서 내었던 것이다.[40] 이리하여 刊印 직전까지 갔던 작업은 지연되며 새로운 형태로 추진될 수밖에 없었다.

이 조치 이후 시간이 많이 지체되었다. 각도 각 군현에서는 전전·전후의 정표자들을 조사하여 찬집청으로 직접 보고했지만, 그 일이 일사불란하게 추진되지는 못했다. 일이 지지부진해지자 광해군이 독려하며 압박을 가하기도 했으나[41] 시간을 크게 허비하는 사태는 피해갈 수 없었다.

전전 평시의 至行者들의 행적 수집은 여러 경로로 이루어졌는데, 그 가운데 『(신증)輿地勝覽』에 수록된 사람들 가운데서 적당한 사례를 추리는 작업도 병행했다. 성종 대에 처음 만들어지고 중종 대 새로이 증보된 『(신증)여지승람』에는 각 고을별로 유명한 인물을 소개하고 또 역사상의 효자와 열녀 사례를 망라하고 있었으므로, 평시의 절행자들을 확인함에 더 없이 좋은 자료였다.[42]

『(신증)여지승람』에 수록된 인물을 뽑게 되면서 규모의 확대는 피할 수 없게 되었다. 물론 이 책에 실려 있는 인물을 모두 뽑지는 않았다. 또 그 기준이 반드시 정려 사실은 아니었다. 한 고을의 효자나 열녀 중에서 정려를 받은 사람이 있었지만 이들을 제외하고 비정려자를 뽑기도 했다.[43] 이렇게 하여 초록한 이는 모두 800여 명이나 되었다. 책으로는 약 5권 분량

---

40) 『東國新續三綱行實撰集廳儀軌』, 乙卯 四月 初十日.
41) 『東國新續三綱行實撰集廳儀軌』, 乙卯 八月 十二日.
42) 서인원, 『조선초기 지리지 연구-≪동국여지승람≫을 중심으로-』, 혜안, 2002.
43) 『東國新續三綱行實圖』 열녀도 권2의 '燕伊擊虎' 사례에서 확인할 수 있다. 이 사례는 단성현에 살았던 연이란 인물이 범에게 물려가는 남편을 손으로 내리쳐 구한 이야기로, 『(신증)여지승람』 권31, 단성현, 열녀조에 실려 있다. 그런데 이 열녀조에는 16세 김史, 李氏 여인, 연이 등 모두 세 명이 실려 있는바, 두 인물은 정려되었고 연이만 정려되지 않았다. 그런데도 『동국신속삼강행실도』의 찬자들은 정려된 두 사람은 빼고 연이를 주인공으로 채택했다.

이었다.44) 이리하여 『동국신속』의 규모는 전전과 전후의 행실자들을 포함하여 17권 분량으로 늘어났다.[3차 완성본] 이때가 1615년(광해군 7) 10월 초45)로, 애초 계획보다 시간이 늦추어지고 규모 역시 예상을 훨씬 뛰어 넘으며 확대되었다.

『동국신속』이 최종 마무리 될 때에 여기에 실린 인물은 임진왜란 당시 죽음을 당한 사람, 임란 이전 평시의 至行者, 『(신증)여지승람』 및 다른 서책에 수록된 인물 등 크게 세 성격을 지니고 있었다. 『(신증)여지승람』에는 삼국 시기 사람부터 수록되어 있었으므로, 『동국신속』에는 고대부터 책 편집 시기까지의 지행자, 정표인물들이 망라되었다고 하겠다.

> 이번 《삼강행실》의 傳을 편찬할 때에 모두 임진년 이후의 효자·충신·열녀를 中外에서 예조에 보고한 것을 순서를 정해 계하하고 또 정부에서 마감한 자, 평시의 旌門이 명백하여 책으로 되어 근거할 수 있는 자, 《輿地勝覽》에 기재된 자를 아울러 수록했습니다.46)

17권 분량으로 작업이 마무리 된 뒤에도 이를 보완하는 작업은 계속 이루어졌다. 충신도가 그 대상이었는데, 일본과의 싸움에서 나라를 위하여 죽었으나 이 책에 수록되지 못한 인물들을 다시 수록하며 보완하게 된 것이었다. 鄭期遠, 李廷馣, 朴枝華 등이 먼저 거론되어 추록이 결정되었으며,47) 李大源, 李舜臣, 元均, 李億祺, 崔湖, 李福男, 任鉉, 鄭撥, 宋象賢 등이 이어 논의되었다.48) 이대원, 이순신 등 여러 사람의 경우, 1587년 왜구를

---

44) 『東國新續三綱行實撰集廳儀軌』, 乙卯 閏八月 十六日.
45) 『東國新續三綱行實撰集廳儀軌』, 乙卯 十一月 初二日, "累承嚴敎, 臣等不勝惶恐, 刻日董役, 而今十月初六日, 已爲畢役, 總一千五百餘張, 釐爲十七卷".
46) 『光海君日記[中草本]』 권97, 광해 7년 11월 11일 癸未.
47) 『東國新續三綱行實撰集廳儀軌』, 乙卯 十一月 初七日.
48) 『東國新續三綱行實撰集廳儀軌』, 乙卯 十一月 十八日.

격퇴하다가 죽은 이대원49)을 제외하고는 모두 임진왜란에서 武功을 세웠던 사람들이었다. 논의 과정에서 통제사 원균, 수사 이억기, 수사 최호, 첨사 정발 등은 뒷말이 없지 않으므로 실을 수 없다고 하여 배제되었다.50) 추가 수록 대상은 이순신·이대원 정도로 축소된 셈이었다.

『동국신속』은 최종 단계에서 다시 변화를 겪었다. 1615년 12월, 책이 거의 완성된 이후 도제조의 의견을 반영, 새롭게 續附를 첨가하기로 했다. 기자헌·정인홍·정창연 등 도제조는 앞서 간행된 『삼강행실도』, 『속삼강행실도』에 수록된 여러 사례를 싣지 않으면 『동국신속』이 동방 충·효·열을 온전히 망라한 全書가 될 수 없다고 하고, 두 책에 수록된 동방 인물 72인을 별도의 책으로 만들어 책 머리에 싣자고 요청,51) 그렇게 하기로 했다. 『동국신속』이 앞서 나왔던 두 책의 전통을 이으면서 그들 책이 가지는 역사적 권위 또한 이어 받도록 하자는 의식 위에서 나온 행동이라고 할 수 있다. 1권 분량의 續附는 이렇게 하여 탄생했다.52) 그리하여 1616년(광해군 8) 2월에는 粧繢만 남겨 둔 상태에서, 新撰 17권, 舊撰 1권 합 18권의 체계와 내용을 갖춘 새 책이 그 모습을 드러내었다.

『동국신속』은 이와 같이 크게 4단계의 변화를 보이며 출현했다. 1612년부터 1616년까지 5년 가까운 시간의 작업이었다. 그 과정을 정리해보면 아래 〈표 2〉와 같다. 애초 전쟁 시기의 효자, 충신, 열녀만을 대상으로 했다가, 작업 중간에 전전의 인물들로 대상을 확대하였고, 최종적으로는 『삼강행실도』와 『속삼강행실도』의 인물을 추려서 포함하며 만들어진 이 책은

---

49) 이대원 사망에 관한 기록은 다음 기사 참조. 『宣祖實錄』 권21, 선조 20년 2월 26일 乙酉 ; 『宣祖修正實錄』 권21, 선조 20년 2월 1일 庚申.
50) 『東國新續三綱行實撰集廳儀軌』, 乙卯 十一月 二十七日.
51) 『東國新續三綱行實撰集廳儀軌』, 乙卯 十二月 二十八日.
52) 『東國新續三綱行實圖』 續附, 三綱啓辭 1ㄱ. 여기에서는 이 의견을 낸 것이 都提調라고 했다. 당시 도제조는 의정부 領政 奇自獻·鄭仁弘·鄭昌衍이었다

전쟁기의 사적을 넘어 한민족 역사의 충신·효자·열녀를 망라하는 명실 공히 東國의 '삼강행실도'였다.

〈표 2〉『동국신속삼강행실도』의 편찬 과정

단계	기간	주요 내용	비고
1	1612.7~ 1613.12	·효자·충신·열녀의 事迹 – 상·중·하 3편 ·1천 1백 23명(정려 : 775, 비정려 348)	홍문관에서 정리
2	1614.1~ 1615 초	御覽本 완성	撰集廳 임진왜란기 인물 대상
3	1615.4~ 1615.11	전전 平時 절행자 추가	戰前 인물로 확대
4	1615.12 ~1616.2	續附 –『삼강행실도』,『속삼강행실도』의 동국인	행실도 전통 위 '東國'의 절행자 추가

전쟁에서 죽은 자들을 기린다는 측면에서 본다면 이러한 변화는 '기억의 집중성'을 약화시키는 점이 있었다. 전쟁 상황에서의 참혹한 죽음을 생생하게 재현하는데도 한계가 있었다. 그 죽음으로부터 얻을 적개심, 안타까움을 약화시킬 가능성도 많아졌다. 책이 담고 있는 죽음의 성격이 전반적으로 약해지면서 전쟁과 그 이후의 수습 과정에서 광해군이 자신이 했던 역할을 강하게 드러내고자 했던 측면도 제대로 부각되지 못할 수 있었다.[53]

다른 측면에서 본다면 이러한 확장은 전쟁 중 인물들의 행적을 조선의 전 역사 나아가 한민족의 전 역사와 결합함으로써 그 가진 가치를 높이는 일이기도 했다. 이제 1592년에서 1599년까지의 시간은 그 짧은 기간에 머무르지 않고 1000년을 넘어가는 긴 시간, 긴 역사 전통 위에서 생명을 얻

---

[53] 광해군은 영창대군이 존재하는 상황에서 자신의 정치적 지위를 안정적으로 유지하기 위한 방편으로 임진왜란 당시의 역할을 크게 내세웠다. 광해군은 전쟁 기간 동안 선조를 대신하여 分朝를 통해 전쟁을 이끄는 활동을 한 바 있다. 첫 분조 사항은『宣祖修正實錄』권26, 선조 25년 6월 1일 기축조에서 확인할 수 있으며, 광해군의 분조 시 활동의 성과는 광해군 2년, 전 主簿 俞大造가 올린 상소에 자세하다(『光海君日記[中草本]』권31, 광해 2년 7월 15일 戊午).

게 되었다. 아마도 『동국신속』의 인물들, 그리고 그들의 충·효·열이 가지게 될 힘은 엄청나게 확대될 터였다.

3. 『동국신속삼강행실도』의 구성과 삼강 윤리

1) 효자·충신·열녀도의 구성 방식

『동국신속』은 효자도, 충신도, 열녀도 등 별도의 권 책으로 구성되었다. 효자도 8권, 충신도 1권, 열녀도 8권이다. 효자도의 첫 머리에 尹根壽가 지은 서문, 奇自獻이 작성한 箋文이 실려 있고, 열녀전의 말미에 柳夢寅이 지은 跋文이 수록되어 있다. 충·효·열의 삼강 덕목 가운데 효를 더 중시하는 의식이 책의 구성과 배치에 작용했음을 알 수 있다. 이것은 『삼강행실도』나 『속삼강행실도』의 구성과 동일하다.54)

『동국신속』의 본문은 효·충·열 3책 모두 동일한 형태로 배치되었다. 주인공의 이름과 사적을 넣어 4자로 된 제목을 만들고, 1면에는 주인공의 행적을 그림으로 제시하고, 또 다른 면에는 주인공의 實行을 한문과 번역문으로 간단하게 정리했다. 대체로 한 제목에 1명씩 다루었지만, 어떤 경우에는 한 제목에 복수의 인물을 다루기도 했다. 이를테면 열녀도 권8의 '烈婦同溺'에는 沈諿의 아내 정씨, 權陟의 아내 정씨, 鄭咸一의 아내 이씨, 정함일의 아들 慶得의 아내 박씨, 정함일의 둘째 아들 喜得의 아내 이씨, 정함일의 딸 처녀 정씨, 鄭雲吉의 아내 오씨, 鄭主一의 아내 이씨, 鄭櫛 아

---

54) 규장각 소장 도서 奎39(1책~17책)는 충신→효자→열녀의 순으로 표제를 작성했다. 그런데 실제 책을 인간했을 때에는 효자도 권1이 첫 책이었다. 여기에 내사기[萬曆四六年正月內賜五臺山上右承旨 李], 내사인이 들어 있고, 서문과 발문이 실려 있다.

내 김씨, 정즐의 아들 好仁의 아내 이씨, 吳宏의 아내 변씨, 金翰國의 아내 오씨 등 모두 12명 여성의 죽음이 실려 있다.55)

효자도, 충신도, 열녀도의 구성

효자도는 모두 8권으로 이루어져 있다. 수록 사례는 697건이다. 권1에는 신라·고려인이 조선인과 함께 수록되어 있다. 삼국 가운데 백제와 고구려 인물은 빠져 있다. 1권에서 특기할 사항으로는 '旌門은 했으나 사적이 확인되지 않는 인물'을 별도로 목록에 실어 둔 점이다. 사적과 그림이 없으므로 이들 효자들은 본문을 구성하지 못했다. 고려는 6건, 조선은 30건이나 된다. 권2 이하는 모두 조선인이다. 이곳의 수록 사례는 조선초기부터 광해군까지 시기별로 수록되었는데, 권2~4는 성종~명종, 권5~6은 명종~광해군, 권7·8은 광해군대에 표창된 사람들이다.

〈표 3〉『동국신속삼강행실도』의 구성1 : 효자도(괄호 안은 정려자 수)

국가 권	신라	백제	고구려	고려	본국	합계	비고
1	4			61(39)	25(22)	90	목록에 '旌門無事迹人'으로 이름만 소개되고 본문에 실리지 않은 인물로, 고려 6명, 조선 30명이 있다. 태조~세종
2				27	62(43)	89	성종~
3					90(75)	90	~중종
4					87(86)	87	중종~명종
5					88(88)	88	명종~선조

---

55) 그런데 권8의 목차에는 12명의 이름이 모두 수록되어 있다. 이 경우 사건의 제목은 하나이지만 실제 수록 인물은 12명이 된다. 이 때문에 『동국신속삼강행실도』에 실린 전 인물의 수를 계산할 때 착오가 생긴다. 기존 여러 연구에서 수록 인물의 수를 다르게 파악하는 이유도 여기에 있다. 본고에서는 그래서 모든 사례를 한 장의 그림과 글을 포괄하는 '제목' 중심으로 파악했다.

6					88(88)	88	선조~수上
7					89(89)	89	수上
8					80(80)	80	수上
합계	4			88(39)	605(571)	701	

충신도는 단권 분량에 모두 90명이 실려 있다. 삼국 시기 인물은 14명이며 이 가운데 신라는 10인, 백제 2인, 고구려 2인이다. 고려는 14인, 조선은 59인이다. 삼국과 고려 시기 인물의 비중이 효자도나 열녀도에 비하면 상대적으로 높다. 임진왜란과 관련된 인물은 53건이다. 조선 시기 전체의 사례는 59건인데, 이와 비교하면 이 전쟁과 관련된 인물의 비중이 절대적으로 높음을 알 수 있다. 또 정문 사례는 모두 58건이며 이 가운데 광해군대에 정문한 사례는 56건이나 된다. 임진왜란의 비중이 높고 광해군대에 정문자의 사례가 많은 점을 충신도의 주요한 특징으로 꼽을 수 있다. 앞서 본대로 이순신 등 전쟁에서의 사절자들을 보완하려 했던 데서도 짐작하거니와, 『동국신속』 편찬자들은 전쟁 시기 '충신'의 죽음을 크게 강조하고자 했다.

〈표 4〉『동국신속삼강행실도』의 구성2 : 충신도(괄호 안은 정려자 수)

국가\권	신라	백제	고구려	고려	본국	비고
1	10	2	2	17(3)	59(58)	광해군 정려=56건 사노·사비=7건 임진왜란 관련=53
합계	10	2	2	17(3)	59(58)	90

열녀도는 모두 8권으로 구성되었으며, 720 사례가 실렸다. 권1에는 삼국, 고려, 조선의 인물을, 권2 이하는 조선의 인물을 수록했다. 권1에서 삼국은 신라 2건 백제 1건이고, 고려는 22건, 조선은 66건이다. 이 또한 효자

전쟁의 기억과 정치론,『동국신속삼강행실도』 | 293

도와 비슷하게, 정문은 했으되 사적이 없는 사례가 목록으로 실려 있다. 고려는 1건, 조선은 9건이다.

열녀도에 수록된 인물은 권2부터 모두 조선 사람들의 사례이다. 태조 이하 여러 왕대의 사례를 확인할 수 있는데, 광해군대 표창된 경우가 압도적으로 많다. 모두 488 사례나 된다. 권3 이하에서는 임진왜란 때 일본군에게 죽음을 당하거나 다친 사람들이 많이 실렸다. 이 사례는 모두 415건에 이른다. 포악한 일본군에게 유린당했던 전쟁 당시의 참혹함을 입증하는 수치다. 제대로 읽는다면, 이로부터 강한 적개심, 분노, 슬픔과 같은 감정

〈표 5〉『동국신속삼강행실도』의 구성3 : 열녀도(괄호안은 정려자 수)

국가 권	신라	백제	고구려	고려	본국	비고
1	2	1		23(15)	66(54)	・旌門 無事蹟人(목록에만 있음) 　고려=1, 조선=9 ・54건의 정려 가운데, 1건은 행실문에는 정려 사실이 표기되지 않았으나 그림에는 정문이 있음.
2					89(88)	시간불명7 성종1, 연산군1 중종55, 명종10 선조15(임진3, 비임진12)
3					95(95)	선조, 정문51(임진32, 비임진19) 금상, 정문44(임진34, 비임진10)
4					89(89)	금상, 정문89(임진72, 비임진17) *정유왜란0
5					87(87)	금상, 정문87(임진72, 비임진15) *정유왜란1
6					88(88)	금상, 정문88(임진 81, 비임진7) *정유왜란0
7					90(90)	금상, 정문90(임진59, 비임진31) *정유왜란3
8					90(90)	금상, 정문90(임진88, 비임진2) *정유왜란76
합계	2	1		23(15)	720(681)	금상 정문 : 488 임진왜란 관련 정문 : 441

또한 느낄 수 있었을 것이다. 그 나머지 사례는 임진왜란과 상관이 없다. 정문은 681 사례를 보이는데, 조선 시기의 모든 사례가 정문에 해당하지는 않았다.

임진왜란 관련 충·효·열 절행자의 개별 비율

『동국신속』에 수록된 인물은 임진왜란기, 그리고 그 이전에 생존했던 사람으로 대분할 수 있다. 續附에 수록된 인물은 부록 격이므로 굳이 계산하지 않아도 좋을 것이다. 임진란 이전의 사례는 다시 두 유형으로 나뉘는데, 첫째 부류는 『(신증)여지승람』등재자들이다. 『(신증)여지승람』은 삼국시기부터 중종 대까지 살았던 인물들의 절행을 싣고 있다. 둘째 부류는 임진왜란 이전 평시의 정표자들이다. 이들은 대체로 『여지승람』 이후부터 임진왜란 직전까지 살았던 사람들이라 할 수 있다. 한편 시기상으로는 『여지승람』이 출처일 법하지만 이 책에서 수록 여부를 확인할 수 없는 인물도 있다. 『여지승람』이 아닌 책에서 사례를 찾아 실었다고 봐야 할 것이다.56)

임진왜란과 관련한 절행자는 충신도 54건, 효자도 96건, 열녀도 415건이다. 〈표 6〉 전체 수록자의 38%에 해당하니, 그렇게 많은 편은 아니다. 임진왜란 시기의 인물들만을 책으로 만들기로 했던 점을 염두에 둔다면, 이들은 그렇게 두드러져 보이지는 않는다.

하지만 책별로 살피면 각기 비율에서 차이가 난다. 충신도·열녀도의 임진왜란 절행자 비율은 비교적 높고 효자도 사례는 매우 낮다. 충신도·열녀도가 60%를 상회하고 효자도는 14%에 불과하다. 전쟁에서의 절행이

---

56) 충신도에 실린 鄭臣保의 사례가 여기에 해당한다. 정신보 사적은 아마도 후손인 정인홍이 제공한 자료를 통하여 확보했을 것이다. 정인홍이 작성한 조상의 묘지명에서 정신보를 확인할 수 있다(『來庵集』卷13, 高祖考務安縣監府君墓銘).

란 일본군으로 말미암아 목숨을 잃는 사태와 직결되므로, 충신도와 열녀도의 비율이 높다는 것은 이 두 영역에서 참으로 많은 사람이 죽었음을 의미한다. 여기서 특히 주목하게 되는 점은 효자(녀)에 비해 열녀가 월등 많다는 사실이다. 패전을 거듭하며 전국이 거의 적의 수중에 들어간 상황에서 조선의 여성들은 무방비 상태로 침략군의 성적 침해를 받았고, 그 과정에서 많은 사람들이 생명을 잃었음을 알 수 있는 수치이다. 실제 열녀도가 전하는 여성들의 죽음은 참혹하기 그지없다.57)

효자도의 사례는 열녀도에 극적으로 대비된다. 효자도와 열녀도에 수록된 전체 인물의 수는 비슷하지만, 효자도에서는 평상시 효행자가 절대적으로 많다. 효행의 양상은 다양한 양태를 보이지만, 이 사실에서 평상시 조선에서 효행을 강조하는 문화가 널리 확산되어 있었고 또 많은 경우 이를 실천하고 있었음을 간접적으로 확인할 수 있다.

〈표 6〉 『동국신속삼강행실도』의 임진왜란 절행자 비율

유형 도	임진왜란 절행자 (A)	비 임진왜란 절행자 (B)	총수 (C=A+B)	임진왜란 절행자의 비율 =A/C(%)
효자도	96	691	697	14
충신도	54	46	90	60
열녀도	441	276	720	62
합계	591	1,013	1,507	38

『동국신속』에 수록된 절행자는 삼국 이래 광해군대에 이르기까지 두루 포괄하고 있다. 절행자의 국적을 살피면 다음과 같다. 삼국 21건, 고려 128건, 조선 1358건으로 조선이 압도적이다. 조선 시기 이전 인물들의 절행을 보자면, 삼국의 인물은 충신도에 상대적으로 많고, 고려 인물은 효자도에 많다.

---

57) 수많은 여성들이 목숨을 잃었는데, 이 책에서 수록한 죽음의 유형은 일률적으로 이야기할 수 없을 정도로 다양했다. 그 양상에 대해서는 다음 절에서 후술한다.

〈표 7〉『동국신속삼강행실도』 소재 절행자의 각 시기·왕조별 수록자

도 \ 유형	삼국	고려	조선	합계
효자도	4	88	605	697
충신도	14	17	59	90
열녀도	3	23	694	720
합계	21	128	1,358	1,507

정문 표창자의 비율

국가에서 절행자로 인정받으면 관직을 사여받기도 하고, 정려되기도 했으며, 어떤 경우에는 그의 후손들이 復戶되기도 했다. 『동국신속』에 실린 인물들 또한 이러한 모습을 보인다. 그러나 이 책에 실린 인물들 모두가 국가의 표창을 받았던 것은 아니다. 가시적인 표창을 받지 않은 사례들도 많이 실렸다. 가장 명예로운 표창인 정문의 비율은 얼마나 될까? 효자, 충신, 열녀도에서 정문 사례를 뽑아 보면 〈표 8〉과 같다. 전 사례는 1365건인데, 『동국신속』에 수록된 전체 1507건에 견주면 약 91% 정도이다. 충신, 효자, 열녀의 정문 비율도 각기 다르다. 열녀는 97%, 효자 88%, 충신 66%이다. 충신도의 경우 정문이 많이 시행되지 않았던 삼국과 고려 시기의 인물이 많이 포함되어 있었던 점을 감안하더라도, 정문 비율이 낮다. 반면 열녀에 대한 정문 비율은 매우 높다. 효자도에 비하면 10% 포인트 더 높다. 조선에서 '열녀'를 강조하는 문화가 강력했음을 간접적으로 확인할 수 있는데, 보다 직접적으로는 임진왜란 시기에 열녀가 다수 발생했고 그것이 여기에 수록되었기 때문이다.

정문은 고려 시기부터 나타난다. 충신도에서 최초 정문 사례는 고려 충선왕대의 '柳淑却馬'[58]에 보인다. 유숙이 종묘에 배향되고 정문 대상자가

---

[58] 『東國新續三綱行實圖』, 충신도, 권1, 24ㄱ.

되었음을 밝혀 두었다. 효자도의 최초 사례는 '咸富誠孝'[59]에서 찾아볼 수 있다. 함부는 고려 성종대 남해현 사람이었다. 열녀도의 최초 사례는 '洪氏守節'[60]이다. 여기에서는 고려 공민왕대 함열현 사람인 홍씨가 왜구를 만나 수절하여 죽었음을 기렸다.

〈표 8〉『동국신속삼강행실도』의 정문 사례 수

도 \ 유형	삼국	고려	조선	합계	각 圖別 전수 대비 비율(%)
효자도	0	39	571	610	610/697=88
충신도	0	2	57	59	59/90=66
열녀도	0	15	681	696	696/720=97
합계	0	56	1,309	1,365	1,365/1,507=91

조선의 정문 사례는 어떠할까? 태조부터 정문한 예가 보이지만 대부분은 광해군대 이루어졌음을 볼 수 있다. 광해군대의 정문은 전체 사례의 58%에 해당한다.[765/1,309] 임진왜란 시기 절행자들의 표창에 부심했던 광해군 정권의 모습을 여기서 읽을 수 있다.

2) 『동국신속삼강행실도』의 삼강 윤리

『동국신속』에 실린 인물들의 충·효·열 행적은 삼국 시기 이래 고려 조선의 정치계와 사회가 중시한 도덕 행위를 망라한다. 1,500여 건에 이르는 수록 사례를 분석하면 국가 구성원들의 도덕 행위를 충·효·열의 관념으로 규정하고 사회화하는 양상을 정리해낼 수 있다.

---

[59] 『東國新續三綱行實圖』, 효자도, 권1, 7ㄱ.
[60] 『東國新續三綱行實圖』, 열녀도, 권1, 5ㄱ.

충신도 : 충 의식과 국가·군주의 강조

충신도에 수록된 인물의 행적은 일률적이지 않다. 가장 많은 사례가 외적과의 전쟁에서 목숨을 바친 경우이다. 국가를 위한 충성·헌신이라 할 것이다. 삼국 시기 신라와 여러 나라와의 쟁패 속에서 죽음을 거둔 인물, 고려가 거란이나 몽골과 싸우는 중에 전사한 인물, 임진왜란 때 전쟁 수행 중 죽음을 당한 인물들을 찾아볼 수 있다. 비중이 높은 것은 물론 임진왜란 때 죽은 인물로 모두 53건이다.[61]

국내의 정치적 반란에 맞서 죽음을 당한 경우도 충성으로 소개했다. 이 사례는 고려 인물에서 많이 나타난다. 李資謙의 반란에 죽은 사례는 3건이 실려 있다. '金縝投火', '甫俊投崖', '洪瓘衛主'가 그것이다. 앞 사례는 이자겸이 반란을 일으켜 궁궐을 불태우자, 同知樞密院事 김진이 '저 적들의 손에 죽는 것보다는 자살하는 것이 낫다'고 하여 불에 뛰어들어 죽은 사실[62]을 기렸고, '보준투애'는 이자겸이 반란을 일으킨 뒤 高甫俊을 추적하여 체포하려고 하자, 고보준이 "이자겸이 권세를 부려 사직을 뒤엎으려는데 너희들은 노예로서 그들을 사귀니 의사만도 못하다."고 꾸짖고 바위 아래로 투신한 사실[63]을 담았다. '홍관위주'는 이자겸이 반란을 일으키자 홍관이 당직을 서고 있다가 임금이 욕을 당하면 신하가 죽어야 하는 법이니 하고서는 궁궐로 들어가 인종을 지키다가 살해당한 내용[64]을 실었다. 고려 고종대 최광수가 서경을 거점으로 반란을 일으키자 鄭顗가 그를 살해했지만

---

[61] 임진왜란 중에 죽음을 당한 수록 인물은 다음과 같다. "萬戶 李大源, 府使 宋象賢, 義兵將 趙憲, 의병장 高敬命, 判決事 金千鎰, 牧使 金悌甲, 府使 李宗仁, 兵使 黃進, 목사 金汝岉, 관찰사 沈岱, 學諭 柳彭老, 교생 許秀民, 儒生 安瑛, 병사 崔慶會, 목사 金澥, 水使 劉克良, 현감 邊應井, 현감 申吉元"

[62] 『東國新續三綱行實圖』, 충신도 권1, 金縝投火.

[63] 『東國新續三綱行實圖』, 충신도 권1, 甫俊投崖.

[64] 『東國新續三綱行實圖』, 충신도 권1, 洪瓘衛主.

그 뒤에 반란인 필현보에게 죽음을 당하는 일을 기록한 '鄭顗不屈'도 있다. '文鑑投水'는 直學 정문감이 삼별초의 반란에 저항하다가 물에 몸을 던져 목숨을 버리는 사연을 담고 있다. 신면이 이시애의 반란에 맞서 죽은 사실을 기린 '申㴐罵賊'은 조선의 일화이다. 1467년(세조 13) 이시애가 반란을 일으키자 관찰사였던 신면은 그와 맞서다가 중과부적으로 죽음을 당했었다.

국왕이 내린 명령이 모함에 의한 것이라 부당하지만, 이를 그대로 받아들여 도망치지 않고 죽음을 맞이한 사례도 담겼다. '柳淑却馬'가 여기에 해당한다. 유숙은 고려 충목왕 대 신돈의 모함에 의해 영광으로 귀양을 갔다가 죽게 되었는데, 주위 사람들이 도망치라고 하자 "君父는 하늘인데 어찌 하늘로부터 도망을 갈 것인가?" 하고는 죽음을 맞이했다고 한다.[65] 군주의 명령이 부당하고 또 억울하더라도 이를 어길 수는 없어 하는 의식을 발견할 수 있다. 편자들의 마음 또한 이와 같았을 것이다.

국가의 멸망에 절개를 보인 사례도 수록되었다. '臣保渡海'는 나라가 망하자 고려로 귀화하여 절개를 지킨 鄭臣保의 이야기다. 정신보는 宋의 刑部 員外郞 벼슬을 하던 중, 원에 의해 조국이 멸망하자 고려의 서산으로 들어와 살면서 절개를 굳게 지켰다고 하여 정문의 상을 받았다.[66] '徐甄作詩'는 고려에서 장령을 지낸 서견이 조선 건국 후 시를 지어 고려의 왕업이 길게 가지 못한 점을 한탄하자, 태조가 그를 백이·숙제와 같은 부류라

---

[65] 유숙이 죽음을 당하는 때는 공민왕 대이니, 『동국신속』의 기사에 오류가 있다. 『동국여지승람』에 유숙은 서산군의 인물조에 소개되어 있다(『新增東國輿地勝覽』 권19, 서산군, 인물). 『동국신속』에 나오는 그의 죽음에 관한 기록은 여기에서는 확인할 수 없다. 『동국신속』 기사의 출처가 어디인지는 분명하지 않다.
[66] 정신보의 사례는 『新增東國輿地勝覽』에 실려 있지 않다. 정신보는 정인홍의 조상인데, 1602년 경상도 宜寧의 진사 吳汝穩이 상소하여 李貴를 배척하고 정인홍을 옹호할 때 언급된 적이 있고(『宣祖實錄』, 35년 9월 25일 甲申), 정인홍이 작성한 선조의 묘지명에도 나온다(『來庵集』 卷13, 高祖考務安縣監府君墓銘).

고 칭송하며 옹호한 사실을 담았다.

 '瑞麟代死'는 향리 양서린이 부사 이종을 대신하여 왜구에게 죽음을 당한 사실을 담고 있다. 남원부 향리였던 양서린은 부사 이종이 침략한 왜구를 피하다가 말이 엎어지게 되자 그를 대신하여 죽음을 당하였다.[67]

 국왕의 죽음 혹은 국상에 行素 3년을 한 경우도 있다. 행소란 상을 당하여 고기나 고기가 든 음식을 먹지 않고 菜食하는 것을 말한다. 이 사례는 모두 2건으로 조선에서 행해졌다. '秀彦行素'는 송화현의 향리인 송수언이 국상을 두 번 만나 3년 동안 행소를 한 사실을, '裵舜行素'는 풍기군의 庶人인 배순이 선조의 국상에 3년간 행소한 사실을 기록했다. 향리나 서인이면 국상에 상복을 입어야 하는 위치에 있지 않았다. 편찬자들은 정문하여 기릴 특별함이 이 행동에 있었다고 본 것이다.

 충신도에서 특기할 일 가운데 하나는 7건이나 되는 私奴·私婢의 주인에 대한 충성 사례이다. 주인이 죽은 뒤 주인가의 자식을 정성껏 기르고 또 제사를 지속한 인물[鄭奴效忠], 임진왜란 때 주인의 처가 왜군에 죽음을 당하게 되자 왜군과 맞서다가 죽음을 당한 인물[己山爭死], 전쟁 때 노쇠한 주인을 지극 정성으로 지키고 주인이 사망하매 정성을 다해 장례 치루고 제사 지낸 인물[金伊護主], 주인의 죽음에 3년 동안 상복을 입고 주인가를 위하여 몸을 바치며 충성을 다한 인물[介同效忠] 등이 수록되어 있다. 奴-主의 관계를 忠의 차원에서 파악하고 강조하고 있는 모습이라 하겠다. 노주 관계를 군신관계에서 파악하여 충성도에 실은 사례는 삼국과 고려에는 없으며 조선 역사에서만 나타난다. 고려와 삼국 시기에 노-주를 충의 측면에서 이해하고 있었는지는 판단하기 어렵지만, 이 수록 양상에서 조선의 특별한 의식과 문화를 확인할 수 있다. 그렇다고 하여 이 사례를 수록

---

[67] 『新增東國輿地勝覽』 권39, 남원도호부, 【인물】 조에 실려 있다.

한 것은 『동국신속』에서 처음 있는 일은 아니었다. 이미 『속삼강행실도』에서도 노비의 주인에 대한 충성 사례가 실린 적이 있었다.[68]

노-주를 군신 관계로 보는 의식과 문화는 중종대 김정국이 지은 『警民編』에서도 확인할 수 있는데, 김정국은 특별히 한 편목을 설정하여 그 의미를 강조했다.[69] 이이도 『擊蒙要訣』에서 이를 강조했다.[70] 『동국신속』은 노주 관계를 군신관계에서 파악, 노비에 대한 강제를 도덕 차원에서 강화해가고자 하는 이 시기 문화의 흐름을 잘 반영하고 있다 하겠다.

이처럼 충신도에 실린 忠의 유형과 사례는 다양하다. 전장에서 외적과 싸우다 죽음을 당한 사례가 압도적인데 이 경우는 충의 일반적 모습에 해당한다 하겠다. 망한 나라를 위해 절개를 지키는 사례, 반란에 저항하다가 죽음을 당한 인물도 찾아 볼 수 있다. 군주의 명령이 부당하지만 이를 어기지 않고 죽음을 당한 사례도 높게 평가받았고, 국상에 3년 行素를 한 인물도 충신으로 표창되기도 했다. 전반적으로 국가에 대한 충성, 군주에 대한 충성을 강조하고 있음을 알 수 있다. 이에 더해 노-주 관계에서의 노의 충을 강조하는 점 또한 특기할만한 하다.

효자도 : 충효 雙全의 윤리

효자도에서는 부모와 자식의 관계, 그리고 이를 확장하여 조부모와 손자의 관계에서 발생한 지극한 효행을 수록하고 있다. 효자도에서 가장 흔

---

[68] 『續三綱行實圖』 忠臣圖, 金同活主〈本國〉. 金同은 종친 江寧副正의 노였는데, 연산군 대 주인을 위하여 목숨을 바쳤으며 이로 인하여 중종 3년에 정려되었다는 사실이 실려 있다.
[69] 父母・夫妻・兄弟姉妹・族親・奴主・隣里 등 13조목으로 구성했다. 奴主는 그 한 조목이다. 이에 대해서는 정호훈, 『경민편-교화와 형벌의 이중주로 보는 조선』, 아카넷, 2014 참조.
[70] 『栗谷全書』 권27, 擊蒙要訣, 居家章第八, "婢僕, 代我之勞, 當先恩而後威, 乃得其心. 君之於民, 主之於僕, 其理一也. 君不恤民則民散, 民散則國亡, 主不恤僕則僕散, 僕散則家敗, 勢所必至. 其於婢僕, 必須軫念飢寒, 資給衣食, 使得其所, 而有過惡, 則先須勤勤教誨, 使之改革, 教之不改, 然後乃施楚撻"

하게 볼 수 있는 효행은 부모가 병환으로 위중한 상태에 놓이자 斷指·割股와 같은 방법으로 자식이 자신의 몸을 희생하여 부모의 목숨을 살리는 사례이다. 이러한 행동은 신라 혜공왕대 진주 사람 聖覺이 노모의 병환에 다릿살을 베어 치료했다는 사실[71]을 기록한 '성각할고聖覺割股'에서 볼 수 있듯 매우 오래 전부터 행해지고 또 사회적으로 칭송받아왔다. 권1부터 권8에 걸쳐 적지 않은 사례를 확인할 수 있다. 부모가 병이 듦에 종기를 입으로 빨거나[권1, 牟恂吮腫 ; 권2, 金門世孝 외] 똥을 맛보는 사례[권2, 玉山嘗糞 외]도 자주 등장한다. 자식의 정성에 자연이나 동물이 감동하여 이적을 일으킨 사례[권3, 金佽感天 ; 권3, 田氏躍魚 외]도 있다.

부모 사후의 효행도 효자도에 수록된 주요 사례였다. 부모가 세상을 떠난 후 3년간 여묘살이를 하거나[권3, 益漸感寇], 『朱子家禮』에 따라 3년 상을 치룬 사실[권3, 承得守墓] 등을 확인할 수 있다.

외적이나 도적이 침략하여 부모를 해치려 할 때 이를 막아내어 부모를 살리거나 혹은 같이 죽음을 당하는 행위[권3, 內隱伊救父], 호랑이에게 잡아먹힌 부모의 원수를 갚은 행위[권2, 白山擊虎], 부모가 세상을 떠나자 따라 죽는 행위[권2, 金氏自縊]도 효행에서 칭찬받고 표창 받는 사례였다.

효자도에서 임진왜란 시기의 사례가 차지하는 비중은 그다지 크지 않다. 이 시기의 효행자들은 효자도의 제6권부터 실려 있으며, 관련 사례도 92건에 불과하다. 그렇다할 지라도 임진왜란 시기 효행자들의 절행은 평시 효행자들의 모습과는 다르다. 일본군의 칼날에 맞서 부모를 살리기 위해 목숨을 바치는 경우가 대부분이다. 이들은 부모와 함께 죽음을 맞이하

---

71) 『新增東國輿地勝覽』 권30, 慶尙道 晉州牧 【효자】. "신라 聖覺 스스로 거사(居)라 호하고, 一利縣 法定寺에 의탁하였다. 뒤에 돌아와서 어머니를 지극한 효성으로 봉양하였다. 어머니가 늙어서 병이 들자 다리 살을 베어 먹였고, 죽음에 이르러서는 장사를 지성껏 지냈다. 惠恭王이 벼 3백 섬을 하사하였다."

거나[72] 혹은 자신의 죽음으로 부모를 살리기도 했다.[73] 효자도의 효행 서사는 어떤 때는 자세하게 어떤 경우는 간단하게 형태를 달리하며 일본군의 포악함, 효행자의 지극한 효성, 처절한 죽음을 묘사했다.

효자도에서 특기할 사실은 '忠孝雙全'의 행위이다. 효자도에는 부모에게 효도를 다하는 한편으로 국왕이나 왕후의 國喪에 3년간 行素·喪 등의 방식으로 상을 치룬 인물이 적지 아니 수록되어 있다. 이 사례는 부모상을 당하여 여묘살이를 3년하고 또 성종 상에 3년간 심상을 한 禦侮 장군 閔伯和의 일을 다룬 '伯和廬墓'[74][권3]에서 처음 나타난다. 민백화는 중종 대에 정문을 받았다.

국상에 대응하는 방식은 다양했다. 효자 신세린은 인종상에 삼년간 죽을 먹었고[권3, 世麟居廬], 효자 이창손은 명종 국상에 3년간 행소하였으며 [권5, 昌孫忠孝], 효자 崔浩는 국상에 斬衰服을 3년 동안 입었고[권8, 崔浩斷指], 효자 鄭彭壽는 의인왕후와 선조의 상에 상복을 3년간 입고 능 아래에서 시묘하기도 했다.[권8, 彭壽忠孝]

충효쌍전의 사례는 약 20여 건을 헤아린다. 〈표 9〉와 같다. 효자도 전체 사례로 견주어본다면 비중이 그리 높은 편이 아니다. 이 사례는 『속삼강행실도』나 『여지승람』에서도 확인할 수 있기에 『동국신속』만의 새로운 모습은 아니었다.[75] 그러나 여러 차례 이 사실이 실리는데서 이 책의 편찬자들

---

[72] 『東國新續三綱行實圖』, 효자도, 권7, 宗挺求父, "進士朴宗挺光州人, 壬辰倭亂, 父年七十七, 爲賊所獲. 宗挺號哭, 以身蔽父, 具被害".
[73] 『東國新續三綱行實圖』, 효자도, 권6, 敬天活母, "幼學吳敬天京都人, 七歲喪其母, 猶守禮制 …… 以終三年, 人稱孝兒. 年十七, 值壬辰倭亂, 賊欲害繼母, 敬天突入林下抗, 賊斬其腰, 捨母而去".
[74] 『東國新續三綱行實圖』, 효자도, 권3, 伯和廬墓, "禦侮將軍閔伯和開城府人, 年七十二, 遭父母喪, 廬墓三年, 一不到家. 康靖大王昇遐, 心喪三年, 恭僖大王朝旌門".
[75] 『續三綱行實圖』의 경우, 효자도의 '自華盡孝'에서 이 사례를 볼 수 있다. 殷山 사람 李自華가 성종 국상에 삼년을 거상한 이유로 정려되었는데 갑자사화 때 괴이한 행동을 했다고 처벌받은 내용이 실려 있다. 이자화는 "君父一體" 의식으로 이를 행했다고 한다.

이 이 덕행을 의도적으로 강조하고 있음을 알 수 있다.

충효쌍전 실천자들의 신분은 다양하다. 왕실의 宗親, 正郞부터 평민, 천민에 이르기까지 다양한 층위의 인물들을 볼 수 있다. 한편 이와 같이 충효를 두루 실천하는 사례는 전쟁 전에 집중되어 있는 점도 이채롭다. 이에 대한 표창은 대체로 성종 이후로 나타나며, 명종·선조 대에 집중적으로 실행되었음을 알 수 있다.

〈표 9〉 효자도 소재 忠孝雙全의 사례

권	사례	사적	비고
3	世麟居廬	효자 신세린, 인종상에 3년간 죽을 먹음	
5	昌孫忠孝	효자 이창손, 명종 국상에 3년간 行素	
6	順天孝友	효자 李瑠, 중종과 인종의 국상에 3년 행소	順天君
	光弼誠孝	효자 최광필, 의인왕후 국상과 선조 국상에 행소	
	彦邦感賊	효자 이언방, 전후 국휼에 心喪 3년	
	景顔吮腫	효자 朱景顔, 명종과 인성대비, 인순왕후의 국상에 심상 3년	
	忠震斷指	효자 韓忠震, 국휼에 매일 망궐하여 절하고 곡을 하다가 죽음	
7	命達孝感	효자 高命達, 선조 국상에 심상 3년	
	彭年居廬	효자 崔彭年, 仁聖王后와 懿仁王后 상에 심상 3년	
	介白斷指	효자 李介白, 중종 상에 심상 3년 하고 인성·인순왕후 상에 朞年을 행소	
	麟祥感雉	효자 金麟祥, 국상에 심상 3년 하고 해는 임금의 상이라 하여 매일 아침에 의관을 정제하고 해를 보며 절을 함	
	智賢忠孝	효자 金智賢, 선조 상에 행소 3년	
	蓋世斷指	효자 李蓋世, 국휼에 3년 행소	
	彦忠斷指	효자 金彦忠, 명종과 공의왕후·의인왕후 상에 심상 3년	
8	彭壽忠孝	효자 鄭彭壽, 의인왕후와 선조의 상에 상복을 3년간 입고 능 아래에서 시묘	
	崔浩斷指	효자 崔浩, 국상에 斬衰服 3년	
	尹洛割指	효자 尹洛, 선조 국상에 3년 행소	
	允慶忠孝	효자 張允慶, 선조 국상에 참최복 3년	
	汝述守喪	효자 韓汝述, 선조 국상에 3년 服喪	寺奴
	論石誠孝	효자 方論石, 국휼에 상복을 입고 마늘과 파를 먹지 않음	私奴

충효쌍전의 덕행은 "효도는 충심으로 옮겨갈 수 있다.[孝可移於忠]"는 『효경』의 관념을 온전히 구현하는 모습이라 하겠는데, 이를 강조하는 『동국신속』 편찬자들의 의식은 사적인 영역에서의 효도 행위가 거기에 머무르지 않고 국가·군주에 대한 충성으로 확대되어야 함을 강조하는 것으로 여겨진다.

열녀도 : 국난, 참혹한 여성의 죽음

열녀도에서 덕행의 주인공은 여성, 특히 결혼한 여성이다. 결혼하지 않은 사례도 있지만, 중심은 결혼한 여성에게 있었다. 『동국신속』에서 거론된 여러 국가들은 여성이 특별한 관계 속에서 지켜야 한다고 사회적으로 규정된 어떤 덕목을 철저하게 수행하여 모범을 보였다고 하여 그 사실을 표창하고 기렸다. 앞에서도 설명했지만, 『동국신속』에서 효자도, 충성도에 비해 열녀의 사례가 더 많고, 또 정문과 같은 국가적 표창도 열녀에 집중되었다.

열녀도에서 가장 많이 등장하는 사례는 아내의 守節이다. "한 사람을 좇지 둘을 좇지 아니함이 부인의 도이다.[從一不二 婦人之道]"76)라거나 "한 사람을 좇지 둘을 좇지 아니함이 여자의 도이다.[從一不二 女子之道]"77)란 의식 아래서의 행위였다. 여기에는 여러 유형이 있었다. 외적이나 타인이 자신의 몸을 범하고자 할 때 항거하며 '정절'을 지키려고도 하고[권2, 高氏縊死 ; 권2, 權氏擊倭 ; 권7, 玉花死賊 ; 권7, 論德自縊], 권력이 결혼한 여성의 몸을 탐할 때 이를 죽음으로서 거부하기도 하며[권1, 山女誓死], 남편이 세상을 뜨거나 실종된 뒤 재가하지 않고 집안을 돌보며 평생을 마치는 경

---

76) 『東國新續三綱行實圖』, 열녀도 권5, 朴氏肢解.
77) 『東國新續三綱行實圖』, 열녀도 권6, 恩禮亂斫.

우도 있다.[권8, 燕伊負屍] 남편이 죽은 뒤 남이 범하고자 하므로 작은 칼을 몸에 지니고 항시 방어하기도 했다.[권2, 李氏佩刀]

　이상의 여러 사건 가운데 외적에게 맞선 까닭으로 표창된 사례는 임진왜란과 관련하여 가장 많이 나타난다. 이에 관한 내용은 열녀도 제2권부터 수록되어 있는데, 대부분 왜적이 겁탈·강간하려 함에 죽음으로써 저항하고 피한 경우이다. 이를테면 다음과 같다.

　　　私婢 언춘은 서울사람이다. 왜적이 범하고자 하거늘 적을 꾸짖고 굳게 거
　　절하니 적이 찔러 죽였다. 소경대왕 때에 정문하였다.[78]

　　　이씨는 수원부 사람이니 유학 최광진의 아내이다. 왜적을 만나니 도적이
　　더럽히고자 하거늘, 이씨가 힘써 저항하고 도적을 꾸짖으니, 도적이 날카로
　　운 창으로 찔러 얼굴 가죽을 벗겼다. 굴하지 아니하니 죽였다. 지금 조정에서
　　정문을 세웠다.[79]

　　　조씨는 서울 사람이니 제용감 정 홍치상의 아내다. 조씨의 아들 종해의 아
　　내는 이씨이고, 이씨의 어머니는 司果 이성린의 아내 정씨이니, 임진왜란을
　　당하여 도적을 피해 냇가 수풀에 함께 피하였는데, 도적이 찾아서 핍박하니
　　조씨는 물에 빠져 죽고, 정씨와 이씨도 이어서 물에 빠져 죽었다. 지금 조정
　　에서 정문을 세웠다.[80]

　남편을 살리기 위해 자신을 죽인 행위도 많이 실렸다. 왜적이 남편이 죽

---

78) 『東國新續三綱行實圖』, 열녀도 권3, 彦春見殺, "私婢彦春京都人 倭敵欲犯之 罵賊牢拒 賊刺殺之 昭敬大王朝旌門."
79) 『東國新續三綱行實圖』, 열녀도 권3, 李氏剝面, "李氏水原府人 幼學崔光軫妻也 遇倭賊 賊欲汚之 李氏力拒罵賊 賊以亂槍刺之 剝其面皮 不屈而死 今上朝旌門."
80) 『東國新續三綱行實圖』, 열녀도 권5, 三婦投水, "趙氏京都人 濟用監正洪致祥之妻也 趙氏子宗海妻李氏 李氏母司果李成麟妻鄭氏 當壬辰倭亂 相與避賊于川邊林藪中 賊迹之來逼 趙氏投水死 鄭氏與李氏 相繼投水而死 今上旌門."

이려 하자 남편을 감싸 안고 같이 칼 맞아 죽은 辛復門의 아내 박씨의 사례[권5, 朴氏死劍], 명화적에게 남편이 살해되려고 할 적에 간청하여 살리고 대신 죽음을 당한 崔麒壽의 아내 장씨의 사례[권5, 張氏全夫], 남편이 왜적에게 죽자 복수하겠다고 매[杖]를 가지고 공격하다 죽음을 당한 울진현 사람 장씨의 사례[권5, 張氏見殺], 적에게 잡힌 뒤 적을 구타하고 공격하다가 죽음을 당한 양녀 공순의 사례[권7, 恭順擊賊], 왜적을 속여 남편과 시어머니의 목숨을 살리고 죽음을 당한 양녀 劉千金의 사례[권7, 千金死賊], 남편과 시어머니를 살리기 위해 왜적을 유인하고 죽음을 택한 무안현 사람 김씨의 사례[권8, 金氏投澤] 등을 확인할 수 있다.

　남편이 세상을 떠난 뒤 삼년간 服喪하고 조석으로 음식을 올리며 남편이 살아 있을 때와 같이 행동한 사례도 적지 아니 수록되었다. 이는 수절에 더하여 죽은 남편을 예로써 극진히 섬기며 이른바 '婦道'를 실천한 경우라 칭송되었다. 남편 李安道가 죽자 평생 몸을 꾸미지 않고 소식을 하며 살았으며, 남편 동생의 아들로 後嗣를 잇게 했다는 이안도 아내 권씨의 일생[권5, 權氏節行]은 수절과 더불어 후사 문제 또한 부덕에 의미가 있음을 드러내는 사례였다. 드물게, 첩이 지아비가 세상을 뜬 뒤, 수절하고 종신토록 제사지내며 기린 사례도 수록되어 있다. 영의정 尙震의 첩 양녀 香福의 사례[권3, 香福斷髮], 선전관 이신언의 첩 옥정의 사례[권3, 玉貞截耳] 등이 여기에 해당한다.

　남편이 죽자 이를 따라 부인이 죽는 사례도 많이 등장한다. 남편의 죽음을 애통해 하며 목을 매거나 굶어 죽는 경우[권1, 韓氏絕粒 ; 권1, 梁氏自縊 ; 권2, 昌非不食, 권2, 俞氏墮樓 ; 권4, 金氏縊死 ; 권6, 鄭氏自死], 남편에게 버림 받았다가 아버지가 개가를 권하자 자살하는 사례[권1, 賢今自縊], 남편이 죽은 뒤 주위에서 개가를 권하자 자살하는 경우[권2, 順伊縊死], 임진왜란 때 남편이 죽자 뒤이어 자살한 사례[권4, 金氏縊死 ; 권5, 許氏自縊 ;

권5, 尹氏投崖], 정유재란 때 남편이 병사하자 장례를 치른 뒤 자살한 사례 [권8, 康氏縊死] 등을 볼 수 있다.

남편을 따라 죽는다는 의식은, 부모가 살아 있음에도 목숨을 보전하지 않고 먼저 죽은 남편을 따라 죽음을 택하는 것으로 나타나기도 했다. '秦氏結項'은 "살아있는 어머니를 버리더라도 지하에서 죽은 남편을 따르겠다."고 하며 죽은 안동부 사람 秦孝先의 딸 이야기를 담고 있다.[81] 이러한 사례는 평시에 많이 보이는데, 임진왜란 중에 나타나기도 했다. 남편이 왜적에게 잡혀 죽은 뒤 남편 없이 어찌 살겠는가 하고 자살한 개령현 사람 엄씨의 이야기를 담은 '嚴氏投水'[권8]는 그 한 사례이다.

아내가 남편의 생명을 구하려는 행위도 다양하게 등장한다. 남편이 범에 물려가거나 타인에 의해 해를 입을 때 몸을 던져 남편을 구하기도 하고,[82] 남편을 병구완하여 자신의 손가락을 잘라 피를 내어 먹이거나 배꼽을 찔러 피를 내어 먹이기도 했다.[83] 산 사람은 아니지만, 불난 집에서 죽은 남편의 신주를 구하는 행위[권1, 安氏冒火 ; 권3, 二婦焚死 ; 권5, 高氏投火] 도 높게 평가받아 수록되었다. 단지하거나 자신의 몸을 훼손하여 타인의 목숨을 살리는 행위는 효자도의 단골 사례이지만 열녀도에서도 확인할 수 있는 점이 흥미롭다.

결혼하지 않은 여자의 절행도 열녀도에 나타난다. 烈行은 결혼한 여자의 덕목으로 강조되었지만, 반드시 그렇지 않은 사례도 많이 실렸다. 이 경우는 대체로 죽음으로 정절을 지킨 행동과 연관이 있다. 어떤 남자가 강간하려 한 것을 피했으나 그 남자가 이미 干犯했다고 송사를 벌이려 하자

---

81) 『東國新續三綱行實圖』, 열녀도 권6, 秦氏結項, "得諺書, 今雖棄生母, 地下從亡夫云".
82) 『東國新續三綱行實圖』, 열녀도의 金妻逐虎(권1), 任氏冒刃(권2), 春非追虎(권7) 등에서 이를 볼 수 있다.
83) 『東國新續三綱行實圖』, 열녀도의 自妃斷指(권1), 奉今斷指(권1), 金氏割臍(권4) 등에서 이를 볼 수 있다.

더러운 이름을 입고 살 수가 없다고 자살한 해남현의 從伊 사례[권2, 從伊 縊死], 도적이 강간하려 하자 우물에 빠져 죽은 처녀 宗廟署 婢 가히[加屎] 사례[권3, 加屎投井], 왜적이 강간하려 하자 저항하다 죽은 처녀의 사례[권3, 李氏死賊 ; 권3, 李氏死賊 ; 권4, 金氏不屈 ; 권4, 全氏斷頭 ; 권6, 崔氏斷手 ; 권8, 蘭香死賊] 등을 들 수 있다. 여성이라면 결혼 여부와 상관없이 정절을 시켜야 한다는 의식을 전제하고 있음을 이들 몇 예를 통해 알 수 있다.

결혼한 아내를 중심으로 도덕 행위를 이해하고 규정하는 열녀도의 시각은 한 여성의 죽음에 아내와 남편, 딸과 아버지의 관계가 중첩되어 있을 경우, 아내와 남편의 관계를 중심으로 파악하도록 했다. '召史節行'[권7]은 龍潭縣 호장 高雲鶴의 딸이자 正兵 高自平의 아내 高召史의 절행을 담고 있는데, 고조이는 젊어서 남편을 잃고 6년을 조석전을 올리는 등 남편의 죽음을 크게 슬퍼했으며, 또한 정유재란 때 왜적에게 아버지가 죽음을 당하자 스스로 아버지 주검 옆에서 죽음을 택했다. 고조이는 지극한 효성을 보였지만, 국가에서는 그보다는 열녀의 행실로서 그를 포상했다. '蘇氏節行'[권8]은 남편 安壽仁이 죽은 뒤 지극정성으로 예를 행하던 소씨가 정유왜란이 일어나자 시동생 安敬仁과 늙은 어머니와 함께 피난을 가다가 중간에 어머니와는 헤어지고 시동생과 함께 왜적을 피한 내용을 담고 있다. 이에 대해 『동국신속』의 찬자는 유식한 사람들이 탄복했다고 기록했다.[84] 출가한 여성의 삶은 친생 부모보다 남편·시가의 관계가 우선한다는 관념, 출가외인의 관념을 볼 수 있는 사례이다.

열녀도에 수록된 여러 유형의 행동은 가부장제의 질서를 세우고 이를 바탕으로 사회를 이끌려고 했던 조선의 지향을 선명하게 드러내 보여준

---

84) 『東國新續三綱行實圖』, 열녀도 권8, 蘇氏節行, "蘇氏哭別其母, 隨敬仁以去, 識者歎服".

다. 결혼한 여성에게 요구되는 최고의 미덕은 일부 종사의 마음을 가지고 수절하며 평생을 보내고, 자신의 생명을 돌보지 않고 위기에 처한 남편을 구하거나 자신의 몸을 훼손해서라도 남편의 생명을 구하는 헌신임을 이 책은 숱한 사례로 제시했다. 그런 점에서 열녀도는 전형적인 조선적 윤리의 교과서였다.

『동국신속』의 열녀도가 담아낸 사연은 여기에만 머무르지 않았던 것으로 보인다. 이는 임진왜란 때의 열녀들의 모습에서 확인할 수 있다. 이들의 죽음은 단순한 도덕적 表象 이상을 넘어서는 또 다른 사태를 보여준다. 『동국신속』의 열녀도에서 임진왜란과 관련하여 자살하거나 죽음을 당한 사례는 441건으로 전체의 51%에 해당했다.(〈표 10〉 참조) 그런데 임진왜란 시기의 죽음을 본격 담고 있는 권3~권8 사례에 한정하여 죽은 사람을 살펴본다면 모두 438건으로, 이 구간 전체 수(539)의 81%에 이른다. 압도적인 수치이다.

〈표 10〉 임진왜란에서 죽음을 당한 여성 비율

건 \ 권	1	2	3	4	5	6	7	8	합계
죽음을 당한 사례	0	3	66	72	72	81	59	88	441
전체 사례	66	89	95	89	87	88	90	90	694
비율(%)	0	3	69	81	83	92	66	98	51

이들은 한결 같이 포악하기 그지없는 왜적으로부터 겁탈·강간을 피하고자 노력하던 중에 참혹하고도 억울하게 죽었다. 그 죽음은 어떤 경우에는 물이나 절벽에 몸을 던지는 모습을 보이기도 하고, 어떤 경우에는 왜적을 꾸짖고 맞서는 적극적인 저항의 모습으로 나타나기도 하는 등 다양했다. 대체로 혼자 죽기도 했지만, 어린 자식과 같이 죽음을 맞이하거나 아니면 한 가족이 혹은 여러 명이 몰살당하기도 했다.[85]

열녀도에 묘사된 이들의 죽음은 비참하기 그지없다. 『동국신속』의 찬자들은 절망의 순간에 목숨을 던져야 했던 이들의 모습을 가능하면 자세하게 묘사하려고 했다. 글을 읽는 독자들이, 그 죽음을 슬퍼하고 안타까워하면서도 동시에 왜적에 대해 말할 수 없는 적개심, 분노심, 경계심을 가질 수 있는 서사였다. 비분강개의 감정이 절로 우러나오게 만드는 임진왜란 사절자들의 모습은 평시 열녀들의 모습과는 분명 비교되는 점이 있었다.

말하자면 『동국신속』의 열녀도는 열행의 일반적인 모습과 더불어 전시의 참혹한 여성의 죽음을 동시에 보여준다고 하겠는데, 무게 중심은 후자에 있었다. 『동국신속』이 갖는 힘은 어찌 보면 여기에 있을는지 모른다. 광해군과 신료들은 조선 사람들이 전쟁기의 죽음을 강렬하게 기억하기를 기대했다. 그렇게 함으로서 이들은 전쟁의 파국이 다시 일어나지 않는 길은 전쟁을 억지하고 평화를 유지할 수 있는 체재를 만드는데 있음을 독자들이 상기하도록 했다.

---

85) 아래 표는 2명 이상이 죽음을 당한 몇 사례이다.

권	사례	내 용
6	母女全絕	의성현의 士人 鄭太乙의 아내 박씨가 두 딸과 함께 왜적에 잡혀 겁탈 당하려 하자 저항하다 같이 죽음.
8	陸氏劍斫	용담현 黃大成의 아내 육씨, 정유왜란 때 남편이 죽은 뒤, 젖먹이 아이, 여종 千介와 함께 죽음을 당함.
8	兩婦投海	나주 나덕현의 아내 정씨, 남편의 맏누이와 함께 왜적에게 사로잡혔다가 바다에 투신하여 죽음.
8	烈婦同溺	沈譜의 아내 정씨, 權陟의 아내 정씨, 鄭咸一의 아내 이씨, 정함일의 아들 慶得의 아내 박씨, 정함일의 둘째 아들 喜得의 아내 이씨, 정함일의 딸 처녀 정씨, 鄭雲吉의 아내 오씨, 鄭主一의 아내 이씨, 鄭櫛의 아내 김씨, 김즐의 아들 好仁의 아내 이씨, 吳宏의 아내 변씨, 金翰國의 아내 오씨 등 모두 12명의 여성이 정유왜란 때 배를 같이 타고 왜적을 피하다가 물에 빠져 죽음.

4. 맺음말

　『동국신속』은 크게 4단계의 변화를 보이며 완성되었다. 초기 계획은 전쟁 시의 효자, 충신, 열녀에 한정하여 책을 만들려고 했으나, 戰前의 인물들로 그 대상을 확대하고, 최종적으로는 『삼강행실도』와 『속삼강행실도』의 인물을 추려서 포함시켰다. 그런 까닭에 『동국신속』에 수록된 인물은 임진란에 사절하거나 절행한 자들이 중심을 이루지만, 그 이전의 사례들 또한 두루 포괄한다.

　임진왜란과 관련한 절행자는 전체 수록자의 38%에 해당한다. 그렇게 많은 편은 아니다. 하지만 책별로 들여다보면, 충신도·열녀도의 임진왜란 절행자 비율은 높고 효자도에 수록된 사례는 매우 낮다. 충신도·열녀도가 60%를 상회한다면 효자도는 14%에 불과하다. 전쟁에서의 절행이란 일본군으로 말미암아 목숨을 잃는 사태와 직결되므로, 충신도·열녀도에서의 비율이 높다는 것은 이 두 영역에서 참으로 많은 사람이 죽었음을 의미한다. 여기서 특히 주목하게 되는 점은 효행자에 비해 열녀가 월등 많다는 사실이다. 패전을 거듭하며 전국이 거의 적의 수중에 들어간 상황에서 조선의 여성들은 무방비 상태로 침략군의 성적 침해를 받았고, 그 과정에서 많은 사람들이 생명을 잃었음을 알 수 있는 수치이다. 실제 열녀도가 전하는 여성들의 죽음은 참혹하기 그지없다. 효자도의 사례는 열녀도에 극적으로 대비된다. 효자도와 열녀도에 수록된 전체 인물의 수는 비슷하지만, 효자도에서는 평상시 효행자가 절대적으로 많다. 이 사실에서 평상시 조선에서 효행을 강조하는 문화가 널리 확산되어 있었고 또 많은 경우 이를 실천하고 있었음을 간접적으로 확인할 수 있다.

　충신도, 효자도, 열녀도에 실려 있는 절행 사례는 책별로 유의할 만한 점을 지니고 있었다. 충신도의 경우, 수록된 忠의 유형과 사례가 다양했다. 전장에서 외적과 싸우다 죽음을 당한 사례가 압도적인데 이 경우는 충의 일반적 모습에 해당한다 하겠다. 망한 나라를 위해 절개를 지키는 사례도 표창되었고, 반란에 저항하다가 죽음을 당한 인물도 있었다. 군주의 명령이 부당하지만 이를 어기지 않고 죽음을 당한 사례도 높게 평가받았고, 국상에 3년 行素를 한 인물을 충신으로 표창하기도 했다. 전반적으로 국가에 대한 충성, 군주에 대한 충성을 강조하고 있음을 알 수 있는데, 이에 더해 충신도에서는 노-주 관계에서의 忠 또한 강조했다.

효자도의 효행 사례는 일반적으로 예상할 수 있는 내용들이다. 그런데 이 책에서만 찾을 수 있는 요소가 있었으니, 忠孝雙全의 행위를 주목하여 20여 사례를 수록하고 있는 점이다. 이에 대한 표창은 대체로 성종 이후로 나타나며, 명종·선조 대에 집중적으로 실행되었음을 알 수 있다. 충효쌍전의 덕행은 "효도는 충심으로 옮겨갈 수 있다.[孝可移於忠]"는 『효경』의 관념을 온전히 구현하는 모습이라 하겠는데, 이를 강조하는 『동국신속』 편찬자들의 의식은 사적인 영역에서의 효도 행위가 거기에 머무르지 않고 국가·군주에 대한 충성으로 확대되어야 함을 강조하는 것으로 여겨진다.

『동국신속』의 열녀도는 烈行의 일반적인 모습과 더불어 전시의 참혹한 여성의 죽음을 동시에 보여준다. 방점은 후자에 놓여 있었다. 독자로 하여금 적개심, 복수심, 비분강개의 감정을 절로 갖도록 만드는 임진왜란 사절자들의 모습은 평시 열녀들의 모습과는 분명 비교되는 점이 있었다.

『동국신속』의 편찬과 간행은 경제적으로 대단히 어려운 시기에 많은 인력을 동원하고 물력을 쏟아 부으며 대대적으로 이루어졌다. 많은 사람들이 이 일을 비판했지만, 광해군과 북인 정권은 이를 강행했다. 국가 운영에 이 책이 유용하다고 믿었기 때문이었다. 이들은 이 책을 통하여 조선 건국 이래 강조되어온 충·효·열의 도덕 가치를 크게 확산하고 이를 바탕으로 전후 어지러운 상황을 수습할 수 있다고 판단했다. 이들은 책을 만들며 다음 몇 가지 측면을 유의했다.

첫째, 『동국신속』은 임진왜란 시기의 충·효·열의 가치를 '동국' = 한민족의 역사적 전통과 결합시켜 강조하였다. 책의 구성으로 본다면, 전쟁을 수행하며 죽음으로 구현한 충·효·열의 가치는 일시적인 것이 아니라 실상은 고대 3국 이래 면면히 실천된 긴 생명력을 가지고 있었다. 이제 1592년 이래 7년의 시간은 그 짧은 기간에 머무르지 않고 1000년을 넘어가는 긴 시간, 긴 역사 전통 위에서 생명을 얻게 되었다. 아마도 『동국신속』의 인물들, 그리고 그들의 충·효·열이 가지게 될 힘은 엄청나게 확대될 터였다.

둘째, 국가는 『동국신속』을 통하여 전쟁 시기 및 역사 속에 등장했던 절행자들의 명예를 더없이 높이는 행위를 통해, 절행자들의 혈연, 절행자들의 공간과 단단히 결합하고자 했다. 이때 국가의 명예 높이기는 유례없이 대규모로 행해졌는데, 국가는 신분의 고하를 막론하고 1500여 명에 이르는 다수의 인물들에게 국가가 줄 수 있는 최고의 상을 베풀었다. 『동국신속』에 등재된 인물들의 후손과 가족, 또 그들이 살았던 향촌 사회는 정부에서 부여하는 표창을 매개로 국가와 단단히 결속될 수 있었다. 『동국신속』이 편찬된 뒤 제대로 평가받지 못했지만, 실제로 조선후기 많은 사람들은 자신들의 조상이 이 책에 등재된 것을 매우 자랑스럽게 여기고 있었다. 『동국신속』이 기대하는 바가 그 점이었을 것이다.

셋째, 광해군과 북인 정권에서는 이 책을 통하여 국가·군주에 대한 충성을 매우 강조하였으며, 사적인 영역에서의 효도 행위가 거기에 머무르지 않고 국가·군주에 대한 충성으로 확대되기를 기대했다. 현실의 국가 운영에 충·효·열의 관념이 이와 같이 활용될 수 있음을 이들은 충분히 유의하고 있었다. 이 대목에서 우리는 公義가 私情을 압도한다는 의식으로 영창대군의 처벌과 인목대비 폐위를 이끌었던 광해군과 북인 정권의 정치론을 만나게 된다.

『동국신속』은 충·효·열의 도덕 가치를 매개로 전쟁의 참화, 전쟁의 참혹함을 전 사회적으로 기억하고 그 기억에 기초하여 나라를 이끌고자 했던 정치 행위의 소산이라 할 것이다. 정치적으로 불안정하고 경제적으로 어려웠던 시절, 광해군과 북인 정권은 많은 무리, 반대를 무릅쓰면서도 이 책의 편찬과 보급을 강행했다. 그들은 그것이 최선이라 여겼다. 『동국신속』의 정치적 지향과 윤리는 전쟁 직후 조선 사회가 움직여 나가는 한 방향을 반영한 결과이자 그 성격을 뚜렷이 보여주는 것이라 하겠다.

참고문헌

『東國新續三綱行實圖』, 『東國新續三綱行實撰集廳儀軌』, 『光海君日記[中草本]』
『來庵集』, 『新增東國輿地勝覽』, 『三綱行實圖』, 『續三綱行實圖』, 『栗谷全書』

김 혁, 「≪東國新續三綱行實圖≫의 구성과 편찬 과정」, 『書誌學報』 25, 2001.
박인호, 「임진왜란의 경험과 역사 정리 작업 – 신석겸의 『선묘중흥지(宣廟中興志)』를 중심으로 –」, 『韓國史學史學報』 26, 2012.
서인원, 『조선초기 지리지 연구 – ≪동국여지승람≫을 중심으로 –』, 혜안, 2002.
손승철, 『조선후기 한일관계, 전쟁과 평화』, 경인문화사, 2017.
오윤정, 「≪東國新續三綱行實圖≫와 관련 儀軌 연구」, 『미술사연구』 25, 2011.
이광열, 「光海君代 ≪東國新續三綱行實圖≫ 편찬의 의의」, 『韓國史論』 53, 2007.
李玲景, 「≪동국신속삼강행실도≫언해의 성격에 대하여」, 『震檀學報』 112, 2011.
정일영, 「임진왜란 이후 '敎化'의 양상 : 광해군대 『東國新續三綱行實圖』를 중심으로」, 『韓國思想史學』 34, 2010.
정지영, 「임진왜란 이후의 여성교육과 새로운 '忠'의 등장 – 『東國新續三綱行實圖』를 중심으로 –」, 『국학연구』 18, 2011.
정호훈, 『경민편 – 교화와 형벌의 이중주로 보는 조선』, 아카넷, 2014.

정호훈, 「전쟁의 경험과 반추-『懲毖錄』, 『再造藩邦志』의 시선-」, 『韓國思想史學』 48, 2015.

팩추얼드라마 〈임진왜란 1592〉, 역사 이해의 새로운 형식

길 태 숙

1. 머리말

 역사 드라마 혹은 영화는 기록 혹은 사실로서의 역사와 드라마 혹은 허구로서의 극예술이 결합된 영상 콘텐츠이다. 역사 드라마는 역사적 인물, 사건, 공간이나 시간에 대한 작가 개인의 역사에 대한 재해석이나 상상력을 제공하는 수준을 넘어서 현재를 살아가는 대중들에 의해 능동적으로 해석되고 다중적으로 수용되고 있다는 특징을 가진다. 드라마 매체로 재매개된 역사 기록은 대중들에게 기록의 과거가 아닌 스펙터클한 시청각적 경험과 기억의 형태로 공유되어 과거를 현재로 소환한다. 그리고 이러한 속성으로 인하여 역사 드라마는 과거와 현재의 대화라는 '역사해석'의 기능을 견지하게 된다.[1]

---

[1] 윤석진, 「2000년대 한국 텔레비전 역사드라마의 장르 변화 양상 고찰 1」, 『한국극예술연구』 제38호, 2012, 301~323쪽.

역사드라마에 대한 대중의 관심은 대하역사드라마, 팩션사극, 판타지사극 등 다양한 역사 드라마의 하위 장르가 제작되는 것으로 나타났다. 역사 해석의 관점에서 역사드라마는 그 사실과 허구적 속성으로 인해 다양한 각도로 평가될 수밖에 없는 특징을 가지고 있다. 역사영화나 드라마에 회의적인 연구자들은 역사드라마가 그 허구적 요소로 인하여 역사를 왜곡할 수 있으며 대중들의 역사 해석과 이해에 부정적인 영향을 줄 수 있다고 지적한다. 대체로 역사적 사실과 영화적 재현의 차이를 문제 삼아 영화 내적 문법이 과거 사실의 정확성을 해쳐 진실을 왜곡한다고 보거나 영화의 이미지가 과거 역사의 진실성을 보이는 창이 되기보다 그 가상성으로 역사의 무게를 축소하거나 소거한다[2]고 보았다. 반면, 역사드라마가 과거 있었던 혹은 있을 법한 사실에 대한 영상화를 넘어 역사 해석의 문제가 더 이상 전문인이나 역사학자의 몫이 아니라 일반 대중 차원의 일상과 관계를 가지고 있으며, 일반 개개인이 역사의 주인이자 역사 해석의 주체일 수 있다는 인식을 형성케 하였다는 점에서 긍정적으로 평가한다. 역사영화가 공식적인 기록문서에서 벗어나 지배적인 해석에 반기를 드는, 공식 역사의 대척점에서 일반 대중의 역사의식을 형성한다[3]고 보거나 영상 미디어가 현재와 과거를 뒤섞어 버리고 리얼리티를 파괴함으로써 역사를 붕괴시킬지도 모르는 우려에도 불구하고, 과거의 흔적 속에서 끊임없이 새로운 의미를 발굴하는, 새로운 형태의 역사 매체라는 점을 인정한다.[4]

팩추얼드라마는 역사 영화 혹은 역사 드라마와 달리 픽션을 최대한 배제한 채 나열된 팩트(역사적 사실)만으로 이야기를 엮어나가는 드라마를

---

[2] 장 보드리야르, 하태환 역, 『시뮬라시옹』, 민음사, 2001, 91~100쪽(김은경, 「역사다큐멘터리의 미학적 쟁점과 전망」, 『한국사학사학보』 제32호, 2015, 370~371쪽 재인용).
[3] 마르크 페로, 주경철 역, 『역사와 영화』, 까치, 1999, 11~15쪽.
[4] 로버트 A. 로젠스톤 엮음, 김지혜 옮김, 『영화, 역사』, 소나무, 2002, 318~336쪽.

일컫는다. 작품의 플롯을 위해 허구적 내용 혹은 상상력이 포함될 수밖에 없는 드라마와 달리 기록된 역사적 사실만을 바탕으로 전개된다는 점에서 역사 기록 혹은 다큐멘터리에 가깝다고 할 수 있다. 하지만 현대 제작된 세트장이나 컴퓨터 그래픽 등의 배경에서 캐릭터의 연기를 통해 기록에 나타난 사건을 재현한다는 점에서는 드라마적 특징을 가진다. 곧, 팩추얼드라마는 드라마보다는 다큐멘터리의 속성에 가깝고 다큐멘터리보다는 드라마에 가까운 콘텐츠라고 볼 수 있다. 다양한 내러티브 형태로 역사를 재매개하는 오늘날의 역사 콘텐츠 제작 상황에서 팩추얼드라마는 역사드라마의 팩트와 픽션에 대한 문제와 대중이 역사드라마를 통해 역사를 어떻게 공유하고 해석할 것인가에 대한 관심과 맞물려 있다는 점에서 긍정적인 시도이자 실험이라 볼 수 있다.

한국 최초의 팩추얼드라마를 표방한 〈임진왜란 1592〉는 2016년 9월 3일부터 23일까지 5부작으로 방영되었다. 한국의 미래창조과학부와 중국의 국가신문출판광전총국이 공동 지원하여 KBS와 중국 CCTV가 합작해 제작된 것으로, 1부 '조선의 바다에는 그가 있었다(상)', 2부 '조선의 바다에는 그가 있었다(하)', 3부 '침략자의 탄생 도요토미 히데요시'는 한국에서 촬영 편집한 것이고, 4부 '평양성, 삼국대전'과 5부 '암흑의 종말, 노량해전'은 중국에서 촬영하고 한국에서 편집한 것이다. 〈임진왜란1592〉는 '2017 뉴욕 TV & 필름 페스티벌'에서 작품상 금상과 촬영상을 수상하였는데, '자국사에 국한하지 않고 조선, 명나라, 일본 세 나라의 입장을 객관적이고 생생하게 다루어 임진왜란의 의미를 세계사적으로 확장하였다는 것과 거북선을 이용한 이순신 장군의 스펙터클 해상 전투를 생생하게 연출한 점, 전쟁의 원흉인 도요토미 히데요시를 입체적으로 분석, 묘사하여 전쟁의 근본적인 원인을 조명한 기획이 참신하였다[5]'고 평가받았다. 〈임진왜란1592〉의 기획의도에서 제작자는 이 드라마에 대해 '인물, 사건, 이야기 모두를 역사적 사실에 바탕을 둔 팩츄얼드라마(factual drama) 장르를 대한민국 최초로 도입해 보다 사실적이고, 생생한 임진왜란 이야기를 시청자들에게 전달한다6)'고 밝히고 있다. 팩추얼드라마를 통해 시청자들에게 역사 기록을 감각적으로, 이야기적으로 전달하고자 하는 제작자의 기획의도나 임진왜란에 대한 해석을 다각화하고, 역사 기록을 스펙터클하게 재현해 내었다는 〈임진왜란1592〉에 대한 뉴욕 TV & 필름 페스티벌의 수상 평가는 팩추얼드라마의 역사 재현 및 해석의 기능과 그 가능성에 대해 긍정적으로 평가한 것이라고 볼 수 있다. 본 연구에서는 2016년에 방영된 팩추얼드라마 〈임진왜란 1592〉의 분석을 통해서 사실을 바탕으로 한 재현의 형식을 갖추고 있으면서 극적 상상력을 제한한 팩추얼드라마의 형식이 다큐멘터리나 드라마와 달리 어떠한 역사 해석의 전망을 보이고 있는지 주목해 보고자 한다.

2. 팩추얼드라마란?

2004~5년에 영국의 BBC 방송에서 제작한 〈Dunkirk〉, 〈D-Day〉, 〈When Hitler Invaded Britain〉, 〈D-Day to Berlin〉, 〈Blitz: London's Firestorm〉은 2차 세계 대전에 대한 드라마-다큐멘터리 방송이다. 프랑스(Telefrance), 독일(ProSeiben), 미국(Discovery Channel)이 제작 파트너로 참여함으로써 미국, 영국, 프랑스, 독일 등 다국의 관점에서 세계 제2차 대전을 살피고 있다.

---

5) KBS 연예, 임진왜란1592 뉴욕페스티벌 작품상 금상
http://entertain.naver.com/read?oid=438&aid=0000014608 (2018년 3월 15일 접속함)
6) KBS TV, 임진왜란 1592
http://www.kbs.co.kr/1tv/sisa/imjinwar/about/program/index.html

이들은 드라마-다큐멘터리 방송이 '드라마'와 '다큐멘터리'의 특징이 융합된 하이브리드 형태의 방송으로, '실제 역사적 사건이나 상황으로부터 시퀀스를 구성하고 사건의 중요성에 대한 논쟁을 불러일으키기 위해 영화 스크립트에 기초한 주인공의 정체성을 활용하는 형식'이라고 정의하고 있다[7].

⟨Dunkirk⟩, ⟨D-Day⟩, ⟨When Hitler Invaded Britain⟩, ⟨D-Day to Berlin⟩, ⟨Blitz: London's Firestorm⟩의 제작자들 대부분은 다큐멘터리 제작 배경을 가지고 있는데, ⟨Dunkirk⟩의 감독인 알렉스 홈즈(Alex Holmes)는 '내가 제작하고자 하는 것은 관찰 다큐멘터리의 관용구를 사용하지만 드라마적 구성을 가진 작품이다'[8]라고 하였으며, ⟨D-Day⟩의 감독 리처드 데일(Richard Dale)은 '제작한 다큐 드라마가 1000 % 드라마 같지만 1000 % 사실이다'[9]라고 밝혔다. 리처드 데일은 특히 'docu-drama' 대신에 'factual drama'라는 용어를 선호하였는데, ⟨D-Day⟩는 드라마 재현의 방식으로 역사적 사건을 재구성한 것뿐만이 아니라 아카이브 영상, 근현대 뉴스영상, 구두증언 등의 실제 자료를 바탕으로 하여 제작된 팩추얼드라마라고 하였다.

2004~5년에 제작된 이들 팩추얼드라마 혹은 다큐드라마의 공통된 특징은 실제 역사적 사건 사고를 드라마로 재구성하는 것뿐만 아니라, 아카이브 필름의 사용이나 전쟁에 대한 개인적인 기억에 대한 진술을 활용하는 등의 다큐멘터리 형식을 사용한다는 것이다. 이전의 전통적인 다큐멘터리에서는 실제 영화 자료와 극적인 재구성 필름을 구분해서 사용한 것에 반해 팩추얼드라마에서는 이를 구분하지 않고 사용하고 있으며, 뿐만 아니

---

[7] Paget, D. *No Other Way to Tell It: Dramadoc Docudrama on Television*, Manchester: Manchester University Press, 1998.

[8] James Chapman, "Re-presenting war; British television drama-documentary and the Second World War", *European Journal of Cultural Studies*, Vol 10 Issue 1, 2007, 13~33쪽.

[9] James Chapman, 위의 논문, 13~33쪽.

라 컴퓨터 그래픽 이미지를 활용하여 실감나는 영상을 제공하였다. 특히, 개인의 구술사를 팩추얼드라마의 내러티브에 통합하여 재현한 점은 주목할 만한 것이다. 목격자의 증언과 참여자 인터뷰는 기존 다큐멘터리의 일반적인 형식인데, 2004~5년의 이들 팩추얼드라마에서는 그들을 스튜디오에서 나오게 하여 실제 사건 사고의 현장에서 배우를 통해 역사적 사건 사고의 상황을 재현하여 보여주고 있다. 현재의 인터뷰이와 과거의 재연 배우를 교차하여 현재와 과거를 연결시키고, 구술과 관련된 일기, 회고록을 연관하여 보여줌으로써 구술 역사와 시각적 자료를 통합한 내러티브를 완성하여 보여주었다. 이러한 새로운 시도와 형식에 대해 로버트 A. 로젠스톤(Robert A. Rosenstone)은 〈라이언 일병 구하기(Saving Private Ryan)〉와 같은 역사 영화와 구별되는 '새로운 역사 영화'라고 평가[10]하였다.

다큐와 픽션이 결합된 이 형식에 대해 형대조[11]는 팩추얼드라마라는 명명보다는 다큐드라마라는 용어를 사용하여 설명하였다. 그는 다큐드라마를 '극화된 방식으로 다큐멘터리적 사실성을 추구하고 있는 형식'이라고 정의하고, 이러한 형식의 프로그램은 화면에 등장한 것이 사실에 기초한 실제 있었던 일이라는 시청자의 믿음에 의존하여 메시지를 전달한다고 하였다. 홍석경[12]이 역사 다큐픽션이라는 이름으로 설명하고 있는 형식이 팩추얼드라마와 유사한데, 그는 다큐픽션 또한 여러 하위 장르를 가지고 있지만 하나의 공통점은 '시청자가 지금 보는 것은 다큐멘터리다'라는 메타 커뮤니케이션에 의존한다고 하였다. 홍석경은 역사시대의 과거에 대한 다큐픽션인 〈콜로세움: 로마의 죽음의 경기장〉,[13] 〈폼페이 최후의 날〉[14]

---

[10] James Chapman, 위의 논문, 13~33쪽.
[11] 형대조, 「다큐와 픽션의 조합, 그리고 그 경계」, 『영화연구』 제67호, 2016, 185~213쪽.
[12] 홍석경, 「다큐픽션 속 재연의 문제」, 『방송문화연구』 제23권 2호, 2011, 105~130쪽.
[13] BBC, Colosseum-Rome's Arena of Death, 2003.
[14] BBC, Pompeii: The Last Day, 2003.

등을 예로 들어 이와 같은 작품은 당대의 사료들과 고고학적 발굴의 결과로 도출된 과학적 지식에 기초해서 만들어지고, 다큐픽션들 속의 각종 사료는 증인의 위치에 서서 이야기가 사실임을 입증하는 방식으로 연출된다고 하였다. 또한 재연의 측면에서도 다큐픽션에서의 재연 기술이 픽션물과 다를 바가 없지만 시청자들로 하여금 지금 보고 있는 것이 픽션과는 다른 실제 이야기임을 알리기 위해 영화에서 본 것과 같은 스펙터클한 장면이 아닌 다큐멘터리 장르의 관습을 따라 전달함으로써 사실성을 확보하고 있다[15]고 하였다. 곧, 다큐픽션은 영상의 힘에 의존하고 허구적인 장면 연출을 활용하여 과거 혹은 미래의 잠재적인 세계를 가시화하고 각종 사실 확인 방식을 동원하여 현실정합성을 통한 사실성 확인 과정이 병행되는, 최대한의 구경거리를 제공하는 동시에 다큐로서의 지식 전달 약속을 수행하는 새로운 다큐멘터리 장르라는 것이다.

팩추얼드라마는 다큐적 속성과 드라마적 속성이 동시에 내재해 있으면서 사실성이 뒷받침된 이야기를 통해 대중들과 역사적 사회적 진실을 공유하는 형식이라고 정의할 수 있다. 다시 말해, 팩추얼드라마는 사실성을 추구하면서 동시에 픽션 형식을 통해 시청자들에게 말하기보다는 보여주기로써 관련 주제를 전달하는 프로그램으로 시청자들의 역사적 상상력[16]을 강화하는 매체라는 것이다. 그런데 팩추얼드라마는 홍석경이 말한 다큐픽션과 같은 지식전달이 주목적인 다큐멘터리 장르와는 차별된다고 할 수 있다. 팩추얼드라마는 그 드라마적인 속성으로 인하여 지식의 전달과 더불어 정보의 담론화와 이야기화를 추구하고 있기 때문이다.

이는 〈임진왜란 1592〉를 분석하면서 살필 것이다. 〈임진왜란 1592〉는

---

[15] 홍석경, 앞의 논문, 119~123쪽.
[16] 최희수, 김상헌, 「역사교육을 위한 메타버스 콘텐츠 연구」, 『글로벌문화콘텐츠』 제26호, 2017, 212~216쪽.

실제 역사적 자료를 바탕으로 드라마 방식을 활용하여 제작된 팩추얼드라마라는 점에서 〈Dunkirk〉, 〈D-Day〉, 〈When Hitler Invaded Britain〉, 〈D-Day to Berlin〉, 〈Blitz: London's Firestorm〉 등과 맥을 같이 하는 팩추얼드라마라고 할 수 있다. 그동안 다큐멘터리를 통해 조명되지 않았던, 기록의 주체가 되지 못한 인물들에 대한 조명이 팩트와 재현을 통해 이루어졌다는 사실은 역사 해석의 관점에서 고무적인 일이라 할 수 있다. 그러나 기록을 기반하고 있지만 〈임진왜란 1592〉가 연기자의 재현과 연출을 중심으로 제작되었다는 점에서 전쟁과 관련된 아카이브 영상, 전쟁을 경험한 사람들의 구술 증언, 근현대의 뉴스영상을 바탕으로 하여 만들어진, 일련의 팩추얼드라마에 비견될 수 있는 '팩트'성이 담보되어 있는지, 반대로 팩트를 중심으로 할 때 역사 다큐멘터리와 어떻게 구별되는지, 이러한 콘텐츠 형식을 통해 역사 이해와 해석이 어떻게 전개되고 있는지 살펴볼 일이다.

3. 팩추얼드라마 〈임진왜란 1592〉

〈임진왜란 1592〉는 본편 5부와 참여 배우들의 인터뷰와 제작 현장의 숨겨진 이야기를 담은 후편 1편으로 제작되었다. 1부에서 3부까지는 KBS 다큐멘터리 추적 60분 김한솔 PD가 대본을 쓰고 연출하였고, 4~5부는 김정애 작가가 대본을 쓰고 장팬과 첸동의 중국 연출진과 한국의 박성주 PD가 공동으로 연출하였으며, 이순신 역으로는 배우 최수종이, 도요토미 히데요시 역으로는 배우 김응수가 출연하였다. 제작진은 〈임진왜란 1592〉가 『壬辰狀草』, 『宣祖實錄』, 『亂中日記』, 『水操規式』, 『도요토미히데요시의 주인장』, 「태합내력기」, 「도요토미히데요시 명령서」, 『명실록』 등의 역사 기록에 근거하여 제작하였다고 피력하고, 이 작품이 객관적인 자료와 과학적인 추론을 통해 최대한 사실에 입각하여 역사를 재구해 낸, '다큐멘터리'와 '드라마'가 결합된, 한국 최초의 팩추얼드라마임을 강조하였다.

1부에서 5부까지 끝날 때마다 당회 방영분에 해당하는 기록이나 증거물들을 제시하였고, 캐릭터 혹은 플롯 중심의 드라마적 내러티브라기보다 목표한 질문에 관한 역사적 사건의 재현으로 구성되었다는 점에서 〈임진왜란 1592〉는 객관적 사실을 통해 메시지를 전달하고자 하는 다큐멘터리의 문법을 따르고 있는 프로그램이라고 할 수 있다.

1부 '조선의 바다에는 그가 있었다(상)'은 임진년 왜군이 158700명의 대군을 이끌고 조선 침략하면서 식량 무기의 보급은 전라 경상 바다를 통해 공급할 계획으로 필요한 무기만을 지니고 빠르게 한양에 입성하는 몽타주와 내레이션으로 시작한다. 전라 바다를 배경으로 하여 '조선의 바다에는 이순신이 있었다'라는 도입부의 내레이션은 왜의 침략 계획이 조선의 바다에 있었던 '그'로 인하여 실패할 수밖에 없었음을 선포한다. 1부의 주요 배경공간은 전라좌수영과 사천 바다이다. 이순신은 전라좌수영의 자신의 방에서 참전으로 인해 백성과 수군을 모두 죽음으로 몰아갈 수 있다는 두려움을 드러낸 악몽을 꾸지만 이러한 두려움과 염려를 극복하고 귀선 제작과 전략과 전술, 군사훈련에 매진하며 해전을 준비한다. 전라 좌수영 집무실과 바닷가에서 이순신은 군사전략을 짜기 위해 왜적과 싸운 경험이 있는 경상도 군사를 불러 경험담을 듣고 그를 토대로 현자총통과 지자총통을 활용한 군사전략을 세우고, 병사 훈련을 실시한다. 귀선제작소에서는 부족한 재원이지만 귀선이 제작된다. 귀선 내부의 객군 실에서는 해전 전 귀선의 위력이 시험되기 전의 두려움과 그럼에도 죽기를 무릅쓰고 싸움에 임하겠다는 조선 수군의 모습이 그려진다. 사천에서 전군 출정하여 왜와 맞서 싸운다. 이순신은 귀선을 앞세우고 그 뒤 판옥선을 뒤따르게 하며 전군을 지휘하고, 적의 조총에 맞서 현자총통과 지자총통을 활용하여 직접 포로 타격하게 하여 사천해전에서 승리한다. 1부에서는 역사 자료로서 사천해전 전에 거북선 설계도 및 그 옆의 "龜船先突 板屋次進"의 글자와 마지막에 현자총통 전시물과 『야전교본』의 자료를 제시하였다. 이를 통해 조선 수군의 무기 현자총통 설명하고 물 위에서 원거리 타격의 성공률이 낮으므로 근거리 직사포를 사용했을 것이라 추정하였고, 귀선을 판옥선에 앞세워 포진하여 조선 수군을 지휘한 전투 재현을 뒷받침하였다.

2부 '조선의 바다에는 그가 있었다(하)'는 1부 마지막에 잠깐 보여 주었던 당포해전으로 시작한다. 이후 한산도 해전을 앞두고 전라좌수영에서의 이순신의 연설, 한산대첩이 재현된다. 당포해전에서 왜장은 귀선을 장님배라 조롱하고 그의 병사들을 귀선에 올라타게 하지만 귀선은 대장선을 향해 돌격하고, 귀선에 올라탄 왜군을 몰살함으로 전쟁에서 승리한다. 일본 나고야 성에서의 도요토미 히데요시는 조선의 바다를 점령하지 않고는 본토에서 조선에 아무것도 보낼 수 없음을 강조하고 구기 요시다가, 가토 요시야기, 와키자카 야스하루에게 경상도로 가서 조선 수군을 괴멸시킬 것을 명령한다. 평야성에 고니시 유키나가와 소 요시토시가 입성하지만 한산대첩에 패한 후 식량난을 겪고 조선왕을 뒤쫓는 것을 포기한다. 경상도와 전라도가 연합하여 왜와 전면전을 앞둔 상황에서 이순신은 전라좌수영에 군사를 모아놓고 연설을 한다. 이순신은 병사들에게 '죽지마라! 너희가 죽지 않는다면 조선이 죽지 않는다. 나에게는 너희가 조선이다!'라고 힘주어 격려한다. 프로그램은 이 연설 장면을 통해 시청자들에게 한산대첩에 임하는 이순신 장군과 조선 수군의 자세를 전달한다. 또한 이 장면은 3부에서의 도요토미 히데요시의 연설과 대조되어 병사들을 대하는 두 나라의 지도자의 차이를 보여주는 기능을 한다. 연설 이후, 약 20분간의 한산대첩 재현은 판옥선에서 조선군을 지휘하는 이순신 장군, 왜의 層樓船에서 지휘하는 왜장 와키자카 야스하루, 귀선과 귀선 객군실에서의 조선 수군의 활약으로 스펙터클하게 구성되어 있다. 그리고 한산대첩 재현 마지막에는 이순신 장군이 기록하고 있는 모습과 함께 전투에 참여한 이들의 무공과 이름이 적힌 서적이 제시된다.

3부 '침략자의 탄생 도요토미 히데요시'에서는 8장으로 구성하여 임진왜란을 일으킨 장본인인 도요토미 히데요시가 과연 어떠한 인물이며, 어떻게 대국인 명을 정벌할 계획을 세우고 실천해 나갔는지 재현한다. '1장 세상에 문을 연 일본'에서 도요토미 히데요시는 1582년 주군 오다 노부나가(織田信長)가 피살되자 그 자리를 계승한다. 이 후 그는 포르투칼에서 조총을 들여오고, 외국 무역을 독점하여 군자금을 마련하고 명나라에서 목화씨를 구해와 재배하며 명나라 정벌의 야욕을 실현시켜 나가고자 한다. '2장 바늘장수 원숭이'에서는 30년 전 바늘 장수 원숭이라 놀림 받으며 먹을 것을 구걸하던 히데요시가 자신의 누이와 어머니까지 도쿠가와 이에야스에게 인질로 바치며 그를 복속시켜 일본의 안정을 꾀하고 해외 원정의 기틀을 마련한다. '3장 대장만 잡는다', '4장 샹가무', '5장 명나라 전쟁의 선봉은'에서는 규슈를 무력으로 위협하고 대장의 항복을 받아내어 적군을 흡수하여 군대를 불려 나간 도요토미 히데요시가 조선과의 전쟁에서도 규슈와 같은 전략을 펴서 조선을 복속시키고, 조선군을 앞장세워 명나라를 정복하겠다는 계획으로 전쟁 준비에 박차를 가하는 모습이 나타난다. '6장 이십이만의 대군', '7장 욕망의 광기', 그리고 '8장 명나라정벌에 조선이 앞장서라'에서 도요토미 히데요시는 명을 정복하기 위해 이십이만의 대군과 군량선, 통역사, 조선지도 등을 준비시키고, 강제징집을 단행한다. 명나라 정복의 시기가 다가옴을 인지한 일본 각지의 영주들은 각기 단발과 절지 등으로 전쟁에 적극 동참할 것을 전달다. 포르투갈 선교사 프로이스의 기록을 참고하여 '전쟁은 기회다'라며 군사들의 욕망을 북돋고 '나의 이름은 영원히 남을 것이며 영예로서 영원히 기념이 될 것이다'라는, 전쟁을 앞

둔 도요토미 히데요시의 의지가 담긴 연설장면이 재현되고, 1592년 4월 14일 부산을 공격함으로써 전쟁을 시작한다. 3부 마지막에는 도요토미 히데요시는 끝내 조선의 왕을 잡지 못했고, 욕망에서 비롯한 전쟁은 학살로 변질되어 갔음을 밝히고, 3부 재현에서 소품으로 사용한, 오사카성에 소장된 도요토미 히데요시의 황금부채, 동래성에서 발굴된 임진왜란 당시 비참하게 살해된 유골들 등의 증거물을 제시하였다.

4부와 5부에서는 1부와 2부에서 설명적이고 개입적인 내레이션을 의도적으로 활용하지 않은 것과 다르게 내레이션을 토대로 임진왜란이 동아시아 삼국의 근대전이라는 메시지를 전달한다. 4부 '평양성, 삼국대전'은 1593년 1월 8일 평양성 전투로 시작한다. 임진왜란이 일어나기 5년 전 1587년 조선은 왜와의 왕래가 전혀 없어서 왜의 변화에 대해 전혀 아는 바가 없었고, 명의 만력제는 조정에 나가지 않고 후궁과 시간을 보내고 있는 실정이었다. 반면 일본은 유럽으로부터 조총을 받아들이고 명나라 정복을 위한 전초기지로써 나고야성을 건설하였으며 병사를 모아 훈련을 시키고 있었다. 1592년 4월 임진왜란이 발발하고 20여 일 만에 한양성이 정복되자 명나라는 조선을 의심한다. 그 해 6월 평양성까지 왜에게 정복되자 명은 조승훈 부대 3,000명을 보내지만 일본에게 패배한다. 이에 명은 이여송과 그의 부대를 조선으로 보낸다. 1593년 1월 평양성 전투에서 이여송이 이끄는 조명연합군은 일본군에게 승리하여 평양성을 탈환함을 보여준다. 이여송은 기효신서를 바탕으로 한 병법을 사용하였으며 척가군을 동원하였고, 일본군의 조총에 맞설 화포를 사용함으로써 전투에서 승리할 수 있었다. 4부에서는 평양성 전투가 명의 화포와 일본의 조총이 맞붙은 16세기 최초의 국제전이자 근대전, 화약전쟁이라고 평가하고 마지막에서 평양성 탈환도와 대장군포, 삼안총의 전시물을 제시한다.

4부에 이어진 5부 '암흑의 종말 노량해전'에서는 동아시아 3국의 근대전이었던 이 전쟁의 종말과 전쟁의 결과가 무엇인지 보여준다. 평양성 전투에서 패배한 왜군은 한양으로 후퇴하고 군량미의 부족으로 심한 어려움에 빠지지만 1593년 1월 27일 벽제관 전투에 4만 군을 동원하여 명을 공격한다. 이여송 부대는 일본의 조총에 대응할 만한 화포를 가지고 있었지만 화포는 이동속도가 느리다는 단점 때문에 일본에게 크게 패배한다. 2월 12일 한양을 수복하기 위해 행주산성으로 이동한 조선군은 2,300여 명으로 비격진천뢰, 신기전 등의 화기를 사용하고 지형을 이용하여 3만 군의 일본군과 싸워 승리한다. 일본군은 명과의 강화의지를 보이고 강화협정이 시도되었다. 1593년 6월 2차 진주성 전투에서 협상에서 유리한 고지를 점하고자 하는 10만 일본군의 폭력은 극에 치달았다. 그러나 서로 너무 다른 강화조건과 거짓 문서로 인하여 강화는 결렬되고 1597 정유년 다시 전쟁이 일어난다. 조선에서는 이전보다 더 심한 약탈과 잔인한 살육이 자행되었다. 1597년 7월 16일 이순신 장군이 없는 조선의 수군은 칠전량 해전에서 일본에 패배한다. 다시 삼도수군통제사로 복권된 이순신 장군과 명의 진린 장군의 연합군은 1598년 8월 18일 도요토미 히데요시 사망 이후 노량에서 철군하는 일본군과 맞서 싸워 크게 승리한다. 5부에서는 16세기 동아시아 3국의 전쟁의 결과 조선은 승리한 전쟁이었음에도 너무 많은 인명과 재산, 국토의 손실을 보게 되었고, 일본에서 도요토미 히데요시 가문은 멸족되고 도쿠가와 이에야스가 정권을 잡게 되었으며 명나라는 1644년 후금에게 멸망하였음을 전달한다. 5부 마지막에는 치열했던 7년 전쟁의 상흔이 남아 있는 순천 왜성의 모습과 명 황제가 이순신 장군에게 감사하며 선사한 홍소령기, 남소령기, 귀도, 곡나팔, 호두령패, 참도, 도독인의 선물을 보여준다.

팩추얼드라마 〈임진왜란 1592〉에서 보여 준 이러한 역사 재현은 실제라기보다 극화된 사실이다. 〈임진왜란 1592〉는 과거의 실재를 부분 부분 연결해 놓은 것과 같은 구성으로써 상세하지는 않지만 과거 거기에서 벌어지는 일을 지금 현재 경험적으로 전달하고 있다. 다큐멘터리가 추구하는 문제-해결의 과정, 그리고 메시지 위주의 정보 전달이라는 목표가 미시사적인 조명을 중심으로 한 드라마를 통해 제공되고[17] 있는 것이다. 곧, 〈임진왜란 1592〉는 역사적 사건에 대해 캐릭터가 재현해 낸 영상을 통해 목표한 질문에 대한 답변과 해결을 이끌어 내는 형식의 불연속적인 드라마라고 할 수 있다.

그런데 〈임진왜란 1592〉가 메시지 전달을 그 중심에 두고 있으면서도 역사 다큐멘터리와 차별되고 극화된 사실을 중심으로 한 드라마의 재현의 특징을 나타내고 있다는 점은 역사다큐멘터리와 비교했을 때 쉽게 드러난다. 1부와 2부의 조선의 바다에 그가 있었다의 '그'들에 주목하는 미시사적인 조명은 역사스페셜에서도 종종 발견되는데, 임진왜란과 관련하여 2006년 6월에 방영된 역사스페셜 51편 2부작 〈임진왜란〉[18]에서는 1597 정유년, 우스키(臼杵) 성주 오타 가즈요시(太田一吉)를 따라 조선으로 파견된 일본 규슈의 安養寺 승려 慶念이 쓴 朝鮮日日記에 나타난 기록을 통해 정유재란 당시의 조선 백성의 비참한 참상에 대해 보고하고 있다.

경념의 일기에는 1597년 정유재란이 발발하여 부산으로 들어온 일본군이 남원 전주 지역을 함락하고 직산에서 명나라 원군과 접전 이후 다시 상주, 경주, 울산으로 남하하면서 목격한 일본군의 만행과 조선인의 참상에 대해 기록되어 있다. 특히 경념은 전쟁 말미 울산성에 머물러 있으면서 조선 백성이 납치되어 일본으로 끌려가는 현장을 목격하고 그를 기록에 남기고 있다.

---

[17] 양근애, 「역사드라마의 스토리텔링 전략과 반향」, 『한국극예술연구』 제56호, 2017, 209~238쪽.
[18] KBS HD 역사스페셜, 임진왜란 2부작 제2편 일본승려의 정유재란 종군기, "산도 들도 모두 불타고 있었다", MC 고두심, 연출 장영주 PD, 글 구성 윤영수, 2006. 06. 30 방송, http://www.kbs.co.kr/1tv/sisa/hdhistory/vod/vod/1403038_13796.html

역사스페셜 2부작 〈임진왜란〉에서는 이때 납치되어 일본으로 건너간 조선 백성들을 추적하였다. 가고시마현 묘대천의 단군을 모시는 옥산신사와 신사 마당의 조선 도공의 이름이 새겨진 기둥, 규슈대 규슈문화사연구소에 소장된 1642년의 나가사키 히라도마치(平戶町) 호적대장, 1600년대의 나가사키 고지도 등을 통해 일본으로 끌려 온 지 40~50년이 지난 후에도 하녀로 생활하거나 멀리 유럽으로까지 노예로 팔려간 이들의 자취를 제시하였다.

특히 히라도마치 호적대장을 통해서 당시 포로로 잡혀 온 조선인 포로의 삶을 알 수 있는 기록을 보여 준다. 스케몬이라는 일본 이름을 사용하는 당시 60세의 남성은 조선에서 태어났으며 48년 전 임진왜란 당시 우키타의 영지로 끌려와 나가사키로 오게 되었다고 하였고, 그의 아내는 53세로 태어난 곳은 고려이며 고니시 유키나가의 영지로 끌려왔다가 나가사키에서 마카오로 팔려갔다고 기록되어 있다고 하였다. 또한 58세의 이토는 고려에서 태어나서 11세에 임진왜란이 일어나 아리마라는 장군의 영지로 잡혀왔고 하녀로 끌려와 45년이 지난 후에도 하녀로 살아왔다고 기록되어 있다고 하였다. 후쿠오카여학원대학의 사지마 아키코 교수는 이러한 기록에 대해 설명하면서 이들이 어떠한 삶을 살았는지 구체적으로 알 수 없지만 나가사키에서 타지로 팔려갔다거나 40~50년이 지나도 하녀로 살아 온 삶을 볼 때 매우 비참했을 것을 것이라고 추론한다.

〈임진왜란 1592〉에서 참고했다고 보고한 『임진장초』에는 견내량에서 왜병을 격파하고 승리한 경과에 대한 계본이 실려 있는데, 이 기록을 바탕으로 2부에서는 한산대첩에서의 조선의 바다를 지키는 수군의 활약을 재연해 내었다. 『임진장초』는 이순신 장군이 전라좌수사로서 임진왜란 당시 정황을 비롯하여 출전 경과와 군사들의 무공, 왜군의 정황, 군사상의 전의, 진중의 경비 및 준비 상황 등을 상세하게 조정에 올린 내용을 啓本 등록의 통례에 의하여 다른 사람이 謄抄한 것으로, 1592년 4월 15일 술시 因倭警待變狀의 계본을 처음으로 하여 1594년까지 啓本, 狀啓, 狀達, 達本 등 61편이 실려 있는 책이다.19)

2부의 재연에 참고한 『임진장초』1592년 7월 15일 계본 見乃梁破倭兵狀에는 견내량에 진을 치고 있던 대선 36척, 중선 24척, 소선 13척 등 73척의 왜병선의 상황, 견내량의 지형과 전투 전술, 견내량에서 왜선을 끌어내어 한산도 바다에서 학의진을 벌려서 일시에 진격하여 지자, 현자, 승자 등의 각종 총통 등과 長片箭을 쏘아 승리하게 된 일련의 과정이 상세하게 실려 있으며, 순천부사 권준을 비롯한 장병들의 무공과 전투에서 얻은 전리품, 전사자와 중상자들의 명단이 실려 있다.20) 다음은 전사자들의 명단이다.

> 접전할 때 군졸들 중에 본영 2호선의 진무 순천 수군 김봉수(金鳳壽), 방답 1호선의 별군(別軍) 광양 김두산(金斗山), 여도 배의 격군이며 흥양 수군인 강필인(姜必仁), 임필근(林必斤), 장천봉(張千奉), 사도 1호선의 갑사 배중지(裵中之), 녹도 1호선의 흥양 신선(新選) 박응구(朴應龜), 강진 수군 강막동(姜莫同), 그곳 2호선의 격군인 장흥 수군 최가응손(崔加應孫), 낙안 배의 사부인 사삿집종 붓 동(夫叱同), **본영 거북선의 토병인 사삿집종 金末孫, 정춘(丁春)**, 흥양 2호선의 격군인 사삿집종 상좌(上左), 절종(寺奴) 귀세(貴世), 절종 말연(末叱連), 본영 전령선의 순천 수군 박무연(朴無連), 발포 1호선의 장흥 수군 이갓동(李力叱同), 흥양 수군 김헌(金軒), 흥양 2호선의 사삿집종 맹수(孟水) 등은 철환을 맞아 전사하였습니다.21)

예시된 임진장초의 이 내용은 〈임진왜란 1592〉의 2부 한산대첩시 귀선 객군실에서의 장면으로 재현되었다. 김말손과 정춘 등으로 명시한 등장인

---

19) 조성도 역, 『임진장초』, 연경문화사, 1984, 3~4쪽.
20) 조성도 역, 위의 책, 65~78쪽.
21) 조성도 역, 위의 책, 72쪽.

물은 『임진장초』에 한산대첩에서 전사한 귀선 토병으로 기록되어 있는 인물(인용문 참고)이다. 화면에 등장한 인물이 기록에서 비롯된 실제인물임을 전달하기 위해 등장인물 아래에 이름을 표시해 줌으로써 팩추얼드라마의 영상이 기록을 바탕으로 한 것이라는 점을 밝히고, 시청자들에게 이 재현이 사실이라는 신뢰를 주고 있다. 〈임진왜란 1592〉는 이들이 기록에 남아 전하는 한산대첩에서 전사한 인물이라는 점을 2부 말미의 서적의 기록 화면을 통해서도 입증한다.

특히, 〈임진왜란 1592〉 2부 '조선의 바다에 그가 있었다'에서는 귀선에서 조선을 위해 목숨을 바친 '그'들을 하나씩 호명하듯 클로즈업함으로써 그들을 국가의 위기를 극복한 영웅으로서 각인시킨다. 그리고 이들과 같은 영웅들의 두려움에 맞선 희생과 용기로 조선이 망하지 않고 전쟁에서 이 땅과 가족을 지켜낼 수 있었다는 메시지를 전달하고 이에 대해 시청자들의 공감을 유도하였다. 팩추얼드라마의 재현을 통해 정보의 전달뿐 아니라 사실에 바탕을 둔 그들의 이야기를 보여줌으로써 일반인들이 전쟁에 임하는 두려움, 분노, 용기와 선택의 결과에 대한 당시 역사적 상황을 돌아보게 한 것이다. 역사 기록엔 거의 이름뿐인 그들이었지만 팩추얼드라마에서 그들은 당시 조선의 바다 위 귀선 안에서 손에 감은 천에 피가 배도록 노를 저었던 인물이며, 다가오는 왜적선을 끝까지 바라보며 귀선과 왜적선과의 거리를 알려주던 '눈깔'이란 별명을 지닌 인물이었다. 또, 죽은 아들의 머리카락을 손에 감고 아들과 함께 왜적에 대항하여 싸우고 있다고 말하는 아버지였고, 전쟁이 끝나면 집으로 함께 돌아가겠다고 하는 형과 동생이었으며, 쏟아지는 총알에 두려워 물러서고 싶지만 그래도 끝까지 판옥선 앞에 서서 전쟁을 승리로 이끈 인물들이었다.

다큐멘터리 〈임진왜란 제2편 일본승려의 정유재란 종군기〉에서는 경념의 일기를 통해 시청자들은 스케몬이라는 조선인과 같이 수많은 조선 양민들이 임진왜란 당시 포로로 잡혀가 일본에서 종살이하거나 유럽으로까지 팔려 나갔다는 과거의 정보를 접할 수 있었다면, 〈임진왜란 1592〉의 한산대첩 전투 재현을 통해서는 한산대첩 당시 객군실에 있었던 조선 수군의 치열한 상황을 보고 그들의 삶을 경험하고 공감할 수 있었다는 차이를 발견할 수 있다. 수군 개개인의 사연이 비록 기록되지 않은, 그래서 다큐멘터리를 통해서는 제시되기 어려운, 사실이 아닐 수 있는 행동이라고 할지라도 시청자들은 팩트를 목격한 것과 같이 이들의 상황을 체험하고 기억하며 이해할 수 있었다는 것이다.

발터 벤야민은 신문과 이야기를 비교하여 정보와 경험의 관계를 설명하면서 이야기의 중요 목적은 이야기를 듣는 청중들에게 사건을 경험하게 하는 것이라고 하였다. 정보는 외적 사실 자체가 중요하며 그 사실들을 통한 독자들의 내적 경험의 동화에는 관심을 두지 않지만 이야기는 이야기를 듣는 청중을 이야기의 사건 속으로 침투시켜 사건을 듣는 청중의 경험의 일부가 되도록 제공한다[22]는 것이다. 정보는 반복하여 전달되는 것이 참신성이 떨어진 식상한 일이 되지만 이야기는 반복하여도 이야기를 듣는 청중의 삶과 맞물려 매번 새로운 경험과 해석의 공간을 제공한다고 볼 수 있다. 〈임진왜란 1592〉의 귀선 객군실에서의 영상이미지가 시청자들에게 역사 다큐멘터리 〈임진왜란 제2편 일본승려의 정유재란 종군기〉의 경념의 일기를 통해 알게 된 조선인 포로들의 삶과 같은 정보가 아니라 그 이상의 경험으로써 공감되었다는 점은 팩추얼드라마가 갖는 드라마적 특징에서 그 이유를 찾을 수 있을 것이다.

---

[22] 발터 벤야민(Walter Benjamin), 김영옥·황현산 옮김, 『발터벤야민 선집 4-보들레르의 작품에 나타난 제2제정기의 파리, 보들레르의 몇가지 모티브에 관하여 외』, 도서출판 길, 2010, 185쪽.

4. 사실성에 기반한 역사 해석의 상상력

팩추얼드라마 〈임진왜란 1592〉는 역사의 실재에서 진실을 발굴하여 시청자에게 전달하고 공유하기 위해 영상 이미지가 활용된 재현과 극적 연출을 시도하였다. 영상 이미지는 대상과의 거리가 가까운 이미지이기 때문에 지시 대상과 직접적인 관계가 있다는 믿음을 주는 매체이다.[23] 2004~5년에 영국의 BBC 방송에서 제작한 〈Dunkirk〉, 〈D-Day〉 등 영국의 일련의 팩추얼드라마에서 2차대전 당시의 자료영상을 그대로 사용한 것은 이러한 이유 때문이기도 하다. 그러므로 제공되는 이미지가 사실이라는 믿음이 있다면 시청자들은 그 영상을 통해 실재를 경험한다는, 혹은 실재와 유사하거나 실재 일어날 수 있었던 상황을 경험한다는 생각을 갖게 된다.

시공간적인 차원에서 볼 때 다큐멘터리는 '지금 여기에서' 생겨나는 일들을 카메라가 포착하거나 과거 여기에서 일어났던 일에 대해 기록을 보여주고 과거를 재연하는 방법이 사용되지만 역사 영화 혹은 드라마의 경우에는 과거의 시공간과 사건을 현재화하여 공유하는 방법이 활용된다. 다큐멘터리 〈임진왜란 제2편 일본승려의 정유재란 종군기〉에서는 조선 도공이 포로로 끌려가서 종살이하거나 유럽으로 팔려갔던 지역인 히라도마치(平戶町)를 과거의 고지도에서의 모습과 현재의 모습을 비교하여 보여주며 과거 실재했던 역사 정보를 제공한다. 다시 말해 다큐멘터리에서는 작품 내에서 과거에 벌어졌던 일과 현재의 자취를 분명하게 드러내어 과거 그 시점에 있었던 일들에 대해 환기한다. 반면 팩추얼드라마는 이러한 경계를 흐릿하게 하여 시청자가 이야기에 집중할 수 있도록 자리를 마련

---

[23] 박희태, 「픽션으로 다큐멘터리를 넘어서기 위한 시도 - 〈클라스〉 분석을 통해 살펴 본 허구와 실재의 경계」, 『영상문화』 제20호, 2012, 205쪽.

해 주고 과거의 시공간을 현재화한다. 곧, 다큐멘터리를 통해 알게 된 정보는 과거에 일어났던 일이며 그에 대한 해석이라고 볼 수 있다. 반면 팩추얼드라마에서는 팩트에서 비롯된 혹은 팩트라는 신뢰를 공고히 한 드라마를 통해 역사의 시공간을 현재의 대중에게로 소환하여 구체적으로 보여준다.

그러므로 팩추얼드라마에서 사실성과 정확한 정보의 전달은 매우 중요하다. 대하역사드라마 등의 역사드라마에서도 사실성은 중요하지만 사실적 정보의 전달이 드라마의 중심된 관심은 아니다. 역사 드라마에서는 이야기의 전개상 실재하지 않은 인물이 포함되어 역사적 사건의 중요한 실마리를 풀어가거나 역사 기록에서 전혀 추론 될 수 없는 사건들이 발생하기도 한다. 픽션이 허용된 환경에서 시청자들과 역사적 진실에 대한 이야기를 해보자는 것이다. 반면 팩추얼드라마는 드라마가 제안한 역사적 가상과 가설이 아닌 실제 사건에 대한 정보를 바탕으로 역사에 대한 해석과 담론을 이끌어 내자는 것이다. 이에 팩추얼드라마에서 역사적 팩트는 매우 중요한 문제이다.

팩추얼드라마 〈임진왜란 1592〉는 역사적 사실성을 강조하기 위해 구성된 내용이 사실이거나 사실에서 비롯된 것임을 드러내기 위한 여러 가지 장치를 활용하였다. 그리고 역사 기록을 바탕으로 이야기를 구성하고, 역사 기록 및 유물, 유산과 연결된 시각적 경험을 제공함으로써 전개된 이야기가 사실에 근거한 팩트임을 강조하였다.

〈임진왜란 1592〉는 역사적 자료가 이야기의 근간이라는 점을 명확하게 하기 위해 1부부터 매 시작에 각각 참고한 자료의 텍스트를 제시한다. 1부와 2부에서 참고한 자료는 『임진장초』, 『선조실록』, 『난중일기』, 『수조규식』, 『도요토미히데요시의 주인장』이고, 3부에서는 「태합내력기」, 「도요토미히데요시 명령서」, 『선조실록』, 『명실록』에 근거하여 제작되었다고 하였다. 4부와 5부는 『임진장초』, 『선조실록』, 『난중일기』, 『명실록』, 『도요토미히데요시의 주인장』에 근거하였다고 하였다.

역사기록의 사실만을 토대로 이야기를 구성하였다는 점은 드라마의 내러티브가 여느 드라마와 다르게 과거의 실재한 사건 기록에서 전달하고자 하는 메시지를 중심으로 부분 부분 연결해 놓은 것과 같은 엉성한 구성에 대한 변명이 될 수 있다. 전달하고자 하는 사건과 메시지 중심의 재현은 잘 짜인 서사에 비해 이야기가 사실에 바탕하고 있다는 신뢰를 높인다.

또한 매 회 말미에 당회 방영분에 해당하는 기록이나 증거물들이 제시되었다. 1부에서는 거북선 설계도와 현자총통 전시물, 『야전교본』이 제시되었으며, 2부에서는 『이충무공전서』에서 한산대첩과 관련된 기록이 제시되었다. 3부에서는 오사카성에 소장된 도요토미 히데요시의 황금부채, 포르투갈 선교사 프로이스의 도요토미 히데요시에 대한 기록, 임진왜란 당시 살해된 유골의 발굴 현장과 유골들이 제시되었다. 4부에서는 평양성 탈환도와 대장군포 및 삼안총의 전시물을 보여주었고, 5부에서는 7년 전쟁으로 인한 순천 왜성의 상흔과 명황제로부터 하사된 홍소령기, 남소령기, 귀도, 곡나팔, 호두령패, 참도, 도독인의 선물을 보여주었다.

아래에 예시한 역사기록은 당포접전 당시 왜장선을 수색하면서 이몽구가 발견한 황금부채에 대한 기록이다. 〈임진왜란 1592〉의 1부에서는 당포해전을 앞두고 왜장이 도요토미 히데요시가 수여한 황금부채를 들고 포로로 잡혀 온 조선의 두 여인에게 귀선에 대해 묻는 장면이 있다. 3부에서는 도요토미 히데요시가 황금부채를 들고 일본의 영주들을 모아 놓고 조선 침략의 욕망을 북돋는 장면이 등장한다. 이처럼 〈임진왜란 1592〉에서는 『임진장초』 등의 역사적 기록을 토대로 당시의 유물을 재현 영상의 소도구로 활용하여 영상의 사실성에 대한 신뢰를 강화하였다.

그날 당포에서 접전할 때 우후 이몽구가 왜장선을 수색하여 찾아낸 황금 부채 한 자루를 신에게 보냈는데, 그 부채의 한 쪽 중앙에 씌어 있기를 6월 8일 수길(六月 八日 秀吉)라 서명하였고, 오른편에 우시축전수(羽柴築前守)라는 다섯 자를 썼고, 왼편에는 구정유구수전(龜井流求守殿)라는 여섯 자를 썼으며 이를 옻칠한 갑 속에 넣어 두었다는 것으로 보아 필시 수길이가 축전수에게 부신(符信)으로 보냈을 것입니다.24)

역사 기록을 바탕으로 당시 유물을 활용하여 영상을 제작함으로써 사실성을 뒷받침하고 있는 방식은 〈콜로세움: 로마의 죽음의 경기장〉, 〈폼페이 최후의 날〉 등과 같은 다큐픽션에서 활용되는 방법과 흡사하다고 볼 수 있다. 그런데 이 두 작품과 같은 다큐픽션에서는 다큐멘터리 장르의 관습에 따라 유명하지 않은 배우가 감정을 크게 드러내지 않고 연기하였다. 이는 다큐멘터리 장르라 생각되는 것으로부터 오는 현실감을 줄 수 있다는 점에서 그러한 것이다. 그러나 〈임진왜란 1592〉는 재현의 방식에 있어서 다큐멘터리 장르의 관습에 따르지 않고 스펙타클하게 전개하고 있다. 〈임진왜란 1592〉는 전투장면을 비롯하여 모든 재현을 최수종(이순신 역), 김응수(도요토미 히데요시 역) 등 유명 배우를 등장시켜 영화와 같이 연출함으로써 드라마에 대한 몰입감을 높이고, 결과적으로는 시청자들이 역사적 재현 공간에 동화될 수 있는 기회를 제공하였다.

팩추얼드라마 〈임진왜란 1592〉은 역사적 사실성을 기반한 극적 구성을 통해 임진왜란은 어떤 전쟁이었는가, 도요토미 히데요시는 어떻게 전쟁을 시작할 수 있었는가, 불리한 상황 속에서도 조선이 패배하지 않을 수 있었던 힘은 무엇이었는가에 대한 질문을 던진다.

4부와 5부에서는 임진왜란이 어떠한 전쟁인가에 대해 지금까지 자국의

---

24) 조성도 역, 「제2차 당포 당항포 등 네 곳의 승첩을 아뢰는 계본(1592年 6月 14日 啓本 唐浦破倭兵狀)」, 앞의 책, 49쪽.

입장에서 임진왜란을 해석하던 관점에서 벗어나 조선, 일본, 명나라에 시선을 두고 평가하였다. 임진왜란은 조선과 왜의 지역 전쟁이 아니라 세계사적 관점에서 도요토미 히데요시의 욕망의 분출로 시작된 16세기에 북동아시아에서 벌어진 국제전이자 화약전쟁, 근대전이라는 것이다. 그래서 그 결과 명은 약 50년 후 후금에게 망하였으며, 일본에서는 도쿠가와 이에야스의 시대가 열리게 되었다고 하였다. 평양성 탈환도와 명황제로부터 선물로 받았다는 홍소령기, 남소령기, 귀도, 곡나팔, 호두령패, 참도, 도독인은 임진왜란이 조선과 일본의 두 나라의 전쟁이 아니라 동아시아 삼국의 전쟁이었다는 것을 증명하여 주었고, 특히 대장군포와 삼안총은 조총, 비격진천뢰, 신기전과 더불어 임진왜란이 화약과 근대무기가 시험된 국제전이라는 점을 입증하고 있다. 그리고 400여 년이 지난 지금에도 발견되는 순천 왜성의 상흔은 그러한 전쟁이 참혹하게도 조선의 땅에서 7년간이나 이어졌다는 것을 드러내었다. 그런데 4부와 5부의 내레이션 주도로 전개되는 재현 영상은 시청자들에게 보다 직설적으로 많은 양의 정보를 전달하고 있으나 재현으로써의 장점을 살리지 못하였다. 시청자들은 4부와 5부에 대해 상대적으로 실망[25]을 드러내기도 하였다. 이는 이전의 1부~3부와는 다르게 많은 정보가 재현이 아닌 내레이션으로 대체되거나 구체적이지 못한 영상으로 나타난 것에서 비롯한 것이었다. 이런 시청자들의 호응에 비추어 볼 때 새로운 형식의 프로그램이 이미 시청자들 사이에서 역사 해석의 한 형식으로 기능하고 있음을 알 수 있다.

3부에서는 전쟁을 일으킨 장본인인 도요토미 히데요시에 대해 조명하였

---

[25] 「팩추얼드라마 임진왜란 1592 4, 5화 후기」, 네이버 블로그, https://blog.naver.com/jow78122/220819392751 (2018년 4월 13일 접속함)
「임진왜란 1592」, 나무위키, https://namu.wiki/w/%EC%9E%84%EC%A7%84%EC%99%9C%EB%9E%80%201592 (2018년 4월 13일 접속함)

다. 바늘장수 원숭이라고 놀림 받던 히데요시는 주군의 자리를 차지한 후 그의 이름을 남기고 영예로서 영원히 기념되고 싶다는 욕망을 실현하기 위해 명나라와의 전쟁을 치밀하게 준비한다. 천한 신분에서 스스로의 힘으로 주군의 자리에 올라 '전쟁은 기회다'라고 외치며 타인의 욕망을 부추겨 전쟁을 일으키지만 수많은 일본 양민의 희생과 조선인 학살의 비극을 초래한 인물임을 강조하였다. 3부에서 역사 유물로 제시된 도요토미 히데요시의 황금부채는 영예의 주군의 자리에서 영토 확장의 광기로 변질된 욕망의 상징물처럼 활용되었다. 선교사 프로이스의 기록을 토대로 한, 해외로 원정을 내보내는 군사들 앞에서의 도요토미 히데요시의 연설과 전쟁에서 살생의 두려움에 떨며 연설에서 들었던 도요토미 히데요시의 '전쟁은 기회다'를 외치고 조선인을 죽이는 일본 농민의 모습, 전쟁에 참가하기 전의 목화씨를 심는 일본 농민 부부의 희망찬 모습, 총에 맞아 뒤가 깨진 어린 아이의 두개골과 전쟁 중 양민이며 군인, 노인과 어린 아이 가릴 것 없이 학살되는 재현 영상은 그 낱낱이 우리에게 역사적 질문을 던지고 있다.

  1부와 2부에서는 임진왜란 당시 불리한 상황 속에서도 조선이 패배하지 않을 수 있었던 힘은 무엇이었는가에 대한 질문에 대하여 왜군에 맞서 조선의 바다에서 싸운 이순신 장군과 수군들의 승리의 역사적 의미를 전달하였다. 치밀하게 전쟁을 준비한 도요토미 히데요시의 침략에 대해 전혀 대비하지 못했던 조선이 이순신 장군뿐만 아니라 수군들 하나하나의 활약으로 전쟁에서 패하지 않고 승리할 수 있었다는 것이다. 거북선 설계도와 현자총통 전시물,『야전교본』은 귀선 제작자 나대용의 거북선 제작, 왜와 싸워 본 군사의 경험담을 듣고 싸움을 준비하고 병기를 활용할 방법을 찾는 훈련 모습, 귀선을 판옥선 앞에 두고 전투를 지휘하는 장면이 사실임을 뒷받침하며 이순신 장군의 해전에서의 무패 기록이 이길 수 있다는 신념과 귀선의 준비와 제작, 정확한 무기의 사용, 전략과 전술에 대한 명철한 판단에서 온 것임을 제시한다. 전쟁에 패해 군사를 모두 죽일 것이라는 악몽을 꾸는 장군의 모습은 실제로 있었던 일이 아닐지라도 장군이 그 두려움으로 전쟁에 패하지 않기 위해서 지형, 무기, 적, 상황 등 전쟁에서 승리하기 위해 더 많은 연구와 준비를 한 영웅이었다는 설득력을 부여한다. 또한 2부에서 전사자들에 대한 기록과 귀선과 판옥선에서 전투에 임한 수군들의 재현을 통해 시청자들로 하여금 '임진왜란 당시 이순신 장군뿐 아니라 장군과 함께 죽기를 마다하지 않고 조선의 바다를 지킨, 이들과 같은 영웅들로 인해 조선이 망하지 않고 전쟁에서 이 땅과 가족을 지켜낼 수 있었다'라는 메시지를 전달하고 시청자들의 공감과 의견을 기다린다.

〈임진왜란 1592〉는 팩추얼드라마라는 장르를 통해 전달하고 있는 재현이 일련의 역사드라마나 영화와 같은 허구가 아니며 역사적 사실을 토대로 추리되어 구성되었다는 점을 분명히 제시하고, 실제 사건에 대한 정보를 바탕으로 역사에 대한 질문과 담론을 이끌어 내었다. 역사 해석은 과거의 정보로서 고정된 지식을 알아가는 것도 아니고 허구적이거나 환영적인 것으로서의 가상의 세계에 대한 탐색도 아니다. 팩추얼드라마는 역사적 사실을 중심으로 한 드라마의 형식을 가지고 있다. 그리고 이를 통해 시청자들의 주관적인 역사 경험과 상호 해석의 태도를 촉구한다. 그럼으로써 새로운 형식으로서의 팩추얼드라마는 역사 담론을 풍성하게 하고 역사의 진실에 대한 다의적인 해석을 가능하게 하였다고 할 수 있다.

5. 맺음말

팩추얼드라마 〈임진왜란 1592〉는 역사드라마에서 팩트와 픽션의 길항 관계가 역사해석을 위한 상호 보완의 관계로 기능할 수 있다는 가능성을 보인 작품이라고 평가할 수 있다. 기록된 역사와 시각적 자료를 통합한 내러티브가 대중의 역사이해의 새로운 방식으로 기능할 수 있는 한 예를 보여준 것이라 하겠다.

〈임진왜란 1592〉는 임진왜란에 대한 역사적 메시지를 시청자들과 공유하는 한 방법으로 팩추얼드라마라는 형식을 취하였다. 사실성을 바탕으로 한 정보전달의 형식을 넘어서 사실성을 바탕으로 한 극화된 내러티브를 통해서 현재 우리가 임진왜란이라는 역사에 대해 어떻게 이해하고 해석할 것인가 대해 그 역사적 경험을 공유하고 탐구하고자 하였다. 기록과 정보를 많이 알고 있는 전문가의 전유물이었던 역사 해석의 독점적 권위의 시대에서 탈피하여 역사에 대한 상호 해석과 다양한 접근을 열어두고 역사의 주체인 시청자 혹은 대중의 입장에서의 역사 이해의 의미에 대해 사고할 수 있도록 하였다.

물론 〈임진왜란 1592〉에 대해서 조선 수군의 복장과 갑옷, 환도 패용법 등의 고증 오류, 사료 해석과 실제 촬영 사이의 거리 등의 문제가 지적되기도 하였다. 이는 사실성과 영상 재현, 기록된 정보와 내러티브 사이의 문제로 팩추얼드라마를 연출할 때 항시 주의해야 하는 문제이기도 하다. 이러한 문제를 인지하고 극복하여 팩추얼드라마가 대중의 역사 경험과 역사 담론을 풍성하게 하고, 역사 해석과 인식을 확장하는데 기능할 수 있기를 기대한다.

참고문헌

김은경, 「역사다큐멘터리의 미학적 쟁점과 전망」, 『한국사학사학보』 제32호, 2015.
로버트 A. 로젠스톤 엮음, 김지혜 옮김, 『영화, 역사』, 소나무, 2002.
마르크 페로, 주경철 역, 『역사와 영화』, 까치, 1999.

박희태, 「픽션으로 다큐멘터리를 넘어서기 위한 시도-〈클라스〉 분석을 통해 살펴본 허구와 실재의 경계-」, 『영상문화』 제20호, 2012.
발터 벤야민, 김영옥·황현산 옮김, 『발터벤야민 선집 4-보들레르의 작품에 나타난 제2제정기의 파리, 보들레르의 몇가지 모티브에 관하여 외』, 도서출판 길, 2010.
양근애, 「역사드라마의 스토리텔링 전략과 반향」, 『한국극예술연구』 제56호, 2017.
윤석진, 「2000년대 한국 텔레비전 역사드라마의 장르 변화 양상 고찰 1」, 『한국극예술연구』 제38호, 2012.
장 보드리야르, 하태환 역, 『시뮬라시옹』, 민음사, 2001.
조성도 역, 『임진장초』, 연경문화사, 1984.
최희수, 김상헌, 「역사교육을 위한 메타버스 콘텐츠 연구」, 『글로벌문화콘텐츠』 제26호, 2017.
형대조, 「다큐와 픽션의 조합, 그리고 그 경계」, 『영화연구』 제67호, 2016.
홍석경, 「다큐픽션 속 재연의 문제」, 『방송문화연구』 제23권 2호, 2011.
Derek Paget, "Code and Conversations of Dramadoc and Docudrama", R.C. Allen & A. Hill(Eds), *The Television Studies Reader*, Routledge, 2003.
James Chapman, "Re-presenting war; British television drama-documentary and the Second World War", *European Journal of Cultural Studies*, Vol 10 Issue 1, 2007.
Paget, D. *No Other Way to Tell It: Dramadoc Docudrama on Television.* Manchester: Manchester University Press, 1998.

BBC, Colosseum-Rome's Arena of Death, 2003.
BBC, Pompeii: The Last Day, 2003.
KBS HD 역사스페셜, 임진왜란 2부작 제2편 일본승려의 정유재란 종군기, "산도 들도 모두 불타고 있었다",
   http://www.kbs.co.kr/1tv/sisa/hdhistory/vod/vod/1403038_13796.html
KBS 연예, 임진왜란1592 뉴욕페스티벌 작품상 금상
   http://entertain.naver.com/read?oid=438&aid=0000014608
KBS TV, 임진왜란 1592

http://www.kbs.co.kr/1tv/sisa/imjinwar/about/program/index.html
네이버 블로그, https://blog.naver.com/jow78122/220819392751
나무위키, 임진왜란 1592,
　　　https://namu.wiki/w/%EC%9E%84%EC%A7%84%EC%99%9C%EB%9E%80%201592

찾아보기

ㄱ

가토 기요마사(加藤淸正) 56, 109, 124, 129

가토 기요마사 57, 137, 144

가토 요시아키 326

격물설 27, 28

계미사행 234

고니시 유키나가(小西行長) 41, 108, 109, 124, 129, 130, 133, 326, 331

광해군 146, 156, 158, 161, 165, 166, 167, 168, 169, 170, 171, 173, 174, 175, 176, 178, 180, 184, 185, 186, 187, 189, 191, 207, 274, 279, 280, 281, 282, 289, 292, 293, 311, 313, 314, 315

교린체제 164, 166

기유약조 156, 157, 158, 159, 160, 161, 164, 166, 167, 169, 170, 171, 173, 176, 177, 180, 181, 185, 186, 188, 192

김성일 38, 115, 178

김인겸 239

ㄴ

난구 다이슈 237, 238, 242, 243

남옥(南玉) 230, 231, 232, 242, 249, 253, 258, 269

ㄷ

다키 가쿠다이(瀧鶴臺) 230, 231, 235, 236, 237, 240, 241, 243, 247, 257

대마도 86, 91, 93, 94, 103, 107, 108, 109, 110, 111, 113, 114, 118, 190, 191, 251

대보단 198, 215, 218, 219, 220, 223, 224, 225

도요토미 히데요시(豊臣秀吉) 37, 38, 42, 85, 96, 97, 98, 100, 101, 102, 104, 107, 108, 110, 112, 113, 114, 115, 123, 130, 137, 138, 142, 146, 148, 150, 260, 261, 262, 263, 264, 265, 270, 319, 324, 326, 327, 328, 329, 337, 339, 340

도쿠가와 이에야스(德川家康) 263, 270, 327, 339
『동국신속』/『동국신속삼강행실도』 273, 274, 275, 277, 279, 281, 285, 287, 288, 290, 292, 294, 295, 296, 297, 301, 309, 310, 311, 312, 313, 314, 315

ㄹ

류운룡 51, 53, 55, 75, 76, 80
류중영 18
류진 49, 50, 51, 52, 53, 54, 56, 58, 59, 60, 61, 63, 64, 66, 67, 69, 71, 72, 73, 74, 75, 77, 78, 79, 80, 81
류큐 89, 97, 98, 105, 107, 110, 112

ㅁ

만동묘 215
만력제 105, 106, 116, 198, 214, 216, 217, 218, 223, 225, 328
무열사 196, 197, 201, 202, 203, 205, 215, 217, 218, 220, 221
미야세 류몬 235, 236, 237, 243, 246
민충단 196, 199, 200, 201, 207, 216
밀무역 85, 88, 89, 90, 92, 93, 94, 98, 101, 104, 110, 112, 117, 191

ㅂ

복건/복건성 89, 92, 93, 96, 97, 98, 99, 101, 102, 103, 104, 105, 113, 114, 117

ㅅ

사쓰마 98, 99, 100, 101, 102, 104, 105, 113
석성 128, 134, 135, 143, 145, 150, 201, 202, 203, 212, 220
선무사 196, 197, 204, 205, 206, 207, 210, 215, 216, 217, 218, 221, 224
성대중(成大中) 230, 231, 234, 237, 239, 248, 249, 253, 257, 258, 269
소 요시토시(平義智: 宗義智) 38, 108, 130, 326
소라이학파(徂徠學派) 227, 229, 230, 235, 236, 237, 240, 241, 242, 243, 244, 245
송응창 136, 137, 139, 141, 143, 145, 146, 147, 204
심유경 108, 128, 129, 131, 132, 133, 134, 135, 136, 137, 143, 145, 146, 149

ㅇ

양명학 17, 18, 19, 21, 22, 23, 24, 28, 29, 30, 31, 32, 33, 34, 35, 44, 247, 254
오규 소라이(荻生徂徠) 235, 238, 239,

240, 241, 252, 253, 254, 256, 257, 258
오다 노부나가(織田信長) 260, 262, 327
왜관 188
요동 43, 106, 126, 127, 128, 134, 135, 149, 183, 197
원중거(元重擧) 230, 231, 233, 234, 239, 240, 247, 248, 249, 250, 252, 254, 255, 256, 257, 258, 260, 261, 262, 263, 264, 265, 266, 267, 268, 269
육구연 20, 24
을묘왜변 92, 93, 94, 109, 110, 112, 117
이덕형 126, 130, 164, 165, 166, 172, 176, 177, 178, 179, 182
이산해 178
이순신 42, 43, 94, 115, 129, 149, 195, 198, 212, 287, 288, 292, 319, 324, 325, 340
이여송 41, 125, 135, 201, 202, 203, 204, 211, 212, 213, 220, 221, 266, 328, 329
이토 진사이(伊藤仁齋) 238, 239
이항복 39, 40, 201, 202, 275
이황 19, 20, 21, 22, 23, 49, 115
『임자록』 79, 80
『임진록』 50, 54, 77, 78, 79, 80, 81
임진왜란 32, 35, 36, 39, 44, 50, 51, 74, 77, 123, 124, 125, 126, 127, 130, 137, 140, 148, 151, 155, 156, 157, 158, 160, 164, 167, 169, 172, 180, 190, 195, 196, 215, 222, 223, 224, 239, 251, 259, 260,
263, 270, 273, 287, 288, 292, 293, 294, 296, 297, 298, 300, 302, 308, 310, 311, 312, 313, 314, 317, 328, 331, 334, 337, 338, 339, 340, 341

ㅈ

재조지은 196, 198, 200, 201, 213, 214, 215, 218, 222, 223, 225
절강/절강성 89, 90, 91, 96, 97, 104, 105, 108
정유재란 42, 43, 74, 77, 102, 104, 148, 149, 197, 198, 204, 212, 224, 308, 309, 330, 333
조승훈 40, 127, 134
조헌 111, 112, 113, 114, 118
존주대의(尊周大義) 215, 218, 220, 224
『징비록』 37, 45, 50, 151

ㅌ

통신사 227

ㅍ

팩추얼드라마 318, 319, 320, 321, 322, 323, 324, 325, 329, 333, 334, 335, 336, 338, 341, 342
풍중영 137, 144

ㅎ

허의후　98, 99, 100, 103, 104, 106, 112, 113
화친　16, 43, 138, 172, 174
후지와라 세이카(藤原惺窩)　234, 253

저자 소개 (가나다순)

길태숙 | 상명대학교 대학원 게임학과 부교수
김정신 | 연세대학교 국학연구원 연구교수
김태훈 | 단국대학교 일본연구소 HK연구교수
우경섭 | 인하대학교 사학과 교수
우인수 | 경북대학교 역사교육과 교수
정호훈 | 서울대학교 규장각한국학연구원 부교수
차혜원 | 연세대학교 사학과 교수
최연식 | 연세대학교 정치외교학과 교수
한명기 | 명지대학교 사학과 교수